“十二五”普通高等教育本科国家级规划教材

21世纪高等院校旅游管理精品教材

旅游法规

理论与实务

（第三版）

TOURISM LAW

Theory & Practice

3rd edition

王莉霞 主编

东北财经大学出版社
Dongbei University of Finance & Economics Press
大连

图书在版编目（CIP）数据

旅游法规：理论与实务／王莉霞主编．—3 版．—大连 ：东北财经大学出版社，2014.2（2016.4 重印）

（21 世纪高等院校旅游管理精品教材）

ISBN 978-7-5654-1450-3

Ⅰ．旅⋯ Ⅱ．王⋯ Ⅲ．旅游业-法规-中国-高等学校-教材 Ⅳ．D922.296

中国版本图书馆 CIP 数据核字（2014）第 023084 号

东北财经大学出版社出版

（大连市黑石礁尖山街 217 号 邮政编码 116025）

教学支持：（0411）84710309

营 销 部：（0411）84710711

总 编 室：（0411）84710523

网　　址：http://www.dufep.cn

读者信箱：dufep @ dufe.edu.cn

大连雪莲彩印有限公司印刷　　东北财经大学出版社发行

幅面尺寸：185mm×260mm　　字数：389 千字　　印张：18 1/4

2014 年 2 月第 3 版　　2016 年 4 月第 5 次印刷

责任编辑：孙 平 王 斌　　责任校对：吉 扬

封面设计：冀贵收　　版式设计：钟福建

定价：32.00 元

第三版前言

《旅游法规——理论与实务》自2009年7月出版以来，受到了广大师生和读者的欢迎与好评，已经被全国多所高等院校旅游管理专业师生采用，在旅游教育界产生了较大的影响。然而，随着现代旅游业的发展与旅游法制建设进程的加快，本教材中的个别观点已不适应时代发展的要求，部分内容也已被现行立法所修正。为此，我们在总结第一版和第二版教材编写经验的基础上，对原教材进行了修订。此次修订的主要内容及特点如下：

1. 注重知识性与系统性，合理把握内容难度。

按照旅游人才培养目标要求设计内容深度和广度，对基本概念、基本知识进行明确而清楚的阐释与剖析，注重旅游法规理论的基本框架、基础知识的构建，力求使学生易于掌握并达到应有的要求。

2. 反映旅游法规理论发展的新成果和立法执法的新情况。

以《旅游法》为依据，增加了“公民旅游权利”、“旅游安全”、“旅游权利救济”等法律制度的内容，并力求吸收国内外旅游法规理论研究的新成果与前沿的理论观点，对涉及旅游业实践中热点问题进行分析与探讨，引导学生提高接受新知识的能力，具有前瞻性和新颖性。

3. 扩展知识内涵，突出“应用性”。

考虑到旅游管理专业学生的特点及课程学时安排，本次修订注重扩展知识内涵，强调知识迁移与知识的应用性，以大量的更具有时效性与针对性的案例为切入点，积极探讨依法解决旅游纠纷的基本途径和方法，有利于激发学生的学习兴趣。

4. 注重内容与编排体例的科学性、国际化。

在编排体例上借鉴了国外旅游管理专业相关教材的优秀成果，既确定所需的专业理论知识的构建，又注意加强应用能力的培养；既选编了“实用、够用”的理论内容，又融入足够的实践教学内容，注意培养学生的全球视野和适应国际化的能力。

本次修订由西安外国语大学王莉霞教授担任主编，各章的撰稿人为：王莉霞，第一、五、六、八、九、十一章；高原，第二、三、四、七、十章。本书的部分内容是陕西省哲学社会科学基金项目（编号：10Q072）和陕西省“专业综合改革试点”项目（编号：陕教高2013年15号文件〔47〕）成果。在修订过程中，我们特聘请了部分法学专家及旅游行业的高层管理人员对本书进行了审定，在此，谨表诚挚的谢意。

编　者

2014年1月

目　录

第一章

旅游法规的基本理论

背景与提要

中国现代旅游业开始于改革开放初期，与西方旅游业发达国家不同，我国旅游业经历了一个先入境、后国内、再出境的发展次序，经过30多年的培育，目前旅游客源市场真正发展成为三足鼎立的格局。与旅游业发展相一致，我国旅游法制建设也经历了一条不断完善的发展道路。1979年，邓小平同志提出，“旅游业要变成综合性的行业”[①]，将旅游业作为一个经济性产业来发展，是邓小平旅游经济思想的重要核心。1981年，国务院《关于加强旅游工作的决定》，1985年，国务院批转国家旅游局《关于当前旅游体制改革几个问题的报告》、《全国旅游事业发展规划（1986年至2000年）》，首次把“旅游业作为国家重点支持发展的一项事业”列入国民经济发展计划，这为我国旅游法制建设提供了依据。1986年，国务院成立旅游协调小组，同年，发布了旅游业第一部行政法规——《旅行社管理暂行条例》，标志着中国旅游业进入了法制化的阶段。1987年，经国务院批准国家旅游局发布《导游人员管理暂行规定》。同年，颁布《旅游涉外饭店星级的划分与评定》标准，标志着旅游业标准化工作的开始。1988年，国务院成立国家旅游事业委员会，发布《关于加强旅游工作的意见》，原则上明确了旅游的行业范围。1991年，国家旅游局发布了《旅游投诉暂行规定》，它是我国第一部规定旅游者投诉和投诉程序的旅游规章。1998年，中央经济工作会议将旅游业确定为国民经济新的增长点。2001年，我国正式成为世贸组织成员，对原有的法律法规中与WTO规则不相符的内容不断地进行调整、修订和完善。

与其他部门立法一样，我国旅游立法也必须以《宪法》为基础，与其他部门法之间相互协调，如现行《宪法》规定“中华人民共和国劳动者有休息的权利，国家发展劳动者休息和休养的设施，规定职工的工作时间和休假制度”，旅游作为劳动者休息和休养的重要形式之一，这一规定可以认为是涉及旅游的规范；而规范旅游经营中各种合同的条款就应与《合同法》有关规定相适应等等。在我国旅游立法中，还要坚持从实际出发，原则性与灵活性相结合的原则，坚持有利于保障旅游法律关系主体合法权益的原则。除原有的《旅行社条例》、《风景名胜区管理条例》、《导游人员管理条例》、《旅游安全管理暂行办法》等单行法规外，2013年4月25日，《中华人民共和国旅游法》（以下简称《旅游法》），在经过了31年理论研究和实践探索后出台，并于10月1日起实施。该法的亮点：

---

① 邓小平．邓小平论旅游［M］．北京：中央文献出版社，2000.

一是采取综合立法模式，将促进法、规范法、保护法融为一体；二是体现“以人为本”的立法精神，在平衡旅游经营者、旅游者、政府三者之间关系的基础上，向保障旅游者权益倾斜；三是注重发挥市场机制的作用，整合了旅游产业各要素和旅游活动全链条，明确并细化旅游市场主体间的权利义务关系；四是加强了对旅游资源的保护。此外，我国现行的法律，如《民法通则》、《合同法》、《公司法》、《反不正当竞争法》、《环境保护法》等，都在一定程度上对旅游业发展中的社会关系起到了调整作用。

本章围绕旅游法规的基础理论展开讨论，通过学习，要求学生了解旅游法规的调整对象，弄清旅游法律关系及旅游法律责任的基本含义，理解和掌握旅游企业法人制度的内涵及本质特征，从而提高旅游从业人员的法律素质和职业道德素养。

第一节　旅游法规概述

一、旅游法规的基本含义

（一）旅游法规的概念和特点

法是一种行为规范或行为规则。按照调整对象的不同，行为规范一般可以分为两大类：技术规范和社会规范。技术规范是调整人与自然之间的关系，反映自然科学的成就，是人们通常所说的技术标准、操作规程；社会规范则调整人与人之间的关系即社会关系。法律规范是社会规范的一种。当某些技术规范在法律上被确认之后，就成为技术法规，这种技术法规在内容上仍是技术性的，但已具有法律上的约束力。

法作为调整人的行为或社会关系的规范，它规定人们可以做（授权）什么，应当做（义务）什么，禁止做（禁止）什么，从而为评价人们行为合法还是不合法提供了标准；为指导、指引人们行为或预测未来行为及其后果提供了尺度；也为警戒和制裁违法行为提供了依据。法作为一种社会规范，不是只针对个别人、个别场合的命令，而是适用于某一类社会生活主体、某一情况的一般行为规则，不是只适用一次，而是在法律规范所规定的范围内可以反复适用，具有规范性和普遍适用性。

“法规”有广义和狭义之分。广义上的“法规”是指法的整体，泛指国家机关制定的一切规范性文件，包括法律、法令、条例、规定、规则、决议、决定、命令等，即由国家制定或认可的并以国家强制力保证实施的各种行为规范的总和，通常称之为法。而狭义的“法规”则专指有关国家行政机关按照法定程序制定和颁布的规范性文件，如“行政法规”。

旅游法规，通常被认为是旅游法律和旅游规则的简称，它是指国家机关制定的与旅游有关的规范性文件，包括旅游法律、法令、条例、规定、规则、决议、决定、命令等。由此可见，旅游法规是调整旅游社会关系的各种法律规范的总和。其调整对象是旅游社会关系。该旅游社会关系主要包括：

1. 纵向关系

纵向关系主要是指旅游行政管理部门与旅游企事业单位及其工作人员之间、旅游行政管理部门上下级之间以及企事业单位内部决策部门与执行部门之间、各执行部门和员工之间管理与被管理、领导与被领导的关系。这种纵向的旅游社会关系，主要通过制定和执行旅游政策、法规，实现国家对旅游事业的领导，以及旅游行政管理部门对所属各旅游企事业单位的管理和监督。纵向关系在法律调整中表现为上下级之间一种隶属的社会关系。

2. 横向关系

横向关系主要是指平等主体之间，即各旅游企业之间、旅游企业与旅游者之间的关系以及我国旅游企业与境外旅游组织之间在业务交往中所发生的各种关系。这种横向的旅游社会关系，主要通过旅游法律关系主体相互之间的协作，实现各自在旅行游览活动中相互间的权利义务等。横向关系在法律调整中表现为各个主体之间的平等的社会关系。

综上所述，我国的旅游法规是随着旅游业的发展而新兴的一个法律分支，它在旅游业的发展和整个法律体系中有着重要的地位，它除了与其他法律、法规具有相同的特点外，还具有许多自身的特点，是国家组织、管理和发展旅游业的重要工具，主要表现在：

首先，综合性与专业性相统一。对应旅游业的综合性，我国旅游立法思路从旅游管理法和单项法规调整为综合法，《旅游法》创造了旅游立法的新格局，就旅游业发展中带有根本性的问题做了比较详尽、具体的规定，是旅游者权益的保护法，旅游市场秩序的规范法，旅游企业行为的基本法，旅游发展的促进法，全面体现了综合法的特点。同时，旅游业作为“朝阳产业”，它为旅游者提供旅游资源、旅游交通运输、食宿设施以及旅游服务等，所有这些经营、管理活动，都具有特定的业务内容，因而反映旅游业发展的旅游法规要正确反映旅游经济规律的客观要求，也就必然具有专业性的特点。在我国，旅游法的综合性与专业性是相统一的，综合性离不开专业性，专业性也离不开综合性，二者相辅相成存在于旅游法律规范之中。

其次，效益性与干预性相一致。“十一五”期间，我国旅游业保持了平稳较快发展的良好势头。国内旅游人数年均增长12%，入境过境旅游人数年均增长3.5%，出境旅游人数年均增长19%，全国旅游业总收入年均增长15%；居民人均出游率达1.5次，旅游直接就业达1 350万人，旅游消费对社会消费的贡献超过10%。2013年颁布的《国民旅游休闲纲要（2013—2020年）》提高了旅游消费在城乡居民消费中的比重，并推动带薪休假制度落实，为国内旅游的稳定增长提供了条件。因此，全国旅游业发展的预期目标为：旅游总收入2.85万亿元，增长11%；国内旅游32亿人次，增长10%，旅游业对我国经济社会发展的积极作用更加明显。但由于旅游市场本身无力消除垄断和不正当竞争，就需要国家的干预和加强旅游市场管理，制定旅游法规用以鼓励或限制某些旅行游览活动的发展，表现了旅游法规的干预性。以旅游收费标准规定来看，旅游法规明确规定了不同等级的旅游差价、不同季节的旅游差价，用以吸引越来越多的旅游者到我国旅游，从而为国家多创外汇和盈利。例如，由于气候变化，在我国把旅游季节分为旺季和淡季，旺季时游客大量涌进，造成旅游业接待不暇，到淡季时游客大量减少，造成了旅游资源、旅游设施和服务的大量闲置和浪费。为了吸引旅游者在淡季出游，我国旅游法规实行旅游价格优惠，一般是在原价格上给旅游者一定的折扣优惠。采取这样的做法，是灵活经营、薄利多销的一种促销手段，从表面看对营业收入有一定影响，实则是利用优惠价格，吸引大量游客，反而增加了旅游企业的营业收入。

最后，灵活性。改革开放以来，我国旅游业蓬勃发展，现已成为体现一个国家和地区国际化程度的重要标志，成为吸引社会劳动力选择就业和再就业的重要途径。加入 WTO 对我国旅游业的发展产生了积极的影响：首先，旅游业所面对的市场是全球性的，能够使我们得到更多的发展机会和更大的市场空间；其次，随着我国加入 WTO，服务业将成为对外开放的重点，这为吸引外资创造了前所未有的机会；最后，可与国际接轨，使我国旅游业的服务、管理更加规范、科学，增强旅游行业参与国际竞争的能力，这就需要从根本上转变观念、改变传统的行业管理方法和手段，完善并落实国家有关旅游产业的政策，用法律法规对旅游业保驾护航。总之，随着旅游业的不断发展，旅游法规也需要及时地加以补充和修改，才能适应旅游经济的发展，这都是旅游法规反映旅游经济发展客观要求的结果。

（二）旅游法规与旅游政策、旅游职业道德的关系

1. 旅游法规与旅游政策

旅游法规与旅游政策是党和国家在一定时期内制定的调整一定旅游社会关系的行为依据和准则。在我国，旅游法规与旅游政策在本质上是一致的，它们都是建立在社会主义经济基础之上，其内容归根到底都是由我国经济基础决定的，二者之间的相互关系表现在：

旅游政策是制定旅游法规的依据和“灵魂”，旅游法规要体现党的旅游政策的基本精神，旅游政策对旅游法规起着指导作用。旅游法规是旅游政策的规范化、具体化和定型化，它是实现旅游政策的一种重要形式。旅游法规的实施要以党的旅游政策为指导，因为，旅游法规体现了党的旅游政策精神，只有正确理解党的旅游政策的精神实质，才能正确实施旅游法规。实施了旅游法规就等于实施了旅游政策，用旅游法规去实现旅游政策，使人们能够明确地了解到政策的内容，就能使政策的贯彻落实有国家强制作用。因此，学习旅游法规必须同时注意学习党和国家有关发展旅游业的政策。脱离旅游政策去学习旅游法规，就会失去旅游法规的灵魂，脱离了当时客观的政治、经济形势，在旅游法规实施中就可能产生极大的盲目性；相反，如果只局限于学习党和国家有关旅游的政策，不注意把旅游政策上升为国家意志的旅游法规，又会变成法律虚无主义，在实践中有法不依。所以，学习旅游政策与旅游法规，一定要注意旅游政策与旅游法规之间的关系，把旅游政策与旅游法规有机地结合起来。但是旅游法规并不是实现旅游政策的唯一途径，旅游法规作为实现党的旅游政策的重要形式，必须同实现党的旅游政策的其他形式配合使用，才能充分发挥其应有的作用。

旅游法规与旅游政策虽然联系紧密、相辅相成，但是它们毕竟是两种社会规范，各自有自己的特点和作用，二者不能相互代替。这是因为：

（1）体现意志的属性不同。旅游法规是由国家制定或认可的，是国家的主张，具有国家意志的属性。旅游政策是党组织制定的，是党的主张，不具有国家意志的属性。党的

政策要成为国家意志，必须通过国家机关转化为国家的政策，制定为国家的法律、法规。

（2）实施保证不同。旅游法规是由国家强制力保证实施的，并具有普遍的约束力。旅游政策是通过思想工作、说服教育、党员的模范带头作用以及党的纪律保证来实现的，党的某些政策并非对每个公民都具有约束力。

（3）表现形式不同。旅游法规是由法律、法规等规范性文件形式表现的。旅游政策未被制定或认可为法律规范之前，是由决定、决议、纲领、宣言、通知、纪要等形式表现的。

（4）确定性不同。旅游法规规定的内容比较具体、明确和详尽，它不仅告诉人们可以做什么、应该做什么和禁止做什么，而且还规定了违法所应承担的责任。这就更加便于人们掌握和遵守。旅游政策一般比较原则和概括，这在总政策、基本政策中表现得尤为突出。

（5）稳定性不同。旅游法规的稳定性比较强，一旦确定，就不能随便变动。在客观情况变化时，要通过法定程序来进行修改、废止或创制。党的旅游政策具有相对的灵活性，变化较快，可以随着客观情况的变化比较快地修正，特别是具体政策更是如此。

总之，旅游法规和旅游政策是治理我国旅游业两个不可缺少的工具。既要重视政策的作用，也要重视法规的作用；既要执行政策，也要执行法规。在两者之间不能比高低、分大小，两者各有自己具备的、互相不可替代的职能和作用，两者是相互作用、相辅相成的，必须反对把旅游法规和旅游政策对立起来、割裂开来的观点。

2. 旅游法规与旅游职业道德

道德是由经济基础决定的，以善恶为基本评价标准，是依靠社会舆论、传统习惯和内心信念维系的，用以调节人与人之间以及个人和社会之间关系的价值观念和行为规范，它具有历史性、阶级性、继承性等特点。旅游职业道德是旅游从业人员在旅游职业活动中所遵循的、与其特定职业活动相适应的道德规范，以及形成的道德观念、道德情操和道德品质等。旅游职业道德是在特定的职业范围内、特定的人们处理人际关系和利益关系的特殊道德要求，具有形式上的多样性和内容上的稳定性与连续性的特点。社会主义旅游职业道德除具有一般职业道德的共性外，还具有进步性、目的性、自觉性和实践性的特点。旅游职业道德要求旅游从业人员要正确认识旅游事业的性质和任务，热爱旅游事业；全心全意为旅游者服务，提高服务质量；发扬爱国主义精神，做坚定的爱国主义者。

根据旅游行业的特点和旅游队伍职业道德素质的现状，社会主义职业道德教育的内容主要包括：马克思主义“三观”教育，即世界观、人生观、价值观教育；社会主义“三德”教育，即社会公德、职业道德、家庭美德教育；旅游行业职业道德“三意识”教育，即政治意识、敬业意识、服务意识教育。在这三方面的教育中，要重点抓好旅游行业职业道德的“三意识”教育。政治意识要求旅游从业人员拥护社会主义制度，热爱祖国，自觉维护祖国利益和民族尊严，顾全大局，遵纪守法；敬业意识要求旅游从业人员热爱旅游业，热爱企业，热爱本职工作，要有职业荣誉感和职业责任感，忠于职守，尽职尽责；服务意识要求旅游从业人员在对客服务中要热情友好，文明礼貌，真诚公道，恪守信誉，处处为客人着想，真心诚意为客人服务。

旅游职业道德具有以下功能和作用：一是提高旅游从业人员的素质。旅游从业人员的良好素质是德、智、体、美的全面发展的统一，其标准是成为有理想、有道德、有文化、有纪律的社会主义旅游工作者。“德”是素质中的第一位，是最基本要求，它包含政治素质和品德素质，而旅游从业人员的品德素质的提高在于加强旅游职业道德教育。二是改善经营管理，提高经济效益和社会效益。旅游业的经营管理，不仅依靠法律、制度和奖惩条例，还必须结合职业道德教育，使员工有职业责任心和道德责任感。社会主义旅游职业道德对于正确调节企业与旅游者利益关系、旅游企业与其他行业之间的关系、旅游企业内部各种关系时所起的作用，往往比法律手段和行政手段范围更广泛，影响更深刻。三是改善服务态度和提高服务质量。旅游从业人员与旅游者之间的提供服务与享受服务的关系被称做“客我关系”。要使旅游者满意，旅游从业人员必须以良好的服务态度，向旅游者提供优质服务。

旅游法规与旅游职业道德在本质上是一致的，它们都是经济基础的产物，都受生产关系的制约，同时又都反映和作用于社会主义经济基础。它们相互联系、相互渗透、相互补充、相互作用、相辅相成。一方面，旅游法规在培养旅游从业人员的道德中具有重要作用，可以培养旅游从业人员的社会主义道德品质和高尚的情操，以自己的规范作用培养旅游从业人员遵守道德规范的责任感；另一方面，旅游职业道德是健全旅游法制、厉行法治的重要因素，立法者制定旅游法律、法规时，必然要考虑旅游职业道德规范和道德要求，把旅游职业道德精神渗透在旅游法律规范中。

旅游法规与旅游职业道德是两种不同的社会规范。旅游法规是由国家制定或认可的，旅游职业道德主要是由社会舆论确立的；旅游法规表现的形式是国家制定的规范性文件或国家认可的习惯，而旅游职业道德表现为一般社会意志，存在于旅游从业人员的思想观念、内心信念和社会舆论之中；旅游法规着重要求的是人们的外部行为及其后果，而旅游职业道德着重要求的是旅游从业人员的内心世界的善良和高尚；旅游法规是由国家强制力保证实施的，而旅游职业道德是由人们的内心信念和社会舆论来保证其存在和发生作用的。

总之，旅游法规与旅游职业道德有一致性又有区别点。因此，不能将两者对立起来、割裂开来，也不应将两者混同。要严格划清违法行为同违反道德行为的界限。在进行物质文明和精神文明建设中，在同违法犯罪行为斗争时，既要重视旅游法规的作用，更要重视旅游职业道德的作用。教育旅游从业人员既要增强法制观念和法律意识，遵纪守法，又要加强职业道德修养，提高职业道德水平，努力把自己培养成为“四有”人才。

二、旅游法规的基本原则和作用

（一）旅游法规的基本原则

旅游法规的基本原则，是指旅游法律规范在制定和实施中所应遵循的基本指导思想。根据旅游事业的特点、需要以及各国的经验，可将旅游法规的基本原则概括为以下几项：

1. 保护旅游者合法权益的原则

保护旅游者合法权益的原则是我国旅游法规首要的最基本的原则，《旅游法》突出体现“以人为本”的立法精神，在平衡旅游经营者、旅游者、政府三者之间关系的基础上，以保障旅游者合法权益为主线，把消费者权益保护法中的一般消费权益，结合旅游业的特点，进行了细化，它不仅仅是宣告旅游者有哪些权益，更多的是通过规范政府公共服务、旅游经营规则、民事行为规范、各方旅游安全保障义务、旅游纠纷解决等对旅游者的权益给予更充分的保障，较好地体现了1980年《马尼拉世界旅游宣言》、1982年《阿卡普尔科文件》、1985年《旅游权利法案和旅游者守则》、1989年《海牙旅游宣言》中所确定的“保护旅游者”的原则。

2. 有利于旅游事业发展的原则

有利于旅游事业发展的原则作为衡量旅游法规的制定是否科学、合理的重要标志，要求一切国内和国际旅游立法活动都应促进旅游事业的发展，而不能成为其障碍。提出此项原则的理论基础是上层建筑必须适应、保护和促进经济基础的发展。按照这一原则，我国立法机关和国际社会都应根据旅游活动的固有规律和旅游事业发展的实际需要，有预见、有计划、有针对性地制定和实施各种旅游法律、法规，并在实践中不断充实和完善。

3. 平等互利的原则

在旅游业发展中，旅游法律关系各主体间是相互依存的，如旅游企业和旅游者之间，各旅游企业相互之间，客源地国和旅游接待国之间无不体现相互依存关系。既然旅游法律关系主体之间相互依存，那么在其相互关系中尤其是在旅游经济利益关系中，就应坚持平等互利的原则。例如，各旅游企业之间的商务合同必须体现平等协商、等价有偿的原则，各种旅游法律规范应能保护平等互利的正常旅游关系。

4. 经济效益和社会效益并重的原则

发展旅游业必须注意发挥其良好的经济效益和社会效益，这一目标必须从旅游法规的制定和实施中得到体现。旅游法规应能促进和保证旅游业发挥其积极作用，克服消极影响，从我国旅游法律法规的实际情况看，事实上也是严格遵循了这一原则。一方面，为了保证提高旅游业的经济效益，我国在旅游的宏观控制和微观管理方面都制定了相应的法律或法规；另一方面，经济效益不是我国发展旅游业的唯一目的，提高人口素质，丰富人民文化生活，保护国家珍贵的历史文化遗产，促进中国人民和世界各国人民的友好交往，同样是中国发展旅游业所追求的目标。为此，我国立法机构也制定了相应的法律和法规，以保证这一目标的顺利实现。

5. 兼顾旅游法规各主体利益的原则

旅游法律关系各主体的利益应得到合理的兼顾，旅游行政主管部门、旅游企业和旅游者是一个完整的链条，无论是国家利益、旅游企业的利益还是旅游者的利益，都是整体旅游利益的一部分。从行政主管部门来讲，加强行业管理、净化市场、规范市场，是必须要做到的；作为企业来讲，诚信经营，对游客者负责，是必须要承担的职责；从游客方面来讲，理性消费、合理维权，同样也是作为一个游客应有的态度。所以，各种旅游法律规范都必须较好地协调上述各方的关系，对各方当事人之间旅游纠纷的解决，必须确定合理的原则和方法。

6. 按照客观经济规律办事的原则

经济规律，是经济现象之间的本质联系，是经济现象发展变化的内在必然性。旅游法规对旅游经济发展的积极作用，也正是表现为用法律的手段来保证严格地按照社会主义客观经济规律办事。我国旅游业发展的经验已经证明：只有严格按客观经济规律办事，旅游业才能以较高的速度持续、协调、稳定地向前发展。研究旅游法规要研究客观经济规律，要按照客观经济规律的要求，进行旅游立法，执行旅游法律法规和依法处理各类旅游纠纷。为此，必须做到：旅游立法要反映客观经济规律的要求；依法从事旅游经营管理要符合客观经济规律的要求；依法处理经济纠纷要体现客观经济规律的要求。

7. 保护社会主义市场经济发展的原则

以邓小平同志 1992 年视察南方重要讲话和党的十四大为标志，我国改革开放和现代化建设事业进入了一个新的发展阶段。党的十四大提出的建立社会主义市场经济体制，是建设有中国特色社会主义理论的重要组成部分，对于发展我国旅游业具有重大而深远的意义。为建立社会主义市场经济体制，旅游业同样必须坚持以公有制为主体、多种经济成分共同发展的方针，进一步转换国有企业经营机制，建立适应市场经济要求，产权清晰、权责明确、政企分开、管理科学的现代旅游企业制度。

8. 全面参照国际惯例的原则

国际惯例，是指在长期的国际交往中逐渐形成的并为国际所公认的行为规则，它已超越各国社会制度和意识形态，是各国在交往中习惯遵从，并确有实际成效的行为规则。全面参照国际惯例，其目的就是要彻底理清规则，迅速提高运行效率，切实降低交易成本，最终使中国走向世界，进入世界经济大循环之中，并参与国际分工；也只有遵从国际惯例，努力掌握除了产品的技术标准之外的，在组织经营管理各方面的成文或不成文的国际标准，才能塑造中国旅游业的良好形象和声誉。国际惯例是随着商品经济自然发展和国际经济相互交往逐步扩大而形成的，在保护国家和民族的利益的前提下，在不违背本国法律和社会公共利益的前提下，尽可能地适用或参照某些国际惯例，既可避免不必要的法律冲突，也易为外国旅游者所理解和接受，有利于对外社会旅游关系的建立，有利于发展国际旅游事业。

（二）旅游法规的作用

旅游法规的作用，是指旅游法规的内在或潜在功能发挥、释放于外部世界所引起的客观社会效应。旅游法规的作用分为规范作用和社会作用。

1. 旅游法规的规范作用

规范作用是指旅游法规作用于人，规范人的行为并使之达到有序化状态的效果。它具体包括：（1）引导作用，亦称指引、规制作用，是指旅游法规通过规定权利义务以及违法责任引导人们行为的作用。（2）评价作用，是指法规为评价一般行为和评价具体行为提供标准的作用。合理与否的评价是良心、舆论支持的评价，合法与否的评价是国家支持的评价。（3）预测作用，是指旅游法规为人们预先估计相互之间的行为和行为后果提供依据的作用。（4）教育作用，是指旅游法规的颁布和实施影响旅游法律关系主体的心理、意识、观念，促使其自觉遵守法律的作用。（5）强制作用，是指旅游法规为采取强制措施制裁违法者提供依据和标准的作用。

2. 旅游法规的社会作用

旅游法规是由国家制定，并由国家强制力保证实施的旅游社会经济活动的行为规范，它是指法律通过规范人的行为进而作用于社会，调整社会关系，以达到维护统治的社会效果。旅游法规在我国旅游经济建设中的作用，体现在以下两个方面：一是宏观调控。所谓宏观调控是指由被授权的国家旅游管理机关依法对国家旅游经济进行计划、管理、调节、监督和干预的活动，这是旅游法规的首要任务和作用，主要包括：（1）用法律手段保护社会主义公有制经济为主体，个体经济、私营经济、外资经济为重要组成部分的多种经济成分的合法利益，加强社会主义国家的物质基础；（2）依法引导、巩固、促进旅游经济体制改革的顺利进行；（3）保障社会旅游发展计划的全面实现；（4）发展我国对外旅游经济关系，加强国际旅游经济合作关系；（5）用法律形式对旅游行业经济活动进行计划、监督、协调和调节等。二是微观管理。所谓微观管理是指依法对旅游法律关系主体之间及旅游经营单位内部的经济活动进行管理的活动，主要包括：（1）促进旅游企业改善经营管理，提高劳动生产率和经济效益；（2）实现旅游经营单位的内部管理和民主管理；（3）促进旅游经营单位建立和健全以经济责任制为中心的各项规章制度；（4）保证国家统一领导和旅游经营单位自主经营相结合；（5）运用法律手段确立间接控制市场的方法、内容及法律裁制的手段等。

案例 1–1　　公正的法律责任框架亟待建立

H 公司与 K 旅行社签约，约定安排接待其公司 3 人赴欧洲 5 国商务考察团，费用为 179 380 元人民币。某日，考察团来到挪威，地陪兼司机陈某将后备厢留有考察团人员行李的轿车停放在路边，即陪同考察团成员用餐。轿车无人看管，后备厢被撬盗，丢失行李 4 件。根据考察人员在当地警察局的报案，损失物品价值 179 240元人民币（包括雷达表、高档服装、皮箱及现金 4 966.94 美元）。同时，地陪陈某也在其提交的情况说明里称“客人财物损失巨大，精神上受到极大打击”。回国后，H 公司要求 K 旅行社赔偿，K 旅行社以其对出境人员的行李无保管义务为理由予以拒绝。H 公司根据报案的数额，赔付考察人员的损失后将 K 旅行社告上法庭。

一审判决认为，K 旅行社的地陪人员在组织考察人员用餐期间，既然同意在配备的车辆后备厢里存放行李，即对存放的行李有保管义务，因此对行李丢失负有相应赔偿责任。但是 H 公司所提供用以证明其丢失物品的北京某商场发票失实（记载所购物品为办公用品），国内所带出境外的相关贵重物品无报关证明，对境外所购物品也无相应的信用卡消费单据，也无证据证明报案材料中所列物品均在丢失之列，故判决 K 旅行社赔偿 H 公司损失 15 000 元人民币。H 公司不服，提起上诉。二审法院认为，地陪是 K 旅行社服务的延伸，其将装有行李的轿车停放路边时，并未采取必要的安全保障措施，该不作为行为直接造成了物品被盗，因此K旅行社理应承担相应的民事赔偿责任。但是在确定赔偿数额时，二审法院却认为，原审法院对于游客丢失物品价值179 240元的事实不予认定是错误的，对损失数额予以酌定“欠缺法律依据”，判决K旅行社全额赔偿H公司所称损失，并承担一、二审的全部诉讼费用。

点评：本案涉及组团旅行社对于旅游者在组团社提供的旅游车上行李丢失是否应该承担责任以及如何证明的问题。一方面，组团社对旅游车上游客财物被盗的责任应以游客将财物交付旅行社保管为前提；另一方面，组团社是否应该承担比保管人更严格的责任以及组团社承担赔偿责任的范围等。就上述问题，一、二审法院判决的依据不尽相同，我们以为组团社对游客在旅行车内丢失财物有过失时，承担赔偿责任的范围必须以法院确实能够查证的事实与数额为基础，被盗者的报案不能作为判案的依据；否则，旅行社的赔偿责任就不是建立在事实与法律的基础上，少数游客还可能乘机讹诈，恶意报案，不仅不利于市场诚信的维护，而且也会给旅行社业带来灾难。为此，在旅行社与旅游者之间建立起一个公正的法律责任框架，使旅行社和旅游者都处于公平的司法环境之中，在法律上充分保障旅游市场的健康发展是旅游业与法律界的当务之急。

资料来源　张坚钟，刘劲柳．公正的法律责任框架亟待建立［N］．中国旅游报，2007-04-04.

第二节　旅游业发展中的法律关系

一、旅游业发展中的法律问题

（一）旅游业发展中面临的法律问题

1. 旅游业发展的法律环境问题

旅游业的发展除自身条件外，还包括经济、政治、社会文化和法律等环境因素。旅游业中的法律环境指特定的法律规范、法律制度对旅游业的影响，它规定了旅游业各主体的权利、义务和责任，为旅游业的发展创设一套完整的法律秩序。法律环境对旅游业的影响起着十分重要，甚至是决定性的作用。因为其他因素为旅游业发展提供条件或产生限制都需要通过法律形式规定下来。如包括中国在内的不少发展中国家最初是由于创汇的需要，通过政策或法律对国际旅游业给予扶持。当然，对法律环境在旅游业发展中的作用不能绝对化，毕竟旅游发展环境是一个综合环境，不能以法律手段硬性规定某种高速度、高指标。

2. 旅游合同法律问题

诚信是旅游经营之根本，信誉是旅游企业之生命。旅游是以预收款方式提供服务的，这就需要诚信的环境，需要当事人之间恪守信誉，它包括经营者与消费者的诚信以及经营者与经营者的诚信。有的旅游经营者对旅游者的投诉闪烁其词，想方设法推卸责任，结果失去了信誉，长此以往也将丢掉市场；有的旅游经营者对旅游者的投诉则采取认真负责的态度，主动承认过错，积极予以赔偿，力求让消费者放心满意，从而赢得信誉，也拥有了更加广阔的市场。因此，有了诚信的环境才会给经营者带来数不清的机会，使得经营者的竞争力及商业口碑得到增强。所以，作为旅游经营者，首先，要从自己做起，将“诚信”定为服务宗旨，请游客监督，同时，游客也应以诚信对待经营者，只要双方当事人都能以诚信相待，旅游环境就能得到改善，就可避免不必要的损失，各自合法的权益就能得到保护。当然在我们倡导旅游需要诚信的环境时，不能不重视与此相关的因合同纠纷引起的旅游投诉，它反映出的问题可大可小。既有旅游行程安排不合理、导游缺乏经验，致使服务质量存在问题，也有导游擅自更改日程线路，使游客疲惫不堪的；既有双方当事人签订有书面合同，却未按合同约定提供服务，也有未签订书面合同，却提供旅游服务，旅行社不承认违约的；既有游客投诉旅行社的，也有旅行社起诉游客的等等。

3. 旅游企业经营中的法律问题

有一种形象比喻：市场是海，企业是船，质量是帆。旅游企业是以营利为目的的，其生产的产品是服务，兑现承诺是检验旅游企业产品合格的最低标准。质量事故是旅游企业对旅游者不负责任的表现，旅游投诉是旅游者对旅游企业不守承诺的抗议，不能摆脱投诉的旅游企业，是无法远航的。不可否认，有的质量事故的发生，有着无法预测、无法控制的客观因素，但是，不管是什么原因，对于劣质产品，旅游者有权退货并得到赔偿。随着社会经济的发展，人民生活水平提高了，外出旅游的人越来越多，旅游投诉的绝对量肯定会上升。旅游投诉增多，一方面说明我们的市场还不成熟，企业、消费者、管理者不成熟，因而有空子可钻；另一方面也是我们的市场在迅速扩大的表现，这就为如何进一步加强对旅游企业的管理提出了严峻的课题。应该说，在建立了旅行社质量保证金制度、加大了旅游市场治理整顿力度，特别是出台一系列的政策法规后，我国已形成了一个较为完善的管理体系，旅游企业的经营更加规范了，只要我们做好旅游经营者的宣传工作，增强其守法、规范的经营意识和自我保护的权益意识，旅游者作为旅游市场主体的合法权益得到保护，旅游投诉就可能降下来，这也就保护了守法旅游企业的长远利益，旅游市场就会走上健康发展的轨道。

4. 旅游从业人员素质问题

现代旅游业是经济与文化高度结合的产业，旅游业激烈竞争的成败已经演变为在旅游目的地的资源条件下，旅游从业人员素质优劣的竞争。旅游业发展的后劲，越来越取决于旅游专门人才的数量、质量和旅游从业人员的素质。对游客来说，旅途愉快与否与旅游从业人员有直接关系。在近年来的旅游投诉案例中，近一半以上的纠纷都是由旅游从业人员的素质、服务质量和服务水平所引起的。这既侵害了游客的利益，又损害了中国旅游业界在国内外的信誉。目前，我国旅游业已处在蓬勃发展的时期，而高素质的旅游服务与管理人员严重短缺，中国旅游业面对 21 世纪的发展机遇和挑战，加快旅游专门人才的培养，提高旅游从业人员的素质，成为一项十分紧迫的任务。

5. 旅游者合法权益保护问题

旅游是一种精神产品消费活动，旅游者参加旅游活动的目的在于通过旅游缓解身心压力，获得欢乐和愉快的体验。旅游者如果通过旅游不仅没有得到愉悦的感受，反而使自己的人身和财产受到巨大伤害，并且这种伤害是由于旅游经营者的过错造成的，旅游者是否有权利要求赔偿损失？回答是肯定的。损害赔偿是权利主体因其合法权益受到不法侵害，使其物质或精神利益受到损害而要求侵权人通过财产赔偿等形式进行救济的一种民事法律制度。各国国内法和国际法对旅游者合法权益的范围及享用条件等方面都有规定，政府为保护旅游者合法权益采取的措施及对策等方面也作了规定。

6. 旅游资源、环境、生态的保护问题

旅游资源是旅游业的三大支柱之一，一个国家或地区要发展旅游业就必须合理地开发、利用和保护旅游资源。旅游资源不仅包括由自然因素形成的自然景观，还包括反映人类社会生活的政治、经济、文化、艺术和宗教等活动的人文景观和民俗风情。环境是人类赖以生存和活动的空间。保护和创造良好的生态环境，是建设有中国特色社会主义事业的重要组成部分。当今社会工业化、城市化进程加快，对自然资源的开发强度加大，环境污染、生态破坏的问题日趋严重。自从 1985 年中国加入《保护世界文化与自然遗产公约》以来，中国的世界遗产得到了国家、地方各相关部门的高度重视，世界遗产保护工作得到了空前的重视。但是，在世界遗产保护上依然存在很多问题，如世界遗产地的政府管理体制、世界遗产地的所有权与开发权、世界遗产地的保护与开发的矛盾等问题。可以说，对这些问题的忽视已经对中国世界遗产的保护带来了非常恶劣的影响和严重的后果。因此，制定适合我国国情的旅游资源保护法律法规，对发展国民经济、规范旅游行为、维护旅游企业和旅游者的合法权益已显得尤为重要。

7. 旅游安全与保险法律问题

随着经济社会的进步，旅游正在从人们的生活元素向生活要素甚至生活目的转变，成为人们通往幸福的渠道，实现幸福的领域，而这个领域需要安全的保障。《旅游法》为充分保障旅游者的人身财产安全，对旅游风险的阻断机制进行了系统设计。但是，在旅游活动中，无论是旅游者，还是旅游业经营者，都会面临各种风险，如旅游者在旅途中可能发生人身意外伤害、财物丢失等等，而旅游业经营者则要承担可能出现的各种经营风险，于是，旅游保险便应运而生了。应当说，旅游保险是保险在旅游活动中的体现。在国外，旅游保险如同其他保险一样，是十分发达的，保险法律制度也是较为完善的，但在我国，旅游保险如同整个保险业一样，经历了一个发展缓慢、充满曲折的过程。随着我国经济建设的迅速发展和经济体制改革的不断深入，保险业在国民经济中的地位越来越重要，保险法律制度必将会日臻完善。时下，越来越多的人愿意参加旅行社组织的团队旅游，以省去安排行程、住宿的种种麻烦。同时，旅游者的维权意识也在不断提高，游客更加注重购买相关的旅游保险以分散风险。目前，我国各保险公司涉及旅游的保险条款多达几十种，游客可以根据需要自行选择组合。

8. 旅游者出入境管理法律问题

目前，我国旅游市场已经形成了以国内旅游为基础，入境旅游和出境旅游协调发展的市场格局。《中国旅游业“十二五”发展规划纲要》指出，随着散客化时代的来临，在未来的五年规划中，我国旅游市场开发继续以国内旅游为重点，按照“全面发展国内旅游、积极发展入境旅游、有序发展出境旅游”的战略方针，统筹协调、深化开发三大市场，形成更加协调的市场格局。因此，今后一个时期，如何巩固和扩大既有消费规模，积极培育新的消费热点；如何鼓励消费，方便消费，努力协调三大市场发展同外部运行环境之间的均衡发展成为旅游法制建设亟待解决的问题。而有关旅游者出入境的法律法规，如保障出入境旅游者的合法权益，同境外旅游组织接洽，督促接待计划的完善与履行，调解涉外旅游纠纷等成为旅行社的法定义务。

9. 旅游纠纷的解决问题

随着旅游业的发展和人民生活水平的提高，旅游者对旅游服务质量的重视程度和维权意识不断增强，而目前我国旅游业整体服务水平又不能完全使旅游者满意，因此旅游纠纷频繁出现。旅游投诉制度是我国旅游活动中相对完善的一项法律制度，是处理旅游纠纷几种方式中最具旅游特色的一种。旅游投诉制度的建立，有利于国家旅游行政机关更好地行使行政权力，公平合理地处理双方当事人的矛盾和纠纷，依法管理旅游行业。除投诉制度外，旅游争议的解决还可以采用协商、调解、仲裁、诉讼等方式。处理旅游纠纷，有时只要采取上述方式中的一种就可以解决，有时则要用两种或两种以上的方式才能最终解决。

10. 旅游国际合作问题

随着我国国际旅游地位的提高，国际旅游合作会越来越多，无论政府间还是行业或企业间合作，都会涉及法律问题，甚至是国家主权问题，如国际法律权利义务的实现问题，国际旅游合作中的法律责任问题等。

（二）旅游法律规范

1. 旅游法律规范的概念及构成要素

旅游法律规范是构成旅游法律法规的基本单位，是旅游法律法规中关于主体的行为模式的明确的规定。它由国家权力机关和行政机关制定，并通过国家意志的形式表现出来，是具体规定旅游法律关系主体权利和义务及法律后果的行为规则。其构成要素包括：

（1）适用条件（假定）。它是指适用该规范的情况和条件。换句话说，就是当实际生活中发生的某一种事实，其情节与法律规范规定的情节、条件相符时，才适用该规范。例如，《旅游法》第四十七条规定：“经营高空、高速、水上、潜水、探险等高风险旅游项目，应当按照国家有关规定取得经营许可。”这里的“经营高空、高速、水上、潜水、探险等高风险旅游项目”就是适用条件部分。又如，《旅游法》第一百零二条规定：“导游、领队违反本法规定，向旅游者索取小费的，由旅游主管部门责令退还，处一千元以上一万元以下罚款；情节严重的，并暂扣或者吊销导游证、领队证。”这里的“导游、领队违反本法规定，向旅游者索取小费的”，就是适用条件部分。

（2）行为模式（处分）。它是指该规范所规定的行为类别，行为模式是从大量实际行为中概括出来作为行为的理论抽象、基本框架或标准。行为模式并非实际行为本身，它仅指明旅游法律关系主体行为的方式、尺度及权利和义务等。例如，《导游人员管理条例》第十条规定："导游人员进行导游活动时，其人格尊严应当受到尊重，其人身安全不受侵犯。"这就是规定导游人员的权利是什么。又如，该法规的第九条规定："导游进行导游活动，必须经旅行社委派。"这就是关于导游人员义务的规定。

（3）法律后果（制裁）。它是指法律法规对该规范所规定的行为的处理办法，或称为违反该规范时所导致的法律后果、法律责任的那一部分。如前述"导游、领队违反本法规定，向旅游者索取小费的，由旅游主管部门责令退还，处一千元以上一万元以下罚款；情节严重的，并暂扣或者吊销导游证、领队证"，这里的"……责令退还，处一千元以上一万元以下罚款；情节严重的，并暂扣或者吊销导游证、领队证"就是法律后果部分。法律后果大体可分为两类：①肯定性法律后果，即旅游法律法规承认某种行为合法、有效并加以保护以至奖励；②否定性法律后果，即法律上不予承认、加以撤销以至于制裁。

2. 旅游法律规范的分类

旅游法律规范可以从不同的角度分为不同的种类：

（1）根据行为模式的不同性质，可分为命令性规范、禁止性规范和授权性规范。命令性规范是指要求旅游法律关系主体必须做出一定行为，即承担一定积极作为义务的法律规范；禁止性规范是指禁止旅游法律关系主体做出一定行为，即承担消极作为义务的法律规范；授权性规范是指授权旅游法律关系主体有权自己做出某种行为，或要求他人做出或不做出某种行为的法律规范。

（2）根据法律规范不同的强制程度，可分为强制性规范和任意性规范。强制性规范是指对于权利和义务的规定十分明确，不允许当事人以任何方式变更或违反的法律规范，包括上述命令性规范和禁止性规范。任意性规范是指允许当事人在法定的范围内自行确定其权利和义务的法律规范。

（3）根据法律规范本身不同的确定性程度，可分为确定性规范、委任性规范和准用性规范。确定性规范是明确地规定了某一行为规则的内容，而不必援引其他规范来说明的法律规范。委任性规范是指没有明确规定某一行为规则的内容，而是指出其由某一专门机关予以规定的法律规范。准用性规范是指没有直接规定某一行为规则的内容，而是明确指定在这一行为规则的问题上准许引用某项规定的法律规范。

在实行成文法的国家，旅游法律规范都是通过法律条文表现出来的，但是，二者并不等同，旅游法律规范是行为规则本身或法律法规的本体，而法律条文则是法律规范的外部表现形式。在一个法律条文内，不一定必须把某一法律规范的全部要件表述出来，即某一法律规范，能由一个或几个法律条文表述；同时，一个法律条文中也可能规定几个法律规范。

二、旅游法律关系

旅游业发展中的法律关系实质上是一种社会关系，它是指由旅游法律规范所确认和调整的，旅游法律关系主体之间具有旅游权利与义务内容的社会关系，主要表现在：一方面是平等法律关系主体之间在业务交往中，为了各自的利益而形成的关系；另一方面是国家在宏观管理过程中形成的法律关系。

（一）旅游法律关系的分类与特征

1. 旅游法律关系的分类

依据不同的标准，对旅游业发展中的法律关系可以进行下列分类：

（1）以传统西方法学方法分类，旅游法律关系可分为公法关系和私法关系。公法是指国家需要在其中发挥权力作用或者国家在其中扮演重要角色的关系，如两个主权国家之间签订政府旅游合作协定；私法是指旅游企业与旅游者之间或各旅游企业相互之间的关系，在私法关系中，一般适用契约自由原则和当事人意思自治原则，但以不得违背法律和公共秩序，不损害社会公共利益为前提。

（2）以旅游法律关系的性质分类，旅游法律关系可分为民商事法律关系、经济法律关系、行政法律关系等。

（3）以当事人是否属于同一国籍为标准分类，旅游法律关系可分为国内法律关系和国际法律关系或涉外法律关系。

（4）以旅游业务的专业领域分类，旅游法律关系可分为旅游合同法律制度、旅行社与导游管理法律制度、饭店法律制度、旅游交通运输法律制度、旅游保险与安全法律制度、旅游者出入境管理法律制度、旅游资源法律制度、旅游经营中的公平交易法律制度、旅游投诉法律制度等。

2. 旅游法律关系的特征

旅游法律关系同其他社会关系相比，具有以下特征：

（1）旅游法律关系属于上层建筑的范畴，其形成和实现都要通过人们的意志和有意识的活动。旅游法律关系的产生、发展和变化都是以旅游物质关系为依据的，反过来对旅游物质关系又有促进作用。

（2）旅游法律关系是由旅游法律规范调整的社会关系。任何一种旅游法律关系的产生和存在都是以与这种法律关系相适应的法律规范的存在为前提的，必然符合旅游法规的要求。没有相应的旅游法律规范，就不可能形成旅游法律关系。旅游法律关系是旅游法律规范在实际生活中的实现，只有当人们按法律规定结成具体的权利与义务关系时，才构成法律关系。

（3）旅游法律关系具有旅游权利和旅游义务的内容，双方当事人相互享有旅游权利，承担旅游义务。如关于旅游纪念品的买卖合同，旅游工艺品商店的义务是将旅游商品交付给旅游者，它的权利是取得商品的价金；而旅游者的权利是取得旅游商品，其义务是支付旅游商品的价金。

（4）旅游法律关系是由国家强制力保证实施的社会关系。法律规范所调整的权利与义务关系，不同于其他社会规范所调整的权利与义务关系。旅游法律关系内容的实现，是通过国家强制力保障旅游法律关系主体的合法权利的实现和法定义务的履行。任何侵犯他人合法权利和不履行法定义务的行为，都要受到以国家强制力为后盾的法律制裁。

（二）旅游法律关系的构成要素

旅游法律关系由主体、内容和客体三大要素构成，缺少其中任何一个要素都不能构成法律关系。

1. 旅游法律关系主体

旅游法律关系主体，是指依法享有权利和承担义务的旅游法律关系的参加者或当事人。任何法律关系，如果没有享有一定权利和承担一定义务的主体参加，都是不可能成立的。在我国，旅游法律关系的主体包括旅游行政管理机关、旅游企事业单位、旅游者及境外旅游组织等。

（1）旅游行政管理机关分为国家旅游行政管理部门和地方各级旅游行政管理部门两级。国家旅游行政管理部门即国家旅游局，它是在国务院的领导下，负责统一领导和管理全国的旅游工作。国家旅游局对旅游业实行宏观管理，会同有关部门制定和完善有关旅游的政策、法规，以适应市场要求，规范、引导旅游市场；地方各级旅游行政管理部门在我国主要是指省、自治区、直辖市的旅游局，地、市级旅游局和县级旅游行政管理部门。它们是在国家旅游局和地方人民政府的双重领导下管理本地区的旅游行政工作。

（2）旅游企事业单位主要包括各类旅行社、旅游饭店、旅游交通运输部门、导游服务公司、饭店管理公司、园林部门、文物部门以及旅游品商店等。

（3）旅游者包括海外旅游者和国内旅游者两大类。前者是指从境外到我国内地旅游的外国人、无国籍人、海外华侨以及港、澳、台同胞等；后者是指在国内旅行游览的我国公民，以及出境旅游的我国公民。

（4）境外旅游组织成为我国法律关系主体的情况较少，但是，当我国的旅游企事业单位与境外旅游组织发生交往时，该旅游组织也可以成为我国旅游法律关系主体。

2. 旅游法律关系的内容

旅游法律关系的内容，是指由旅游法规定的，旅游法律关系主体的旅游权利和旅游义务。旅游权利是指旅游法律关系主体所享有的作出某种旅游行为的能力或者资格。换句话说，旅游权利就是旅游法律关系主体有权作出或不作出一定旅游行为以及有权要求他人作出或不作出相应旅游行为，以实现自己的旅游利益。旅游权利由旅游法确立、认定，并受法律保护。旅游义务是指旅游法律关系主体所承担的某种必须履行的旅游行为的职责，表现为负有义务的人必须作出（或不作出）一定的行为，以保证权利人权利的实现。

在旅游活动中，我们必须正确认识和处理权利和义务关系。首先，坚持权利和义务相统一的原则。旅游权利与旅游义务是相辅相成、不可分割的。任何旅游权利的实现总是以履行相应的旅游义务为前提的；相反，履行一定的旅游义务往往是以实现相应的旅游权利为条件的。在旅游法律关系中，一个旅游法律关系主体可能同时享受旅游权利和承担旅游义务。如在旅游购销合同关系中，买方有义务向卖方支付价款，卖方有义务向买方交付商品。又如，在旅游交通货物运输合同中，旅客或者托运人有权要求承运部门安全及时地把行李运送到目的地，而同时又有义务支付运费。其次，不得滥用权利。旅游法律关系主体在行使自由和权利时，不得损害国家的、社会的、集体的利益和旅游法律关系其他主体的自由和权利。最后，自觉履行义务。每一个旅游法律关系主体在享受权利的同时，都应当积极自觉地履行自己的义务。

3. 旅游法律关系的客体

旅游法律关系的客体，是指旅游法律关系主体的权利和义务所指向的对象。它主要包括物、行为、与人身相联系的非物质财富。

（1）物，即标的物，是指在旅游法律关系中可以作为财产权对象的物品和其他的物质财富，如旅游商品等。

（2）行为主要是指旅游服务行为和旅游管理行为。旅游服务行为是体现在食、住、行、游、购、娱等一系列活动中的服务工作。旅游管理行为是一种间接的为旅游服务的行为，它对旅游活动进行管理、监督，具体贯彻执行国家的各项旅游政策、法规，维护旅游活动的秩序，促进旅游业的健康发展。

（3）在某种情况下，非物质财富也可以成为我国旅游法律关系的客体。如与旅游商品有关的注册商标等智力创造性劳动就属于非物质财富。

（三）旅游法律关系的产生、变更和消灭

在社会生活中，法律关系是处在不断变化之中的，法律关系主体、客体及权利和义务关系可由某种原因而发生变化，这种变化在法学上称为法律关系的产生、变更和消灭。旅游法律关系的产生，是指旅游法律关系主体之间形成权利义务关系。由于某种法定事实的出现，在法律关系主体之间产生了权利和义务关系，如合同的订立。旅游法律关系的变更，是指旅游法律关系的主体、客体或内容的变化。主体的变更就是权利或义务从这一主体转移到另一主体，如债权的转移，主体人数的增加或减少等；客体的变更是主体的权利义务共同指向的目标的变化，如旅游合同标的物部分灭失，损害他人物品不能恢复原状而变为赔偿损失等；内容的变更即权利义务的变化，由于义务的部分履行，权利就随之缩小，由于权利的部分实现，义务就相应减少，如债务的部分履行。旅游法律关系的消灭，是指旅游法律关系主体之间的权利和义务的终止。由于某种法律事实的出现，使法律关系主体之间的权利和义务关系消灭。如旅游合同履行完毕，当事人之间根据合同确定的权利义务即告消灭。

综上所述，旅游法律关系的产生、变更和消灭都是由一定的旅游法律事实引起的。所谓旅游法律事实，是指由旅游法规定的，能够引起旅游法律关系产生、变更和消灭的客观情况或客观现象。旅游法律事实包括旅游法律事件和旅游法律行为。旅游法律事件，是指不以当事人的主观意志为转移的客观事件。简单地说，就是指与个人意志无关的客观现象，如旅游活动中的意外事故、不可抗力等。旅游法律行为，是指旅游法律关系主体有意识的、自觉活动的结果，如旅游合同的签订。无论是合法的旅游行为还是违法的旅游行为都能够引起旅游法律关系的产生、变更和消灭。

案例 1-2　　理顺法律关系是责任承担的前提

赵先生参加了某旅行社组织的旅游团前往桂林旅游。临行前接受组团社的推荐，购买了旅游意外保险。在乘火车前往桂林途中，火车车窗的玻璃突然被一块飞来的石头击碎，将靠窗而坐的赵先生扎伤。事后，赵先生向旅行社索赔。旅行社说，此事故纯属意外，不是旅行社的责任，赵先生应向保险公司索要旅游意外保险赔偿。但保险公司却认为，旅客在火车上发生意外，应由铁路客运部门负责赔偿。

点评：《旅行社投保旅行社责任保险规定》："旅行社在与旅游者订立旅游合同时，应当推荐旅游者购买相关的旅游者个人保险。"本案中旅行社向旅游者推荐购买旅游意外保险，已履行了法定义务，不应承担责任。游客赵先生在乘车途中被火车车窗玻璃扎伤的事故，属于意外事故，承保保险公司应承担赔偿责任。同时，我国《铁路法》规定，铁路运输企业应当保证旅客和货物运输的安全，做到列车正点到达。在客运期间发生的事故，旅客可以向铁路运输企业索赔，铁路运输企业应当赔偿。铁路运输企业赔偿后，如果说是第三者的责任，可以向有责任的第三者追偿。

资料来源　张希钦．旅游服务案例分析［M］．北京：中国旅游出版社，2007.

第三节　现代旅游企业法人制度

一、现代旅游企业法人制度概述

（一）法人的概念及特征

现代社会进行各类社会活动的主体，除自然人外，还有以团体名义进行活动的各类组织。其中，在民事活动中，具有民事权利能力和民事行为能力，依法独立享有民事权利和承担民事义务的组织中，最重要的就是法人。现代企业法人制度是为了适应社会化大生产与现代市场经济发展应运而生的一种企业组织制度。我国的旅游企业在过去相当长的一段时间内，不论是旅游饭店、旅行社，还是景点景区和旅游商贸企业，大多以全民所有制性质为主，即国有旅游企业在旅游行业中占有主导地位，而国有旅游企业的改革和发展，也必须先从建立和完善现代企业制度入手。作为现代企业制度核心的股份制是现代企业的一种资本组织形式，它有利于所有权和经营权的分离，有利于提高企业和资本的运作效率，能够有效地实现出资者所有权与企业法人财产权的分离，既有利于政企分开，转换经营机制，企业摆脱对行政机关的依赖，国家解除对企业承担的无限责任，又有利于筹集资金，分散风险。因此，加速现代旅游企业改革步伐，实行股份制改造和上市，拓宽旅游业发展的资金渠道，使实业经营转向资本经营、市场经营，为我国旅游业更快腾飞注入活力。现代旅游企业制度是旅游企业发展的必然方向，我国《民法通则》设专章对法人问题作了详细规定，包括法人的一般规则，企业法人的设立、变更和终止以及承担责任的范围，确定机关、事业单位和社会团体的法人资格，并专门对联营企业的形式作了规定，从而使我国法人制度初步建立。随着新《公司法》的颁布，法人制度更趋完善，成为国有旅游企业改制的法律依据。

所谓法人，是指具有民事权利能力和民事行为能力，依法独立享有民事权利和承担民事义务的组织。可见，法人具有如下基本法律特征：

第一，法人是依法成立的一种社会组织。这是法人与自然人之间的最大区别。法人是社会组织，但不是任何组织都能取得法人资格，只有那些具备法定的条件，并得到国家认可或批准的社会组织，才能取得法人资格。

第二，法人拥有独立的财产或者经费。法人拥有独立的财产或者经费，是法人作为独立主体存在的基础和前提条件，也是法人独立地享有民事权利和承担民事义务的物质基础。

第三，独立承担民事责任。法人能够独立承担民事责任，是它拥有独立财产的必然反映和结果。正因为法人有独立的财产，所以它理所当然地要独立负担由自己活动所产生债务的财产责任。既然法人的财产与法人成员的其他财产以及创立人的其他财产是分开的，那么除法律另有规定外，国家、法人成员个人对法人的债务不承担责任，而应由法人以自己所有或经营管理的财产承担民事责任。

第四，法人能够以自己的名义参加民事活动，这一特征是法人有自己独立财产的必然结果，同时也是法人的人格独立于其成员人格的证明。

（二）法人的分类

依据不同的标准，法人主要有以下分类：

（1）以法人设立的目的及所依据的法律不同，可以将法人区分为公法人和私法人。在大陆法系国家和地区，以实现公共福利为目的，依据公法所设立、组织的法人为公法人，国家管理机关是典型的公法人；追求私人目的，依据私法所设立的法人为私法人。

（2）以法人成立的基础为标准，可以把私法人分为社团法人和财团法人。社团法人是以人的组合作为法人成立基础的私法人；财团法人是以一定的财产设定作为成立基础的私法人。

（3）以法人设立目的为标准，可将私法人区分为公益法人和营利法人。以营利为目的所设立的法人是营利法人，反之为公益法人。社团法人中，既有公益法人，也有营利法人。

上述三种分类，在我国现行民商立法中尚未有明确体现，在《民法通则》中，法人被分为企业法人、机关法人、事业单位法人和社会团体法人。

（1）企业法人以从事生产、流通、科技等活动为内容，以获取盈利和增加积累、创造社会财富为目的，它是一种营利性的社会经济组织。依照《民法通则》的规定，我国的企业法人有三种分类方法：一是根据所有制性质将企业法人分为全民所有制企业法人、集体所有制企业法人、私营企业法人；二是根据是否有外资参与，将企业法人分为中资企业法人、中外合资经营企业法人、中外合作经营企业法人和外资企业法人；三是根据企业的组合形式，将企业分为单一企业法人、联营企业法人和公司法人。在我国，公司法人是以营利为目的的企业法人。公司又分为有限责任公司和股份有限公司。

（2）机关法人是指依法享有国家赋予的行政权力，并因行使职权的需要而享有相应的民事权利能力和民事行为能力的国家机关。国家机关以法人的资格进行活动，与其他当事人处于平等的法律地位。有独立经费的机关法人以自己的名义参加民事活动所产生的债务，应以它的独立经费给予偿还，若债务超出其经费而另需抵补的，应由国家有关立法加以保证。国家机关依照法律或行政命令成立，不需要进行核准登记程序，即可取得机关法人资格。

（3）事业单位法人是指为了社会公益事业目的，由国家机关或者其他组织利用国有资产举办的，从事文化、教育、卫生、体育、新闻等公益事业的单位。这些法人组织不以营利为目的，一般不参与商品生产和经营活动，虽然有时也能取得一定收益，但该收益只能用于目的事业，且属于辅助性质。它们的独立经费主要来源于国家财政拨款，也可以通过集资入股或由集体出资等方式取得。事业单位以法人名义从事民事活动所产生的债务，应以它们的独立经费负清偿责任。依据法律规定或行政命令组建的事业单位，从成立之日起，即具有法人资格；由自然人或法人自愿组建的事业单位，应依法办理法人登记，方可取得法人资格。

（4）社会团体法人是指自然人或法人自愿组成，为实现会员共同意愿，按照其章程开展活动的非营利性法人。社会团体法人采取由参加成员出资或由国家资助的办法建立团体财产和活动基金，除依法规定的特别基金外，应以此对其债务负清偿责任。社会团体法人又可分为学术性社会团体法人、行业性社会团体法人、专业性社会团体法人及联合性社会团体法人。

二、旅游企业法人的设立与民事责任能力

（一）旅游企业法人成立的条件与经营权限

1. 旅游企业法人成立的条件

法人成立的条件主要解决特定社会组织欲经由法人的设立程序，成为法人所必须具备的条件。只有具备了这些条件，进入法人设立程序才有意义。旅游企业法人的成立，必须具备以下条件：

（1）依法成立。依法成立是指欲成为法人的社会组织的设立必须合法，它的设立目的和宗旨要符合国家和社会公共利益的要求，它的组织机构、设立方式、经营范围、经营方式等要符合国家法律和政策的要求。

（2）有必要的财产或者经费。拥有必要的财产或者经费，对于法人来讲极其重要，是其享有民事权利和承担民事义务的物质基础，也是其得以独立承担民事责任的财产保障。其中必要财产，是对于企业法人的要求；必要经费，是对于机关、事业单位、社会团体法人的要求。企业法人因其经营性质和范围不同，须相应具有法定的最低财产数额。

（3）有自己的名称、组织机构和场所。法人的名称在形式上可以将特定的法人与其他法人区别开来，也可以将法人与其成员区别开来，从而表现法人的独立人格。法人必须具备一定的组织机构，明确其权力机关、执行机关和监督机关，这是实现法人团体意志，独立享有民事权利和承担民事义务的组织保证。法人要从事生产经营活动，就必须有自己

固定的场所，有些法人还可以设有分支机构或在几个场所设立机构。在法律上明确法人的场所，对于法人业务活动的开展、债务的履行、国家有关部门对法人的监督和管理都有重要的意义。

符合以上三个条件，再履行有关设立程序，即可成为法人。

2. 旅游企业法人的经营权限

旅游企业法人的经营权限，是指旅游企业法人的业务经营范围，即旅游企业法人应当从事的业务活动。《民法通则》规定，企业法人应当在核准登记的经营范围内从事经营。也就是说，旅游企业法人的经营范围以其主管机关核准登记的范围为准，如果旅游企业法人超出其经营范围而进行其他业务活动，就应当承担由此产生的法律后果。

（二）旅游企业法人的民事责任能力及法定代表人

1. 旅游企业法人的民事责任能力

旅游企业法人的民事责任能力，是法人行为能力中的一种特殊形式，它是指法人据以独立承担民事责任的资格。《民法通则》第四十三条规定："企业法人对它的法定代表人和其他工作人员的经营活动，承担民事责任。"第一百二十一条规定："国家机关或者国家机关工作人员在执行职务中，侵犯公民、法人的合法权益造成损害的，应当承担民事责任。"《最高人民法院关于贯彻执行〈中华人民共和国民法通则〉若干问题的意见（试行）》进一步规定："企业法人的法定代表人和其他工作人员，以法人名义从事的经营活动，给他人造成经济损失的，企业法人应当承担民事责任。"旅游企业法人具有民事责任能力，以其全部财产独立承担民事责任，企业法人的投资者则仅以出资为限，承担民事责任。

2. 旅游企业法人的法定代表人

旅游企业法人的法定代表人，是指依照法律或旅游企业法人组织章程规定，代表法人行使职权的负责人。旅游企业法人的法定代表人对内管理法人内部事务，对外以法人的名义从事经营活动，他的意思表示即为旅游企业法人的意思表示，给他人造成的经济损失应由旅游企业法人承担。有下列情形之一的，除旅游企业法人应承担责任外，对法定代表人可以给予行政处罚；构成犯罪的，依法追究刑事责任：

（1）超出登记机关核准登记的经营范围从事非法经营的；

（2）向登记机关、税务机关隐瞒事实情况、弄虚作假的；

（3）抽逃资金、隐匿财产逃避债务的；

（4）解散、被撤销、被宣告破产后，擅自处理财产的；

（5）变更、终止时不及时办理登记和公告，使利害关系人遭受重大损失的；

（6）从事法律禁止的其他活动，损害国家利益或社会公共利益的。

三、旅游企业法人的变更和终止

（一）旅游企业法人的变更

旅游企业法人的变更是指在法人存续期间内，法人在组织机构、性质、活动范围、财产或者名称、住所、隶属关系等重要事项上发生的变动。可见，旅游企业法人的变更，包括法人的合并、法人的分立及其他事项的变更等。

（1）法人的合并，即将两个或两个以上的法人合并成为一个新的法人。法人的合并又包括新设合并和吸收合并。前者指两个或两个以上的法人合并为一个新法人，原来的法人消灭；后者指一个法人归并到一个现存的法人中去。

（2）法人的分立，即一个法人分为两个以上的法人。法人的分立又包括分解分立和分支分立。前者指解散原法人，分立为两个以上的新法人；后者指原法人继续存续，但从中分出新的法人。

（二）旅游企业法人的终止

1. 法人终止的概念和原因

法人的终止是指从法律上消灭法人作为民事主体的资格。法人终止主要包括以下原因：（1）依法被撤销；（2）法人被解散；（3）法人目的实现；（4）企业法人破产；（5）其他原因。

2. 法人的清算

法人的清算是指法人消灭时，由依法成立的清算组织依据其职权清理并消灭法人的全部财产关系。《民法通则》规定，法人终止，应当依法进行清算，停止清算范围外的活动；企业法人解散，应当成立清算组织，进行清算。可见，清算为法人终止的必经程序。就企业法人而言，清算分为破产清算和非破产清算。破产清算的清算组织，其成员由法院从企业上级主管部门、政府财政部门等有关部门和专业人员中指定。清算组织的主要任务是清理公司财产、收取债权、清偿债务、移交剩余财产。清算终结，应由清算人向登记机关办理注销登记并公告。完成注销登记和公告，法人即归于终止。

案例 1–3　　旅游饭店人身损害赔偿责任

某日，李某与同事陈某住进西安某饭店。下午4时，李某到卫生间洗澡时，因地滑摔倒，李随后将此事告知楼层服务员，但未要求饭店送其到医院检查和治疗。后来李某在市红十字会医院初诊被发现肋骨骨折、脾脏破裂，此后又辗转于西安其他两所医院接受治疗。经法医鉴定，其左侧第11肋骨骨折，脾包膜下破裂，属摔碰所致，达7级伤残。李某前后花去医疗费数万元。李某认为：饭店客房卫生间的地板太滑，他的同事也曾差点摔倒，而且据当时当班的服务员说，客房卫生间经常有人摔倒。究其原因，李某认为还是饭店卫生间设计不够合理，存在安全隐患，理应承担赔偿责任。况且，事情发生后，该饭店始终未给予任何赔偿，在他住院期间，也一直无人去看望过他，他为此十分气愤，遂向该饭店提出包括医疗费、住院费、营养费、护理费及精神损失费等共计11.8万余元的赔偿要求。而该饭店表示其为星级宾馆，服务设施均已检验合格，亦未听到客人反映过此类事件，摔伤是客人自己不小心造成的，责任不在饭店，拒绝对李某进行赔偿。

点评：旅游饭店作为服务性行业，以向旅客提供与收费相应的住宿环境和服务，来获取旅客付出的报酬。旅客登记入住旅游饭店，其与饭店之间形成了以住宿、服务为内容的合同关系，应适用合同法律规定进行调整。同时，《消费者权益保护法》规定，经营者应当保证所提供的商品或者服务符合保障人身、财物安全的要求。对可能危及人身、财物安全的商品和服务，应当向消费者作出真实的说明和明确的警示，并说明和标明正确使用商品或者接受服务的方法以及采取防止危害发生的措施。本案中旅游饭店作为企业法人的责任是多重的，既有侵权责任，也有违约责任，属于侵权责任与合同责任并列。《合同法》规定，在责任竞合时，当事人只有单一的请求权，受害人可以选择请求旅游饭店承担违约责任或侵权责任。李某住进饭店，由于饭店地滑且没有明确的警示标志，并未全面、认真地履行提醒和说明的义务，也未采取有效的防滑措施，导致李某摔伤，旅游饭店应负主要责任。当然，李某作为具有完全民事行为能力的人，没有尽到注意义务，也有一定的责任。

资料来源　王莉霞．旅游饭店人身损害法律责任初探［EB/OL］．（2004-11-11）［2014-01-09］．http：//www.people.com.cn/GB/shehui/1063/2981641.html.

第四节　旅游法律责任

一、旅游法律责任的概念与特征

旅游法律责任，是指旅游法律关系主体违反法律、法规，而必须承担的法律后果。由此可见，旅游法律责任具有以下特征：

（1）旅游法律责任是一种强制性的法律责任。行为人实施了违反法律、法规的行为，就必须承受法律制裁的义务。

（2）旅游法律责任是一种综合性的法律责任。它通常表现为行政责任、民事责任以及刑事责任。

（3）追究旅游法律责任的机关具有多样性。它可以是旅游行政管理机关，也可以是其他主管部门，如工商、税务机关，还可以是司法机关。

二、旅游法律责任的构成要件

（一）旅游法律关系主体的资格要合法

旅游法律关系主体的资格要合法，是指旅游违法行为的行为人要达到法定的责任年龄和具有法定的责任能力。

1. 法人

法人作为具有民事权利能力和民事行为能力、依法享有民事权利和承担民事义务的组织，依据《民法通则》的规定，从法人成立时即具有民事权利能力和民事行为能力，上述能力直到法人终止时才消灭。可见，法人可以成为承担旅游法律责任的主体。如旅游企业法人违反旅游合同的行为等，在这种情况下，旅游企业法人就应该承担相应的旅游法律责任。

2. 自然人

自然人（公民）的权利能力和行为能力，与法人有所不同。依据《民法通则》的规定，公民的权利能力始于出生终于死亡。《民法通则》还规定，公民的行为能力依其年龄、智力和精神状况可分为完全民事行为能力的人、限制民事行为能力的人和无民事行为能力的人。年满18周岁的公民为成年人，并且可以独立进行民事活动，才是完全民事行为能力的人。此外，16周岁以上不满18周岁的公民，若以自己的劳动收入为主要生活来源的，可视为完全民事行为能力的人。上述完全民事行为能力的人独立进行旅游活动并承担由此产生的旅游法律责任。一般来说，一个人的责任能力与其责任年龄成正比，年龄越大，辨认和控制自己行为的能力越强，但是，由于受主、客观方面因素的影响，未成年人和不能辨认或者控制自己行为的精神病人，属于限制民事行为能力的人或无民事行为能力的人，只能从事与其年龄、智力相当的旅游活动，其他活动应当由其法定代理人或者监护人负责，并由其承担由此产生的法律责任。

3. 其他组织

其他组织一经领取营业执照或者办理设立登记手续，即取得相应的民事权利能力和民事行为能力，并承担相应的旅游法律责任。

（二）旅游法律关系主体要有过错

旅游法律关系主体要有过错，是指旅游违法行为的行为人对自己行为引起的损害结果所持有的心理状态，它包括故意和过失两种形式。故意，是指旅游违法行为人明知自己的行为会给国家、社会和他人造成损害结果，并且希望或者放任这种结果发生的心理状态。在法律上，把希望结果发生的心理状态称为直接故意；把放任结果发生的心理状态称为间接故意。前者是行为人直接追求这种结果的发生；后者是行为人对结果的发生采取听之任之、满不在乎的态度。过失，是指行为人应当预见自己的旅游违法行为可能会产生损害国家、社会和他人利益的结果，因为疏忽大意没有预见，或者虽然已经预见而轻信能够避免的心理状态。在法律上，把疏忽大意没有预见损害结果发生的心理状态称为疏忽大意的过失；把已经预见损害结果的发生但轻信能够避免的心理状态称为过于自信的过失。

（三）要有违法行为的存在

依据我国有关法律法规的规定，旅游违法行为既可以由作为构成，也可以由不作为构成。作为的旅游违法行为，是指旅游法律关系主体用积极行为所实施的我国法律法规所禁止的损害国家、社会和他人利益的行为；不作为的旅游违法行为，是指行为人有义务实施某种行为，而消极地不去实施该行为，结果给国家、社会和他人造成的损害。要使行为人对自己不作为的旅游违法行为所造成的损害结果负责，必须以行为人负有某种特定的义务为前提。

（四）要有损害事实的存在

所谓损害事实，是指旅游法律关系主体违反旅游法规和其他法律法规的规定，给国家、社会和他人造成的损害。这里的“损害”，既包括给旅游经营管理造成的损害，也包括给财产和人身造成的损害。例如，旅游企业漏税、欠税、偷税、抗税的行为；违反货币管理、信贷管理、金融管理、外汇管理的行为；违反旅游价格管理的行为等等，这些都能使旅游经营管理活动和我国经济秩序受到损害。再如，旅游产品质量不符合规定标准，就会给旅游者造成财产、人身的损害。

（五）违法行为与损害事实间有直接的因果关系

违法行为与损害事实之间的因果关系，是指二者之间存在着内在的、必然的联系。也就是说，损害事实是违法行为人承担责任的前提条件，如果只有违法行为，而没有造成损害事实，违法行为人可不承担旅游法律责任。相反，行为人只能对自己的违法行为所造成的损害结果负责，如果仅有损害事实的存在，而没有违法行为或者该损害事实的存在，不是违法行为人的行为所造成的，行为人同样不承担法律责任。

一般情况下，违法行为与损害事实之间是否存在因果关系是不难确定的，但是，在某些条件下，由于二者间掺杂着其他因素，要判明引起旅游损害事实的真正原因是比较困难的，因此，在分析因果关系时应注意以下问题：

（1）一个人的违法行为在当时的条件下不是必然地发生某种损害事实，只是与其他原因联系在一起发生了损害结果。在这种情况下，该违法行为仅是损害事实发生的条件，而不是原因，二者之间不存在法律上的因果关系。

（2）有时一个违法行为，可能产生几个损害结果；有时一个损害结果，可能是由几个人的违法行为引起的。在这种情况下，应该分清哪些是主要原因，哪些是次要原因；哪个人负主要责任，哪个人负次要责任。

（3）解决了违法行为与旅游损害事实之间的因果关系，并不意味着完全解决了行为人的法律责任问题，还必须对整个事件作全面分析，特别要查明行为人主观上是否有过错，如果行为人主观上没有过错，即使造成了损害事实，行为人也不负旅游法律责任。

综上所述，在确认旅游法律责任时，必须坚持主、客观相一致的原则，既要查明违法行为与损害事实之间有无因果关系，还要查明行为人主观上有无过错。

三、旅游法律责任的种类

依照旅游法律关系主体违法的性质和程度的不同，旅游法律责任一般可分为行政责任、民事责任和刑事责任三种。

（一）行政责任

行政责任，是旅游法律关系的主体违反了国家的行政法规或本单位内部的规章、制度，尚不够追究刑事责任，由国家行政机关或违法者所在单位负责追究责任的一种形式。它分为旅游行政处罚和旅游行政处分两种。

旅游行政处罚是指由国家行政机关给予实施了旅游违法行为但尚未构成犯罪的旅游企业法人及其工作人员或者旅游者等旅游法律关系主体的一种制裁。例如，对违反旅游管理法规行为的处罚、对违反治安管理法规行为的处罚、对违反工商管理法规行为的处罚等等。在我国，旅游行政处罚的方式有警告、罚款、限期整顿或停业整顿、没收非法所得、行政拘留、扣留或者吊销证书及营业执照等。

旅游行政处分是指旅游行政管理机关和企事业单位，根据法律或者旅游法规的规定，按行政隶属关系给予有轻微违法失职行为或违反单位内部管理制度行为的一种制裁。行政处分的方式主要有警告、记过、降级、降职、撤职、留用察看、开除等。

（二）民事责任

民事责任，是指旅游法律关系主体，违反了民事法律规范时应当承担责任的形式。根据我国有关法律的规定，当事人承担民事责任的方式主要是应负给付义务，在旅游法规中，它主要体现为侵权行为、债务不履行和不履行合同约定的内容等所承担的赔偿义务。其具体承担责任的方式有返还财产、恢复原状或者恢复名誉、排除妨害、停止侵害、消除影响、赔礼道歉、赔偿损失、支付违约金、支付赔偿金、中止或者继续履行合同等。

（三）刑事责任

刑事责任，是指旅游法律关系主体违反刑事法律规范时承担责任的形式。我国《刑法》将当事人实施了刑法规范所禁止的行为所必须承担的后果叫刑罚，它分为主刑和附加刑两种。主刑有管制、拘役、有期徒刑、无期徒刑和死刑五种，它只能独立适用，不能附加适用；附加刑有罚金、剥夺政治权利、没收财产三种，它既可独立适用又可附加适用。此外，对于犯罪的外国人可以独立适用或者附加适用驱逐出境。总之，凡是按照我国《刑法》的规定，构成犯罪的行为，均应依法追究刑事责任。

另外，随着我国社会主义市场经济体制的确立与发展，单位犯罪成为我国一种新的犯罪形态。旅游企业法人作为单位的一种类型，对旅游市场发展起到了积极作用，但是，由于其自律机制、监督机制不健全，一些旅游企业法人为了小集体利益，钻法律空子，从事各种违法犯罪活动，严重损害了国家利益。目前，最常见的旅游企业法人犯罪类型主要有：走私；制造销售伪劣商品或假冒商标；偷税、漏税、骗税、行贿、受贿等。依据《刑法》的规定，对单位犯罪的处罚采取“两罚原则”，即在惩治单位犯罪时，既对单位判处罚金，同时，对单位的主管人员和直接责任人员追究刑事责任。

案例 1–4　旅游购玉有假之后

陈某等人参加A旅行社组团北京双飞5日游，北京B旅行社负责地接。在旅游过程中，地陪刘某带陈某等人到北京某珠宝城，柜台小姐把他们关在一个房间里介绍玉器，并介绍说老板是福建宁德老乡，请老板出来和陈某等人见面。老板出来后跟陈某等人说，他要为老乡办善事，叫陈某等人不要在柜台外面买玉器，他拿的缅甸纯真玉器以成本价卖给陈某等人，不要告诉外面的游客。陈某等人共花1 800元买了两个玉手镯。回到福州后，经福建省金银珠宝首饰检测中心鉴定，手镯是翡翠处理品。陈某等人要求A旅行社协助退货还款，并提供国内旅游组团合同书、团款发票、珠宝城的两张收据纸条、福建省金银珠宝首饰检测中心出具的两份鉴定书等证据材料。A旅行社辩称：第一，客人手持某珠宝城出具的两张收据纸条不是正式发票，没有盖上印章，有伪造证据之嫌，不能作为证据证明两个手镯是在珠宝城购买的；第二，客人没有其他证据证明两张收据纸条与两个玉手镯及北京导游之间存在关系。因此，A旅行社无法据此向北京有关方面提出质疑，不承担任何责任。

点评：本案有两个争执焦点：一是客人的投诉情况是否属实，旅行社辩解理由能否站得住脚？民事诉讼举证规则是“谁主张谁举证”。陈某等人为了证明自己的观点已提供了证据，A旅行社仅是质疑客人提供证据的证明力，但并没有提供相应证据。在这种情况下，比较双方当事人的证据，客人证据明显优势于旅行社，客人的证据已形成较完整的证据体系，有理由认同客人主张的事实。二是陈某等人由旅行社导游带去购物有假，旅行社应当承担什么法律责任？根据《国内旅游组团合同》范本，“乙方（旅行社）应当按照《旅游行程表》安排甲方购物，不得强迫甲方（旅游者）购物，不得擅自增加购物次数。当甲方发现所购物品系假冒伪劣产品，如购物为甲方要求的，乙方不承担责任；如购物为行程内安排的，乙方应当协助甲方退还或索赔；如购物为乙方在行程外擅自增加的，乙方应赔偿甲方全部损失”，本案导游是在行程外安排客人购物的，所购物品是假冒伪劣产品，旅行社应赔偿客人全部损失。

资料来源 林松．旅游购玉有假之后［J］．福建旅游，2004（3）．

思考与练习

一、填空题

1. 法作为一种行为规范，根据调整对象不同，它可分为________和________。

2. 旅游法律规范的三个构成要素是________、________和________。

3. 旅游法律关系主体，是指依法享有权利和承担义务的旅游法律关系的参加者，包括：（1）旅游行政管理机关；（2）________；（3）________；（4）境外旅游组织。

二、选择题（在每小题的四个备选答案中，选出1～4个正确答案，并将正确答案的序号填在题干的括号内）

1. 旅游法规的规范作用表现在(　　)。

A. 教育作用　　B. 引导作用

C. 预测与评价作用　　D. 强制作用

2. 旅游法律规范根据行为模式的不同性质，可分为(　　)。

A. 命令性规范　　B. 禁止性规范

C. 授权性规范　　D. 任意性规范

3. 旅游法律关系的客体包括(　　)。

A. 旅游事件　　B. 旅游标的物

C. 旅游行为　　D. 非物质财富

三、简答题

1. 简述旅游法规与旅游政策、旅游职业道德的关系。

2. 试述旅游企业法人的民事责任能力。

3. 什么是旅游法律关系？旅游法律关系的构成要素是什么？

四、案例分析题

某年6月，投诉人周某参加四川省某国际旅行社组织的九寨沟旅游团。14日下午，旅游团乘汽车至松潘县甘海子湾地段时，一些旅游者提出要上厕所。导游即与司机商量，将车停在了一个居民家门口，告知游客到居民家中上厕所。游客周某在居民家上厕所时，被居民家拴在大树下的狗咬伤。事故发生后，导游为周某的伤口进行了应急包扎处理。到达九寨沟的宾馆后，导游将周某送到镇医院进行医治。由于此地没有狂犬疫苗，导游向其所属成都市某旅行社报告，要求旅行社接站并安排医院和准备好狂犬疫苗。16 日导游将周某送上卧铺车返成都。旅行社立即派人找到了狂犬疫苗，并按照周某的要求，为其安排了带独立卫生间、有彩电的单间病房。住院时，旅行社支付了周某的医疗费和住宿费6 000元。在治疗期间和出院后，四川省消协和质监所对此纠纷进行了多次调解，提出在旅行社支付周某成都治疗期间的费用6 000 元的基础上，再赔偿6 500 元，而周某认为该赔偿额远不足以弥补其直接与间接经济及精神损失，调解未果。

问题：试用旅游法律责任的构成要件分析本案例。

第二章

旅游合同法律制度

背景与提要

随着社会经济生活的不断提高，我国旅游业得到了迅速的发展，已经成为国民经济的战略性支柱产业和人民群众更加满意的现代服务业。目前，旅游已成为现代人的一种生活方式，参加旅游是人们了解和感受自然与文化的多样性、追求心情愉悦、享受生活的重要途径和手段。而在旅游业发展过程中，旅游合同应用最为广泛，因旅游合同引起的纠纷数量也在日益增多，由于我国没有专门的旅游合同立法，因此，在司法实践中，我国关于旅游合同仍主要适用《民法通则》、《合同法》及相关规章制度进行调整。1999 年，我国在统一合同法制定之初，曾将旅游合同作为一个典型合同设计在合同法分则之中，但由于法学理论界对旅游合同的研究不足，不能为立法工作提供有力的理论支持，许多问题也没有能够取得共识，以至于在公布的《合同法》里删除了旅游合同，造成了法律空白，使得旅游合同纠纷的处理有较大的难度，且处理结果在各地差异明显。2010 年 4 月 28 日，国家旅游局、国家工商行政管理总局印发新版《团队出境旅游合同》、《大陆居民赴台湾地区旅游合同》和《团队国内旅游合同》示范文本，能较好地保护旅游者的合法权益，促进我国旅游业健康、有序、稳定发展。但旅游合同是新型合同类型，其调整范围是包含有委托、行纪、居间、承揽等旅游因素的合同，现行《合同法》中有名合同的任何一类都无法涵盖。而诸如旅游合同性质的界定、旅游合同当事人资格、旅游合同效力及其变更和解除、旅游合同履行中损害赔偿的请求权等问题，都是旅游合同立法亟待解决的。我国《旅游法》中专章规定了“旅游服务合同”，针对旅游活动的特殊性设定若干规范，使民事规范在维护市场秩序和保障各方权益方面的作用更贴合实际，并要求经营主体诚信经营、公平竞争，以建立健全经营主体间的一系列规则，为逐步形成良好、有序的旅游市场环境提供了制度保障。

本章将我国统一合同法的基本理论与《旅游法》中的“旅游服务合同”相结合，介绍旅游合同的概念及特征，要求学生领会旅游合同订立和履行，旅游合同变更、解除、转让和终止以及违反旅游合同责任的基本理论，并能够运用合同法的理论分析旅游业实践中遇到的法律问题。

第一节　旅游合同概述

一、旅游合同的概念、特征和作用

（一）旅游合同的概念与特征

旅游合同是指旅游法律关系当事人之间为实现旅行游览的目的，签订的明确相互权利和义务的协议。旅游合同有以下几个主要的法律特征：

1. 旅游合同关系的主体是具有平等资格的当事人。旅游合同是当事人意思表示一致的结果，当事人之间，如旅游者与旅游经营企业之间，旅行社、饭店、餐饮、交通、景点等旅游企业相互之间，我国旅游企业与海外旅游企业之间等等，都是具有平等民事主体资格的当事人，不允许一方当事人将自己的意志强加给对方当事人。

2. 旅游合同的内容是在旅行游览业务活动中双方当事人约定的旅游权利和旅游义务。如在旅游接待合同中，接待方的权利就是按约定的标准收取旅游服务费，不受任何单位和个人的干预，依法或依约定提供旅游服务等；主要义务是按约定的接待计划安排旅游者的交通、食宿、游览、讲解及保护旅游者的人身和财物安全等。

3. 旅游合同关系的客体是主体为实现一定旅游活动而约定的旅游权利和旅游义务所指向的事物，即旅游消费构成的食、住、行、游、购、娱所指向的事物。旅游合同双方当事人因旅游权利和旅游义务而联结起来，又因共同指向的客体而使权利义务得以实现。

（二）旅游合同的作用

旅游合同在旅游业的发展中有着重要的作用，主要表现为以下几个方面：

1. 旅游合同是保护当事人合法权益的法律依据。旅游合同当事人订立合同，其主体的权益就受到法律保护，任何一方违约时，均必须承担相应的法律责任；当合同主体双方发生纠纷时，当事人有权依法申请仲裁或请求司法机关依法处理。可见，旅游合同是解决旅游纠纷的依据，是追究合同当事人法律责任的根据。

2. 旅游合同是维护社会旅游秩序的行为规范。旅游业是由各个部门、各个地区、各个单位紧密联系起来的整体，旅游合同将旅游交通、住宿、饮食、游览、购物、娱乐的各个环节具体的业务活动有条不紊地正常运转。实施旅游合同的约定有利于保障正常的社会旅游秩序，并可以据以同危害社会旅游秩序的违法犯罪行为作斗争。

3. 旅游合同是保障、提高旅游经济效益的法律措施。旅游合同肯定了订约双方当事人的旅游权利和旅游义务，不履行合同约定的义务就要受到相应的法律制裁，这就有利于旅游企业精打细算，搞好经济核算，努力提高经济效益。

4. 旅游合同是保障社会主义市场经济正常运行的法律手段。在市场经济体制中，旅游企业按照价值规律的要求，开展争取客源、价格等方面的竞争并且实现优胜劣汰是必然的，旅游合同的订立和履行，有利于旅游企业规范自身的业务行为，也有利于国家对旅游企业的宏观调控。

二、旅游合同的种类

随着旅游业的发展，旅游合同种类的多样性表现得越来越明显，依据不同的标准，旅游合同可以分为不同的种类。根据旅游实践的需要，为了区分不同旅游合同当事人所承担的不同义务，以便使旅游合同当事人更好地履行旅游合同，在此仅按旅游合同的标的将其划分为：

（一）提供劳务的旅游合同

提供劳务的旅游合同，是指由当事人双方签订的，一方即旅游企业向对方当事人即旅游者（旅游团）提供旅游服务，对方当事人按约定标准支付劳务报酬的协议。例如，旅游接待合同、旅游住宿合同、旅游交通运输合同、观光游览合同等。

（二）财产转移的旅游合同

财产转移的旅游合同，是指当事人双方签订的，一方当事人向另一方当事人转移财物，另一方当事人支付财物价金的协议。财物的转移有所有权的转移、经营权的转移和使用权的转移。例如，旅游纪念品购销合同、旅游物资供销合同、财产租赁合同等。

（三）完成工作的旅游合同

完成工作的旅游合同，是指当事人双方签订的，一方当事人完成他方交给的工作、向他方提供一定的劳动成果，由他方当事人支付报酬的协议。例如，旅游建设工程承包合同、旅游规划设计委托合同等。

除此之外，在旅游实践中，常见的旅游合同还有旅游保险合同、岗位责任制合同等。

案例 2-1　　当事人意思表示一致 旅游合同才能成立

甘肃某公司组织 14 人前往北京参观旅游，期限为某年 9 月 13 日至 20 日。9 月 11 日上午该公司与北京某旅行社联系，旅行社当即传真回复有关报价，每人旅游费为 750 元，另外提出返程票手续费每人 30 元，旅游团到京后，交齐所有费用。当日 11 时左右，该公司传真给旅行社，提出在京的旅游行程安排、接待标准等内容，并注明请确认，在传真件上加盖了该公司的印章。下午 2：30 分，旅行社传真回复，除对行程安排、接待标准和旅游费的报价表示接受外，仍提出应付火车订票费每人 30 元，到京后即交齐团费。该公司当日未再回复旅行社。9 月 11 日下午，该公司组织的 14 人乘火车出发。9 月 12 日，公司传真给旅行社："返程订票手续费偏高，不得已由自己在京订票；团费由我方领队带去，先付 50%，余款在离京上火车时给付；旅游团 13 日早到北京西站，望做好接待服务准备。"旅行社收到传真后，立即传真回复：因贵公司确认时间太晚，我社无法接待。随后，某旅游质监部门进行协调，督促旅行社接待即将到京的旅游团。旅行社基于行业管理部门的要求和维护旅游者的利益，同意有条件接待该旅游团，该公司接受旅行社所提出的条件，即住宿费每人每天增加 10 元，到京即付清全部团款，返程票自理，不再收取手续费。9 月 13 日晨，该公司一行 14 人到达北京，旅行社按时前往车站接团，并按照该公司要求安排了食宿和参观游览活动。旅游结束返回后，该公司向旅游质监部门投诉称：旅行社突然中断双方业已达成的协议，请求旅游质监部门责成旅行社赔偿临时租车费、电话费和加收住宿费共计 1 190 元。

点评：旅游合同是平等主体之间为实现旅行游览的目的，签订的明确相互权利和义务的协议，它是当事人意思表示一致的结果。本案中，旅行社与甘肃某公司就车票手续费及团费结算方式并未达成一致，旅游合同尚未成立，所以并不存在单方解除合同或者违约的问题，甘肃某公司的观点不成立。

资料来源 向三久. 旅游管理法规教程［M］. 广州：暨南大学出版社，2007.

第二节 旅游合同的订立和履行

一、旅游合同的订立

旅游合同的订立是指旅游活动当事人之间依法对旅游合同的主要条款经过平等协商，达成一致并签订协议的法律行为。

（一）订立旅游合同的原则

订立旅游合同应遵循如下原则：

（1）订立旅游合同必须遵守国家的旅游法律法规和旅游政策的原则。旅游法律法规和旅游政策集中地体现了国家发展旅游事业的根本利益，违反了旅游法律法规和旅游政策就会给旅游业的发展带来损害。所以，旅游合同的内容、具体条款、订立程序都不得与国家的旅游法律法规和旅游政策相抵触。

（2）订立旅游合同必须坚持平等互利、协商一致的原则。旅游合同的当事人，不论其单位大小、职位高低，彼此的法律地位都是平等的。因此，在订立旅游合同时，任何一方当事人都可以充分表达其意志，经过酝酿和协商，在自愿的基础上达成一致意见，所订立的合同才能保证履行。

（3）旅游合同一般应采用书面形式的原则。《旅游法》规定，旅行社组织和安排旅游活动，应当与旅游者订立合同；包价旅游合同应当采用书面形式，包括当事人协商同意的有关修改合同的文书、电报、电传和图表。如不采用书面形式，一旦发生争议，就会“口说无凭”。用书面形式有据可查，便于及时处理纠纷。

（二）旅游合同订立的主体及其资格

《合同法》规定，法人、自然人或者其他组织可以成为合同主体，但是必须具备合同主体的资格。《合同法》还规定，当事人订立合同，应当具有相应的民事权利能力和民事行为能力。可见，旅游合同订立的主体及其资格如下：

（1）法人作为具有民事权利能力和民事行为能力、依法独立享有民事权利和承担民事义务的组织，其民事权利能力和民事行为能力从成立时即具有，到其终止时才消失，因此法人一经依法成立，就可以订立合同，依法享受合同权利，承担合同责任。

（2）自然人（公民）的权利能力和行为能力与法人有所不同。公民从出生时起即具有民事权利能力，依法享有民事权利，该权利能力直到死亡时才终止；公民的民事行为能力，依照《民法通则》的规定，必须是18周岁以上的成年人，并且可以独立进行民事活动，才是完全民事行为能力人。此外，16周岁以上不满18周岁的公民，若是以自己的劳动收入为主要生活来源的，可视为完全民事行为能力人。这些具有民事权利能力和完全民事行为能力的自然人，都可以作为合同主体与他方订立合同，依法享受合同权利、承担合同义务。

不能辨认自己行为的精神病人是无民事行为能力人或者限制民事行为能力人，不能作为合同主体单独与他方订立合同。

（3）其他组织，如个体经营户、个人独资企业或者合伙企业等，一经领取营业执照或者办理设立登记手续，即取得了相应的民事权利能力和民事行为能力，可以作为合同主体与他方订立合同。

（三）订立旅游合同的程序

订立旅游合同的程序分为要约和承诺两个阶段。

1. 要约

要约即订约提议。任何一种旅游合同的订立，首先要有一方提出订立合同的意思表示，提议的一方称为要约方，接受提议的一方称为受要约方。要约方一般要向特定人或者向其代理人提出，如包租旅游汽车合同必定是某旅行社向某旅游汽车公司或者其代理人提出租车要约。

旅游合同要约的提出，必须明确表示订立旅游合同的愿望，提出订立旅游合同的主要条款，并给对方一定的答复期限。在旅游实践中，除即时订立的旅游合同可以用口头形式提出要约外，一般应以书面形式提出。要约是一种具有法律约束力的行为，在要约规定的有效期限内，对方如接受要约，要约人有与之订立旅游合同的义务。同时，在此期间内，要约人不得就同一标的再向第三人发出同样的要约。

有时合同主体并不直接向他方发出订立合同的意思表示，而是以行为表示希望他人向自己发出要约的意思，这种希望他人向自己发出要约的意思表示是要约邀请，又称要约引诱。

2. 承诺

承诺即接受订约的提议。承诺是指受要约人对要约完全接受的意思表示。对旅游合同要约的承诺，必须由受要约方表示，而不能由其上级或第三人代替。旅游合同的受要约方对于要约方的提议如有异议，可以提出新的订约提议。这时，受要约人和要约人就发生了互移其位的变化。承诺也是一种法律行为，表示承诺便是当事人双方协议一致。承诺一旦作出，旅游合同即告成立，由此在当事人之间就产生了法律上的约束力，彼此就有履行旅游合同的义务。

一项重要的旅游合同的订立，往往需要双方当事人反复协商多次，方能取得一致意见。因此，在旅游实践中，旅游合同的要约和承诺大都是一个反复协商的过程，只有在不断的协商中，双方当事人的意思表示才能达成一致，从而使订立出来的旅游合同符合实际、切实可行。总之，旅游合同的订立需要合同双方当事人就合同主要条款经过多次反复协商方能达成一致。

（四）旅游合同的内容

旅游合同的内容是指旅游合同必须具备的条款，它是当事人双方权利与义务的具体化，是双方当事人履行旅游合同、承担合同责任的法律依据。因此，旅游合同条款的表述必须具体、确切，切忌前后矛盾、模棱两可。《旅游法》规定，包价旅游合同包括下列内容：旅行社、旅游者的基本信息；旅游行程安排；旅游团成团的最低人数；交通、住宿、餐饮等旅游服务安排和标准；游览、娱乐等项目的具体内容和时间；自由活动时间安排；旅游费用及其交纳的期限和方式；违约责任和解决纠纷的方式；法律、法规规定和双方约定的其他事项。可见，旅游合同的主要条款包括以下几个方面：

1. 当事人名称或者姓名和住所

旅游合同是旅游法律关系主体意思表示一致的产物，将主体的基本情况列明于合同中为合同内容所必需，亦为日后解决可能出现的纠纷指明了对象。

2. 标的

旅游合同的标的是指订立旅游合同的双方（或多方）当事人权利和义务指向的事物。它体现了当事人订立旅游合同的目的和要求，没有标的，当事人的目的和要求就会落空。旅游合同标的的条款包括标的名称、规格、型号、商标等，应当明确而又具体。例如，旅游接待合同应当明确而又具体地约定旅行游览的城市、旅游景点、参观项目，约定使用交通工具的种类、型号，约定住宿酒店的星级标准以及餐食饮料的种类、档次等等。

3. 数量和质量

旅游合同的数量和质量是确定合同标的特征的重要因素，也是旅游合同履行的尺度和标准，合同标的的数量和质量不明确，当事人所要实现的旅游目的就不能达到。因此，旅游合同标的的数量要准确，计量单位也要明确规定，凡是国家有统一计量标准规定的，应用国家统一度量衡为计量单位。标的的质量标准、技术要求或服务条件也应具体详细地规定。例如，国家旅游局颁发了《旅游行业对客人服务的基本标准》，其中包括旅行社对客人服务的基本标准、旅游饭店对客人服务的基本标准、旅游车队对客人服务的基本标准、旅游餐馆对客人服务的基本标准、参观游览点对客人服务的基本标准等，它是检查旅游行业对游客服务质量的部门规章依据，也是订立旅游合同服务标的数量和质量的标准。

4. 价款和酬金

价款和酬金是接受旅游服务、取得旅游产品的一方向对方给付的货币。价款和酬金是以货币的数量来表示的，表现着旅游商品、旅游服务货币交换关系的客观要求，也是遵循等价有偿原则进行旅游交往的体现。旅游合同应明确规定价款和酬金的数额，包括单价和总额以及计算标准、结算方式和结算程序等等。例如，国家外汇管理局颁发的《涉外价格和收费标准、计价管理暂行办法》、国家旅游局发布的《关于汇率并轨后旅游企业报价结算问题的通知》、中国民航局颁布的《关于调整国内航线专、包机收费标准的通知》等，都属于行政机关颁发的计价标准、结算方式、结算程序等的部门规章，旅游企业在订立旅游合同时，必须严格依照上述规定办事。

5. 履行的期限、地点和方式

旅游合同的履行期限、地点和方式是检验旅游合同是否全面正确履行的重要依据。旅游合同的履行期限是双方当事人履行旅游合同的时间界限，在此期限内，当事人应按合同约定履行义务，享有权利，到期不履行即为逾期，要承担由此产生的法律责任。凡需要提前或逾期履行的，应事先达成协议，并明确提前或逾期履行的时间幅度，因此，任何旅游合同都应有明确的期限要求。例如，海外旅游团队接待合同要约定团队入境日期和团队出境日期；旅游住宿合同要约定入住日期和离店日期；旅游用餐合同要约定用餐的日期和时间；旅游饭店管理合同要约定饭店管理公司管理饭店的起止期限等等。旅游合同的履行地点是指合同标的交付和接受的地方。履行的地点直接关系着合同的费用和时间，因而必须明确规定，它可以是标的物的所在地，也可以是供方或需方的所在地，或者双方商定的第三地。旅游合同的履行方式是指当事人采取什么样的方法、什么样的手段履行合同规定的义务。不同种类的旅游合同，其履行的方式也各不相同。例如，旅游接待合同、代办行李托运合同、代订客房合同等等，各有不同的履行方式。

6. 违约责任

违约责任是指旅游合同当事人不履行合同或不适当履行合同所应担负的法律责任，它是维护旅游合同的重要法律手段。旅游合同的违约责任一般应根据法律的规定来确定，依据我国《民法通则》和《合同法》的规定，违约方要承担支付违约金和赔偿金的义务，在对方要求继续履行合同时还必须继续履行。只有在法律没有明文规定时，双方当事人可以协商确定，并在合同条款中注明。

7. 解决争议的方法

旅游合同当事人就合同内容的理解与合同的履行等发生争议时，可以通过和解或调解以解决纠纷。就外部有法律效力的解决纠纷的方式而言，有诉讼与仲裁两种方式，两者是平行的解决途径。旅游合同中解决争议的条款，其效力具有独立性，即使合同被撤销或被宣布为无效，解决争议的条款仍然有效。对于合同纠纷的解决方法，仍要采用当事人双方所约定的方式。

（五）格式条款

所谓格式条款，是指当事人为了重复使用而预先拟定并在订立合同时未与对方协商的条款。目前，在旅游业中，旅游业经营者与旅游者之间普遍使用格式条款订立合同，而这种格式条款都是旅游业经营者为了重复使用而预先拟定并在订立合同时未与旅游者协商的条款。

1. 格式条款的概念和利弊

采用格式条款订立合同，既有有利的一面，又有不利的一面：一方面，采用格式条款订立合同，有利于减少交易成本。采用格式条款订立合同，对于提供商品或者服务的一方当事人来说，可以将类似的交易行为用相同的标准订立合同，而不必与每一个订约者进行磋商并拟定合同条款，节省了大量的人力、物力和时间。另一方面，格式条款的提供者在拟定格式条款时，更多地考虑自己的利益，尽可能地将自己的权利在格式条款中加以陈述，并尽量减轻自己的责任，而对另一方的权利考虑较少或附加种种限制条件，尽量加重对方的责任。

2. 格式条款提供者的责任

《合同法》规定："采用格式条款订立合同的，提供格式条款的一方应当遵循公平原则确定当事人之间的权利和义务，并采取合理的方式提请对方注意免除或者限制其责任的条款，按照对方的要求，对该条款予以说明。"由此可见，格式条款的提供者具有如下两项责任：

（1）遵循公平原则确定当事人之间的权利和义务。所谓公平原则，是指格式条款的提供者在拟定格式条款时，应当将双方的权利义务确定得相互对等，双方当事人享有的权利和承担的义务大体相当，而不能一方只享有权利不承担义务，或者享有的权利明显大于承担的义务。如果格式条款的提供者在拟定格式条款时，确定自己享有大量的权利而只承担极少的义务，或者确定对方承担大量的义务而只享有少量的权利，这种格式条款违反公平原则，是"显失公平"的合同条款，经人民法院或者仲裁机构可以予以变更或者撤销。

（2）履行提示或者说明的义务。依照《合同法》的规定，格式条款的提供者应当采取合理的方式提请对方注意免除或限制其责任的条款，按照对方要求，对该条款予以说明。所谓免除或者限制责任的条款，是指规定免除或者限制格式条款提供者责任的各种条件的条文。所谓合理的方式，就是指以能使对方当事人引起注意的方式提醒对方当事人考虑这些条款的含义，当对方当事人对免责条款存有疑虑时，格式条款提供者应当予以说明。如果格式条款提供者不尽提请对方注意和说明义务，等于是采用提供格式条款的有利条件，将有利于自己而不利于对方的免责条款夹塞到合同中去，违背了订立合同应当遵守诚实信用的原则。

3. 格式条款的无效

所谓格式条款的无效，是指由于格式条款中含有法律所禁止的内容，或者在订立合同时违反法律规定而导致格式条款无效的情况。《合同法》规定："格式条款具有本法第五十二条和第五十三条规定情形的，或者提供格式条款一方免除其责任、加重对方责任、排除对方主要权利的，该条款无效。"可见，格式条款中含有下列内容的，该条款无效：

第一，具有《合同法》第五十二条规定情形之一的，合同无效：一方以欺诈、胁迫的手段订立合同，损害国家利益；恶意串通，损害国家、集体或者第三人利益；以合法形式掩盖非法目的；损害社会公共利益；违反法律、行政法规的强制性规定。

第二，具有《合同法》第五十三条规定情形之一的，合同中的免责条款无效：造成对方人身伤害的；因故意或者重大过失造成对方财产损失的。

第三，提供格式条款一方当事人免除自己责任。所谓免除责任，是指格式条款中含有免除格式条款提供者按照通常情形应当承担的主要义务，一般与合同标的、数量、质量、履行期限、履行地点等有关。

第四，加重对方责任，即指格式条款中含有在通常情况下对方当事人不应当承担的义务。

第五，排除对方当事人主要权利的。所谓排除对方当事人主要权利，是指格式条款中含有排除对方当事人按照通常情形应当享有的主要权利。例如，旅游者依法享有选择并接受服务的权利，如果旅游经营者在格式合同中规定旅游者必须接受某项服务，就是排除了旅游者的主要权利，因为“选择权”是旅游消费者依法享有的一项主要权利。

4. 格式条款的解释

所谓格式条款的解释，是指当事人采用格式条款订立合同后，在履行过程中因对有关条款的含义有不同的理解，应当采取何种原则进行解释。《合同法》规定：“对格式条款的理解发生争议的，应当按照通常理解予以解释。对格式条款有两种解释的，应当作出不利于提供格式条款一方的解释。”按此规定，格式条款争议的解释原则为不利于格式条款的提供者，即指当事人双方对格式条款含义的理解发生争议时，应当作出不利于格式条款提供者的解释。

5. 格式条款和非格式条款不一致时的采用

《合同法》规定：“格式条款和非格式条款不一致的，应当采用非格式条款。”当事人在采用格式条款订立合同时，如果在格式条款中未能将双方合意全部表达清楚，还可以另行签订书面协议，或者对格式条款进行修改，以其他的文字代替格式条款。在这种情况下，一份合同就具有了格式条款和非格式条款两部分，即由格式条款和非格式条款构成一份完整的合同。当事人在履行合同的过程中，如果发现格式条款和非格式条款存在不一致的地方，应当采用非格式条款。因为非格式条款不是当事人一方事先拟定的，而是双方当事人在经过协商之后确定的，因而更能充分反映和表达双方当事人的意愿，所以应当采用非格式条款。

（六）缔约过失责任

缔约过失责任是指当事人于缔结合同之际具有过失，从而导致合同不成立、被确认无效或被撤销时，使对方当事人遭受损害而应承担的法律责任。

缔约过失责任是存在于违约责任与侵权责任之间的责任形态。将其归入违约责任，则当时合同尚未成立或已被撤销，无合同可言，违约责任无从谈起；将其纳入侵权责任，则缔约过失责任对当事人的注意义务的要求较之侵权领域的注意义务为高，且侵权行为发生在两个毫无关联的主体之间，显然区别于正在缔约的双方。当事人进入磋商谈判欲缔结合同的阶段，其相互之间的关系比陌生人之间的关系要密切得多。在此阶段，双方理应互负相应的义务，以免给对方造成损害，此种义务被称为前契约义务，具体内容为当事人相互之间的协力、保护、通知、保密等义务，以及禁止欺诈。

依据我国有关法律规定，缔约过失责任的具体形式有四种：

1. 借订立合同，进行恶意磋商

当事人磋商缔结合同应本着真诚促进合同成立的心态行事，而不能以订立合同为幌子，利用对方急于签订合同的心态，名为与对方谈判，实为拖延时间，使其丧失与第三方缔约的机会，凡有上述行为并给对方造成损失的，过错方负赔偿损失的责任。

2. 故意隐瞒与订立合同有关的重要事实或者提供虚假情况

在前契约义务中，缔约方的一个重要义务就是告知义务。唯有缔约各方将足以影响合同的情况如实相告，至少是不为虚假的告知，则合同的成立才有坚实的基础，否则因一方隐瞒情况或提供虚假情况等欺诈行为而签订合同，对方当事人必陷入错误的认识，若因此而蒙受经济损失，欺诈方给予赔偿就为理所当然。

3. 违反保密义务

此处的“密”特指商业秘密，在谈判磋商阶段，由于缔结合同的需要或相互之间的信赖关系，一方可能知晓另一方的一些技术信息与经营信息，若上述信息符合反不正当竞争法对商业秘密的界定从而属于商业秘密的话，缔约方即不得公开或为自己之利益而使用该信息。违反保密义务并给对方造成损失的，应承担缔约过失责任。

4. 有其他违背诚实信用原则的行为

诚实信用原则是民法的基本原则之一，具有漏洞补充的功效。在合同法领域，诚实信用原则与缔约过失责任紧密相连，为缔约过失责任的理论依据。

现代社会，旅游成为人类生活的一个重要组成部分，对旅游业及旅游法律关系当事人的全面保护是法律的当然之责。基于保护缔约方利益的现实需要，缔约过失责任应运而生。由于缔约过失责任存在于契约法之中但又不依赖于作为当事人所缔结的合同，这种责任与传统的契约责任已判然有别。在缔约过失责任制度的影响下，法律的保护范围从有效成立的契约扩及整个契约履行过程，诚实信用成为旅游合同当事人所必须恪守的准则。

二、旅游合同的履行

（一）旅游合同的履行原则

旅游合同的履行是指双方当事人按照合同的约定全面完成自己所承担的义务。凡是签订旅游合同的当事人，都应当以认真负责的态度，严格按照合同条款的规定，不折不扣地全面履行合同。因为全面地履行合同不仅是一方当事人对另一方当事人的义务，而且是双方当事人对国家应尽的共同责任。旅游合同的全面履行包括实际履行和适当履行两种。

1. 旅游合同的实际履行

旅游合同的实际履行，是指当事人必须按照旅游合同规定的标的去履行。例如，在旅游购销合同中，旅游用品商店就应当按照旅游合同约定的品种、规格等约定去履行，不得任意更换为其他物品，或者以次充优、以假冒真。如果一方当事人未能按期履行合同，在向对方当事人支付了违约金或赔偿金之后，合同并没有因此而终止，违约方仍不能免除实际履行的义务。只有在特定情况下，如合同的特定标的物灭失，义务方延迟履行使标的物交付对方权利人已失去实际意义，或法律有特别规定的，才允许不实际履行，但依法仍负有向对方承担赔偿的责任。

2. 旅游合同的适当履行

旅游合同的适当履行，是指当事人必须按照合同约定的期限、地点和方式履行。要求当事人严格按照合同约定的期限、地点和方式履行旅游合同，是为了确保旅游接待的食、住、行、游、购、娱各个环节的衔接，维护旅游活动的正常秩序，保障旅游计划的完成。为此，当事人必须在旅游合同约定的地点履行义务，权利人也必须在约定的地点接受履行；当事人必须按旅游合同约定的方式履行，如一次履行或分批履行、当事人亲自履行或第三人代替履行等。这里需要强调的是：在我国当前建立和完善社会主义市场经济体制的过程中，大多数的商品和服务的价格实行市场调节，但仍然有极少数商品和服务的价格是实行政府指导价或者政府定价。当价格发生变动时，如何履行合同，《合同法》第六十三条做了相应规定，依据该条规定，执行政府定价或者政府指导价的，在合同约定的交付期限内政府价格调整时，按交付时的价格计价。逾期交付标的物的，遇价格上涨时，按照原价格执行；价格下降时，按照新价格执行。逾期提取标的物或者逾期付款的，遇价格上涨时，按照新价格执行；价格下降时，按照原价格执行。

（二）旅游合同履行的担保

旅游合同履行的担保是指订立旅游合同的双方当事人为了确保旅游合同的切实履行而共同协商确定的具有法律效力的保证措施。

1. 定金

定金是当事人一方为证明旅游合同成立和保证合同履行而预付给对方一定数量的货币。《合同法》规定，当事人一方可向对方给付定金。合同履行后，定金应当收回，或抵作价款。给付定金的一方不履行合同的，无权请求返回定金。接受定金的一方不履行合同的，应双倍返还定金。按照国际惯例，海外旅游接待实行预付定金的办法，海外旅游组织在接到旅游确认信后，应在入境前一定期限内，按旅游者人数交付一定数量的预付定金。

我国旅游合同中实行预付定金的制度具有以下几个方面的作用：（1）定金预付后，证明旅游合同已经成立，起证据的作用；（2）定金对给付方和接受方都有起着保证履行的约束作用；（3）定金要预先付给，在合同履行后又抵作价款，具有预付款的作用。

2. 保证

保证是保证人与旅游合同权利人达成的一种协议。《合同法》规定，合同的当事人一方要求保证的，可由保证单位担保。保证单位是保证当事人一方履行合同的关系人，被保证的当事人不履行合同的时候，由保证单位连带承担赔偿损失的责任。可见，保证单位是保证当事人一方履行合同的第三人，保证人对权利人负有担保旅游合同实际履行和适当履行的义务，权利人有向保证人请求履行和赔偿损失的权利。同时，保证人有权督促被保证人履行合同，如被保证人不履行合同时，保证人有义务代为履行；保证人在代为履行后，有权向被保证人要求偿还所代为给付的款项和利息、赔偿的损失、给付违约金等等。

3. 留置

留置是旅游合同的权利人合法占有义务人的财产，在义务人的义务履行之前依法享有扣留其财产的权利。财产被留置后，义务人仍不履行旅游合同义务，权利人有权依法变卖留置的财产，并从变卖的价款中优先得到清偿。例如，在旅游产品加工承揽合同中，定作方超过领取期限6个月不领取定作物的，承揽方有权将定作物变卖，所得价款在扣除报酬、保管费用以后，用定作方的名义存入银行。此外，在旅游行李物品运输合同、仓储保管合同中也可采取这种担保的规定。

4. 抵押

抵押是指债务人或第三人以一定的财产作为履行旅游合同的保证，当债务人不履行债务时，债权人有权依照法律的规定以抵押物折价或者以变卖抵押物的价款优先得到偿还的一种担保形式。

5. 质押

质押是指债务人或第三人将动产或权利交与债权人占有，作为债务履行担保的行为。债权人享有在债务人不履行债务的情况下变卖质物，从所得价款中优先受偿的权利。

三、旅游合同的法律效力

旅游合同的法律效力是指已成立的旅游合同对合同当事人乃至第三人产生的法律后果，或者说是法律拘束力，这种法律后果是立法者意志对当事人合意的评价的结果。当法律对当事人合意予以肯定性评价时，发生当事人预期的法律后果，即合同生效；当法律对当事人合意给予全然否定性评价时，则发生合同绝对无效的法律后果；当法律对当事人合意给予相对否定性评价时，发生合同可撤销或效力未定的法律后果。

（一）旅游合同的生效要件

依据《合同法》的规定，已成立的合同要产生当事人预期的后果，则须满足法定的生效要件。旅游合同的一般生效要件主要有：

1. 当事人缔约时有相应的缔约能力

缔约能力是指旅游合同主体据以独立订立合同并独立承担合同义务的主体资格。旅游合同的主体可分为自然人、法人及非法人团体。依据不同的主体和不同的旅游合同，法律对其资信状况、认知能力、独立承担责任能力有不同的要求。

2. 意思表示真实

旅游合同的生效，不仅要求双方当事人意思表示一致，在此基础上进一步要求意思表示必须真实，即要求当事人的效果意思与表示意思一致。换言之，真实是指当事人的内在意思和外在意思一致。

3. 不违反强制性法律规范及公序良俗

旅游合同不违反强制性法律规范及公序良俗，是其生效的一个重要条件。如果说前述两个要件欠缺还可经补正等手段使合同有效的话，此要件的欠缺则确定地使合同无效。法律的强制性规范不允许当事人违反，否则将导致法律的全然否定性评价；公序良俗原则是民事立法基于社会本位考虑，对当事人合同自由的一种限制，也是处理涉外合同关系中对抗和排除外国法适用以及参加国际公约对某些条款予以保留的一个基本原则。

4. 标的的确定和可能

当事人订立旅游合同，其效果意思大都希望合同得以履行。而合同能否履行，首先要看合同的标的是否确定，其次要看标的有没有履行的可能；否则，旅游合同关系的存在就成为不必要。

（二）旅游合同欠缺生效要件的法律后果

尽管旅游合同是当事人的合意，反映了当事人的目的，但该合同只有在不违反法律要求时才具有法律效力，才受法律保护。如果合同欠缺合同的生效要件，其效力就会受到影响。旅游合同欠缺不同生效要件的法律后果可分为：

1. 旅游合同的无效

旅游合同的无效，是指合同欠缺一定生效要件而致合同当然不发生效力。无效的旅游合同，国家不予确认，从订立时起就不具有法律效力。依据《合同法》的规定，导致旅游合同无效的原因主要有：

（1）旅游合同违反国家强制性法律规定和公序良俗。此类合同因完全违背立法本意，损害社会公共秩序和善良风俗道德，其危害性大，故招致法律全然否定性评价，令其绝对无效。

（2）旅游合同标的不能确定或事实不能。此类合同的标的无法确定或者事实上根本不存在，更无法履行，因此也就无存在的必要，当然无效。

（3）当事人采取欺诈、胁迫等手段签订旅游合同，损害国家、集体利益的。

（4）当事人恶意串通损害国家、集体或者第三人利益的旅游合同。此类合同主要指缔约者恶意成立合同损害国家、集体或第三人利益的行为。

（5）以合法形式掩盖非法目的的旅游合同。此类合同是指当事人以表面合法的行为来掩盖其非法目的，或者说行为在形式上合法，而其根本目的却是非法的。

2. 旅游合同的可撤销

旅游合同的可撤销，是指旅游合同欠缺一定生效要件，其有效与否，取决于有撤销权的一方当事人是否行使撤销权。撤销权本质上是一种请求权，享有撤销权的当事人不能以自己单方的行为来撤销合同，而只能向法院或仲裁机关主张撤销该合同，至于该合同是否被撤销，确认权在法院和仲裁机关。撤销权有下列情形的消灭：具有撤销权的当事人自知道或应当知道撤销事由之日起一年内没有行使撤销权的；当事人知道撤销事由后明确表示或以自己的行为放弃撤销权的。关于撤销事由有以下几个方面：

（1）采取欺诈、胁迫或者乘人之危等手段签订的旅游合同。欺诈是一方故意制造假象或隐瞒真相，造成对方认识上的错误，使对方受骗上当而签订旅游合同。胁迫是一方使用要挟或威胁的手段，迫使对方就范而签订旅游合同。乘人之危是指行为人利用对方窘迫或危难之处境，迫使其违背真实意思而订立合同的行为。欺诈、胁迫和乘人之危等手段的共同特点，都是使受害方不能真实地表达自己的意志，并使其利益蒙受损失，这与按自愿互利原则签订旅游合同是背道而驰的，所以其所签订的旅游合同是不具有法律效力的。

（2）重大误解的旅游合同。所谓重大误解，是指当事人为意思表示时，因自己的过失对涉及合同法律效果的重大事项发生认识上的显著错误而使自己遭受重大不利的法律事实。

（3）显失公平的旅游合同。显失公平的旅游合同是指合同中双方当事人的权利与义务明显不对等，使一方遭受重大损失的合同。

3. 旅游合同的效力未定及其补正

所谓效力未定的合同，是指已成立的合同因欠缺一定的生效要件，其生效与否，尚未确定，须经过补正方可生效，在一定的期限内不予补正则为无效的合同。导致合同效力未定的原因主要有：

（1）无行为能力人、限制行为能力人订立的旅游合同。此类合同须经其法定代理人追认方为有效。相对人可以催告法定代理人在 1 个月内予以追认，法定代理人未作表示的，视为拒绝追认。

（2）无权代理人订立的旅游合同。行为人无代理权、超越代理权或代理权终止后以被代理人名义订立合同，非经被代理人追认，对被代理人不产生效力。但是被代理人知道其以本人名义订立合同未作否认表示的，无须追认，当然有效。相对人也可催告本人在 1 个月内追认，逾期未追认的，视为拒绝。相对人也可在本人追认之前撤销该合同。

（3）无处分权人订立的旅游合同。无处分权人订立的处分他人财产之合同，经过权利人追认或无处分权人在订约后取得处分权的，该合同有效；否则，该合同无效。

（4）法定代表人越权订立的旅游合同。法人或其他组织的法定代表人、负责人超越权限订立的合同，如相对人为善意的，该代表行为有效；否则，该合同尚须补正。

（三）旅游合同被确认无效和被撤销后的法律责任

旅游合同当然无效、被撤销后无效或未经补正的无效，都属于广义的无效。其法律后果均导致合同自始无效，即无效溯及既往，自合同成立之时就无效。因此，合同约定的义务对当事人无约束力，当事人依合同取得的财产或利益应恢复到合同成立之时的状态。如果因当事人的过错造成对方的损失，须予以赔偿。其责任类型属于缔约过失责任。

依据《合同法》的规定，旅游合同被确认无效后，对因旅游合同无效所引起的财产后果，要分别不同情况，予以妥善处理。处理的办法主要有以下几种：

（1）返还财产。旅游合同确认无效后，无过错一方的当事人有权要求返还已交付给对方的财产，从而使当事人之间的财产关系恢复到合同签订以前的状况。一种情况是一方当事人根据无效旅游合同取得的标的物还存在，应当返回给对方；另一种情况是标的物已不存在或者已被第三者合法取得，因而不能返还时，可用赔偿损失的方法补偿。

（2）赔偿损失。旅游合同确认无效后，有过错的一方当事人应当赔偿对方所受的损失，如果旅游合同无效，是由双方当事人的过错造成的，则应分清过错的主次、大小和轻重，由双方各自承担自己的责任。

（3）追缴财产。因违反国家利益或社会公共利益而签订的旅游合同，被确认无效后，对当事人故意损害国家利益和社会公共利益的行为要进行必要的惩罚。《合同法》规定，如果双方都是故意的，应追缴双方已经取得的或约定取得的财产，收归国家所有。如果只有一方是故意的，故意的一方应当将从对方取得的财产返还对方，非故意的一方已经从对方取得或约定取得的财产应当追缴归国库所有。在实践中，追缴故意一方当事人的财产时，要切实注意保护非故意一方当事人的合法权益。

案例 2-2　　担保是确保旅游合同履行的保证措施

某年 6 月，某三星级旅游宾馆与某家具经营公司签订了一份买卖合同，合同约定：由该家具公司向宾馆提供包括木床、桌椅、沙发、梳妆台等在内的家具 300 套，总价款 320 万元，宾馆先支付定金 50 万元；12 月 10 日前在宾馆仓库验收交货，宾馆支付总货款的 40%，由家具公司负责于 15 日内全部安装完毕，之后 15 日内宾馆结清剩余货款，运费由家具公司负担，到期不能履行合同者，承担货款 5% 的违约金。由于一次性交易金额过大，由另一家旅游商场为该宾馆担保。签约后，该宾馆交纳了 50 万元定金。12 月 6 日家具公司将 300 套家具运至宾馆仓库，并提供了商检合格证明，但是宾馆表示暂时无法筹集到 40% 的货款，要求先行安装。家具公司予以拒绝，并把所有家具运回公司仓库。后经家具公司多次催要，宾馆仍无法筹集到足额货款，要求退货并返还定金，家具公司依据双方买卖合同约定的条款将该旅游宾馆告上法庭，要求旅游宾馆支付违约金，赔偿一切损失，并要求旅游商场承担连带保证责任。

点评：根据《合同法》的规定，当事人可以约定一方向对方给付定金作为债务的担保，债务人履行债务后，定金应当抵作价款或收回。给付定金的一方不履行约定的义务的，无权要求返还定金；收受定金的一方不履行约定义务的，应当双倍返还定金。定金预付后，证明合同已经成立，对给付方和接受方都有起着保证履行的约束作用。本案中旅游宾馆既然交付了定金，但未按合同条款的约定履行付款义务，因此无权要求退货和返还定金。同时，根据《合同法》的规定，非违约方即家具公司若是选择不退还定金，就不能再提出执行违约金惩罚及赔偿所有损失的要求，但是如果家具公司退还定金要求宾馆支付违约金、交通费、仓储费、误工费等一切损失也是合理合法的。此外，根据《担保法》，合同中若明确约定采用一般保证，那么旅游商场的担保性质就属于一般保证，如果合同中明确约定为连带责任保证，或者未作保证方式的约定，或者约定不明确的，应确认为连带责任保证。此案中可以把旅游商场的担保视为连带责任保证，因此应该承担担保责任。若宾馆无力负担赔偿费用，旅游商场应代其履行赔偿义务，之后旅游商场有权向旅游宾馆要求偿还其代为支付的赔偿费用。

资料来源　付英．《合同法》案例讨论［EB/OL］．（2007-04-24）［2014-01-10］．http：//biog. 163. com.

第三节　旅游合同的变更、解除、转让和终止

一、旅游合同的变更或解除

旅游合同的变更是指旅游合同订立以后，尚未履行之前，对原来订立的旅游合同条款进行增加、减少或修改的协议。旅游合同的解除是指对已经订立的旅游合同，在其有效期

届满之前，提前终止其效力的协议。旅游合同一经签订，任何一方都不能任意变更或解除。在旅游业务活动中，实现合同的条件发生变化，使得原来签订的旅游合同不能履行或不能完全履行时，必须经过法定的程序方能变更或解除。

（一）旅游合同变更或解除的条件

1.《合同法》关于合同变更或解除的规定

依照《合同法》的规定，旅游合同订立后，有下列情形之一时，允许变更或解除合同：

（1）当事人双方经过协商同意，且并不因此影响国家利益和旅游计划的执行。

（2）订立旅游合同所依据的旅游计划被修改或被取消。

（3）当事人一方由于关闭、停业或转产而确定无法履行旅游合同。

（4）由于不可抗力或当事人一方虽无过失但无法防止的外因，使旅游合同无法履行。

（5）一方违约，使旅游合同履行成为不必要。例如，旅游合同一方当事人迟延交付季节性商品，而逾期交付，对需方不但无益反而会造成损害的。

2.《旅游法》关于旅游合同解除的规定

依据《旅游法》，有下列情形之一的，可以解除旅游合同：

（1）旅行社招徕旅游者组团旅游，因未达到约定人数不能出团的，组团社可以解除合同。但是，境内旅游应当至少提前 7 日通知旅游者，出境旅游应当至少提前 30 日通知旅游者。因未达到约定的成团人数解除合同的，组团社应当向旅游者退还已收取的全部费用。

（2）旅游者有下列情形之一的，旅行社可以解除合同：患有传染病等疾病，可能危害其他旅游者健康和安全的；携带危害公共安全的物品且不同意交有关部门处理的；从事违法或者违反社会公德的活动的；从事严重影响其他旅游者权益的活动，且不听劝阻、不能制止的；法律规定的其他情形。因以上情形解除合同的，组团社应当在扣除必要的费用后，将余款退还旅游者；给旅行社造成损失的，旅游者应当依法承担赔偿责任。

同时，我国《旅游法》规定，旅游行程结束前，旅游者解除合同的，组团社应当在扣除必要的费用后，将余款退还旅游者。

（二）旅游合同变更或解除的程序

变更或解除旅游合同，必须经过法定的程序。

1. 提议

变更或解除旅游合同，必须由一方提出建议。其建议的内容，包括要求变更或解除旅游合同的理由、变更或解除后的合同条款、因变更或解除合同所造成的损失责任、要求予以答复的期限等等。

2. 答复

答复是对变更或解除旅游合同建议表示接受或拒绝所作出的回答。当一方接到对方变更或解除旅游合同的通知后，应在规定期限内予以答复，或者向对方提出新的建议。经协商一致，原有的旅游合同才能变更或解除。

3. 手续

变更或解除旅游合同必须办理书面手续。凡是涉及国家或地区重大的旅游接待计划的旅游合同，其合同的变更或解除在达成协议之前应呈报有关旅游活动的业务主管部门批准，方能使合同的变更或解除协议发生法律效力。凡经过合同管理机关鉴证的旅游合同，在变更或解除合同的协议达成后，要报原鉴证机关备案。鉴证机关在审查变更或解除旅游合同时，对于其中的问题，可以协助纠正，也可以撤销送来备案的变更或解除旅游合同的协议。

4. 期限

变更或解除旅游合同的建议和答复应严格遵守一定的期限。凡主管业务部门对此有统一规定的，应按统一规定期限办理。主管业务部门没有统一规定的，由双方当事人协商而定。提出变更或解除旅游合同的一方应给予对方郑重考虑变更或解除合同所必需的时间。

（三）旅游合同变更或解除的法律责任

旅游合同变更或解除的协议达成以前，原有的旅游合同仍然有效，双方当事人均应受其约束，任何一方不得借口旅游合同将要变更或解除而拒绝执行。由于变更或解除旅游合同而使对方当事人的利益遭受损失时，应当根据不同情况确定责任：

（1）因不可抗拒的原因，使旅游合同变更或解除的，不履行义务的一方当事人不承担责任。但是，如义务人不在规定时间内通知对方，致使对方遭受损失的，仍然承担责任。

（2）经双方协议变更或解除旅游合同，其损失应由责任方负责，受损失的一方有权要求责任方赔偿损失。双方都有责任的，应根据实际情况，由双方各自承担相应的责任。

（3）因国家旅游计划调整造成旅游合同变更或解除，则合同双方都不承担责任。如果是因上级机关或主管业务部门的过错而调整旅游计划并造成损失的，则由上级机关或主管业务部门承担赔偿责任。

（4）当事人一方发生合并、分立时，由变更后的当事人承担或分别承担履行旅游合同的义务和享受应有的权利。当事人一方被撤销时，则由上级主管部门或业务主管部门承担赔偿责任。

二、旅游合同的转让或终止

（一）旅游合同的转让

旅游合同的转让是指旅游合同的一方当事人（让与方）在不改变合同条款的情况下，把自己所享受的权利和承担的义务转让给第三人（受让方）。旅游合同转让一般要经过提议和接受提议两个阶段，让与方与受让方要经协商并达成一致才能转让。《旅游法》规定，因未达到约定人数不能出团的，组团社经征得旅游者书面同意，可以委托其他旅行社履行合同。组团社对旅游者承担责任，受委托的旅行社对组团社承担责任；旅游行程开始前，旅游者可以将包价旅游合同中自身的权利义务转让给第三人，旅行社没有正当理由的不得拒绝，因此增加的费用由旅游者和第三人承担。可见，旅游合同转让，除法律法规有特殊规定外，旅游合同义务的转让应当经过对方当事人同意；旅游合同权利的转让应当通知对方当事人，否则转让无法律效力。根据有关部门下达的旅游计划而订立的旅游合同，如果转让，必须经过下达计划主管部门的批准才允许转让。

（二）旅游合同的终止

旅游合同的终止是指旅游合同签订后出现了一定的旅游法律事实，从而引起双方当事人权利和义务在客观上消失。引起旅游合同终止的旅游法律事实主要有以下几种：因旅游合同全部义务被履行而终止；因行政指令而终止；因双方当事人达成一致协议而终止；因旅游计划的变更而终止；因双方当事人合并为一体而终止；因旅游企业法人破产而终止；因违约或约定期限届满而终止；因发生不可抗拒的外因而终止；因司法机关的裁决或判决而终止。

案例 2–3　　旅游合同义务的转让须经对方当事人同意

原告王某是某公司的职员。2006 年 4 月，某公司与第一被告甲旅行社签订了《××省出境旅游合同》，旅行行程为新、马、泰及我国港、澳 15 日游，出境旅游人员为包括原告王某在内的该公司员工共 7 人，旅游费用为每人 5 430 元。合同签订后，某公司向甲旅行社交纳了旅游费 38 010 元，但甲旅行社因报团旅游人数未达到组团标准，遂向第二被告乙旅行社发出传真，要求将王某等 7 人转至乙旅行社合并组团。乙旅行社收到传真后，同意合并组团，收取了甲旅行社的汇款。2006 年 4 月，王某等一行人员在马来西亚旅游途中发生交通事故，王某腰部受伤较重，经司法鉴定评定为九级伤残。2007 年 3 月，原告诉至某市人民法院要求二被告共同赔偿残疾赔偿金、医疗费、住院伙食补助费、交通费、营养费、律师费、精神损害抚慰金等共计 86 247元。

点评：《合同法》规定，旅游合同义务的转让应当经过对方当事人同意，旅游合同权利的转让应当通知对方当事人，否则转让无法律效力。本案中，某公司是受原告王某的委托以自己的名义在授权范围内与第一被告甲旅行社签订了旅游合同，原告王某与被告甲旅行社形成了旅游服务合同关系。甲旅行社将王某转至第二被告乙旅行社合并组团以后，王某与乙旅行社之间形成了旅游服务合同关系。乙旅行社未尽到合理的安全保障义务，造成王某在旅游过程中身体遭受伤害，对此应承担全部责任。被告甲旅行社在将王某转至乙旅行社合并组团时，未征求王某等人的同意，并从中收取中介费，对因乙旅行社未尽到合理的安全保障义务应负连带责任。原告王某请求支付精神损害抚慰金及律师费，因缺乏法律依据，故不予支持。

资料来源　张希钦．旅游案例分析［M］．北京：中国旅游出版社，2007.

第四节　违反旅游合同的责任

一、违反旅游合同责任概述

（一）违反旅游合同责任的概念和特征

违反旅游合同的责任，也叫违约责任，是指旅游合同当事人因自己的过错造成旅游合同不能履行或不能完全履行，依照法律规定或合同约定必须承受的法律制裁。它具有以下几个特征：

1. 违约责任以违反合同义务为前提

违约责任产生的基础是双方当事人之间存在合法有效的合同关系。若当事人之间不存在有效的合同关系，则无违约责任可言。违约责任是以违反合同义务为前提的，合同义务是发生合同责任的必要前提，合同责任则是违反合同义务的必然后果。没有违反合同义务的行为，便没有违约责任。

2. 违约责任的确定具有相对的任意性

违约责任的确定，除法律强制规定外，当事人可以在法律规范的指导下，通过合同加以确定，这是由合同自由原则和民事责任的“私人性”所决定的。法律允许合同当事人自主、自愿约定各自的权利义务，也允许当事人通过合同预先约定违约形态，约定违约金的数额幅度、损害赔偿的计算方法，甚至约定免责或限责事由。同时为了保障当事人设立违约责任条款的公正合理，法律也要对其约定予以干预。因此，违约责任的任意性是相对的，而不是绝对的。

3. 违约责任具有补偿性

追究违约责任的目的，主要是弥补或补偿因违约行为而给合同债权人所造成的财产损失。从我国《合同法》所确认的违约责任方式来看，无论是强制实际履行，还是支付违约金，或者采用其他补救措施，无不体现出补偿性。这是《合同法》平等、公平、等价、有偿原则的具体体现。

4. 违约责任具有相对性

违约责任的相对性，是指违约责任只能在特定的当事人之间即合同关系的债权人和债务人之间发生，合同关系以外的第三人，不负违约责任，合同当事人也不对第三人承担违约责任。

（二）违约责任的严格责任原则

在旅游法律关系中，严格责任原则是确定行为人的民事责任的依据和标准，是确定违约责任的基础。严格责任原则的确定，对于违约责任的构成要件、损害赔偿的范围、举证责任的承担等具有重要的意义。

《合同法》规定，当事人一方不履行合同义务或者履行合同义务不符合约定的，应当承担继续履行、采取补救措施或者赔偿损失等违约责任。由此可见，《合同法》规定的违约责任不要求证明行为人在主观上是否存在过错，而只要行为人没有履行合同或者履行合同不符合约定，就应当承担违约责任。

《合同法》采取严格责任原则，一是有利于促使合同当事人认真履行合同义务，以避免违约情形发生后，违约方千方百计寻找理由，证明自己主观上不存在过错。二是采取严格责任原则后，不论何种原因，只要行为人没有全面履行合同，存在违约情形，就应当承担违约责任。

二、违约责任的承担

（一）违约责任的承担原则

1. 一方违约时违约责任的承担

《合同法》规定，当事人一方不履行合同义务或者履行合同义务不符合约定的，应当承担继续履行、采取补救措施或者赔偿损失等违约责任。这就表明：在合同履行中，无论是哪一方，只要其没有履行合同或者履行合同不符合约定，即应承担违约责任。

2. 双方违约时违约责任的承担

《合同法》规定，订立合同的当事人双方都违反合同的，应当各自承担相应的责任。由此规定可见，双方当事人在履行合同中都没有按照合同约定履行义务，则双方当事人都应当承担相应的违约责任。

3. 由于第三人的原因造成违约时违约责任的承担

《合同法》规定，当事人一方因第三人的原因造成违约的，应当向对方承担责任。当事人一方和第三人之间的纠纷，依照法律规定或者按照约定解决。由此规定可见，只要合同一方当事人没有履行合同约定的义务，或者履行合同义务不符合合同约定，就要承担相应的违约责任。

（二）违约责任的承担方式

《合同法》规定，当事人一方不履行合同义务或者履行合同义务不符合约定的，应当承担继续履行、采取补救措施或者赔偿损失等违约责任。《旅游法》规定，旅行社不履行包价旅游合同义务或者履行合同义务不符合约定的，应当依法承担继续履行、采取补救措施或者赔偿损失等违约责任；造成旅游者人身损害、财产损失的，应当依法承担赔偿责任。旅行社具备履行条件，经旅游者要求仍拒绝履行合同，造成旅游者人身损害、滞留等严重后果的，旅游者还可以要求旅行社支付旅游费用一倍以上三倍以下的赔偿金。由此可见，违约责任的承担方式主要有以下三种：

1. 继续履行

继续履行是指当事人一方不履行合同或者履行合同义务不符合约定时，另一方当事人可以要求其在合同履行期限届满后继续按照合同所约定的主要条件继续完成合同义务的行为。

2. 采取补救措施

所谓采取补救措施，是指违约方采取的除继续履行、支付赔偿金、支付违约金、支付定金方式以外的其他补救措施，其目的在于消除、减轻因违约给对方当事人造成的损失。《合同法》规定："质量不符合约定的，应当按照当事人的约定承担违约责任。违约责任没有约定或者约定不明确，依照本法的有关规定仍不能确定的，受损害方根据标的性质以及损失的大小，可以合理选择要求对方承担修理、更换、重作、退货、减少价款或者报酬等违约责任。"这是我国《合同法》所要求违约方采取的补救措施。

3. 赔偿损失

《合同法》规定："当事人一方不履行合同义务或者履行合同义务不符合约定的，在履行义务或者采取补救措施后，对方还有其他损失的，应当赔偿损失。"赔偿损失作为合同当事人承担违约责任的一种方式，一直为我国法律所确认。所谓赔偿损失，是指违约方因不履行或者不完全履行合同义务给对方造成损失时，依法或者根据合同约定应赔偿对方当事人所受损失的行为。

三、违约责任的免除

（一）不可抗力

1. 不可抗力的概念

《合同法》规定："本法所称不可抗力，是指不能预见、不能避免并不能克服的客观情况。"不可抗力通常可分为自然现象和社会现象。自然现象有地震、水涝、洪灾等；社会现象有政治骚乱、罢工等。

2. 不可抗力的构成条件

不可抗力具有严格的构成条件。依据《合同法》的规定，不可抗力的构成条件为：

（1）不可预见性。所谓不可预见性，是指合同当事人在订立合同时对于不可抗力事件是否会发生是不可能预见到的。应当指出的是，所谓不可预见，是指在当时的客观、主观条件下，该当事人是不可能预见到的。

（2）不可避免性。所谓不可避免性，是指合同当事人对于可能出现的意外情况尽管采取了及时合理的措施，但是在客观上并不能阻止这一意外情况的发生，即尽管当事人在主观上做了很大的努力，但在客观上并不能阻止这一意外情况的发生。

（3）不可克服性。所谓不可克服性，是指合同当事人对于意外事件所造成的损失是不能克服的。如果意外事件造成的结果可以通过当事人的努力而得到克服，则该事件即不属于不可抗力事件。

3. 不可抗力的法律后果

《合同法》规定："因不可抗力不能履行合同的，根据不可抗力的影响，部分或者全部免除责任，但法律另有规定的除外。当事人延迟履行后发生不可抗力的，不能免除责任。"《旅游法》规定，因不可抗力或者旅行社、履行辅助人已尽合理注意义务仍不能避免的事件，影响旅游行程的，按照下列情形处理：

（1）合同不能继续履行的，旅行社和旅游者均可以解除合同。合同不能完全履行的，旅行社经向旅游者作出说明，可以在合理范围内变更合同；旅游者不同意变更的，可以解除合同。

（2）合同解除的，组团社应当在扣除已向地接社或者履行辅助人支付且不可退还的费用后，将余款退还旅游者；合同变更的，因此增加的费用由旅游者承担，减少的费用退还旅游者。

（3）危及旅游者人身、财产安全的，旅行社应当采取相应的安全措施，因此支出的费用，由旅行社与旅游者分担。

（4）造成旅游者滞留的，旅行社应当采取相应的安置措施。因此增加的食宿费用，由旅游者承担；增加的返程费用，由旅行社与旅游者分担。

不可抗力是法定的违约责任的免除条件或免除事由之一。因为，如果让当事人对自己主观上无法预见，客观上不能避免、不能克服的事件造成的损失承担法律责任，是不符合"公平"原则的。不可抗力作为免责事由是有时间限制的，即它只有发生在合同订立之后、履行完毕之前。如果不可抗力发生在合同订立之前或者履行之后，都不能构成不可抗力事件。此外，如果当事人迟延履行义务后发生不可抗力的，也不能成为免责事由。

4. 遭遇不可抗力一方当事人的义务

《合同法》规定，当事人一方因不可抗力不能履行合同的，应当及时通知对方，以减轻可能给对方造成的损失，并且应当在合理期限内提供证明。由此可知，遭遇不可抗力一方当事人具有下列义务：

（1）及时通知义务。不可抗力发生后，遭遇不可抗力的一方应当及时通知对方，向对方通报自己不能履行或者不能完全履行或者延期履行合同的情形和理由，以期得到对方的协助，共同采取措施，防止和减少损失，遭遇不可抗力的一方若不及时履行通知义务，则不能部分或者全部免除责任。

（2）提供证明义务。不可抗力发生后，遭遇不可抗力的一方当事人应当在合理期限内提供有关机构的证明，以证明不可抗力事件发生及影响当事人履行合同的具体情况。依据合同实践及《合同法》的规定，证明应当采用书面形式，而且应当在合理的期限内提供。

应当指出，当一方当事人遭遇不可抗力时，必须及时通知对方，并在合理的期限内提供证明，这是法定的义务。如果当事人没有履行这两项义务，则不能部分或全部免除违约责任。

（二）他人过错

如因他人过错不能履行旅游合同，当事人可以免除违约责任。但是，对这种情形，第三者即过错人必须承担责任。如因上级管理机关或因上级业务主管部门的过错，造成旅游合同不能履行或不能完全履行的，由上级管理机关或业务主管部门承担违约责任。又如，在旅客行李运输合同中，如果是因托运方或收货方本身的过错造成损失的，承运方不承担违约责任。

（三）物品的自然损耗

在标的为物的旅游合同中，由于物本身的性质或者物合理的损耗，造成货物灭失、缺少、变质、污染、损坏的，当事人不承担违约责任。

案例 2-4　　　不可抗力发生　有过错的当事人应承担责任

刘先生一家三口参加了某旅行社组织的“西域之光”新疆喀纳斯湖旅游团。9 月 26 日旅游团来到了新疆阿勒泰，然后前往喀纳斯湖。但是在距喀纳斯 100 公里的途中，导游告诉游客，由于喀纳斯地区从前一天起就开始下大雪，如果继续旅行安全就无法保证，于是旅游团中途返回机场。到达机场后，刘先生等少数游客对于地接社安排的航班不满意而拒绝乘机，旅游团被迫在机场停留了 24 个小时。旅游结束后，游客纷纷要求组团社给个说法，而组团社则以此次旅行终止的原因是天气的突变引起的，属于不可抗力，拒绝赔偿。游客遂向旅游质监所投诉，经调查核实，喀纳斯下雪时游客还没有从乌鲁木齐出发。

点评：不可抗力是指不能预见、不能避免并不能克服的客观现象。本案中旅行社有过错，应当承担责任。《合同法》规定，当事人一方因不可抗力不能履行合同的，应当及时通知对方，以减轻可能给对方造成的损失，并且应当在合理期限内提供证明。本案中，组团社对旅游地的天气关注不够，地接社没有尽到及时告知义务，游客拒绝登机，致使损失扩大。因此，三方当事人根据各自的过错大小，承担相应的法律责任。

资料来源　韩玉灵．旅游法教程［M］．北京：高等教育出版社，2003.

思考与练习

一、填空题

1.《合同法》规定，当事人订立合同，应当具有相应的________和________。

2. 旅游合同义务的转让是指合同中的债务人将自己应当履行的义务转让给________的行为。根据《合同法》规定，债务人将其合同的义务全部或者部分转移给第三人，应当经________。

3.《合同法》规定，对格式条款的理解发生争议的，应当按照________予以解释。对格式条款有两种解释的，应当作出不利于________的解释。

二、选择题（在每小题的四个备选答案中，选出 1～4 个正确答案，并将正确答案的序号填在题干的括号内）

1. 订立旅游合同的当事人一方向另一方发出的希望和他订立合同的意思表示是(　　)。

A. 要约　　　　B. 完全同意提议

C. 承诺　　　　D. 要约邀请

2. 饭店客房租赁合同期满，承租人和出租人都没有提出合同终止的问题，而且承租人继续交付租金，出租方也继续接受租金，这是订立合同的(　　)。

A. 书面形式　　　　B. 口头形式

C. 推定形式　　　　D. 默示形式

3. 李某与饭店采用饭店提供的格式条款订立了合同，由于对格式条款的理解不一发生争议，此时，应当(　　)解释。

A. 本着公平的原则予以　　B. 作出不利于饭店一方的

C. 按照通常理解予以　　D. 由上级部门作出

4. 甲旅行社与乙旅行社在旅行合同中都没有按照合同约定履行义务，(　　)违约责任。

A. 双方当事人都不承担　　B. 双方当事人应平均分担

C. 双方当事人都应承担相应的　　D. 先违约的一方应承担

5. 因当事人一方的违约行为，侵害对方人身、财产权益的，受损方有权要求其(　　)。

A. 承担违约责任　　B. 承担侵权责任

C. 承担违约和侵权责任　　D. 承担违约或侵权责任

三、简答题

1. 什么是旅游合同？它的法律特征是什么？

2. 什么是合同权利的转让？在什么样的情形下旅游合同不得转让？

3. 如何理解违约责任的归责原则？

4.《合同法》对违约责任承担主体有哪些规定？当事人违约后应当承担什么样的责任？

四、案例分析题

某旅行社与甲饭店签订一份旅游住宿合同，合同规定由甲饭店向某旅行社提供10天50张床位，并负责三餐饮食，食宿费总计5万元。合同还约定某旅行社付给饭店定金2 000元。在合同履行过程中发生纠纷，某旅行社向人民法院提起诉讼。经查：甲饭店未取得公安机关批准发给的特种行业营业许可证，也未经工商行政管理部门核准登记，领取营业执照。试用所学的法律法规分析本案例：

（1）某旅行社与甲饭店签订的旅游合同是否有效？为什么？

（2）如果法院判决甲饭店双倍返还旅行社的定金，你认为法院判决是否正确？为什么？

第三章

旅游消费者权益保护法律制度

背景与提要

消费者权益是消费者利益在法律上的体现，是国家对消费者进行保护的前提和基础。国外关于消费者权益保护开始于1891年成立的纽约消费者协会，1898年美国成立了世界上第一个全球性消费者联盟。国际消费者组织联盟成立于1960年，它是由世界各国、各地区消费者组织参加的一个独立的、非营利性的国际消费者问题议事中心。西方国家爆发的“消费者权利运动”，对消费者权益保护法律制度的建立和发展起到了推动作用，从而使各国在消费者权益保护方面的专门立法得以应运而生。1968年，日本率先颁布了《保护消费者基本法》，开辟了制定消费者权益保护基本法的先河。我国消费者权益保护运动起步较晚，1984年12月，经国务院批准，中国消费者协会成立，1987年9月中国消费者协会被国际消费者组织联盟接纳为正式会员。为了保护消费者的合法权益，维护社会经济秩序，促进社会主义市场经济健康发展，1993年10月第八届全国人大常委会第四次会议通过《消费者权益保护法》(以下简称《消法》)，该法于1994年1月1日起实施。这是我国第一部专项保护消费者权益的法典，它的制定和实施开创了我国消费者权益保护工作新的里程碑。此后，我国又出台了一系列保护消费者权益的法律法规，如《商标法》、《食品卫生法》、《环境保护法》、《广告法》、《产品质量法》等，各省、市、自治区也制定了保护消费者权益的地方性法规。随着经济社会不断发展，我国消费方式、消费结构和消费理念发生了很大变化，在消费者权益保护领域出现了不少新情况、新问题，2008年10月，修改《消法》列入了全国人大常委会5年立法规划。2013年4月和8月，全国人大常委会先后两次审议了《消法修正案（草案)》，并向社会公开征求意见。《消法》现已由全国人大第十二届常务委员会第五次会议通过修订，将于2014年3月15日实施。

随着国际经济一体化趋势的加强，和谐消费环境已经成为一个国家、一个地区社会经济发展水平的重要标志。我国已成为WTO的成员，WTO的基本原则就是“内外平等”和“外外平等”，即国民待遇原则和最惠国待遇原则。如果国内立法不向消费者倾斜，任由经营者侵犯消费者的合法权益，国外企业也可以进行效仿，当消费纠纷发生时，还可依此抗辩，而不利于我国法律的有效适用。从本质上看，我国《消法》实质上包含了所有商品和服务领域，涉及众多的消费行为和受服务行为，因而受到损害的消费者是广泛的群体。这种违法行为实质上侵犯的是国家的利益，破坏的是社会的生活秩序和经济秩序，必须采取民事法律手段和行政法律手段相结合的措施制裁，但应当先强制经营者承担民事责任，当然触犯刑律的，国家将以刑事规范进行调整。在我国当前形势下，保护消费者权益、营造和谐消费环境是落实以人为本科学发展观、构建社会主义和谐社会与建设小康社会的需要，是刺激消费需求、拉动经济增长的重要手段，是整顿与规范市场经济秩序的重要内容。旅游者是消费者的特殊群体，诚信是旅游企业经营之根本，旅游是以预收款方式提供服务的，这就需要诚信、和谐的消费环境，旅游者的利益将受到《消法》与《旅游法》的共同保护。

本章主要学习和掌握公民的基本旅游权，旅游消费者权益的保护，消费者权益争议的解决及侵犯消费者合法权益应承担的法律责任。

第一节　旅游消费者权益保护法律概述

一、公民的旅游权

公民的旅游权是一项重要的涉及自然人身心健康和精神人格全面发展的基本权利，它是指国家通过宪法和法律规定的公民从事旅游活动的可能性，是公民享有的通过旅游活动获得身心满足的权利。《旅游法》根据保障公民基本权利的宪法精神，规定了公民享有的基本旅游权利：

（一）公民的休息权

《旅游法》规定，国家依法保障公民的休息权；国家应当建立劳动者带薪休假制度，保证劳动者获得充分休闲的时间；任何单位和个人不得强制公民放弃法定休假时间，不得阻挠公民行使休息权。

（二）公民的旅行自由权

《旅游法》规定，中华人民共和国公民享有在中华人民共和国境内旅行的自由；中华人民共和国公民享有进出境的自由；驻外使领馆对在所在国旅行的中华人民共和国公民的人身自由和人身安全负有高度关注和保护义务。

（三）公民的物质帮助权

《旅游法》规定，国家应当从物质上帮助已经退休的劳动者有效地行使旅游权；国家应当为劳动模范、获得不同层次奖励的先进工作者提供充分和有效的旅游机会。

二、旅游消费者权益保护法的概念、特征和基本原则

（一）消费者与经营者的概念及法律特征

1. 消费者的概念及特征

《消法》规定，消费者，是指非为生产经营目的，购买、使用商品或者接受服务的自然人。可见，消费者具有的法律特征是：

（1）消费者的主体是购买、使用商品或接受服务的个人。任何一个自然人，不论其自身的年龄、种族、性别等情况如何，都可以成为消费者。

（2）消费者的消费客体包括商品和服务。就是说，消费客体是用于生活消费的，涵

盖了人们的衣、食、住、行、用、医疗、文化、教育、保险等各个方面的生活消费所需要的商品和服务。但是，法律禁止购买、使用的商品和禁止接受的服务，不属于《消法》规定的商品和服务。同时，消费者必须通过公开的市场交易购买商品或接受服务，私下交易则不受保护。

（3）消费者的消费方式包括购买、使用（商品）和接受（服务）。购买是人们直接有偿获得商品的手段；使用是人们实际消费商品的行为和过程；接受既是人们直接获得服务的手段，也是利用服务的过程。经营者赠与的商品和服务也属于消费者实施消费目的的消费方式，也受《消法》的保护。

（4）消费者的消费属于生活性消费活动，即为生活而购买、使用商品或接受服务。

2. 经营者的概念及特征

经营者，是指以营利为目的从事生产经营活动，向消费者提供其生产、销售的商品或者提供服务的公民、法人和其他经济组织。经营者具有的法律特征是：

（1）经营者包括生产者、销售者和服务者。经营者的经营活动，不单指商品销售，也包括商品的生产和有偿服务活动。

（2）经营者是与消费者相对应的另一方当事人。按照我国有关法律法规规定，经营者应该是依法登记注册从事生产经营活动的单位和个人，但在实践中向消费者提供商品或服务的单位和个人也存在未登记注册的，其中有依法不需要登记注册的，如医院、集贸市场上销售自产农副产品的农民，均属于《消法》上的经营者，也包括依法应登记注册但未登记注册从事违法经营的，如借照经营户，虽不是合法的经营者，但其向消费者提供商品或服务时，与消费者之间存在市场交易关系，直接关系到消费者的切身利益，实际也处于与消费者对应的地位，因此也应视为《消法》上的经营者。

（3）经营者提供商品或服务以营利为目的。只要经营者是有偿提供商品或服务，不论其结果是否盈利都是以营利为目的的经营活动。

（二）旅游消费者权益保护法的概念与特征

旅游消费者权益保护法，是指调整国家在保护旅游消费者权益的过程中发生的社会关系的法律规范的总称。其调整对象是国家在保护旅游消费者权益过程中发生的社会关系，具体包括：旅游消费者为生活消费在购买、使用商品或者接受服务过程中因经营者侵犯其合法权益而发生的社会关系；国家机关和其他社会组织在保护旅游消费者权益过程中与旅游消费者之间发生的社会关系；国家机关、其他社会组织或者个人在监督损害旅游消费者合法权益的行为过程中发生的社会关系。可见，《消法》与其他法律相比较具有如下特征：

（1）《消法》是一部专门对消费者权利进行特殊保护的主体法。其保护的唯一主体是消费者，一反传统民法关于权利义务对等的惯例，只规定了“消费者的权利”和“经营者的义务”，充分体现了国家对消费者的倾斜意志。这是《消法》最基本的法律特征，也是区别于其他法律的标志。

（2）《消法》是一部专门对保护消费者权利进行综合指导的基本法。《消法》与其他涉及保护消费者权益内容的法律共同构成保护消费者权益的法律体系。

（3）《消法》是一部专门以消费者为生活消费购买、使用商品或接受服务为基础的特定法。

（4）《消法》是一部专门集原则性规定与操作性规定、实体规范与程序规范于一体的适用法。该法既对消费者的权利、国家保护消费者的职责等作了原则性规定，又对保护消费者的规范作了具体可操作的规定；既有消费者权利和经营者义务的实体规定，又对消费纠纷的解决程序作了明确规定，在内容上是实体法与程序法的统一。

（5）《消法》是一部突出赋予行政执法机关自由裁量权的法律。如《消法》专门规定："经营者对行政处罚决定不服的，可以自收到处罚决定之日起十五日内向上一级机关申请复议，对复议决定不服的，可以自收到复议决定书之日起十五日内向人民法院提起诉讼；也可以直接向人民法院提起诉讼。"

三、旅游消费者权益保护法的基本原则

（一）旅游经营者与消费者交易的基本原则

旅游经营者与消费者进行交易应遵循的基本原则，既是对经营者行为的原则规范，也是对市场交易基本规律的抽象和概括。根据《消法》的规定，该基本原则的内容包括：

第一，自愿原则，指经营者与消费者进行交易时，要尊重消费者的意愿，建立交易关系亦应真正出于消费者意愿。

第二，平等原则，这是商品经济的本质要求，指交易双方法律地位平等，不得恃强凌弱。

第三，公平原则，指双方交易符合等价交换这一商品经济的本质要求和社会商业道德规范精神。

第四，诚实信用原则，指双方在交易中应友好合作、实事求是、恪守信用。

（二）国家保护旅游消费者合法权益不受侵犯的原则

国家保护消费者合法利益不受侵犯的原则，是《消法》中一项最核心的基本原则。其主要内容是：国家对消费者的合法权益不受侵犯负有法定义务；消费者要依法行使权利；国家采取措施，保障消费者依法行使权利，并进而达到维护消费者利益的目的。具体体现在：国家制定有关消费者权益法律法规和政策时，应当听取消费者意见和要求，各级人民政府应当加强领导，组织、协调、督促有关行政部门做好保护消费者合法权益工作；各级人民政府应当加强监督，预防危害消费者人身、财产安全行为的发生，及时制止危害消费者人身、财产安全的行为；各级人民政府工商行政管理部门和其他有关行政部门在各自的职责范围内，采取措施，保护消费者的合法权益；有关行政部门应当听取消费者及其社会团体对经营者交易行为、商品和服务质量问题的意见，及时调查处理；有关国家机关应当依照法律法规的规定，惩处经营者在提供商品和服务中侵害消费者合法权益的违法犯罪行为；人民法院应当采取措施，方便消费者提起诉讼，对符合《民事诉讼法》起诉条件的消费者权益争议，必须受理，及时审理。

（三）社会团体对消费者权益进行保护的基本原则

消费者组织应发挥其对消费者权益保护的积极作用。所谓消费者组织，是指依法成立的、对商品和服务进行社会监督的、保护消费者合法权益的社会团体。它包括消费者协会

和其他消费者组织。维护消费者的合法权益是消费者组织的宗旨，法律通过赋予其职能来实现消费者权利的保护。《消法》规定，消费者协会履行下列职能：向消费者提供消费信息和咨询服务；参与有关行政部门对商品和服务的监督、检查；就有关消费者合法权益的问题，向有关行政部门反映、查询、提出建议；受理消费者的投诉，并对投诉事项进行调查、调解；投诉事项涉及商品和服务质量问题的，可以提请鉴定部门鉴定，鉴定部门应当告知鉴定结论；就损害消费者合法权益的行为，支持受损害的消费者提起诉讼；对损害消费者合法权益的行为，通过大众传播媒介予以揭露、批评。各级人民政府对消费者协会履行职能应当予以支持。

为了保证消费者组织的公正性和独立性，发挥其应有的作用，很好地担当起法律赋予的重任，《消法》规定，消费者组织不得从事商品经营活动和营利性服务；不得以牟利为目的向社会推荐商品和服务。

（四）全社会共同保护消费者合法权益的原则

消费者权益涉及经济生活的广泛领域，须动员广泛的社会力量，发挥各方面积极性，才能形成消费者权益保护的社会机制，使消费者权益保护法律制度真正落到实处。据此，国家鼓励、支持一切组织和个人对损害消费者合法权益的行为进行社会监督；大众传媒应当做好维护消费者合法权益的宣传，对损害消费者合法权益的行为进行舆论监督。

案例 3-1　　旅行社提供服务应保障旅游者合法权益

某年 5 月 12 日，彭某等三名旅游者与甘肃某国内旅行社接洽联系并缴纳了去四川九寨沟旅游的单程旅费 1 800 元（600 元/人），由于该国内旅行社是与其他旅行社合作组团及购买火车票等原因，在出发前突然告知彭某等人取消该旅游行程。为弥补给彭某等旅游者造成的损失，该国内旅行社于 5 月 19 日租车安排彭某等旅游者前去刘家峡炳灵寺游览，收取交通费 360 元（120 元/人），但因水库水位下降使彭某等旅游者未能上岸参观游览炳灵寺，只游览了刘家峡水电站。为此，彭某等三名旅游者向旅游质量监督管理所投诉，要求该国内旅行社全额退还所交旅行费用并赔偿由此造成的经济损失。

点评：旅行社在收取旅游者付给的旅行费用后，应严格履行约定，保证旅游者依约进行旅行游览活动。由于旅行社本身的原因，造成旅游者旅行时间延误，损害了旅游者的合法权益，旅行社应当承担违约责任。本案中，旅行社应全部退还收取旅游者的旅游费用或预付款，并承担相应的违约责任，如果因此给旅游者造成损失的应承担赔偿责任。对于旅行社为弥补给彭某等旅游者造成的损失，又安排彭某等旅游者前去刘家峡炳灵寺游览，可视为旅行社与旅游者之间达成了新的旅游协议，但因水库水位下降使彭某等旅游者未能上岸参观游览炳灵寺，只游览了刘家峡水电站，旅行社应退还刘家峡炳灵寺交通费、炳灵寺门票费和导游服务费，对于旅行社是否要承担违约责任问题，要根据旅行社是否有过错而定。

资料来源　哈尔滨市旅游质监所．旅游不成行，旅行社如何赔偿［N］．哈尔滨日报，2005-04-20.

第二节 旅游消费者的权利与经营者的义务

一、旅游消费者的权利

消费者的权利是消费者利益在法律上的体现，即在法律保障下，消费者有权做出一定的行为或者要求他人做出一定的行为。旅游消费者的权利，是消费者在旅游消费领域所具有的权能，是国家对旅游消费者进行保护的前提和基础。根据国家法律法规的规定，旅游消费者依法享有以下权利：

（一）人身、财产安全不受侵犯权

人身、财产安全不受侵犯权是指消费者在购买、使用商品和接受服务时，享有人身、财产安全不受侵害的权利。消费者有权要求经营者提供的商品和服务，符合保障人身、财产安全的要求。

（二）知悉真情权

知悉真情权是指消费者享有知悉其购买、使用的商品或接受的服务的真实情况的权利。消费者有权根据商品或者服务的不同情况，要求经营者提供商品的价格、产地、生产者、用途、性能、规格、等级、主要成分、生产日期、有效期限、检验合格证明、使用方法说明书、售后服务，或者服务的内容、规格、费用等有关情况。

（三）自由选择权

自由选择权是指消费者有权自主选择提供商品或者服务的经营者，自主选择商品品种或者服务方式，自主决定购买或者不购买任何一种商品、接受或者不接受任何一项服务。消费者在自主选择商品或者服务时，有权进行比较、鉴别和挑选。

（四）公平交易权

公平交易权是指消费者在购买、使用商品或者接受服务时，有权获得质量保障、价格合理、计量正确等公平交易条件，有权拒绝经营者的强制交易行为。

（五）获得赔偿权

获得赔偿权是指消费者因购买、使用商品或者接受服务受到人身、财产损害的，享有依法获得赔偿的权利。这是民事法律规定的请求损害赔偿的民事权利在消费者权益保护法中的具体体现。享有获得赔偿权的主体是因购买、使用商品或接受服务而受到人身、财产损害的人，即受害人，具体包括商品购买者、商品使用者、接受服务者和第三人。获得赔偿的范围既包括人身权受到的侵害，也包括财产权受到的损害。

（六）依法结社权

依法结社权是指消费者享有依法成立维护自身合法权益的社会团体的权利。它是《消法》根据《宪法》规定公民享有结社的基本权利，而赋予消费者实现自我保护的一项权利。消费者协会和其他消费者组织是依法成立的、对商品和服务进行社会监督的、保护消费者合法权益的社会团体。

（七）获得知识权

获得知识权是指消费者享有获得有关消费和消费者权益保护方面的知识的权利。获得知识权的内容包括：获得有关消费方面的知识，例如，有关消费态度的知识、有关商品和服务的基本知识和有关市场的基本知识；获得有关消费者权益保护方面的知识，例如，有关消费者权益保护的法律法规、政策、保护机构、争议解决等方面的知识。消费者应当努力掌握所需商品或者服务的知识和使用技能，正确使用商品，提高自我保护意识。

（八）得到尊重权

得到尊重权是指消费者在购买、使用商品和接受服务时，享有人格尊严、民族风俗习惯得到尊重的权利，享有姓名、肖像、隐私等个人信息得到保护的权利。人格尊严的权利主要包括姓名权、名誉权、肖像权和生命健康权等。在市场交易中，这是消费者最基本的权利。民族风俗习惯大量地表现在饮食、服饰、婚葬、节庆、礼仪、禁忌等方面，它在不同程度上反映了各民族的历史传统和心理素质。尊重少数民族风俗习惯对保护不同民族的消费者的合法权益，维护各民族的团结有重要意义。

（九）监督批评权

监督批评权是指消费者享有对商品和服务以及保护消费者权益工作进行监督的权利。消费者有权检举、控告侵害消费者权益的行为和国家机关及其工作人员在保护消费者权益工作中的违法失职行为，有权对保护消费者权益工作提出批评、建议。

二、旅游经营者的义务

旅游经营者的义务是经营者在经营活动中应当履行的责任，即经营者依法必须做出一定的行为或者抑制自己的某种行为。消费者权利的实现在一定程度上是通过经营者的履行义务来实现的。依据《消法》的规定，旅游经营者必须履行下列义务：

（一）依法或约定提供商品或者服务

《消法》规定，经营者有义务按照法律法规的规定或者双方的约定为消费者提供商品或者服务。该项义务的内容包括：经营者向消费者提供商品或者服务时，应当履行我国《产品质量法》、《食品卫生法》等法律法规规定的义务；经营者与消费者之间就商品或者服务达成的协议，是一种双务合同，只要这种约定不违背法律法规的规定，经营者就应当履行合同约定的义务。

（二）听取意见和接受监督

《消法》规定，经营者有听取消费者意见和接受消费者监督的义务。经营者应当听取消费者对其提供的商品或者服务的意见，接受消费者的监督。经营者生产经营的目的就是要满足用户、消费者的需要，创造经济效益和社会效益。“消费者至上”应为经营者的经营方针。对于经营者的商品和服务，消费者是最终的评判官，最有发言权。消费者有权对经营者的商品或服务提出意见，不管是正面的，还是反面的，经营者都应认真对待。消费者有权对经营者的商品或服务问题进行监督，不管是向经营者直接提出，还是向有关组织、机关提出，经营者都应积极处理。事实上，经营者的经营过程是一个不断听取消费者意见、改进经营质量的过程。

（三）保障消费者安全

《消法》规定，经营者有保障消费者人身和财产安全的义务。该项义务的内容包括：经营者有义务向消费者提供符合要求的商品或服务。经营者提供的商品或服务要符合保障消费者人身、财物安全的要求；对可能危及消费者人身、财物安全的事宜，应当向消费者作出真实的说明和明确的警示。经营者发现其提供的商品或者服务存在缺陷，可能对人身、财产安全造成危害的，应当立即向有关行政部门报告和告知消费者，并停止生产销售，采取警示、召回、无害化处理、销毁等消除危险的措施。采取召回措施的，经营者应当承担消费者因商品被召回支出的必要费用。

（四）服务信息真实、可靠

《消法》规定，经营者有不做虚假宣传的义务。该项义务的内容包括：经营者向消费者提供有关商品或者服务的质量、性能、用途、有效期限等信息，应当真实、全面，不得作虚假或者引人误解的宣传；对商品或者服务的质量、使用方法应当作出真实明确的答复；提供的商品或者服务应明码标价。

（五）出具购货凭证或服务单据

《消法》规定，经营者有向消费者出具购货凭证或服务单据的义务。该项义务的内容包括：经营者提供商品或者服务，应当按国家有关规定或商业惯例向消费者出具购货凭证或服务单据；消费者索要购货凭证或服务单据时，经营者不得拒绝。因为购货凭证或服务单据是消费者和经营者之间合同关系成立的重要证据，它对保护消费者合法权益至关重要。商业惯例则是指某个行业经营者在提供商品或者服务时普遍遵循的做法，虽然不是国家法律法规的规定，但却为有关的经营者所公认和遵守，在维护正常的交易秩序、保护消费者权益方面也发挥着重要的作用。

（六）标明真实名称和标记

《消法》规定，经营者有标明真实名称和标记的义务：租赁他人柜台或者场地的经营者，应当标明真实名称和标记。这一方面有利于消费者了解经营的真实情况，作出合于真实意愿的消费决定；另一方面有利于国家对经营者的监督管理，便于消费者在其权益受到侵害时，实现求偿权。

（七）承担“三包”和其他责任

《消法》规定，经营者有承担“三包”和其他责任的义务。该项义务的内容包括：经营者提供商品或者服务不符合质量要求的，消费者可以依照国家规定、当事人约定退货，或者要求经营者履行更换、修理等义务。没有国家规定和当事人约定的，消费者可以自收到商品之日起七日内退货；七日后符合在保修期内两次修理仍不能正常使用等法定解除合同条件的，消费者可以及时退货，不符合法定解除合同条件的，可以要求经营者履行更换等义务。

（八）网络、电视、电话、邮购等方式销售商品的责任

《消法》规定，经营者采用网络、电视、电话、邮购等方式销售商品，消费者有权自收到商品之日起七日内退货，且无需说明理由，但下列商品除外：消费者定作的；鲜活易

腐的；消费者拆封的音像制品、计算机软件；交付的报纸、期刊；其他根据商品性质不宜退货的。消费者应当自向经营者提出退货要求之日起七日内将商品退回；经营者应当自收到退回货物之日起七日内返还消费者支付的商品价款。

（九）不得从事不公平、不合理的交易

《消法》规定，经营者不得从事不公平、不合理的交易。该项义务的内容包括：经营者使用格式条款，应当以显著方式提请消费者注意商品或者服务的数量和质量、价款或者费用、履行期限和方式、风险警示、售后服务、民事责任等与消费者有重大利害关系的内容，并按照消费者的要求予以说明；经营者不得以格式条款、通知、声明、店堂告示等方式作出排除或者限制消费者权利、减轻或者免除经营者责任、加重消费者责任等对消费者不公平、不合理的规定；格式条款、通知、声明、店堂告示等含有前款所列内容的，其内容无效。

（十）尊重消费者人身权利

《消法》规定，经营者不得侮辱、诽谤消费者，不得搜查消费者的身体和随身携带物品，不得侵犯消费者的人身自由。

案例 3-2　　旅游消费者享有知悉真情权

某国际旅行社接待一日本旅游团，委派导游谢某为全程陪同随团服务，该旅游团行至河南洛阳时，谢某为从某餐馆提取好处费，遂向该团游客建议，将原定餐食改为品尝“洛阳水席”。为了促使该团游客接受这一建议，谢某对“洛阳水席”作了言过其实的夸张宣传。当有游客询问是否需要增加费用时，谢某答复水席标准不会超过原定餐饮标准。于是，该团游客欣然接受了谢某的建议，前往某餐馆品尝“洛阳水席”。面对“洛阳水席”的汤汤水水，游客发觉与谢某宣传的不相符，连呼上当。不料，翌日，谢某又向该团游客宣布，因水席标准超过了原定标准，故需加收少量餐费。对此，部分团员表示不满，但因已食用了水席，不得不交纳超支的餐费。事后，该团投诉了该国际旅行社。该旅行社认为，造成此起投诉，属于导游谢某个人行为，与旅行社无关。谢某则辩称，为了使客人品尝地方风味，作了些夸张的宣传，但动机是好的，而游客食用水席，加收餐费理所应当，并无不妥。

点评：《消法》规定，消费者享有知悉其购买、使用的商品或接受的服务的真实情况的权利；消费者有权自主选择提供商品或者服务的经营者，自主选择商品品种或者服务方式，自主决定购买或者不购买任何一种商品、接受或者不接受任何一项服务。本案例中，导游谢某为从某餐馆提取好处费，向该团游客建议，将原定餐食改为品尝“洛阳水席”，侵犯了旅游者的知悉真情权和自主选择权等权利，给旅游者造成的损失，某国际旅行社应承担赔偿责任。

资料来源　莫言．消费者权益保护法律制度对我国旅游业的作用［EB/OL］．（2012-11-23）［2014-01-10］．http：//www. docin. com/p-5345647. html.

第三节 旅游消费者权益的保护

一、旅游消费者权益争议的解决

（一）争议解决的途径

《消法》规定，消费者和经营者发生消费者权益争议的，可以通过下列途径解决：

（1）与经营者协商和解；

（2）请求消费者协会或依法成立的其他调解组织调解；

（3）向有关行政部门投诉；

（4）根据与经营者达成的仲裁协议提请仲裁机构仲裁；

（5）向人民法院提起诉讼。

（二）损害赔偿责任的承担

根据《消法》的规定，当旅游消费者的合法权益受到损害时，可以依法要求旅游经营者依据不同情况承担下列损害赔偿责任：

（1）消费者在购买、使用商品时，其合法权益受到损害的，可以向销售者要求赔偿。销售者赔偿后，属于生产者的责任或者属于向销售者提供商品的其他销售者的责任，销售者有权向生产者或者其他销售者追偿；消费者或者其他受害人因商品缺陷造成人身、财产损害的，可以向销售者要求赔偿，也可以向生产者要求赔偿。属于生产者责任的，销售者赔偿后，有权向生产者追偿。属于销售者责任的，生产者赔偿后，有权向销售者追偿。消费者在接受服务时，其合法权益受到损害的，可以向服务者要求赔偿。

（2）消费者在购买、使用商品或者接受服务时，其合法权益受到损害，因原企业分立、合并的，可以向变更后承受其权利义务的企业要求赔偿。

（3）使用他人营业执照的违法经营者提供商品或者服务，损害消费者合法权益的，消费者可以向其要求赔偿，也可以向营业执照的持有人要求赔偿。

（4）消费者在展销会、租赁柜台或者通过网络交易平台等购买商品或者接受服务，其合法权益受到损害的，可以向销售者或者服务者要求赔偿。展销会结束、柜台租赁期满或者网络交易平台上的销售者、服务者不再利用该平台的，也可以向展销会的举办者、柜台的出租者或者网络交易平台提供者要求赔偿。展销会的举办者、柜台的出租者或者网络交易平台提供者赔偿后，有权向销售者或者服务者追偿；网络交易平台提供者知道销售者或者服务者利用其平台侵害消费者合法权益，未采取必要措施的，与该销售者或者服务者承担连带责任。

（5）消费者因经营者利用虚假广告提供商品或者服务，其合法权益受到损害的，可以向经营者要求赔偿。广告的经营者发布虚假广告的，消费者可以请求行政主管部门予以惩处。广告的经营者不能提供经营者的真实名称、地址的，应当承担赔偿责任。广告经营者、发布者设计、制作、发布关系消费者生命健康商品或者服务的虚假广告，造成消费者损害的，应当与提供该商品或者服务的经营者承担连带责任；社会团体或者其他组织、个人在前款虚假广告中向消费者推荐商品或者服务，造成消费者损害的，应当与提供该商品或者服务的经营者承担连带责任。

二、侵犯旅游消费者合法权益应承担的法律责任

旅游经营者违反《消法》的规定，给旅游消费者造成损害的，除了依照《产品质量法》和其他有关法律法规的规定，承担相应的民事责任、经济责任与行政责任外，还应承担下列责任：

（一）民事责任

（1）经营者提供商品或者服务，造成消费者或者其他受害人人身伤害的，应当赔偿医疗费、护理费、交通费等为治疗和康复支出的合理费用，以及因误工减少的收入。造成残疾的，还应当赔偿残疾生活辅助具费和残疾赔偿金。造成死亡的，还应当赔偿丧葬费和死亡赔偿金。构成犯罪的，依法追究刑事责任。

（2）经营者侵害消费者的人格尊严、侵犯消费者人身自由或者侵害消费者姓名、肖像、隐私等个人信息得到保护的权利的，应当停止侵害、恢复名誉、消除影响、赔礼道歉，并赔偿损失；经营者有侮辱诽谤、限制人身自由等侵害消费者或者其他受害人人身权益的行为，造成严重精神损害的，受害人可以要求精神损害赔偿。

（3）经营者提供商品或者服务，造成消费者财产损害的，应当依照法律规定或者当事人约定承担修理、重作、更换、退货、补足商品数量、退还货款和服务费用或者赔偿损失等民事责任。

（4）经营者以预收款方式提供商品或者服务的，应当按照约定提供。未按照约定提供的，应当按照消费者的要求履行约定或者退回预付款，并应当承担预付款的利息、消费者必须支付的合理费用。

（5）依法经有关行政部门认定不合格的商品，消费者要求退货的，经营者应当负责退货。

（6）经营者提供商品或者服务有欺诈行为的，应当按照消费者的要求增加赔偿其受到的损失，增加赔偿的金额为消费者购买商品的价款或者接受服务费用的三倍；增加赔偿的金额不足 500 元的，为 500 元。法律另有规定的，依照其规定；经营者有明知商品或者服务存在缺陷，仍然向消费者提供的欺诈行为，造成消费者或者其他受害人死亡或者健康严重损害的，依法追究刑事责任；受害人有权要求所受损失三倍以下的民事赔偿。

（二）刑事责任

（1）经营者提供商品或者服务，造成消费者或者其他受害人死亡，构成犯罪的，由司法机关依法追究刑事责任。

（2）以暴力、威胁等方法阻碍有关行政部门工作人员依法执行职务的，依法追究刑事责任；拒绝、阻碍有关行政部门工作人员依法执行职务，未使用暴力、威胁方法的，由公安机关依照有关规定处罚。

案例 3–3　　旅行社提供服务应保障旅游者合法权益

谭某等游客与位于某大厦304房的甲旅行社签订旅游合同，参加该旅行社组织的“武夷山五日游”，9月30日晚，他们一行10人登上了开往江西上饶的火车，次日凌晨2点多到达。出了火车站后在地接社导游的带领下登上旅游车前往武夷山，由于车辆设备陈旧，游客多次下车步行前往，次日上午9点多到达武夷山饭店住宿。当地导游告知，下午1点30分在饭店等候，会有一位男导游安排他们去“一线天”游玩，到了下午2点那位男导游才出现，身后却跟着一批尚未解决住宿的游客，所以只好将游“一线天”安排在10月2日，并要求游客10月2日早晨4点30分出发，游玩6点开始的“九曲溪竹筏漂流”。早上4点半，游客们乘车赶赴九曲溪竹筏漂流渡口，车至渡口时为5点整，旅游车扔下游客后，又接其他游客去了。一个半小时后，到了竹筏漂流的时间，导游却告诉游客票未拿到，后来总算设法上了竹筏。游完“九曲溪”和“大王峰”，导游告知10点10分在停车场集合去太阳城，可直到11点10分导游才出现。回到饭店，游客恰巧遇到地接社的经理，提出由于安排不当致使旅游计划未能完成，并要求给予经济赔偿。该经理在述说了一番苦衷之后，同意向游客补偿100元，谭某等人无法接受。旅游结束后，他们向质量监督管理所投诉，要求甲旅行社按照有关法律规定进行经济补偿。质监所在调查中发现：甲旅行社与某大厦的房屋租赁协议已到期，现不知去向。

点评：《消法》规定，消费者在展销会、租赁柜台购买商品或接受服务，其合法权益受到损害的，可以向销售者或者服务者要求赔偿。展销会结束或者柜台租赁期满后，也可以向展销会的举办者、柜台的出租者要求赔偿。展销会的举办者、柜台的出租者赔偿后，有权向销售者或者服务者追偿。本案例中，甲旅行社与某大厦的房屋租赁协议已到期，现不知去向。因此，对于甲旅行社给游客造成的损失应由某大厦先予赔偿。某大厦赔偿后，有权向甲旅行社追偿。

资料来源　王莉霞．旅游法理论与实务［M］．西安：陕西人民出版社，2005.

思考与练习

一、填空题

1. 消费者在购买、使用商品时，其合法权益受到损害的，________向销售者要求赔偿。销售者赔偿后，属于生产者的责任或者属于向销售者提供商品的其他销售者的责任，销售者有权向生产者或者其他销售者________。

2. 消费者因经营者利用虚假广告提供商品或者服务，其合法权益受到损害的，可以向________要求赔偿。广告的经营者、设计者不能提供经营者的真实名称、地址的，________承担赔偿责任。

3. 经营者提供商品或者服务有欺诈行为的，________按照消费者的要求增加赔偿其受到的损失，增加赔偿的金额为消费者购买商品的价款或者接受服务的费用的________。

二、选择题（在每小题的四个备选答案中，选出1～4个正确答案，并将正确答案的序号填在题干的括号内）

1. 消费者权益保护法的核心原则是(　　)。

A. 平等原则

B. 诚实信用的原则

C. 国家保护消费者合法利益不受侵犯的原则

D. 全社会共同保护消费者合法权益的原则

2. 某汽车运输公司使用某旅行社的营业执照招徕、接待旅游者，致使旅游者的合法权益受到损害，旅游者可以(　　)。

A. 向某汽车运输公司要求赔偿　　B. 向某旅行社要求赔偿

C. 向某汽车运输公司的直接负责人要求赔偿　　D. 向某旅行社的直接负责人要求赔偿

3. 消费者求偿权的范围包括(　　)。

A. 消费者因自己的过错造成的损害　　B. 消费者人身权受到损害

C. 消费者财产受到损害　　D. 消费者因人身伤害而造成精神痛苦

三、简答题

1. 什么是消费者组织？消费者协会的职能有哪些？

2. 《消费者权益保护法》对于损害赔偿责任的承担有哪些规定？

四、案例分析题

2010年“五一”节放假期间，家住呼和浩特市的宋女士和儿子去了北京，在王府井商场附近报了一个团，准备好好在首都游览一番。旅游途中，导游将一行人带到一家卖玉器的商场，建议大家购买几件玉器。宋女士见其他人都或多或少买了几件，于是也花120元买了一条翡翠项链。可是回家后，朋友看了都说不是翡翠，像玻璃做的。宋女士感觉上当了，于是来到消费者协会，希望借助消协来维护自己的权益。消费者协会工作人员说，由于属地原因，该投诉处理起来有难度，但会积极帮助宋女士解决此事。同时消费者协会提醒广大消费者，旅游时务必做到四个谨防，以免掉入消费陷阱：第一，谨防旅行社广告误导；第二，旅行途中谨防导购吹嘘，购买一些标志不明、以假充真的商品；第三，不要轻信导游；第四，当消费出现问题时，一定要在旅游地及时投诉，谨防错过最佳维权时间。

试用《消费者权益保护法》分析本案例，本案应如何处理？

第四章

旅行社与导游人员管理法律制度

背景与提要

旅行社是以营利为目的的企业，其生产的产品是服务，兑现承诺是检验旅行社产品合格的最低标准。随着人们生活水平的提高，旅游市场在迅速扩大的同时，也为如何进一步加强对旅行社的管理提出了严峻的挑战。目前，我国关于旅行社的设立采用了市场准入原则。为了规范旅行社的经营行为，加强对旅行社服务质量的监督和管理，1985 年 5 月，国务院颁布了《旅行社管理暂行条例》，这是我国第一部关于旅行社管理的行政法规。1996 年，国务院对该条例进行了修订，同年 10 月发布了《旅行社管理条例》，11 月作为配套措施，国家旅游局发布了《旅行社管理条例实施细则》。此后，1997 年 3 月，国家旅游局发布了《旅行社质量保证金赔偿暂行办法》、《旅行社质量保证金赔偿试行标准》和《全国旅游质量监督管理机构组织与管理暂行办法》，这些都作为加强对旅行社监管的配套规章。1998 年 12 月，经国务院批准，国家旅游局和对外经济贸易部（现商务部）根据有关法规，发布了《中外合资旅行社试点暂行办法》，该办法的颁布实施，是我国旅游业对外开放的重大举措，对我国旅游业的发展具有深远影响。2001 年 12 月，为了进一步加强对旅行社的管理，保障旅游者和旅行社的合法权益，维护旅游市场秩序，国务院对《旅行社管理条例》作了进一步的修订，此次修订，在当时条件下对促进我国旅游业的健康发展起到了积极的作用。但是随着近年来我国旅游业的快速发展，现行条例已不适应旅游业发展要求，国务院从 2007 年起开始起草《旅行社条例》（以下简称《条例》），该《条例》自 2009 年 5 月 1 日起实施。2010 年 8 月 29 日，国家旅游局、商务部颁布《中外合资经营旅行社试点经营出境旅游业务监管暂行办法》，标志着我国旅游市场对外开放又迈出实质性步伐。

导游是旅行社的灵魂，其职业形象，对旅游业的发展起着至关重要的作用。作为“民间大使”，导游人员的行为既代表了委托的旅行社形象，往往又代表了旅游目的地形象，同时又肩负着对全团游客全面负责的重任。因此，为了加强对导游人员进行管理，1987 年 11 月 14 日经国务院批准，12 月 1 日国家旅游局发布《导游人员管理暂行规定》，并先后发布《关于颁发中华人民共和国导游证书的暂行办法》、《关于严格禁止在旅游业务中私自收授回扣和收取小费的规定》以及《关于对全国导游员实行等级评定的意见》和《导游员职业等级标准》等一系列法规。随着我国旅游业的发展，导游人员的工作内容、数量、规模等都发生了极大的变化，为了规范导游活动，保障旅游者和导游人员的合法权益，促进旅游业的健康发展，国务院于 1999 年 5 月 14 日修订发布了《导游人员管理条例》，导游管理法规的发布，为我国导游人员队伍的建设和发展完善了法规上的依据，是我国旅游法制建设的重要组成部分。本章以介绍《条例》内容为主线，结合《旅游法》的相关内容，阐述旅行社的设立、审批、市场准入等方面的要求，以及对旅行社在经营和法律责任上的要求。同时，对我国有关导游人员管理的立法规定，即对导游人员的从业资格、职业准入和导游人员管理方面的法规制度进行阐述，其目的是使学生进一步明晰导游人员在导游过程中的权利与义务。

第一节 旅行社管理法律制度

一、旅行社法律概述

（一）旅行社的概念及法律特征

为了加强对旅行社的管理，保障旅游者和旅行社的合法权益，维护旅游市场秩序，促进旅游业的健康发展，国务院发布实施了《条例》，该《条例》规定："本条例所称旅行社，是指从事招徕、组织、接待旅游者等活动，为旅游者提供相关旅游服务，开展国内旅游业务、入境旅游业务或者出境旅游业务的企业。"由此可见，旅行社具有以下法律特征：

（1）旅行社是从事旅游业务的企业法人。从《条例》规定的内容分析，旅行社是从事旅游业务经营、提供有偿服务、实现经营利润的社会经济组织。旅行社业作为服务行业，属于第三产业的范畴，自主经营、自负盈亏，独立承担法律责任。

（2）旅行社的业务是从事招徕、组织和接待旅游者，为旅游者提供相关旅游服务。招徕，是指旅行社按照法律规定并在经主管部门批准的经营范围内开展宣传营销活动，组织招徕游客的工作。组织和接待，是指旅行社根据与旅游者（团）的约定，安排食宿、交通、游览、导游、购物、娱乐等活动，组织旅行游览。为了更好地招徕和接待旅游者，旅行社也为旅游者代办出境、入境和签证手续。

（3）旅行社是以营利为目的，实行独立核算的经济实体。旅行社为了实现营利的目的，为了合理地做到有偿服务，应当开拓旅游招徕和接待业务，增加旅游收入，开展精确的核算活动，节省经营中的人力、物力、财力消耗，做到以收抵支，并有盈余，取得较好的经济效益。

（二）旅行社的监督管理与行业自律

《条例》规定，国务院旅游行政主管部门负责全国旅行社业务的监督管理工作；县级以上地方人民政府管理旅游工作的部门按照职责负责本行政区域内的旅行社业务的监督管理工作。各级人民政府工商、价格、商务等有关部门，应当按照职责分工，依法对旅行社业务进行监督管理。可见，我国目前对旅行社的管理仍然采取的是统一管理与分部门管理相结合的综合管理体制。

我国旅行社行业协会成立于1997年10月，是由中国境内的旅行社、各地区性旅行社协会或其他同类协会等单位，按照平等自愿的原则结成的全国旅行社行业的专业性协会，经中华人民共和国民政部正式登记注册的全国性社团组织，具有独立的社团法人资格。协会接受国家旅游局的领导、民政部的监督管理和中国旅游协会的业务指导。协会的宗旨主要有包括遵守国家的宪法、法律法规和有关政策，遵守社会道德风尚，代表和维护旅行社行业的共同利益和会员的合法权益，努力为会员服务，为行业服务，在政府和会员之间发挥桥梁和纽带作用，为中国旅行社行业的健康发展作出积极贡献。因此，《条例》规定，旅行社行业组织应当按照章程为旅行社提供服务，发挥协调和自律作用，引导旅行社合法、公平竞争和诚信经营。

（三）《条例》的适用范围

法律的适用范围，又称法律的效力，指法律在哪些范围内发生效力，包括空间范围、对人的适用范围和时间范围。《条例》规定：本条例适用于中华人民共和国境内旅行社的设立及其经营活动。这表明：第一，在空间适用范围上，《条例》适用于在中国境内设立的旅行社。第二，在对人的适用范围上，《条例》适用于国内设立的旅行社及其经营活动。其中“旅行社”是指在中国境内设立的各种形式的旅行社，包括从事旅游业务的旅游公司、旅游服务公司、旅行服务公司、旅游咨询公司和其他同类性质的企业，也包括外商投资旅行社。第三，在时间的适用范围上，《条例》目前没有作出规定。

二、旅行社的设立

（一）旅行社的设立及审批

1. 旅行社的设立

（1）旅行社的设立条件

根据《条例》和《旅游法》规定，设立旅行社，招徕、组织、接待旅游者，为其提供旅游服务，应当具备下列条件，取得旅游主管部门的许可，依法办理工商登记：有固定的经营场所；有必要的营业设施；有不少于人民币 30 万元的注册资本；有必要的经营管理人员和导游；法律、行政法规规定的其他条件。“从事国内旅游业务和入境旅游业务的旅行社，经营满两年且未受到行政机关罚款以上处罚的，可以申请经营出境旅游业务。”“旅行社经营出境和边境旅游业务，应当取得相应的业务经营许可。”“通过网络经营旅行社业务的，应当依法取得旅行社业务经营许可，并在其网站主页的显著位置标明其业务经营许可证信息；发布旅游经营信息的网站，应当保证其信息真实、准确。”

（2）旅行社分支机构的设立

关于旅行社分支机构的设立问题，《条例》作了如下规定：

①旅行社设立分社的，应当持旅行社业务经营许可证副本向分社所在地的工商行政管理机关办理工商登记，并自工商登记之日起 3 个工作日内向分社所在地的旅游行政管理部门备案；旅行社分社的设立不受地域限制。分社的经营范围不得超出设立分社的旅行社的经营范围。

②旅行社每设立一个经营国内旅游业务和入境旅游业务的分社，应当增缴质量保证金人民币 10 万元；每设立一个经营出境旅游业务的分社，应当增缴质量保证金人民币 30

万元。

③旅行社设立的专门招徕旅游者、提供旅游咨询的服务网点应当接受旅行社的统一管理，不得从事招徕、咨询以外的活动。

2. 旅行社的审批程序

《条例》规定，申请设立旅行社，经营国内旅游业务和入境旅游业务的，应当向所在地的省、自治区、直辖市旅游行政管理部门提出申请，并提交符合条例第 6 条规定的相关证明文件。省、自治区、直辖市旅游行政管理部门应当自受理申请之日起 20 个工作日内作出许可或者不予许可的决定。予以许可的，向申请人颁发旅行社业务经营许可证；不予许可的，书面通知申请人并说明理由。申请人持旅行社业务经营许可证向工商行政管理机关办理工商登记。

《条例》简化了申请经营出境旅游业务的审批程序，规定申请经营出境旅游业务的，应当向国务院旅游行政主管部门提出申请，国务院旅游行政主管部门应当自受理申请之日起 20 个工作日内作出许可或者不予许可的决定。予以许可的，向申请人换发旅行社业务经营许可证；不予许可的，书面通知申请人并说明理由。旅行社应当持换发的旅行社业务经营许可证到工商行政管理机关办理变更登记。可见，《条例》实施之后申请经营出境旅游业务的，不再需要经省级旅游行政管理部门初审，直接向国务院旅游行政主管部门提出申请。

《条例》还规定，旅行社变更名称、经营场所、法定代表人等登记事项或者歇业的，应当到工商行政管理机关办理相应的变更登记或者注销登记，并在登记办理完毕之日起 10 个工作日内，向原许可的旅游行政管理部门备案，换领或者交回旅行社业务经营许可证。

（二）旅行社质量保证金制度

旅行社质量保证金是指根据《条例》的规定，由旅行社在指定银行缴存或由银行担保提供的，用于旅游者权益损害赔偿和垫付旅游者人身安全遇有危险时紧急救助的费用。《条例》完善了质量保证金的管理制度。一是降低了质量保证金的数额，经营入境旅游业务的质量保证金由人民币 60 万元降低为 20 万元，经营国内旅游业务、入境旅游业务和出境旅游业务的质量保证金由人民币 160 万元降低为 140 万元。二是建立了质量保证金的动态管理机制，旅行社交纳或者补足质量保证金之日起 3 年内未因侵害旅游者合法权益受到行政机关罚款以上处罚的，应当退还 50% 的质量保证金；旅行社在旅游行政管理部门使用质量保证金赔偿旅游者的损失，或者质量保证金退还后因侵害旅游者合法权益受到行政机关罚款以上处罚的，应当补足质量保证金。三是明确了旅游行政管理部门可以使用质量保证金的三种情形。具体规定如下：

（1）经营国内旅游业务和入境旅游业务的旅行社，应当自取得旅行社业务经营许可证之日起 3 个工作日内，向省、自治区、直辖市旅游行政管理部门交纳质量保证金人民币 20 万元；经营出境旅游业务的旅行社，应当自变更旅行社业务经营许可证之日起 3 个工作日内，向省、自治区、直辖市旅游行政管理部门增缴质量保证金人民币 120 万元。质量保证金应当存入国务院旅游行政主管部门指定的统一账户。质量保证金及其利息，属于旅行社所有，任何单位和个人不得挪用。

（2）有下列情形之一的，省、自治区、直辖市旅游行政管理部门可以使用旅行社的质量保证金，赔偿旅行社给旅游者造成的损失：

①旅行社违反旅游合同约定，侵害旅游者合法权益，经旅游行政管理部门查证属实的；

②旅行社破产或者其他原因造成旅游者预交旅游费用损失的；

③人民法院判决、裁定及其他生效法律文书认定旅行社损害旅游者合法权益，旅行社拒绝或者无力赔偿的。

（3）旅行社交纳或者补足质量保证金之日起 3 年内未因侵害旅游者合法权益受到行政机关罚款以上处罚的，旅游行政管理部门应当在 10 个工作日内将 50% 的质量保证金退还给旅行社，并向社会公告。旅行社在旅游行政管理部门使用质量保证金赔偿旅游者的损失，或者退还质量保证金后因侵害旅游者合法权益受到行政机关罚款以上处罚的，应当在收到旅游行政管理部门补交质量保证金通知之日起 3 个工作日内补足质量保证金。

（三）外商投资旅行社的有关规定

外商投资旅行社，包括外国旅游经营者同中国投资者依法共同投资设立的中外合资经营旅行社、中外合作经营旅行社和外国旅游经营者依法设立的外商独资旅行社。

《条例》修改了外商投资旅行社的特别规定。一是规定外商投资旅行社除可以采取中外合资、中外合作两种形式外，还可以采用独资形式设立旅行社；二是取消了关于中外合资、中外合作旅行社注册资本最低限额为人民币 400 万元的规定；三是取消了对外商投资旅行社的中国投资者必须是依法设立的公司等条件的规定；四是取消了外国旅游经营者必须是本国旅游行业协会会员的规定；五是取消了关于外商投资旅行社不得设立分支机构的规定。具体规定如下：

（1）除我国签署的自由贸易协定另有规定外，外商投资旅行社的外国旅游经营者应当符合下列条件：一是旅行社或者主要从事旅游经营业务的企业；二是年收入总额 4 000 万美元以上。

（2）设立外商投资旅行社，由投资者向国务院旅游行政主管部门提出申请，并提交符合《条例》第六条、第十八条规定的相关证明文件。国务院旅游行政主管部门应当自受理申请之日起 30 个工作日内审查完毕。同意设立的，出具外商投资旅行社业务许可审定意见书；不同意设立的，书面通知申请人并说明理由。申请人持外商投资旅行社业务许可审定意见书、章程以及合资、合作双方签订的合同向国务院商务主管部门提出设立外商投资企业的申请。国务院商务主管部门应当依照有关法律、行政法规的规定，作出批准或者不予批准的决定。予以批准的，颁发外商投资企业批准证书，并通知申请人向国务院旅游行政主管部门领取旅行社业务经营许可证；不予批准的，书面通知申请人并说明理由。申请人持旅行社业务经营许可证和外商投资企业批准证书向工商行政管理机关办理工商登记。

（3）外商投资旅行社不得经营中国内地居民出国旅游业务以及赴香港特别行政区、

澳门特别行政区和中国台湾地区旅游的业务，但是国务院决定或者我国签署的自由贸易协定另有规定的除外。

三、旅行社经营制度

（一）旅行社的经营原则

《条例》规定，旅行社在经营活动中应当遵循自愿、平等、公平、诚实信用的原则，提高服务质量，维护旅游者的合法权益。

（1）自愿原则就是要求参与市场交易的经营者，在市场交易中能充分表达自己的真实意志。根据自己的意愿选择交易对手、交易内容和条件以及终止或变更交易的条件。我国《民法通则》把自愿原则作为一项基本原则，即一切民事活动都必须遵守这一原则。凡以欺诈、胁迫等手段或者乘人之危，使对方在违背真实意愿的情况下所为的民事行为均为无效的民事法律行为。

（2）平等原则是指在具体的交易中，不论经营者一方是法人还是自然人，或双方在经济力量上存在的差别有多大，或即便一方交易者属某行政机关管辖，交易者双方都是平等的，在双方权利与义务的约定上必须平等协商。一方不得恃强凌弱，强迫对方服从自己的意志。同时平等原则要求法律法规对交易者双方提供平等的法律保障与保护。

（3）公平原则是指在交易和竞争的方法、条件和结果上都应当是公平的。发展社会主义市场经济必须保护公平竞争，发挥竞争机制推动市场经济的作用。

（4）诚实信用原则要求经营者以善意、诚实、公正为基础，自觉履行对其他经营者、消费者和国家所承担的基本责任。诚实信用原则是市场经济中公认的商业道德，也是道德规范在法律上的表现。

（二）旅行社的经营规则与旅游者权益保护

《条例》和《旅游法》进一步规范了旅行社的经营行为，对旅行社经营规则及旅游者权益保护问题作了明确、具体的规定。

1. 旅行社的经营规则

（1）旅行社不得出租、出借旅行社业务经营许可证，或者以其他形式非法转让旅行社业务经营许可。

（2）旅行社为招徕、组织旅游者发布信息，必须真实、准确，不得进行虚假宣传，误导旅游者。

（3）旅行社及其从业人员组织、接待旅游者，不得安排参观或者参与违反我国法律法规和社会公德的项目或者活动。旅行社经营出境旅游业务的，不得组织旅游者到未经国务院旅游行政主管部门公布的中国公民出境旅游目的地国家和地区旅游。

（4）旅行社组织旅游活动应当向合格的供应商订购产品和服务；旅行社将旅游业务委托给其他旅行社的，应当就接待旅游者的事宜签订委托合同，确定接待旅游者的各项服务安排及其标准，约定双方的权利义务。

（5）旅行社不得以不合理的低价组织旅游活动，诱骗旅游者，并通过安排购物或者另行付费旅游项目获取回扣等不正当利益；旅行社组织、接待旅游者，不得指定具体购物场所，不得安排另行付费旅游项目。但是，经双方协商一致或者旅游者要求，且不影响其他旅游者行程安排的除外。

（6）旅行社为接待旅游者委派的导游人员和为组织旅游者出境旅游委派的领队人员，应当持有国家规定的导游证或者领队证。旅行社组织团队出境旅游或者组织、接待团队入境旅游，应当按照规定安排领队或者导游全程陪同。

（7）旅游者在境外滞留不归的，旅行社委派的领队人员应当及时向旅行社和中华人民共和国驻外机构报告，旅行社应当及时向旅游行政管理部门和公安机关报告，并垫付相应的遣返费用；旅行社接待入境旅游，发生旅游者非法滞留我国境内的，应当及时向旅游行政管理部门、公安机关和外事部门报告，并协助提供非法滞留者的信息。

2. 旅行社对旅游者权益的保护

（1）旅行社以不合理的低价诱骗旅游者、指定具体购物场所或安排另行付费旅游项目的，旅游者有权在旅游行程结束后30日内，要求旅行社为其办理退货并先行垫付退货货款，或者退还另行付费旅游项目的费用。

（2）旅行社应当在旅游行程开始前向旅游者提供旅游行程单，旅游行程单是包价旅游合同的组成部分。旅行社委托其他旅行社代理销售包价旅游产品并与旅游者订立包价旅游合同的，应当在包价旅游合同中载明委托社和代理社的基本信息。安排导游为旅游者提供服务的，应当在包价旅游合同中载明导游服务费用。

（3）订立包价旅游合同时，旅行社应当向旅游者告知下列事项：旅游者不适合参加旅游活动的情形；旅游活动中的安全注意事项；旅行社依法可以减免责任的信息；旅游者应当注意的旅游目的地相关法律法规和风俗习惯、宗教禁忌，依照中国法律不宜参加的活动等；法律法规规定的其他应当告知的事项。由于旅游者自身原因导致包价旅游合同不能履行或者不能按照约定履行，或者造成旅游者人身损害、财产损失的，旅行社不承担责任。但在旅游者自行安排活动期间，旅行社未尽到安全提示、救助义务的，应当对旅游者的人身损害、财产损失承担相应责任。

（4）由于地接社、履行辅助人的原因导致违约的，由组团社承担责任；组团社承担责任后可以向地接社、履行辅助人追偿；由于地接社、履行辅助人的原因造成旅游者人身损害、财产损失的，旅游者可以要求地接社、履行辅助人承担赔偿责任，也可以要求组团社承担赔偿责任；组团社承担责任后可以向地接社、履行辅助人追偿。但是，由于公共交通经营者的原因造成旅游者人身损害、财产损失的，由公共交通经营者依法承担赔偿责任，旅行社应当协助旅游者向公共交通经营者索赔。

（5）旅行社接受旅游者的委托，为其代订交通、住宿、餐饮、游览、娱乐等旅游服务，收取代办费用的，应当亲自处理委托事务。因旅行社的过错给旅游者造成损失的，旅行社应当承担赔偿责任。旅行社接受旅游者的委托，为其提供旅游行程设计、旅游信息咨询等服务的，应当保证设计合理、可行，信息及时、准确。

（6）旅行社应当购买旅行社责任险；旅行社应当提示参加团队旅游的旅游者按照规定投保人身意外伤害保险，旅行社组织旅游为旅游者办理旅游意外保险，应当取得旅游者的书面同意。

四、旅行社法律责任

(一) 旅行社承担法律责任的原则与根据

1. 旅行社承担法律责任的原则

(1) 过错责任原则。过错责任原则是旅行社承担法律责任的主要依据，根据这一原则，旅行社对自己的行为只有在过错即故意或过失的前提下，才承担法律责任。它的主要内容如下：

①有过错，承担责任；无过错，不承担责任。

②过错大，承担责任大；过错小，承担责任小。

③都有过错，各自承担相应的责任。

(2) 赔偿实际损失原则。赔偿实际损失原则，即赔偿直接损失的原则。旅行社对于自己违反法律法规的行为给对方造成的实际损失，作为赔偿的标准。

2. 旅行社法律责任产生的根据

(1) 因合同违约产生的法律责任

旅游合同是当事人之间设立、变更、终止旅游法律关系的双方法律行为。依法成立的合同即具有法律约束力。由于旅行社自己的过错，使旅游合同未履行或未完全履行的，根据法律的规定或合同的约定，旅行社应承担由此而产生的违约赔偿责任。

(2) 因侵权行为产生的法律责任

由于旅行社及其工作人员的过错，致使旅游者发生人身伤亡或行李物品灭失、损坏，即构成了侵权行为。旅游者有权要求旅行社赔偿损失，旅行社负有赔偿的义务。但是，要使旅行社对其工作人员的侵权行为所造成的损害结果承担责任，必须以该工作人员执行职务为前提。旅行社对外承担责任后，并不因此免除有过错的工作人员的责任，旅行社有权在内部对其工作人员作出行政或经济方面的处罚。

(二) 旅行社法律责任的形式

旅行社承担的责任分为民事责任、行政责任和刑事责任三种。在此仅根据《条例》的规定，对旅行社应承担的行政责任作如下介绍：

(1) 违反《条例》的规定，旅行社有下列情形之一的，由旅游行政管理部门责令改正，没收违法所得，违法所得 10 万元以上的，并处违法所得 1 倍以上 5 倍以下的罚款；违法所得不足 10 万元或者没有违法所得的，并处 10 万元以上 50 万元以下的罚款：

①未取得旅行社业务经营许可证经营国内旅游业务、入境旅游业务、出境旅游业务的；

②旅行社设立的分社超出旅行社的经营范围开展旅行社业务的；

③旅行社设立的服务网点从事招徕、咨询以外的业务的。

(2) 违反《条例》的规定，旅行社转让、出租、出借旅行社业务经营许可证的，由旅游行政管理部门责令停业整顿 1 个月至 3 个月，并没收违法所得；情节严重的，吊销旅行社业务经营许可证。

（3）违反《条例》的规定，旅行社未在规定期限内交纳或者补足质量保证金，或者不购买旅行社责任险的，由旅游行政管理部门责令限期改正，逾期不改正的，吊销旅行社业务经营许可证。

（4）违反《条例》的规定，旅行社有下列情形之一的，由旅游行政管理部门责令改正；拒不改正的，处 1 万元以下的罚款：

①变更名称、经营场所、法定代表人等登记事项或者歇业，未在规定期限内向原许可的旅游行政管理部门备案，换领或者交回旅行社业务经营许可证的；

②设立分社未在规定期限内向分社所在地的旅游行政管理部门备案的；

③不按照国家有关规定向旅游行政管理部门报送经营和财务信息等统计资料的。

（5）违反《条例》的规定，外商投资旅行社经营中国内地居民出国旅游业务以及赴香港特别行政区、澳门特别行政区和中国台湾地区旅游业务，或者经营出境旅游业务的旅行社组织旅游者到未经国务院旅游行政主管部门公布中国公民出境旅游目的地国家和地区旅游的，由旅游行政管理部门责令改正，没收违法所得，违法所得 10 万元以上的，并处违法所得 1 倍以上 5 倍以下的罚款；违法所得不足 10 万元或者没有违法所得的，并处 10 万元以上 50 万元以下的罚款；拒不改正的，责令停业整顿 1 个月至 3 个月；造成严重后果的，吊销旅行社业务经营许可证。

（6）违反《条例》的规定，旅行社委派的导游人员和领队人员，未持有国家规定的导游证或者领队证的，由旅游行政管理部门责令改正，对旅行社处 4 000 元以上 2 万元以下的罚款。

（7）违反《条例》的规定，旅行社未与旅游者签订旅游合同或者签订的旅游合同未载明《条例》第二十四条规定的事项，或者将旅游业务委托给其他旅行社时，未就接待旅游者的事宜签订委托合同的，由旅游行政管理部门责令改正，处 2 万元以上 10 万元以下的罚款。

（8）旅行社违反旅游合同约定，致使旅游者合法权益受到损害，不按照旅游行政管理部门的要求采取必要的补救措施的，由旅游行政管理部门责令改正，处 4 万元以上 20 万元以下的罚款。

（9）违反《条例》的规定，旅行社及其委派的导游人员、领队人员有下列情形之一的，由旅游行政管理部门责令改正，对旅行社处 10 万元以上 50 万元以下的罚款，对导游人员、领队人员处 1 万元以上 5 万元以下的罚款；造成严重后果的，吊销旅行社业务经营许可证、导游证、领队证：拒不履行旅游合同规定的义务的；擅自改变旅游合同安排的行程的；在旅游合同之外安排旅游者购物或者参加需要另行付费的旅游活动的；欺骗、胁迫旅游者购物或者参加需要另行付费的旅游活动的。

（10）违反《条例》的规定，旅行社及其委派的导游人员、领队人员有下列情形之一的，由旅游行政管理部门责令改正，对旅行社处 2 万元以上 10 万元以下的罚款，对导游人员、领队人员处 4 000 元以上 2 万元以下的罚款；造成严重后果的，责令旅行社停业整顿 1 个月至 3 个月或者吊销旅行社业务经营许可证、导游证、领队证：发生危及旅游者人身安全的情形，未采取必要的处置措施并及时报告的；旅行社组织出境旅游，旅游者在境外滞留不归，旅行社未及时报告，并垫付相应遣返费用的；接待入境旅游发生旅游者非法滞留境内，未及时报告并协助提供非法滞留者的信息的。

（11）违反《条例》的规定，旅行社将旅游业务委托给其他旅行社，不向接受委托的旅行社支付不低于接待和服务成本的费用，或者接受委托的旅行社接待未支付接待和服务费用或者支付的费用低于接待和服务成本的旅游团队的，由旅游行政管理部门责令改正，停业整顿3个月；造成严重后果的，吊销旅游业务经营许可证。

（12）违反《条例》的规定，旅行社向旅游者提供的旅游服务信息含有虚假内容或者作虚假宣传的，由工商行政管理机关依法给予处罚；违反《条例》的规定，旅行社以低于旅游成本的报价招徕旅游者的，由价格主管部门依法给予处罚。

（13）违反《条例》的规定，旅游行政管理部门或者其他有关部门及其工作人员在履行职责过程中有下列情形之一的，对直接负责的主管人员和其他直接责任人员依法给予处分：发现违法行为不及时予以处理的；不及时公告对旅行社的监督检查情况的；擅自挪用质量保证金的；未按照规定收取或者退还质量保证金的；未及时处理旅游者申诉的；接受旅行社的馈赠的；参加由旅行社安排、组织或者支付费用的购物或者游览项目的；通过旅行社为自己、亲友或者其他人牟取私利的。

（三）旅行社法律责任的减轻或免除

1. 因不可抗力造成的损害

不可抗力是指发生不能预见、不能避免，并不能克服的客观情况。它既包括自然的因素，如地震、台风等，也包括社会的因素，如战争、动乱等。当不可抗力发生以后，旅行社应及时通知对方当事人，并尽力将损失减到最低限度。对于因不可抗力造成的损害，旅行社可以部分或全部免除责任。

2. 因旅游者自身的过错而造成的损害

依据合同的约定，旅游者有义务听从旅行社的统一安排，按照事先选定的路线进行游览活动。如果旅游者不按旅行社和导游人员的安排、要求参加旅游活动，造成其财产损失或者人身伤害的，由旅游者自己承担损害责任。

3. 因第三方的责任而造成的损害

有时因旅行社以外的第三方如旅游饭店或旅游交通运输部门的责任，而给旅游者造成损害的，旅行社也可免除责任。但是，由于旅游者与第三方之间并不直接发生关系，只是因旅行社的代理行为，才在他们之间产生了法律上的权利义务关系，因此，当旅游者请求旅行社承担因第三方的过错造成的损害时，旅行社可先行向旅游者进行偿付，然后再向有过错的一方进行追偿。这样就能使有过错的一方承担法律责任。

4. 旅行社和对方均有过错造成的损害

在这种情况下，双方当事人不能因对方有过错而减轻或免除自己的责任，而应该根据过错的大小分别承担法律责任。

5. 旅行社工作人员非职务行为造成的损害

对于旅行社工作人员与职务无关的行为，而给对方造成损害的，旅行社可免除责任。

如果受损害方提起赔偿请求，应由该工作人员自己承担赔偿责任；其行为构成犯罪的，由司法机关追究刑事责任。

案例 4–1　　地接社过错造成旅游者损失 组团社应先赔偿

黄某等 20 名旅游者报名参加某国际旅行社组织的北京–宜昌–三峡–成都旅游团，双方签订了旅游合同。在旅游过程中，因组团社与地接社之间发生团款纠纷，耽误了旅游行程，造成重庆红岩村等景点的游览项目被迫取消，旅游结束后，黄某等旅游者向旅游质量监督管理部门投诉，诉称组团社与地接社的纠纷，殃及无辜的旅游者，旅行社应当承担违约责任，要求赔偿全部旅游费。被投拆旅行社辩称，此次旅游景点的遗漏，完全是地接社的原因造成的，组团社并没有过错，不应该承担责任，但是考虑到旅游者的实际利益，同意先退赔遗漏景点门票费每人 32 元。如旅游者还有其他赔偿要求，应向有过错的地接社提出。

点评：本案中，被投诉组团社所辩称的理由不能成立；旅游者要求组团社承担违约责任是合理合法的，但所提出的赔偿全部旅游费的请求缺乏事实和法律依据，不应该支持。《旅行社条例》规定："接受委托的旅行社违约，致使旅游者合法权益受到损害的，作出委托的旅行社应当承担相应的赔偿责任。作出委托的旅行社赔偿后，可以向接受委托的旅行社追偿。"当然，旅游损失赔偿的问题比较复杂，《旅行社服务质量赔偿标准》具体规定了"损失赔偿额的计算方法"，其中规定："擅自缩短游览时间、遗漏旅游景点、减少旅游服务项目的，旅行社应赔偿未完成约定旅游服务项目等合理费用，并支付同额违约金。遗漏无门票景点的，每遗漏一处旅行社向旅游者支付旅游费用总额 5% 的违约金。"本案中，旅行社只退赔遗漏景点门票款显然是大大低于规定的数额，应该按法定要求进行核算，以使旅游者的损失得到合理合法的赔偿。当然，个别景点遗漏，不应赔偿全部旅游费用。

资料来源　佚名. 遗漏游览景点，赔偿如何计算［EB/OL］.（2007-02-12）［2014-01-10］. http：//www. 17u. net/bbs/show_ 8_ 516940. html.

第二节　导游人员管理法律制度

一、导游人员管理法律概述

（一）导游人员的概念与分类

1. 导游人员的概念及含义

为进一步加强对旅行社的管理，保障旅游者和旅行社的合法权益，国家旅游局正在对《导游人员管理条例》的修订进行网上调查，其在网上调查提出了"是否必须禁止旅行社向导游人员收取上团费（人头费）"、"零负团费是否应当行政干预并禁止"、"是否应该明确规定自愿支付的小费是导游合法收入的一部分"、"是否应该对游客所购假冒伪劣商品实行先行赔付”等问题。目前国家旅游局关于《导游人员管理条例》的征求意见稿还没有形成较为完备的规范性文件，因此，本章仍按现行《导游人员管理条例》加以阐述。

《导游人员管理条例》规定：“本条例所称导游人员，是指依照本条例的规定取得导游证，接受旅行社委派，为旅游者提供向导、讲解及相关旅游服务的人员。”可见，导游人员这一概念包含以下三层法律含义：

（1）导游人员是指依照条例的规定取得导游证的人员。这是从事导游业务的资格要件。

（2）导游人员是指接受旅行社委派，为旅游者提供向导、讲解及相关服务的人员。这是导游人员从事业务活动的方式要件。这一规定把导游人员是由旅行社委派，为旅游者提供向导、讲解及相关旅游服务这一特性揭示了出来。

（3）导游人员是为旅游者提供向导、讲解服务及相关旅游服务的人员。这是导游业务活动的内容要件。所谓“向导”，一般是指为他人引路、带路，而“讲解”则是指为旅游者解说、指点风景名胜；至于“相关旅游服务”，一般是指为旅游者代办各种旅行证件，代购交通票据，安排旅游住宿、旅程就餐等与旅行游览有关的各种服务。

2. 导游人员的分类

根据不同的标准，可以把导游人员划分成不同的种类：

（1）根据导游语言的不同，可分为：使用外国语（如英语、日语、俄语、法语、德语、泰语、西班牙语、印度尼西亚语、阿拉伯语、意大利语等）的导游人员；使用汉语普通话的导游人员；使用方言（如广东话、闽南话等）的导游人员；使用少数民族语言（如蒙古语、维吾尔语、藏语等）的导游人员。

（2）根据导游的服务范围的不同，可分为：领队人员、全程陪同、地方陪同和定点陪同。

领队人员，又称出境旅游领队人员，是指依照《出境旅游领队人员管理办法》规定，取得出境旅游领队证，接受具有出境旅游业务经营权的国际旅行社的委派，从事出境旅游领队业务的人员。

全程陪同，是指受旅行社委派或聘用，为跨省、自治区、直辖市范围的旅游者提供全部旅程导游服务的人员。全程陪同在旅游者（团）的整个行程中一直陪伴着他们，为他们安排旅行和游览事项，提供向导、讲解和旅途服务。

地方陪同，是指受旅行社委派或聘用，在省、自治区、直辖市范围内为旅游者提供导游服务的人员。在业务实践中，地方陪同只在当地帮助全程陪同，安排旅行和游览事项，提供讲解和旅途服务。

定点陪同，是指在参观点、旅游点内为旅游者提供导游服务的人员。

（3）根据导游隶属关系的不同，可分为专职导游人员和社会导游人员。

专职导游人员，是指专门从事导游工作，以其工作收入为主要生活来源的人员。专职导游隶属旅行社，旅行社要对导游承担全部的教育和管理职责，特别是对带团过程中违规违纪行为要承担后果和责任。

社会导游人员，主要是指利用业余时间在旅游旺季担任临时导游工作的人员。这部分人员的主要成分大多是旅游院校导游专业的教师和学生，他们精通各种语言，并通过全国导游资格考试，取得了导游证。社会导游由专门的导游服务机构承担日常管理、教育培训和奖罚清退的管理责任。

（二）导游人员资格考试与导游证书制度

1. 参加资格考试的条件

根据《导游人员管理条例》的规定，具备下列条件的人员可以参加导游资格考试：

（1）有关国籍的规定：在我国，从事导游工作的人员，必须是具有中华人民共和国国籍的公民。外国人、无国籍的人，不能在我国担任导游工作。

（2）有关学历条件的规定：报考者应当具有高级中学、中等专业学校或以上学历。这是衡量一个从业人员的知识结构及文化程度的一个客观标准，也是从事某种职业对从业人员的要求。

（3）有关身体条件的规定：导游人员必须具有良好的身体素质，能适应导游工作的需要。

（4）必须具有适应导游需要的基本知识和语言表达能力。报考者可参加各级旅游行政部门组织的导游人员资格考试的考前培训。导游人员资格考试的考前培训即是对考生进行适应导游需要的基本知识的培训。

凡是符合上述条件经考试合格的，由国务院旅游行政部门或国务院旅游行政部门委托省、自治区、直辖市人民政府旅游行政部门颁发导游人员资格证书。“取得导游人员资格证书的，经与旅行社订立劳动合同或者在导游服务公司登记，方可持所订立的劳动合同或者登记证明材料，向省、自治区、直辖市人民政府旅游行政部门申请领取导游证。”

2. 导游证

导游证是导游人员从业行为能力的证明，是表明导游人员身份的外在标志，它是国家准许从事导游工作的证件。《导游人员管理条例》规定：“在中华人民共和国境内从事导游活动，必须取得导游证。”《旅游法》规定：“参加导游资格考试成绩合格，与旅行社订立劳动合同或者在相关旅游行业组织注册的人员，可以申请取得导游证。”

（1）导游证的种类

导游证可分为正式导游证和临时导游证两种：

①正式导游证，亦即导游证。它是指参加导游人员资格考试并合格，取得导游人员资格证书的人员与旅行社订立劳动合同或者在相关旅游行业组织注册的人员，由省、自治区、直辖市人民政府旅游行政部门颁发的导游证。持有正式导游证的人员，可以是专职导游人员，也可以是社会导游人员；可以是某旅行社的正式员工，也可以是某旅行社聘用人员。但是，持有正式导游证的人员，都必须是经过导游人员资格考试并合格、取得导游人员资格证书的人员。

②临时导游证。它是指具有特定语种语言能力的人员，虽未取得导游人员资格证书，但因旅行社需要聘请其临时从事导游活动，由旅行社向省、自治区、直辖市人民政府旅游

行政部门申请领取的导游证。由此可见，领取临时导游证的条件：一是具有某种特定语种语言能力；二是旅行社需要聘请其临时从事导游活动。

正式导游证与临时导游证的区别主要如下：

①有无取得导游人员资格证书。正式导游证持有者是经过导游人员资格考试并合格、取得导游人员资格证书者；而临时导游证的持有者是没有经过导游人员资格考试、没有取得导游人员资格证书者。

②有无语种语言能力限制。正式导游证的持有者无语种语言能力的限制。正式导游证的持有者可以是具有特定语种语言能力的人员，也可以是不具有特定语种语言能力的人员；而临时导游证的持有者必须是具有特定语种语言能力的人员，否则便不具备领取临时导游证的条件。

③领取导游证的程序不同。申请领取正式导游证是由申请领取者个人向旅游行政部门领取；而临时导游证则是由旅行社根据需要向旅游行政部门申请领取。

④有效期限不同。正式导游证的有效期限为 3 年；临时导游证的有效期限最长不得超过 3 个月。此外，正式导游证有效期满后，可以申请办理换发导游证手续；而临时导游证有效期限届满后，不得展期，如需继续聘请，则必须由旅行社重新向旅游行政部门申请领取。

（2）不得颁发导游证的情形

依据《导游人员管理条例》的规定，有下列情形之一的，不得颁发导游证：

①无民事行为能力或者限制民事行为能力的。所谓民事行为能力是指公民能够通过自己的行为取得民事权利和承担民事义务的资格。简单地说，民事行为能力就是公民可以独立进行民事活动的资格。法律要求公民达到一定年龄以及能够对自己的行为及可能产生的法律后果具有认识能力和判断的能力后，才具有行为能力。《导游人员管理条例》规定的对无民事行为能力或者限制民事行为能力的人，不得颁发导游证，也就是说，无民事行为能力的人和限制民事行为能力的人，不得充任导游员。只有具有完全民事行为能力的公民，才能申请领取导游证，从事导游职业。

②患有传染性疾病的。对患有传染性疾病的人员，不得颁发导游证。所谓传染性疾病，是指由病原体侵入生物体，使生物体产生病理反应而引起的疾病。一个人是否患有传染性疾病，应当由医疗机构作出诊断证明。对患有传染性疾病的人员，之所以不得颁发导游证，是由导游这一职业特性所决定的。

③受过刑事处罚的，过失犯罪的除外。旅游行政部门对受过刑事处罚的人员，不得颁发导游证。所谓受过刑事处罚的人员，是指因其行为触犯了国家刑法而受到刑罚制裁的人。但是对于过失犯罪的人，尽管其也受过刑事处罚，仍然可以申请领取导游证，旅游行政部门也可以颁发给其导游证。

④被吊销导游证的。旅游行政部门对曾被吊销过导游证的人员，不得颁发导游证。这一规定是指有些曾经取得导游证的导游人员，因违反导游管理法规，被旅游行政管理部门处以吊销导游证的处罚，因其在导游执业中有过不良记录、受过被吊销导游证的处罚，已

经不适合继续从事导游职业，因此，《导游人员管理条例》规定，对曾经被吊销过导游证的人员，旅游行政部门不得重新对其颁发导游证。

（3）颁发导游证的期限及有关规定

旅游行政部门颁发导游证是准予申请领取导游证人员从事导游活动的具体行政行为，这种具体行政行为直接决定着申请领取者能否从事导游活动，直接影响着他们的合法利益。依据《导游人员管理条例》的规定，旅游行政部门对符合颁发导游证条件的申请领取者，必须在收到申请领取导游证之日起 15 日内颁发导游证。这是一条强制性规定，旅游行政部门必须依此规定执行。

（4）导游人员资格证书与导游证

依据《导游人员管理条例》的规定，导游人员资格证书与导游证是两种既有联系又有区别的证书。两者的联系是导游人员资格证书是取得导游证的必要前提，也就是说，要取得导游证，必须首先取得导游人员资格证书。但是，应当指出的是，取得导游人员资格证书，并不意味着必然取得导游证。

导游人员资格证书与导游证的区别在于：

①性质不同。导游人员资格证书是标志某人具备从事导游职业资格的证书；而导游证则是标志国家准许某人从事导游职业的证书。前者表明某人具备导游职业的资格，而后者表明某人获准从事导游职业。

②颁证机构不同。导游人员资格证书是由国务院旅游行政部门或国务院旅游行政部门委托的省、自治区、直辖市人民政府旅游部门颁发的；而导游证则是由省、自治区、直辖市人民政府旅游部门颁发的。

③领取程序不同。导游人员资格证书是参加导游人员资格考试并合格后，向旅游行政部门领取；而导游证则必须是取得导游人员资格证书并与旅行社订立劳动合同或者在导游服务公司登记后，方可向旅游行政部门领取。

④作用不同。导游人员资格证书仅仅表明持证人具备了从事导游职业的资格，但并不能实际从事导游职业；而导游证则表明持证人可以实际从事导游职业。前者是从业的资格；后者是从业的许可。

⑤期限不同。导游人员资格证书没有期限规定；而导游证是有期限规定的。

二、导游人员的权利义务与法律责任

（一）导游人员与旅行社、旅游者之间的关系

1. 旅行社对导游人员的管理职责

我国《导游人员管理条例》及其有关法规把对导游人员进行日常管理的职责赋予了旅行社，对此，旅行社的主要职责有：

（1）对导游人员进行政治思想、职业道德、法制及纪律的教育；

（2）组织导游业务的培训；

（3）负责对导游人员进行内部考核和奖惩工作；

（4）处理旅游者对导游人员的投诉等。

如果说旅行社是旅游业的三大支柱之一，那么，导游就是旅游业的灵魂，就是旅行社的支柱；导游人员接受旅行社的委派，作为旅行社的全权代表，负责处理有关旅行社与旅游者之间的一切事宜，旅游者很自然地会把导游视为旅行社的当然代表。《旅游法》规定，旅行社应当与其聘用的导游依法订立劳动合同，支付劳动报酬，缴纳社会保险费用。旅行社临时聘用导游为旅游者提供服务的，应当全额向导游支付服务费用。旅行社安排导游为团队旅游提供服务的，不得要求导游垫付或者向导游收取任何费用。可见，在旅行社的业务中，事实上存在着两种法律关系：一种是旅行社与旅游者之间的旅游合同关系，在这一法律关系中，旅行社的合同义务实际上是通过导游人员的活动来实现的；另一种是导游人员与旅行社之间在法律上的代理与被代理之间的关系，在这一法律关系中，导游人员的一切活动都是以旅行社的名义进行的，其行为的法律后果则由旅行社来承担。

2. 旅行社业务中的民事代理

从上述阐述可知，导游人员、旅行社及旅游者三者之间的关系实际上符合我国《民法通则》关于代理的规定。

所谓代理，是指代理人在代理权限范围内，以被代理人的名义实施的民事法律行为。因代理产生的权利义务直接由被代理人承受。在旅行社业务的代理关系中，接受旅行社的委派，履行旅行社与旅游者约定义务的导游人员称为代理人；授权导游人员进行导游活动，并由自己承担法律后果的旅行社称为被代理人；与代理人进行旅游活动并最终与被代理人之间形成权利义务关系的人（旅游团或旅游者）在法律上称为第三人或相对人。

（1）代理的法律特征

①代理行为是一种具有法律意义的行为，它能够在被代理人与第三人之间产生法律上的权利义务关系。例如，旅行社收取旅游费后，有义务按照旅游合同的约定委派导游人员提供各项服务，而旅游者在支付旅游费后有权按合同约定参加旅游团出游，对涉及旅游接待的各方面资讯有知悉权等等。

②代理人在代理权限范围内有权独立作出意思表示。代理行为虽然是以被代理人的名义进行，但意思表示却是由代理人作出的。例如，导游人员在旅行社的授权范围内，有权决定是否或如何设立、变更或消灭旅游权利和旅游义务。

③代理人以被代理人的名义进行活动，其法律后果直接由被代理人承受。一般来说，以谁的名义进行旅游民事活动，谁就是旅游法律关系的主体，也就是旅游权利义务的承受者。导游人员的代理活动既然是以旅行社的名义进行的，其行为即视为旅行社的行为，其法律后果也应该由旅行社承担。这种法律后果既包括对旅行社有利的，也包括对旅行社不利的法律后果。例如，由于导游人员的过错给旅游者的人身或财产造成损害时，应由旅行社承担损害赔偿责任。

（2）代理的法律后果

根据我国《民法通则》的规定，代理有以下法律后果：

①委托书授权不明的，被代理人应当向第三人承担民事责任，代理人负连带责任。

②没有代理权、超越代理权或者代理权终止后的行为，只有经过被代理人的追认，被代理人才承担民事责任。未经追认的行为，由行为人承担民事责任。旅行社知道他人以自己名义实施旅游民事行为而不作否认表示的，视为同意。

③代理人不履行职责而给被代理人造成损害的，应当承担民事责任。

④代理人和第三人串通，损害被代理人的利益的，由代理人和第三人负连带责任；第三人知道行为人没有代理权、超越代理权或代理权已终止还与行为人实施旅游民事行为，给他人造成损害的，由第三人和行为人负连带责任。

⑤代理人知道被委托代理的事项违法仍然进行代理活动的，或者被代理人知道代理人的代理行为违法不表示反对的，由代理人和被代理人负连带责任。

⑥委托代理人为被代理人的利益需要转托他人的，应当事先取得被代理人的同意。事先没有取得被代理人同意的，应在事后及时告诉被代理人，如果被代理人不同意的，由代理人对自己所转托的人的行为负民事责任，但在紧急情况下，为了保护被代理人的利益而转托他人代理的除外。

（3）代理的终止

有下列情形之一的，代理终止：

①代理期间届满或者代理事务完成的；

②被代理人取消委托或者代理人辞去委托的；

③代理人死亡或丧失民事行为能力的；

④作为被代理人的旅行社终止的。

导游人员与旅行社、旅游者之间的关系如图 4-1 所示。

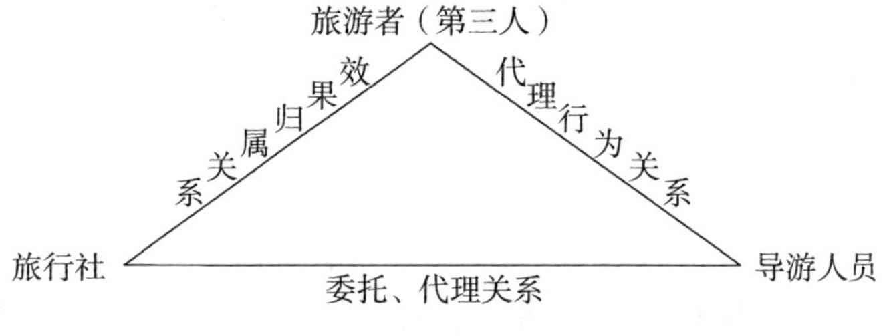

图 4-1　导游人员与旅行社、旅游者之间的关系

（二）导游人员的权利

1. 导游人员享有人格尊严不受侵犯权

《导游人员管理条例》规定：“导游人员进行导游活动时，其人格尊严应当受到尊重，其人身安全不受侵犯。导游人员有权拒绝旅游者提出的侮辱其人格尊严或者违反其职业道德的不合理要求。”

由以上规定可见，导游人员在执行导游职务活动中，享有人格尊严不受侵犯权。人格权是民事主体具有法律上的独立人格必须享有的民事权利。如生命、健康、名誉等，既是构成人的人格要素，又是人作为民事主体从事民事活动所必须具备的条件。导游人员在进行导游活动时，其人格尊严应当受到尊重，其人身安全不受侵犯，在旅行游览过程中，个别旅游者对导游提出一些有辱其人格尊严或者违反其职业道德的不合理要求，导游人员有权拒绝。

2. 导游人员在旅游活动中享有调整或变更接待计划权

《导游人员管理条例》规定："导游人员在引导旅游者旅行、游览过程中，遇有可能危及旅游者人身安全的紧急情形时，经征得多数旅游者的同意，可以调整或变更接待计划，但是应当立即报告旅行社。"依据此规定，导游人员享有调整或变更接待计划的权利。但是，导游人员行使这一权利时，必须符合下列条件：

（1）必须是在引导旅游者旅行、游览过程中，也就是说，必须是在旅游活动开始后。在旅行、游览开始之前，导游人员不得行使这一权利。在旅游合同订立之后，旅游活动开始之前，如果出现不利于旅游活动的情形，应当由旅行社与旅游者进行协商，达成一致意见后，由旅行社调整或者变更旅游接待计划。

（2）必须是遇到可能危及旅游者人身安全的紧急情形时，导游人员才可以行使这一权利。为了避免可能危及旅游者人身安全情形的发生，导游人员就需要当机立断地调整或变更旅游行程计划。

（3）必须经多数旅游者同意。这是一个非常重要的条件，即在旅行、游览中导游人员如果要调整或变更接待计划，必须征得旅游团中多数旅游者的同意。这是因为旅游合同一经双方确认订立后，就应当严格按照合同约定履行，如果需要调整或变更旅游计划，应当经过双方协商一致。但是，由于发生了可能危及旅游者人身安全的紧急情形，所以导游人员只要征得多数旅游者的同意，就可以调整或变更旅游接待计划，而不必得到全体旅游者的同意。

（4）必须立即报告旅行社。这是因为旅游接待计划是由旅行社确定的，是得到旅游者认可的，而导游人员是受旅行社的委派带团执行旅游接待计划，调整或变更旅游接待计划并不是导游人员的职责权限。但是，由于导游人员在执行带团旅游任务的途中，遇到可能危及旅游者人身安全的紧急情形，为了避免旅游者人身安全发生危害，在征得多数旅游者同意后，导游人员依法可以调整或变更接待计划。导游人员在调整或者变更接待计划后，必须立即报告旅行社，以得到旅行社的认可。

3. 导游人员对旅游行政行为不服时，依法享有申请复议权

《导游人员管理条例》规定了对导游人员违反条例的行政处罚。如果导游人员对旅游行政部门所给予的行政处罚不服时，依照我国《行政复议法》的规定，有权向旅游行政机关申请复议。

行政复议一般是由法律法规的规定而产生的。我国许多法律法规均规定，当事人对行政管理机关作出的行政处罚不服，可以向其上一级行政管理机关申请复议。《导游人员管理条例》虽然没有关于行政复议的规定，但这并不意味着导游管理不实行行政复议制度，因为我国《行政复议法》明确规定了公民、法人或者其他组织向行政机关申请复议的权利。因此，导游人员对旅游行政机关作出的行政处罚不服时，有权向其上一级旅游行政机关申请复议，并不一定需要《导游人员管理条例》明确规定申请复议条款。

依据《行政复议法》的规定，结合旅游行政管理实际，导游人员对旅游行政部门的下列具体行政行为不服时，可以申请复议：

（1）对罚款、吊销导游证、责令改正、暂扣导游证等行政处罚不服的；

（2）认为符合法定条件申请行政机关颁发导游人员资格证书和导游证，旅游行政部门拒绝颁发或者不予答复的；

（3）认为旅游行政部门违法要求导游人员履行义务的；

（4）认为旅游行政部门侵犯导游人员人身权、财产权的；

（5）法律法规规定可以提起行政诉讼或者可以申请复议的其他具体行政行为的。

4. 导游人员对旅游行政部门的行政行为不服时，享有向人民法院提起行政诉讼权

我国《行政诉讼法》规定："公民、法人或者其他组织认为行政机关和行政机关工作人员的具体行政行为侵犯其合法权益，有权依照本法规定向人民法院提起诉讼。"由此规定可见，导游人员对旅游行政管理部门所给予的行政处罚和有关行政行为，不仅享有申请复议权，还享有向人民法院提起行政诉讼权。导游人员对旅游行政部门的下列具体行政行为不服时，有权向人民法院提起诉讼：

（1）对行政处罚不服，可以提起诉讼。行政处罚是国家行政机关依法对违反行政管理法律法规的公民、法人或其他组织给予的行政制裁。《导游人员管理条例》规定对导游人员违法行为的行政处罚主要有罚款、没收非法所得、责令改正、暂扣导游证、吊销导游证等。导游人员对旅游行政部门给予的行政处罚不服时，有权向人民法院提起诉讼。

（2）对符合法定条件向旅游行政部门申请颁发导游人员资格证书和导游证，旅游行政部门拒绝颁发或不予答复的，可以提起诉讼。

（3）对旅游行政机关违法要求导游人员履行义务的，可以提起诉讼。

（4）对旅游行政机关侵犯导游人员人身权、财产权的具体行政行为，可以提起诉讼。

（三）导游人员的义务

（1）导游人员应当不断提高自身业务素质和职业技能。

（2）导游人员进行导游活动，必须经旅行社委派。导游人员不得私自承揽或者以其他任何方式直接承揽导游业务，进行导游活动。

（3）导游人员进行导游活动时，应当自觉维护国家利益和民族尊严，不得有损害国家利益和民族尊严的言行。

（4）导游人员进行导游活动时，应当遵守职业道德，着装整洁，礼貌待人；尊重旅游者的宗教信仰、民族风俗和生活习惯。导游人员进行导游活动时，应当向旅游者讲解旅游地点的人文和自然情况，介绍风土人情和习俗，但是，不得迎合个别旅游者的低级趣味，在讲解、介绍中掺杂庸俗下流的内容。

（5）导游人员应当严格按照旅行社确定的接待计划安排旅游者的旅行、游览活动，不得擅自增加、减少旅游项目或者中止导游活动。导游人员在引导旅游者旅行、游览过程中，遇有可能危及旅游者人身安全的紧急情形时，经征得多数旅游者的同意，可以调整或者变更接待计划，但是应当立即报告旅行社。

（6）导游人员在引导旅游者旅行、游览过程中，应当就可能发生危及旅游者人身、财物安全的情况，向旅游者作出真实说明和明确警示，并按照旅行社的要求采取防止危害发生的措施。

（7）导游人员进行导游活动，不得向旅游者兜售物品或者购买旅游者的物品，不得以明示或者暗示的方式向旅游者索要小费。

（8）导游人员进行导游活动，不得欺骗、胁迫旅游者消费或者与经营者串通欺骗、胁迫旅游者消费。

（9）导游人员进行导游活动时，应当佩戴导游证。

（四）导游人员的法律责任

1. 民事责任

在我国，导游人员一般都是根据职务关系或者聘用合同关系来履行旅行社与旅游者之间签订的旅游合同约定的义务，因此，导游人员必须按照旅游合同的约定为旅游者提供相应的服务。如果导游人员随意改变旅游路线，减少或改变服务项目，使旅游者未能得到旅游合同约定的服务，损害旅游者权利和利益的，就应承担相应的赔偿责任。同时，由于导游人员的侵权行为而使旅游者人身或财产遭受损害时，导游人员同样要承担相应的赔偿责任。例如，有的导游没有把旅游过程中的危险给旅游者讲清楚，结果发生了旅游者人身伤亡事故。又如，有的导游为拿到回扣，而要旅游者购买质次价高的商品等等。但是，由于导游人员并不直接与旅游者签订旅游合同，而是接受旅行社的委派以旅行社的名义进行活动，因此，对于上述导游人员的行为给旅游者造成的损失应由旅行社承担民事赔偿责任。在旅行社承担了民事赔偿责任以后，对导游人员的行为，旅行社可根据聘用合同或者旅行社内部的规章制度对导游人员给予行政处分，并追偿经济损失。但是，对于导游人员与导游活动无关的行为给旅游者造成的损害，由导游人员自己承担相应民事赔偿责任。

2. 行政责任

导游人员违反《导游人员管理条例》的有关规定，有下列行为的，应当由旅游行政管理部门给予行政处罚：

（1）无导游证进行导游活动的处罚。

无导游证进行导游活动的，由旅游行政部门责令予以改正，并处 1 000 元以上 3 万元以下的罚款；有违法所得的，并处没收违法所得。

（2）私自承揽或者以其他任何方式直接承揽导游业务的处罚。

导游人员未经旅行社委派，私自承揽或者以其他任何方式直接承揽导游业务，进行导游活动的，由旅游行政部门责令改正，处 1 000 元以上 3 万元以下的罚款；有违法所得的，并处没收违法所得；情节严重的，由省、自治区、直辖市人民政府旅游行政部门吊销导游证并予以公告。

（3）损害国家利益和民族尊严的处罚。

导游人员进行导游活动时，有损害国家利益和民族尊严的言行的，由旅游行政部门责令改正；情节严重的，由省、自治区、直辖市人民政府旅游行政部门吊销导游证并予以公告；对该导游人员所在的旅行社给予警告直至责令停业整顿。

（4）未佩戴导游证的处罚。

导游人员进行导游活动时未佩戴导游证的，由旅游行政部门责令改正；拒不改正的，处 500 元以下的罚款。

（5）违反旅游服务规定的处罚。

导游人员有下列情形之一的，由旅游行政部门责令改正，暂扣导游证 3 至 6 个月；情节严重的，由省、自治区、直辖市人民政府旅游行政部门吊销导游证并予以公告：擅自增加或者减少旅游项目的；擅自变更接待计划的；擅自中止导游活动的。

（6）向旅游者兜售物品或者购买旅游者物品和索要小费的处罚。

导游人员进行导游活动，向旅游者兜售物品或者购买旅游者的物品的，或者以明示或者暗示的方式向旅游者索要小费的，由旅游行政部门责令改正，处 1 000 元以上 3 万元以下的罚款；有违法所得的，并处没收违法所得；情节严重的，由省、自治区、直辖市人民政府旅游行政部门吊销导游证并予以公告；对委派该导游人员的旅行社给予警告直至责令停业整顿。

（7）欺骗、胁迫旅游者消费的处罚。

导游人员进行导游活动，欺骗、胁迫旅游者消费或者与经营者串通欺骗、胁迫旅游者消费的，由旅游行政部门责令改正，处 1 000 元以上 3 万元以下的罚款；有违法所得的，并处没收违法所得；情节严重的，由省、自治区、直辖市人民政府旅游行政部门吊销导游证并予以公告；对委派该导游人员的旅行社给予警告直至责令停业整顿。

3. 刑事责任

导游人员在工作中，违反我国有关法律法规的规定，情节严重，触犯刑律的，由司法机关追究其刑事责任。例如，导游人员进行导游活动时，欺骗、胁迫旅游者消费或者与经营者串通欺骗、胁迫旅游者消费的，除了应承担上述行政责任外，构成犯罪的，依法追究刑事责任。

三、导游人员的计分管理与年审制度

为了加强导游队伍建设，维护旅游市场秩序和旅游者的合法权益，依据《导游人员管理条例》和《旅行社管理条例》，国家旅游局制定了《导游人员管理实施办法》。根据该办法，导游人员计分办法实行年度 10 分制。一次扣分达 10 分者，不予通过年审；累计扣分达 10 分者，暂缓年审；一次被扣 8 分者，全行业通报；一次被扣 6 分者，警告批评。此外，还增加了“对导游人员实行分级管理、建立导游登记制度、对导游人员实行计分管理和对导游人员实行年审管理”等四个方面管理的内容，在此仅介绍对导游人员实行的计分管理与年审制度。

（一）导游人员的计分管理

《导游人员管理实施办法》规定，国家对导游人员实行计分管理；国务院旅游行政管理部门负责制定全国导游人员计分管理政策并组织实施、监督检查；省级旅游行政管理部门负责本行政区域内导游人员计分管理的组织实施和监督检查；所在地旅游行政管理部门在本行政区域内负责导游人员计分管理的具体执行。

1. 导游人员在导游活动中有下列情形之一的，扣除 10 分

（1）有损害国家利益和民族尊严的言行的；

（2）诱导或安排旅游者参加黄、赌、毒活动项目的；

（3）有殴打或谩骂旅游者行为的；

（4）欺骗、胁迫旅游者消费的；

（5）未通过年审继续从事导游业务的；

（6）因自身原因造成旅游团重大危害和损失的。

2. 导游人员在导游活动中有下列情形之一的，扣除 8 分

（1）拒绝、逃避检查，或者欺骗检查人员的；

（2）擅自增加或者减少旅游项目的；

（3）擅自终止导游活动的；

（4）讲解中掺杂庸俗、下流、迷信内容的；

（5）未经旅行社委派私自承揽或者以其他任何方式直接承揽导游业务的。

3. 导游人员在导游活动中有下列情形之一的，扣除 6 分

（1）向旅游者兜售物品或购买旅游者物品的；

（2）以明示或者暗示的方式向旅游者索要小费的；

（3）因自身原因漏接漏送或误接误送旅游团的；

（4）讲解质量差或不讲解的；

（5）私自转借导游证供他人使用的；

（6）发生重大安全事故不积极配合有关部门救助的。

4. 导游人员在导游活动中有下列情形之一的，扣除 4 分

（1）私自带人随团游览的；

（2）无故不随团活动的；

（3）在导游活动中未佩带导游证或未携带计分卡；

（4）不尊重旅游者宗教信仰和民族风俗。

5. 导游人员在导游活动中有下列情形之一的，扣除 2 分

（1）未按规定时间到岗的；

（2）10 人以上团队未打接待社社旗的；

（3）未携带正规接待计划；

（4）接站未出示旅行社标志的；

（5）仪表、着装不整洁的；

（6）讲解中吸烟、吃东西的。

导游人员 10 分分值被扣完后，由最后扣分的旅游行政执法单位暂时保留其导游证，并出具保留导游证证明，并于 10 日内通报导游人员所在地旅游行政管理部门和登记注册单位。正在带团过程中的导游人员，可持旅游执法单位出具的保留证明完成团队剩余

行程。

依据《导游人员管理实施办法》的规定，对导游人员的违法、违规行为除扣减其相应分值外，依法应予处罚的，依据有关法律给予处罚；导游人员通过年审后，年审单位应核销其遗留分值，重新输入初始分值。

（二）导游人员的年审管理

《导游人员管理实施办法》规定，国家对导游人员实行年度审核制度，导游人员必须参加年审；国务院旅游行政管理部门负责制定全国导游人员年审工作政策，组织实施并监督检查；省级旅游行政管理部门负责组织、指导本行政区域内导游人员年审工作并监督检查；所在地旅游行政管理部门具体负责组织实施对导游人员的年审工作。

年审以考评为主，考评的内容应包括：当年从事导游业务情况、扣分情况、接受行政处罚情况、游客反映情况等。考评等级为通过年审、暂缓通过年审和不予通过年审三种。

（1）一次扣分达到10分的，不予通过年审；累计扣分达到10分的，暂缓通过年审；一次被扣8分的，全行业通报；一次被扣6分的，警告批评；暂缓通过年审的，通过培训和整改后，方可重新上岗。

（2）导游人员必须参加所在地旅游行政管理部门举办的年审培训。培训时间应根据导游业务需要灵活安排，每年累计培训时间不得少于56小时。

（3）旅行社或导游管理服务机构应为注册的导游人员建立档案，对导游人员进行工作培训和指导，建立对导游人员工作情况的检查、考核和奖惩的内部管理机制，接受并处理对导游人员的投诉，负责对导游人员年审的初评。

四、导游人员等级考核制度及标准

（一）导游人员等级考核制度

为了加强导游员队伍建设，提高导游员素质和接待服务水平，客观、公正地评价和选拔人才，调动导游员钻研业务和努力工作的积极性，引入竞争机制，为改革全国导游员管理体制、建立导游人才市场创造条件，以及为各旅行社服务的等级化创造人员条件，国家旅游局发布了《关于对全国导游员实行等级评定的意见》和《导游员职业等级标准》，开始了导游人员等级考核评定工作。这一制度在1999年5月14日发布的《导游人员管理条例》中得以确认，从而成为一项法定制度。可见，实行导游等级考试制度是《导游人员管理条例》的一项重要内容，也是促进导游队伍素质提高的一个有效手段。

1. 导游人员等级考核的划分及适用范围

导游人员等级分为两个系列、四个等级。所谓两个系列，是指等级考核分为外语导游员系列和中文导游员系列；而四个级别则是指通过考核，将导游员划分为特级导游员、高级导游员、中级导游员和初级导游员。

2. 导游人员等级考核评定办法

（1）特级导游员的考核评定，采取以评审考核为主、考试为辅的方式。评审采用论文答辩、跟团实查和专家审议三种形式；考核工作表现、导游技能、遵纪守法和游客反映；考试第二外语或一种方言。评定工作不定期进行，工作步骤为省（区、市）旅游局初评，国家旅游局评定。

（2）高级导游员的考核评定，采取考试、考核和评审相结合的方式。考试科目为导游词创作和口译（中文导游员不考）两科。考核、评审方式和工作步骤与特级导游员相同；对高级导游员的评定每 3 年进行一次。

（3）中级导游员的考核评定，采取考试和考核相结合的方式。考试科目为导游专业知识（含政策与法规、导游基础知识、汉语言文学知识三部分内容）、现场导游两科。考核方式与高级导游员相同。中级导游员的评定每 2 年组织一次，考试以国家旅游局为主组织实施，考核以省（区、市）旅游局为主组织实施。

（4）初级导游员的考核评定，采取考核方式。凡取得导游人员资格证书后工作满 1 年的人，经考核合格，即可成为初级导游员。

3. 导游人员等级考核评定的组织管理

导游人员等级考核评定采取由国家旅游局统一政策、统一领导，与地方旅游局分工负责组织实施的办法。各省（区、市）旅游局要完善导游人员资格考试的组织机构，加强对这项工作的组织领导和监督、检查，以保证导游员等级评定工作的质量。为了加强对等级导游员的管理，国家旅游局和省（区、市）旅游局建立导游员等级注册登记制度。各级资格有效期一般为 5 年，有效期满后，持证者要按有关规定主动到发证机构办理注册登记，并进行相应的培训和考核。逾期不办者，其证件自行作废。

导游员等级证书由国家旅游局统一制作并核发，每次等级考试后，国家旅游局通过新闻媒介向国内外公布特级、高级和中级导游员名单及旅行社、导游公司导游员的等级构成情况。各旅行社、导游公司应在待遇方面对不同级别的导游员加以区别，拉开档次。已实行岗位技能工资的单位，应以导游员等级作为岗位技能工资的评定依据。

（二）导游员职业等级标准

导游员职业等级标准是考核评定导游员等级的依据，该标准由国家旅游局制定，在旅游行业中实行。

根据导游员职业等级标准的概念，各个等级的导游员必须符合的政治思想、职业道德和身体要求是：拥护中国共产党的领导，热爱祖国，遵纪守法，忠于职守，钻研业务，宾客至上，优质服务，遵守职业道德，身心健康。

1. 初级导游员等级标准

（1）知识要求

了解我国的大政方针和旅游及有关的政策法规；掌握当地主要游览点的导游知识，了解我国主要旅游景点和线路的基本知识；了解与业务有关的我国政治、经济、历史、地理、宗教和民俗等方面的基本知识；了解有关主要客源市场的概况和习俗；掌握导游工作规范；外语导游员基本掌握一门外语，达到外语专业大学三年级水平；中文导游员掌握汉语言文学基础知识，达到高中毕业水平。

（2）技能要求

能独立完成导游接待工作；能与旅游者建立良好的人际关系；独立处理旅行中发生的

一般问题；能与有关业务单位和人员合作共事；导游语言正确、通顺，外语导游员的外语表达基本正确，语音、语调较好，中文导游员的普通话表达清楚、流畅，语音、语调正确、亲切；导游体态大方得体；能准确填写业务所需的各种票据，能起草情况反映、接待简报等有关应用文。

（3）业绩要求

完成企业要求的工作，无服务质量方面的重大投诉，游客反映良好率不低于85%。

（4）学历要求

外语导游员具有外语专业大专或非外语专业本科及以上学历，中文导游员具有高中及以上学历。

（5）资历要求

取得导游员资格证书后工作满1年。

2. 中级导游员等级标准

（1）知识要求

熟悉我国的大政方针，掌握旅游及有关的政策法规；全面掌握当地主要游览点的导游知识，了解我国主要旅游景点、线路的有关知识；掌握与业务有关的我国政治、经济、历史、地理、社会、宗教、艺术和民俗等方面的基本知识；熟悉有关主要客源市场的概况和特点；熟练掌握导游工作规范；外语导游员掌握一门外语，达到外语专业本科毕业水平，中文导游员掌握汉语言文学的有关知识，达到大专毕业水平。

（2）技能要求

能接待不同性质、类型和规模的旅行团，有比较娴熟的导游技能；能独立处理旅行中发生的疑难问题；能正确理解旅游者的服务要求，有针对性地进行导游服务；能与旅游者、有关业务单位和人员密切合作，有较强的公关能力；导游语言流畅、生动，语音、语调比较优美，讲究修辞，外语导游员的外语表达正确，中文导游员能使用标准的普通话，并能基本听懂一种常用方言（粤语、闽南话或客家话）；能培训和指导初级导游员。

（3）业绩要求

工作成绩明显，为企业的业务骨干；无服务质量方面的重大投诉，游客反映良好率不低于90%。

（4）学历要求

外语导游员的学历与初级导游员的学历要求相同，中文导游员具有大专及以上学历。

（5）资历要求

取得初级导游员资格2年以上。

3. 高级导游员等级标准

（1）知识要求

全面掌握我国的大政方针以及旅游及有关的政策法规；全面、深入地掌握当地游览内容；熟悉我国有关的旅游线路和景点知识；有比较宽广的知识面；掌握有关客源市场的重要知识及接待服务规律；熟练掌握导游工作规范；外语导游员熟练掌握一门外语，初步掌握一门第二外语，中文导游员熟练掌握汉语言文学的有关知识，初步掌握一种常用方言（粤语、闽南话或客家话）。

（2）技能要求

有娴熟的导游技能，并有所创新；能预见并妥善处理旅行中发生的特殊疑难问题；有一定的业务研究能力，能创作内容健康、语言优美的导游词；外语导游员能用一门外语自如、准确、生动、优美地表达思想内容，并能胜任一般场合的口译工作，中文导游员能用标准的普通话和一种常用方言（粤语、闽南话和客家话）工作，语言准确、生动、形象；能培训和指导中级导游员。

（3）业绩要求

工作成绩突出，无服务质量方面的重大投诉，游客反映良好率不低于95%；在国内外同行和旅行商中有一定影响，通过优质服务能为所在企业吸引一定数量的客源，有较高水平的导游工作研究成果（论文、研究报告等）。

（4）学历要求

与中级导游员的学历要求相同。

（5）资历要求

取得中级导游员资格4年以上。

4. 特级导游员等级标准

（1）知识要求

对有关的方针、政策和法规有全面、深入和准确的理解；对当地游览内容有精到的认识，全面掌握我国的有关旅游线路和景点的知识；有宽广的知识面，在与业务有关的某一知识领域有较深的造诣；掌握有关客源市场的知识，全面、准确、具体地了解其特点和接待服务规律；熟练掌握导游工作规范；外语导游员精通一门外语，基本掌握一门第二外语，中文导游员掌握汉语言文学知识，基本掌握一种常用方言（粤语、闽南话或客家话）。

（2）技能要求

导游技能超群，导游艺术精湛，形成个人风格；能预见和妥善处理工作中的突发事件；能通过优质服务吸引客源；有较强的业务研究能力；有很高的语言表达能力，外语导游员能胜任旅游专业会议及其他重要场合的口译工作，中文导游员能胜任某一有关专业（如重点寺庙、古建筑或博物馆）的解说；能创作富有思想性、艺术性和立论确凿的导游词；能培训和指导高级导游员。

（3）业绩要求

职业道德高尚，工作成绩优异，有突出贡献，在国内外同行和旅行商中有较大的影响；无服务质量方面的重大投诉，游客反映良好率不低于98%；有一定数量高水平并正式发表的导游工作研究成果。

（4）学历要求

学历要求与高级导游员相同。

（5）资历要求

取得高级导游员资格5年以上。

五、出境旅游领队人员管理办法

（一）领队人员的资格要求及业务培训

为了加强对出境旅游领队人员的管理，规范其从业行为，维护出境旅游者的合法权益，促进出境旅游的健康发展，根据《中国公民出国旅游管理办法》和有关规定，国家旅游局制定了《出境旅游领队人员管理办法》。该办法所称领队人员，是指依照本办法规定取得出境旅游领队证，接受具有出境旅游业务经营权的国际旅行社（或称“组团社”）的委派，从事出境旅游领队业务的人员。所谓领队业务，是指为出境旅游团提供旅途全程陪同和有关服务；作为组团社的代表，协同境外接待旅行社（或称“接待社”）完成旅游计划安排以及协调处理旅游过程中相关事务等活动。

1. 申请领队证人员的条件

《旅游法》规定，取得导游证，具有相应的学历、语言能力和旅游从业经历，并与旅行社订立劳动合同的人员，可以申请取得领队证。依据《出境旅游领队人员管理办法》的规定，申请领队证的人员，应当符合下列条件：有完全民事行为能力的中华人民共和国公民；热爱祖国，遵纪守法；可切实负起领队责任的旅行社人员；掌握旅游目的地国家或地区的有关情况。

2. 申请领队证人员的资格审查和业务培训

《出境旅游领队人员管理办法》规定：“组团社要负责做好申请领队证人员的资格审查和业务培训。”

（1）业务培训的内容

业务培训的内容包括：思想道德教育；涉外纪律教育；旅游政策法规；旅游目的地国家或地区的基本情况；领队人员的义务与职责。对已经领取领队证的人员，组团社要继续加强思想教育和业务培训，建立严格的工作制度和管理制度，并认真贯彻执行。

（2）领队证及其领取的程序

领队证由组团社向所在地的省级或经授权的地市级以上旅游行政管理部门申领，并提交下列材料：申请领队证人员登记表；组团社出具的胜任领队工作的证明；申请领队证人员业务培训证明。

旅游行政管理部门应当自收到申请材料之日起15个工作日内，对符合条件的申请领队证人员颁发领队证，并予以登记备案。旅游行政管理部门要根据组团社的正当业务需求合理发放领队证。

（二）领队证的颁发、使用和管理

1. 领队证的制作和期限

领队证由国家旅游局统一样式并制作，由组团社所在地的省级或经授权的地市级以上旅游行政管理部门发放。领队证不得伪造、涂改、出借或转让。

领队证的有效期为3年。凡需要在领队证有效期届满后继续从事领队业务的，应当在届满前半年由组团社向旅游行政管理部门申请登记换发领队证。

领队人员遗失领队证的，应当及时报告旅游行政管理部门，并声明作废，然后申请补发；领队证损坏的，应及时申请换发。被取消领队人员资格的人员，不得再次申请领队登记。

2. 领队人员从业渠道的限制与领队证的管理

《出境旅游领队人员管理办法》规定，领队人员从事领队业务，必须经组团社正式委派。领队人员从事领队业务时，必须佩带领队证。

未取得领队证的人员，不得从事出境旅游领队业务。

（三）领队的职责

1.《中国公民出国旅游管理办法》的内容

《中国公民出国旅游管理办法》规定，领队人员应当履行下列职责：

（1）向旅游者介绍有关注意事项，尊重旅游者人格。旅游团队领队应当向旅游者介绍旅游目的地国家或地区的相关法律、风俗习惯以及其他有关注意事项，并尊重旅游者的人格尊严、宗教信仰、民族风俗和生活习惯。

（2）保障旅游者安全，遇到特殊困难和安全问题及时向有关部门报告。旅游团队领队在带领旅游者旅行、游览过程中，应当就可能危及旅游者人身安全的情况，向旅游者作出真实说明和明确警示，并按照组团社的要求采取有效措施，防止危害的发生。

（3）监督境外接待社合法并按照约定安排旅游活动。旅游团队在境外遇到特殊困难和安全问题时，领队应当及时向组团社和中国驻所在国家使领馆报告；组团社应当及时向旅游行政部门和公安机关报告。

（4）不得与经营者串通欺骗、胁迫旅游者消费，不得向境外接待社、导游及其他经营者索要回扣、提成或收受其财物。

2.《出境旅游领队人员管理办法》的内容

《出境旅游领队人员管理办法》规定，领队人员应当履行以下职责：遵守《中国公民出国旅游管理办法》中的有关规定，维护旅游者的合法权益；协同接待社实施旅游行程计划，协助处理旅游行程中的突发事件、纠纷及其他问题；为旅游者提供旅游行程服务；自觉维护国家利益和民族尊严，并提醒旅游者抵制任何有损国家利益和民族尊严的言行。

（四）关于违规处罚的规定

（1）对申请领队证人员不进行资格审查或业务培训，或审查不严，或对领队人员、领队业务疏于管理，造成领队人员或领队业务发生问题的，由旅游行政管理部门视情节轻重，分别给予组团社警告、取消申领领队证资格、取消组团社资格等处罚。

（2）未取得领队证，从事领队业务的，由旅游行政管理部门责令改正，有违法所得的，没收违法所得，并可处违法所得 3 倍以下不超过人民币 3 万元的罚款；没有违法所得的，可处人民币 1 万元以下罚款。

（3）领队人员伪造、涂改、出借或转让领队证，或者在从事领队业务时未佩带领队证的，由旅游行政管理部门责令改正，处人民币 1 万元以下的罚款；情节严重的，由旅游行政管理部门暂扣领队证 3 个月至 1 年，并不得重新换发领队证。

（4）领队人员违反《中国公民出国旅游管理办法》中有关领队职责规定的，按该办法处罚。

（5）领队人员违反《出境旅游领队人员管理办法》中有关领队职责第2、3、4项规定的，由旅游行政管理部门责令改正，并可暂扣领队证3个月至1年；造成重大影响或产生严重后果的，由旅游行政管理部门撤销其领队登记，并不得再次申请领队登记，同时要追究组团社责任。

（6）旅游行政管理部门工作人员玩忽职守、滥用职权、徇私舞弊，构成犯罪的，依法追究刑事责任；未构成犯罪的，依法给予行政处分。

案例4-2　导游迷途走冤路　游人遭罪几小时

某年夏天，湖南某公司的十几个职工选择了湖南境内的南岳衡山作为旅游目的地。客人给省内一家旅行社交了一笔钱之后，旅行社派了一位姓郑的导游，湖南人，据说他很熟悉衡山。但听他的口音像是湘西的，说一口方言，客人们也听不太懂，但当时并没怎么介意。导游带领大家先去了南岳大庙，看过了麻姑仙境。虽然累点，感觉还好。后来导游劝大家夜登祝融峰，说一般游客到了凌晨五六点即可到达峰顶，要是天气不错的话，还可以在峰顶看到日出。据说祝融峰的日出堪称一绝。客人觉得夜游南岳，肯定也挺有意思的，于是就答应了。然而晚上客人们走岔路了，虽然是夏天，但山顶特别冷，有的客人穿上了夹衣，还是冷得受不了。凌晨二三点的时候，满山的大雾夹着雨水，客人全身湿透了。于是大家提议下山，不想导游带领大家走岔了路，翻到了山的那一边。游客一路埋怨导游，心里很是恼火，导游心里也发慌，但他一个劲鼓励大家下山，说到了山底，就有公路，就会有旅店。凌晨四五点的时候，客人进了一个村子向人家一打听，被告知那里根本无路走出去，只有往回走再上祝融峰，然后从山的另一边下山去。离开村子以后，雨已经下得很大，大家冒着雨又要翻过这座南岳的最高峰，遭受的罪就没法说了。第二天中午12点左右乘车下山以后，游客累得不能动弹，有两个游客受了凉感冒发烧。旅行社知道这件事后，赔了医药费。

点评：随着旅游业的迅速发展，导游服务在旅游业中所处的地位和对促进旅游业发展所发挥的作用正逐步得到更加清晰的认识。对游客来说，旅途愉快与否与导游有直接关系。按照目前不少旅行社“导游带团”的做法，导游实际担任的是团队组织者角色，不仅要为游客提供讲解服务，还要组织整个旅游团游客的吃、住、行、游、购、娱等，导游人员的行为代表着委托的旅行社。《导游人员管理条例》规定：“导游人员应当不断提高自身的业务素质和职业技能。”保护旅游者的人身、财产安全是导游人员的法定职责。在本案中，随团导游的服务水平未达到国家标准，给旅游者造成的损失，委托旅行社应当承担责任。

资料来源　吴玉蓉. 投诉：解除旅游中的烦恼［EB/OL］.（2004-05-14）［2014-01-13］. http：//www.alltrip.cn.

思考与练习

一、填空题

1.《旅行社条例》规定，旅行社是指从事________旅游者等活动，为旅游者提供相关旅游服务，开展国内旅游业务、入境旅游业务或者________的企业。

2.《导游人员管理条例》规定，导游人员进行导游活动时，其________应当受到尊重，其________不受侵犯。

3.《旅行社条例》规定，旅行社的注册资本不得少于________元人民币。经营出境旅游业务的旅行社，其缴纳的质量保证金为________元人民币。

二、选择题（在每小题的四个备选答案中，选出 1 ~ 4 个正确答案，并将正确答案的序号填在题干的括号内）

1. 无导游证进行导游活动的，由旅游行政管理部门责令改正并予以公告，处以(　　)的罚款；有违法所得的，并没收违法所得。

A. 1 000 元以上 30 000 元以下　　B. 1 000 元以上 3 000 元以下

C. 1 000 元以上 50 000 元以下　　D. 1 000 元以上 5 000 元以下

2.《旅行社条例》针对目前旅行社经营中出现的问题，特别是“零负团费”问题，有以下规定(　　)。

A. 禁止旅行社利用低价欺骗、误导旅游者

B. 要求旅行社必须与旅游者签订旅游合同，并对合同的内容作了明确规定

C. 禁止旅行社欺骗、胁迫旅游者购物或者参加需要另行付费的旅游活动

D. 旅行社进行业务委托时应当支付不低于接待和服务成本的费用

3. 2003 年 4 月，杭州某旅行社接待了来自北京的旅游团，发现两位游客有发热、咳嗽现象，病人及旅游团的其他成员被就地隔离观察，旅游合同被迫解除。下列命题正确的是(　　)。

A. 北京组团社应赔偿因违约给游客造成的损失

B. 游客的损失可以用质量保证金赔偿

C. 合同被迫解除的原因属于不可抗力

D. 游客的损失不能用质量保证金赔偿

三、简答题

1. 在导游活动中，导游人员享有的权利和义务有哪些？

2. 限制颁发导游证的情形有哪些？

3. 参加导游人员资格考试的条件是什么？

4. 什么是旅行社质量保证金？适用质量保证金赔偿的情形有哪些？

四、案例分析题

2012 年某国际旅行社导游人员王某因犯过失伤害罪被人民法院审理，因其行为情节轻微，被判处免予刑事处罚。2013 年因该导游员在带团过程中胁迫旅游者消费，情节严

重，被旅游行政管理部门依法吊销导游证。2014 年，王某又参加导游人员资格考试并合格，取得导游资格证书。但当其向旅游行政管理部门申请领取导游证时，被旅游行政管理部门拒绝。王某对旅游行政管理部门的这一具体行为不服，依法向上一级旅游行政机关申请复议。请你运用所学法律知识，回答下列问题：

（1）王某是否可以就旅游行政管理部门拒绝对其颁发导游证的行为向上一级旅游行政机关申请复议？其法律依据是什么？

（2）旅游行政机关拒绝对王某颁发导游证的行为是否正确？其法律依据是什么？

第五章

旅游饭店管理法律制度

背景与提要

随着现代旅游业的发展，我国旅游饭店取得了长足的进步，尤其是在硬件方面已经与国际水平对接，但在科学管理、规范化服务等方面与国际水平还存在着一定的差距。为了促进我国旅游饭店进入国际市场，尽快提高饭店的管理水平和服务水平，1988 年，国家旅游局制定发布了《中华人民共和国评定旅游涉外饭店星级的规定》以及《中华人民共和国评定旅游涉外饭店星级标准》，在我国开始实行星级评定制度，从而使我国旅游饭店在硬件标准化、软件规范化、管理科学化等方面跃上了一个新台阶。1993 年，国家旅游局、国家技术监督局又先后发布了《饭店管理公司管理暂行办法》、《关于加快旅游涉外饭店星级标准的划分》等。1997 年和 2003 年，国家旅游局又两次对上述规定和标准进行了修订，这是我国旅游饭店与国际标准接轨的一个重要步骤。2009 年，《国务院关于加快发展旅游业的意见》正式发布，标志着包括旅游饭店业在内的旅游业开始进入国家战略体系，为此，以标准化建设为抓手，推进旅游饭店业转型升级，国家旅游局及时推出《旅游饭店星级的划分与评定》（2010 年版），该星级标准的修订成为旅游饭店业非常重要的环节，促进了旅游饭店业的管理和服务更加规范化和专业化，使之既符合本国实际又与国际发展趋势保持一致。本次修订内容主要包括：按国际惯例明确了旅游饭店的定义；规定旅游饭店使用星级有效期限为 5 年，取消了星级终身制，增加了预备星级；明确了星级评定程序，增加了某些特色突出或极其个性化的饭店可以直接向国家旅游局旅游饭店星级评定机构申请星级的内容；对一星级饭店客房最低数量要求由原来的 20 间改为 15 间；将三星级以上饭店的选择项目合并，归纳为“综合类别”、“特色类别一”、“特色类别二”和“特色类别三”四大部类，增加了饭店品牌、总经理资质、环境保护等内容；对四星级以上饭店的核心区域前厅、客房和餐饮强化要求，增加整体舒适度等内容；借鉴一些国家的做法，“增设了白金五星级”。新标准还首次设置了星级饭店内审员，由本饭店高级管理人员担任，其职责为依照星级标准，负责对所在饭店的检查、复核工作，并向所在饭店管理层和所在地区星级评定机构报告工作。2006 年，国家旅游局发布《星级饭店访查规范》，规定了对已经评定星级的饭店进行质量检查活动的依据和要求。

与此同时，为倡导履行诚信准则、保障客人和旅游饭店的合法权益，维护旅游饭店业经营管理的正常秩序，促进中国旅游饭店业的健康发展，中国旅游饭店业协会依据国家有关法律法规，特制定《中国旅游饭店行业规范》。该规范自 2002 年 5 月起施行，适用于中国旅游饭店业协会会员饭店，尚未加入中国旅游饭店业协会的旅游饭店可参照其执行。

这里所称的旅游饭店包括在中国境内开办的各种经济性质的饭店，含宾馆、酒店、度假村等。

本章在介绍我国旅游饭店的营业条件、星级评定的有关法规、旅游饭店行业规范及食品安全管理的基础上，运用我国《民法通则》、《合同法》及《旅游法》的基本理论，分析了旅游饭店的权利义务及法律责任。

第一节 旅游饭店标准化建设

一、旅游饭店服务标准化建设

旅游饭店的服务标准化与个性化是一对永恒的主题。个性化服务都是以标准化为前提的，标准化服务又是以个性化为归宿的。只有在对饭店服务标准化有了科学的理解与把握的基础上，才有可能从产业供给的角度来谈论个性化服务的生产与管理，也才有可能寻求饭店服务的标准化与个性化的均衡发展，从而推进旅游饭店管理，特别是饭店服务管理理论与实践的创新。

（一）旅游饭店服务标准化的功能

标准是对重复性事物和概念所作的统一规定，它以科学技术实践经验的综合成果为基础，经过有关方面协商一致，由主管部门批准，以特定的形式发布，作为共同遵守的准则和依据。饭店服务标准化则是指在标准意识的指导下，饭店企业家和管理者制定规范化的管理制度、统一的技术标准，进行服务岗位工作项目、程序与预定目标的设计与培训，向饭店产品的消费者提供统一的、可追溯和可检验的重复服务。饭店服务标准化的功能主要表现在：

1. 减少质量信息在供求双方之间的不对称

由于旅游产品异地性特点，给旅游者所带来的消费紧张感会要求饭店服务提供可预期的安全感作为补偿。只有当饭店业进入标准化时期，旅游者才能够通过“星级”、“特许”之类的外在标志，以及有关国家、行业和企业标准来对将要消费的饭店产品质量进行有依据的预期。即使消费者感到正当权益受到侵害，也可以根据有关标准申请司法救济。所以，饭店服务标准化能够最大限度地使服务质量信息在旅游行为主体之间对称分布。

2. 激励旅游饭店之间的市场竞争

标准化意味着饭店产品之间差异性的减少，在极端的意义上，标准化会导致产品的无差异。在完全竞争的市场上，在利润最大化的驱动下，饭店就会通过品牌化、集团化来“制造差异”，从而使饭店产品的质量提升。

3. 促进产业结构的优化升级

标准化的必然结果是产业规模扩大和服务价格下降，于是越来越多的旅游者可以消费高质量的、可预期的饭店服务。另外，标准化也使得饭店产品趋于无差别化和行业利润趋于平均化，为饭店服务个性化的发育提供了最为直接的动力。在寻求服务特色、保持竞争优势的市场压力下，旅游饭店产品的市场分割会越来越细。从产业结构角度而言，标准化促使饭店集中度得以加强，大型饭店和饭店集团在市场中居于主导地位。个性化却又给各具特色的小型饭店留下了有效的生长空间，使之能够依靠个性化服务来抗衡集团化的压力。结果是产业结构的集中化与分散化趋于并存，旅游者的选择空间变大。

总之，服务标准化是推动旅游产业和旅游企业制度创新的基本要素，也是增加旅游者对产品的预期效用的有力工具。

（二）旅游饭店服务标准化的作用

（1）随着实施标准化的旅游饭店在市场上的成功，其企业标准也就成为事实标准，并能够为饭店企业带来一定时期的垄断利润。

（2）标准化意味着不同饭店提供同一层次服务基本上没有差别或者差别很小，无差别又意味着饭店市场上的非资本壁垒减少，市场变得更具有开放性。因此，对于新进入和准备进入饭店业的商家来说，标准化运动的开展有利于降低进入壁垒。

（3）由于标准化可以增加旅游者对产品质量和旅游效用确定性的预期，那些实行了标准化供给的饭店就很容易占有更多的市场份额，并向更为遥远的市场扩大。同时，发育成熟的标准化饭店服务与管理模式还可以作为生产要素，通过管理合同、特许加盟等途径参与对饭店企业剩余的分配。因此，饭店服务的标准化还有利于企业的市场扩张。

（4）饭店服务标准化可以降低包括员工培训的人力资源成本。随着工业化进程的加快和人力资源价值的上升，包括饭店业在内的人力资源成本会相应提高，而且旅游发达国家居高不下的员工流动率也在刺激着培训成本的上涨。在规模经济规律的作用下，与标准化服务相适应的程序化则会有效地降低培训成本。所有这些与标准化有关的原因最终都有利于饭店企业利润最大化目标的实现，并推动更多的饭店企业参与到饭店服务标准化的进程中来。

（三）政府参与并推进旅游饭店服务标准工作化的主要目的

1. 规范市场

通过标准化工作减少饭店与饭店之间、饭店与旅行社等旅游相关行业之间以及饭店与旅游者之间的信息不对称，以规范饭店市场秩序和企业的经营管理行为，特别是促使饭店之间的市场竞争手段从低层次的价格竞争转向高层次的以质量、品牌、规模为核心的非价格竞争，同时也是旅游行政管理部门适应市场经济内在要求，以市场手段管理市场行为，加强行业管理水平的必然选择。

2. 促进旅游产业化发展

标准化工作从需求和供给两个方面促进旅游市场的扩大，并通过分工与专业化来促进旅游产业化的发展。

3. 提高饭店业的整体竞争能力

在国内市场竞争国际化、国际市场竞争国内化的今天，旅游行政管理部门力图通过标准化工作的开展，一方面加强在市场准入方面的管理力度，另一方面致力于提高民族饭店业的整体管理水平和核心竞争能力。在现实中，各国政府都在旅游业的管理标准方面做了大量的工作，通过对饭店业的标准化促进工作，政府的旅游行政管理部门一方面在客观上推动了整个饭店业的发展水平，另一方面也能借以实现政府收益的最大化。

（四）饭店服务标准化的发展趋势

旅游饭店服务标准化总的发展趋势是：以国际饭店业惯例、国家标准、行业标准为基础，以企业标准求发展，以个性化服务求创新。具体来说，旅游饭店服务标准化进程在未来的一个时期将会呈现以下特征：

（1）市场细分化与经营全球化并存。这一趋势将进一步推动饭店集团规模的扩大，饭店企业之间的购并与战略联盟会呈现加速发展之态势。

（2）在市场细分的基础上，越来越多的饭店，特别是那些大型的饭店集团可能会采取“服务项目个性化，服务过程标准化”的竞争战略，以适应不同层次旅游者的需求。

（3）高科技与高文化相结合。随着现代科技成果被引进饭店业，从而导致服务过程的高度技术化。而旅游消费内在的文化特性又会要求饭店企业在提供个性化服务时强调高科技与文化的有机融合。

（4）硬件标准化、服务个性化。服务模式将由过去的分块服务转化成为“包价服务”，即过去是客人分别进行产品的购买，这种购买方式将由全过程的服务代替。

总之，中国旅游饭店服务在当前和未来一个时期的发展方向应该以标准化为主、个性化为辅。旅游饭店实行标准化旅游服务战略，可以实行规模化的市场扩张，降低平均成本，从而吸引更多的消费者。个性化服务主要用于特定细分市场的服务项目设计，用以支撑企业品牌战略。标准化与个性化是一个互动过程。只要旅游者需求和企业内部的资源结构、战略目标等因素变化，标准化服务必然面临创新，即对某些特定目标市场旅游者提供具有个性化的服务。而个性化服务项目成熟以后，必须以制度的形式通过标准化的服务程序与服务标准加以固定化。

二、旅游饭店星级评定制度

（一）旅游饭店星级评定总则及机构

1. 星级评定总则

（1）由若干建筑物组成的饭店其管理使用权应该一致，饭店内包括出租营业区域在内的所有区域应该是一个整体，评定星级时不能因为某一区域财产权或经营权的分离而区别对待。

（2）饭店开业1年后可申请星级，经星级评定机构评定批复后，可以享有5年有效的星级及其标志使用权。开业不足1年的饭店可以申请预备星级，有效期1年。

（3）除非本标准有更高要求，饭店的建筑、附属设施、服务项目和运行管理应符合安全、消防、卫生、环境保护等现行的国家有关法规和标准。

2. 星级评定机构及职权

旅游饭店星级评定工作由全国旅游饭店星级评定机构统筹负责，其责任是制定星级评定工作的实施办法和检查细则，授权并督导省级以下旅游饭店星级评定机构开展星级评定工作，组织实施五星级饭店的评定与复核工作，保有对各级旅游饭店星级评定机构所评定饭店星级的否决权。

省、自治区、直辖市旅游饭店星级评定机构按照全国旅游饭店星级评定机构的授权和督导，组织本地区旅游饭店的星级评定与复核工作，保有对本地区下级旅游饭店星级评定机构所评饭店星级的否决权，并承担推荐五星级饭店的责任。同时，负责将本地区所评星级饭店的批复和评定检查材料上报全国旅游饭店星级评定机构备案。

其他城市或行政区域旅游饭店星级评定机构按照全国旅游饭店星级评定机构的授权和所在地区省级旅游饭店星级评定机构的督导，实施本地区旅游饭店星级评定与复核工作，保有对本地区下级旅游饭店星级评定机构所评饭店星级的否决权，并承担推荐较高星级饭店的责任。同时，负责将本地区所评星级饭店的批复和评定检查资料逐级上报全国旅游饭店星级评定机构备案。

（二）旅游饭店星级评定办法、原则及规程

1. 旅游饭店星级评定办法

根据中华人民共和国国家标准《旅游饭店星级的划分与评定》（GB/T14308-2003）、旅游行业标准《星级饭店访查规范》（LB/T006-2006）及国家旅游局发布的《旅游饭店星级评定检查工作实施办法（试行）》进行评定。

星级评定检查工作的主要形式是明察和暗访，由持证评定员担任，无证则评定员身份无效。明察侧重检查饭店在必备和选择项目上的达标情况，并参照《旅游饭店星级的划分与评定》附录A据实给分，查阅附录D规定的制度性文件。暗访则侧重检查饭店的管理水平和服务质量，对照《旅游饭店星级的划分与评定》附录B、附录C和《星级饭店访查规范》，据实评定，检查饭店申请材料中列明的服务项目实际达标情况，体察饭店经营机制的运行情况和员工的礼节礼貌。

2. 旅游饭店星级评定原则

饭店所取得的星级表明该饭店所有建筑物、设施设备及服务项目均处于同一水准。如果饭店由若干座不同建筑水平或设施设备标准的建筑物组成，旅游饭店星级评定机构应按每座建筑物的实际标准评定星级，评定星级后，不同星级的建筑物不能继续使用相同的饭店名称；否则，旅游饭店星级评定机构应不予批复或收回星级标志和证书。

饭店取得星级后，因改造发生建筑规格、设施设备和服务项目的变化，关闭或取消原有设施设备、服务功能或项目，导致达不到原星级标准的，必须向原旅游饭店星级评定机构申报，接受复核或重新评定；否则，原旅游饭店星级评定机构应收回该饭店的星级证书和标志。

某些特色突出或极其个性化的饭店，若自身条件与本标准规定的条件有所区别，可以直接向全国旅游饭店星级评定机构申请星级。全国旅游饭店星级评定机构应在接到申请后1个月内安排评定检查，根据检查和评审结果给予评定星级的批复，并授予相应星级的证书和标志。

3. 旅游饭店星级评定规程

旅游饭店的星级评定工作必须遵守以下规程：

（1）受理。接到饭店星级申请报告后，相应评定权限的旅游饭店星级评定机构应在核实申请材料的基础上，于 14 天内做出受理与否的答复。对申请四星级以上的饭店，其所在地旅游饭店星级评定机构在逐级递交或转交申请材料时应提交推荐报告或转交报告。

（2）检查。受理申请或接到推荐报告后，相应评定权限的旅游饭店星级评定机构应在 1 个月内以明查和暗访的方式安排评定检查。检查合格与否，检查员均应提交检查报告。对检查未予通过的饭店，相应星级评定机构应加强指导，待接到饭店整改完成并要求重新检查的报告后，于 1 个月内再次安排评定检查。对申请四星级以上的饭店，检查分为初检和终检。

初检由相应评定权限的旅游饭店星级评定机构组织，委派检查员以暗访或明查的形式实施检查，并将检查结果及整改意见记录在案，供终检时对照使用；初检合格，方可安排终检。终检由相应评定权限的旅游饭店星级评定机构组织，委派检查员对照初检结果及整改意见进行全面检查；终检合格，方可提交评审。

（3）评审。接到检查报告后 1 个月内，旅游饭店星级评定机构应根据检查员意见对申请星级的饭店进行评审。评审的主要内容有：审定申请资格，核实申请报告，认定本标准的达标情况，查验违规及事故、投诉的处理情况等。

（4）批复。对于评审通过的饭店，旅游饭店星级评定机构应给予评定星级的批复，并授予相应星级的标志和证书。对于经评审认定达不到标准的饭店，旅游饭店星级评定机构不予批复。

饭店星级评定后，其星级标志须置于饭店前厅最明显位置。

（三）旅游饭店星级的复核及处理

星级复核是星级评定工作的重要补充部分，其目的是督促已取得星级的饭店持续达标，其责任划分完全依照星级评定的责任分工。国家旅游局于 2006 年 3 月 7 日发布《星级饭店访查规范》（LB/T006-2006），规定了对已经评定星级的饭店进行质量检查活动的依据和要求。

1. 旅游饭店星级的复核

对已经评定星级的饭店，旅游饭店星级评定机构每年进行一次复核。复核工作应在饭店对照星级标准自查自纠，并将自查结果报告旅游饭店星级评定机构的基础上，由旅游饭店星级评定机构以明查或暗访的形式安排抽查验收。旅游饭店星级评定机构应于本地区复核工作结束后进行认真总结，并逐级上报复核结果。

2. 处理

对严重降低或复核认定达不到本标准相应星级的饭店，按以下办法处理：

（1）旅游饭店星级评定机构根据情节轻重给予签发警告通知书、通报批评、降低或取消星级的处理，并在相应范围内公布处理结果。

（2）凡在 1 年内接到警告通知书三次以上或通报批评两次以上的饭店，旅游饭店星级评定机构应降低或取消其星级，并向社会公布。

（3）被降低或取消星级的饭店，自降低或取消星级之日起 1 年内，不予恢复或重新评定星级；一年后，方可重新申请星级。

（4）已取得星级的饭店如发生重大事故，造成恶劣影响，其所在地旅游饭店星级评定机构应立即反映情况或在权限范围内做出降低或取消星级的处理。

（5）饭店接到警告通知书、通报批评、降低星级的通知后，必须认真整改并在规定期限内将整改情况报告处理机构。

（6）旅游饭店星级评定机构对星级饭店进行处理的责任分工依照星级评定的责任分工办理。全国旅游饭店星级评定机构保留对各星级饭店的直接处理权。

（7）凡经旅游饭店星级评定机构决定提升或降低、取消星级的饭店，应立即将原星级标志和证书交还授予机构，由旅游饭店星级评定机构做出更换或没收的处理。

案例 5-1　　住宿标准违约 酒店应承担相应责任

张某利用周末参加了一家旅行社组织的“周末郊区观光二日游”旅游团，旅行社委派李某作为该团的导游人员。在参观游览过程中，导游李某对客人说，大家出来一次不容易，旅游活动应丰富多彩。李某说完后，在向每位游客收取了 30 元钱的基础上增加了一个娱乐项目。晚上，导游将旅游团安排在一家酒店住宿。张某进入房间后发现房间设施陈旧，水龙头里流出的水浑浊得发黄，房间似乎已经好久没有人住了。张某当即找到导游李某，认为入住的酒店与旅游合同中约定的三星级酒店的标准不符，要求更换住处。导游李某坚持认为所安排的酒店是三星级。旅游回来后，张某向旅游质量监督管理部门投诉，要求旅行社赔偿其经济损失。经查：该酒店与旅行社串通，安排张某等人入住的酒店是一星级。

点评：用星的数量和设色表示旅游饭店的等级，是我国《旅游饭店星级的划分与评定》国家标准中的重要规定，也是国际惯例。它是由特定的星级符号及其数量构成的特定的标志，为促进旅游饭店业管理与服务的规范化和专业化发挥了重要作用，在广大消费者中有着广泛的认知度和信誉度。国家有关部门非常重视星级标志的使用，有关星级标志早已向国家工商行政管理部门注册。星级标志的使用需经旅游主管部门，依据旅游饭店星级标志进行评定，确认饭店的硬件设施和服务水准达到相应等级后，方可使用星级标志，才能使用星级称谓，未经评定星级的宾馆饭店一律不得使用星级标志，不得使用星级称谓从事经营和宣传活动。本案中，导游人员违反约定，安排的住宿标准及服务档次与合同不符，应由委派的旅行社向游客承担赔偿责任；该酒店提供服务有过错，也应当承担相应的责任。

资料来源　王莉霞．旅游法理论与实务［M］．西安：陕西人民出版社，2005.

第二节 旅游饭店行业规范与食品安全管理

一、旅游饭店行业规范

（一）旅游饭店的预订、登记、入住与收费制度

1. 预订、登记及入住

（1）旅游饭店应与客人共同履行住宿合同，除双方另有约定以外，因不可抗力不能履行双方住宿合同的，任何一方均应当及时通知对方。

（2）由于饭店出现超额预订而使客人不能入住的，饭店应当主动替客人安排本地同档次或高于本饭店档次的饭店入住，所产生的有关费用由饭店承担。

（3）饭店应当同团队、会议、长住客人签订住房合同。合同内容应包括客人进店和离店的时间、房间等级与价格、餐饮价格、付款方式、违约责任等款项。

（4）饭店在办理客人入住手续时，应当按照国家的有关规定，要求客人出示有效证件，并如实登记。

（5）饭店可以不予接待的情况是：携带危害饭店安全的物品入店者；从事违法活动者；影响饭店形象者；无支付能力或曾有过逃账记录者；饭店客满；法律法规规定的其他情况。

2. 旅游饭店收费

（1）饭店应当将房价表置于总服务台显著位置，供客人参考。饭店如给予客人房价折扣，应当书面约定。

（2）饭店客房收费以“间/夜”为计算单位（钟点房除外）。按客人住一“间/夜”，计收一天房费；次日 12 时以后、18 时以前办理退房手续者，饭店可以加收半天房费；次日 18 时以后退房者，饭店可以加收一天房费。

（3）根据有关规定，饭店可以对客房、餐饮、洗衣、电话等服务项目加收服务费，但应当在房价表及有关服务价目单上注明。客人在饭店商场内购物，不应加收服务费。

（二）保护旅客人身和财产安全制度

1. 保护旅客人身、财产安全的一般法律规定

（1）为了保护旅客的人身和财产安全，饭店客房房门应当装置防盗链、门镜、应急疏散图，卫生间内应当采取有效的防滑措施。客房内应当放置服务指南、住宿须知和防火指南。有条件的饭店应当安装客房电子门锁和公共区域安全监控系统。

（2）饭店应当确保健身、娱乐等场所设施、设备的完好和安全。对不按使用说明及饭店员工指导进行操作而造成伤害的，饭店不承担责任。

（3）饭店对可能损害客人人身和财产安全的场所，应当采取防护、警示措施。警示牌应当中外文对照。

（4）饭店应当采取措施，防止客人放置在客房内的财物灭失、毁损。由于饭店的原因造成客人财物灭失、毁损的，饭店应当承担责任；由于客人自己的行为造成损害的，饭

店不承担责任；双方均有过错的，应当各自承担相应的责任。

（5）饭店应当保护客人的隐私权。除日常清扫卫生、维修保养设施设备或者发生火灾等紧急情况外，饭店员工未经客人许可不得随意进入客人下榻的房间。

2. 保管客人贵重物品与一般物品

（1）客人贵重物品的保管

①饭店应当在前厅处设置有双锁的客人贵重物品保险箱。贵重物品保险箱的位置应当安全、方便、隐蔽，能够保护客人的隐私。饭店应当按照规定的时限免费提供住店客人贵重物品的保管服务。

②饭店应当对住店客人贵重物品的保管服务做出书面规定，并在客人办理入住登记时予以提示。

违反上述两条规定，造成客人贵重物品灭失的，饭店应当承担赔偿责任。

③客人寄存贵重物品时，饭店应当要求客人填写贵重物品寄存单，并办理有关手续。

④客房内设置的保险箱仅为客人提供存放一般物品之用。对没有按规定存放在饭店前厅贵重物品保险箱内而在客房里灭失、毁损的客人的贵重物品，如果责任在饭店一方，可视为一般物品予以赔偿。

⑤在客人结账退房离开饭店以后，如无事先约定，饭店可以将客人寄存在贵重物品保险箱内的物品取出，并按照有关规定处理。饭店应当将此条规定在客人贵重物品寄存单上明示。

⑥客人如果遗失饭店贵重物品保险箱的钥匙，除赔偿钥匙成本费用外，饭店还可以要求客人承担维修保险箱的费用。

（2）客人一般物品的保管

①饭店保管客人寄存在行李寄存处的行李物品时，应当检查其包装是否完好、安全，询问有无违禁物品，并经双方当面确认后签发给客人行李寄存牌。

②客人在餐饮、康乐、前厅行李处等场所寄存物品时，饭店应当当面询问客人物品中有无贵重物品。客人寄存的行李中如有贵重物品的，应当向饭店声明，由饭店员工验收并交饭店贵重物品保管处免费保管；客人事先未声明或不同意核实而造成物品灭失、毁损的，如果责任在饭店一方，饭店按照一般物品予以赔偿；客人对寄存物品没有提出需要采取特殊保管措施的，因为物品自身的原因造成毁损或损耗的，饭店不承担赔偿责任；由于客人没有事先说明寄存物的情况，造成饭店损失的，除饭店知道或者应当知道而没有采取补救措施的以外，饭店可以要求客人承担其所受损失的赔偿责任。

（三）有关旅游饭店的其他规定

1. 洗衣服务

（1）客人送洗衣物，饭店应当要求客人在洗衣单上注明洗涤种类及要求，并应当检查衣物有无破损。客人如有特殊要求或者饭店员工发现衣物破损的，双方应当事先确认并在洗衣单上注明；客人事先没有提出特殊要求，饭店按照常规进行洗涤，造成衣物损坏的，饭店不承担赔偿责任。客人的衣物在洗涤后即发现破损等问题，而饭店无法证明该衣物是在洗涤以前破损的，饭店承担相应责任。

（2）饭店应当在洗衣单上注明，要求客人将衣物内的物品取出。对洗涤后客人衣物内物品的灭失，饭店不承担责任。

2. 停车场管理

（1）饭店应当保护停车场内饭店客人的车辆安全。由于保管不善，造成车辆灭失或者毁损的，饭店应承担相应责任，但因为客人自身的原因造成车辆灭失或者毁损的除外。双方均有过错的，应当各自承担相应的责任。

（2）饭店应当提示客人保管好放置在汽车内的物品，对汽车内放置的物品的灭失，饭店不承担责任。

3. 饭店的其他权利和义务

（1）饭店可以谢绝客人自带酒水和食品进入餐厅、酒吧、舞厅等场所享用，但应当将谢绝的告示设置于有关场所的显著位置。

（2）饭店有义务提醒客人在客房内遵守国家有关规定，不得私留他人住宿或者擅自将客房转让给他人使用及改变使用用途。对违反规定造成饭店损失的，饭店可以要求下榻该房间的客人承担相应的赔偿责任。

（3）饭店可以口头提示或书面通知客人不得自行对客房进行改造、装饰。未经饭店同意进行改造、装饰并因此造成损失的，饭店可以要求客人承担相应的赔偿责任。

（4）饭店有义务提示客人爱护饭店的财物。由于客人的原因造成损坏的，饭店可以要求客人承担赔偿责任；由于客人原因维修受损设施设备期间导致客房不能出租、场所不能开放而发生的营业损失，饭店可视其情况要求客人承担责任。

（5）对饮酒过量的客人，饭店应恰当、及时地劝阻，防止客人在店内醉酒。客人醉酒后在饭店内肇事造成损失的，饭店可以要求肇事者承担相应的赔偿责任。

（6）客人结账离店后，如有物品遗留在客房内，饭店应当设法同客人取得联系，将物品归还或寄还给客人，或替客人保管，所产生的费用由客人承担。3 个月后仍无人认领的，饭店可进行登记造册，按拾遗物品处理。

（7）饭店应当提供与本饭店档次相符的产品与服务，如果存在瑕疵，饭店应当采取措施及时加以改进。由于饭店的原因而给客人造成损失的，饭店应当根据损失程度向客人赔礼道歉，或给予相应的赔偿。

二、旅游饭店食品安全管理

（一）食品安全内涵及特点

1. 食品安全的概念

1984 年世界卫生组织对食品安全的定义是“生产、加工、储存、分配和制作食品过程确保食品安全可靠、有益于健康并且适合人消费的种种必要条件和措施”。而 1996 年世界卫生组织又对食品安全的解释改为“对食品按其原定用途进行制作和/或食用不会使消费者受害的一种担保”。食品的不安全主要是食品受到了各种各样的污染——外来的有毒有害物质在食品生产的各个环节中进入食品，并随食品进入人体，对人体健康造成损害，例如急性、慢性的食物中毒与食源性疾患，致癌、致畸、致突变等。

我国《食品安全法》规定：“食品，指各种供人食用或者饮用的成品和原料以及按照传统既是食品又是药品的物品，但是不包括以治疗为目的的物品。”“食品安全，指食品无毒、无害，符合应当有的营养要求，对人体健康不造成任何急性、亚急性或者慢性危害。”“食物中毒，指食用了被有毒有害物质污染的食品或者食用了含有毒有害物质的食品后出现的急性、亚急性疾病。”“食品安全事故，指食物中毒、食源性疾病、食品污染等源于食品，对人体健康有危害或者可能有危害的事故。”据此，旅游饭店为旅客提供的食品应当符合我国《食品安全法》的规定。

2. 《食品安全法》的特点

《食品安全法》在延续《食品卫生法》行之有效制度的基础上，根据食品安全新形势，从现阶段实际情况出发，吸收国内外食品安全监管的成功经验和做法，以保证食品安全为主线，针对食品安全监管中的漏洞，在不同层面、多个角度，进行了体制创新、制度创新和机制创新，为食品安全工作构筑了新的框架平台。立法重点明确，在食品安全风险监测和评估、食品安全标准的制定、食品生产经营、食品检验、食品安全事故处理、监督管理和法律责任等方面都做了全面妥善的规定，法的适用性和可操作性都比较强。其特点如下：

(1) 食品安全监管体制更加科学、有效

食品安全是重要的公共卫生问题。为了解决食品安全监督管理中的职责不清等突出问题，《食品安全法》规定了国务院各有关主管部门按照各自职责分工依法行使职权，对食品安全分段实施监管的监督管理体制。国务院设立食品安全委员会，作为高层次的议事协调机构，协调、指导食品安全监管工作。

(2) 明确食品安全风险评估的法律地位

食品安全问题的主要表现形式是食源性疾病、营养缺乏性疾病。食品安全风险评估就是对食品中生物性、化学性和物理性危害对人体健康可能造成的不良影响进行的科学评估。将食品安全风险评估结果作为制定食品安全标准和政策的科学依据，是人们对食品安全监管规律的深刻认识，已成为许多国家的普遍做法。据此，我国《食品安全法》确立了食品安全风险评估制度。

(3) 规范食品安全标准的制定

为了解决目前一种食品有多套标准适用的问题，《食品安全法》规定，制定食品安全标准，应当以保障公众身体健康为宗旨，做到科学合理、安全可靠，并规定食品安全国家标准由国务院卫生行政部门负责制定、公布，国务院标准化行政部门提供国家标准编号，有利于保障监管工作的统一性。

(4) 规范食品检验行为

为了规范食品检验机构和食品检验活动，保证食品检验数据和结论的客观、公正，《食品安全法》规定：一是食品检验机构按照国家有关认证认可的规定取得资质认定后，方可从事食品检验活动。二是食品检验机构的资质认定条件和检验规范，由国务院卫生行政部门制定。三是食品检验实行食品检验机构与检验人负责制，由食品检验机构指定的检验人独立进行。

（5）注重食品生产经营的管理

《食品安全法》强化了食品生产经营者作为食品安全第一责任人制度，要求食品生产经营者建立健全本单位的食品安全管理制度，加强对职工安全知识培训，配备专职或者兼职食品安全管理人员，做好对所生产经营食品的检验检测工作，依法从事食品生产经营活动。这样有助于强化企业的责任意识，提高食品安全整体水平，维护好消费者的权益。

（6）确保进口食品的安全

《食品安全法》加大了对进口食品的监管力度，对食品进口规定：一是进口的食品、食品添加剂以及食品相关产品应当符合我国食品安全国家标准，无国家标准或首次进口的新品种，进口商应当向国务院卫生行政部门提出申请并提交相关安全性评估材料。二是向我国境内出口食品的出口商或者代理商应当向国务院出入境检验检疫主管部门备案等。

（7）规范食品安全监管部门的权力和责任

针对目前食品安全监管中执行力不强、执法不严等问题，《食品安全法》赋予监管部门制止、查处违法行为的必要权力，规定：食品安全监管部门履行食品安全监管职责时，有权进入生产经营场所实施现场检查；对生产经营的食品进行抽样检验；查阅、复制有关合同、票据、账簿以及其他有关资料；查封、扣押有证据证明不符合食品安全标准的食品，违法使用的食品原料、添加剂、食品相关产品，以及用于违法生产经营或者被污染的工具、设备；查封违法从事食品生产经营活动的场所等。

（8）加大对违法行为的处罚力度

《食品安全法》强化了公民权益保障的有效措施，对用非食品原料生产食品或在食品中添加食品添加剂以外的化学物质，或用回收食品作为原料生产食品，生产经营营养成分不符合食品安全标准的专供婴幼儿和其他特定人群的主辅食品，经营病死、毒死或者死因不明的禽、畜、兽、水产动物肉类及其制品，未经安全性评估利用新的食品原料从事食品生产或者从事食品添加剂和食品相关产品新品种的生产等，处以最高多达货值金额10倍的罚款，吊销其许可证。对其直接负责的主管人员自处罚决定作出之日起5年内不得从事食品生产经营管理工作。生产或销售明知是不符合食品安全标准的食品，消费者除要求赔偿损失外，还可以向生产者或销售者要求支付价款10倍的赔偿金。针对目前一些虚假食品广告欺骗、误导消费者，损害消费者权益的情况，《食品安全法》加强了对食品广告的监管。为了保证使权益受到损害的消费者优先得到赔偿，《食品安全法》还规定，经营者应当承担民事赔偿责任和缴纳罚款、罚金，其财产不足以同时支付时，先承担民事赔偿责任。这样规定更多地体现了消费者与经营者之间的民事法律关系，强化了对消费者民事权利的保护，也有利于增强法律的可操作性。

（二）食品的生产经营

1. 食品生产的必要条件与食品许可的新变化

（1）食品生产的必要条件

根据《食品安全法》，食品生产必须具备三方面的条件：

①生产企业必须取得食品生产许可证，取得工商营业执照方可组织生产；从事食品添加剂和食品相关产品生产的企业，必须取得工业生产许可证。

②生产企业必须按食品安全国家标准组织生产。

③必须按《食品安全法》提出的对生产场所和现场条件的要求、生产设备和设施的要求、设备布局的要求、工艺流程的要求、人员条件的要求、规章制度的要求组织生产。

（2）食品许可的新变化

《食品安全法》关于食品许可的新变化如下：

①卫生部门不再发放卫生许可证。

②食品许可在生产、流通、餐饮三个环节，分别发放三种许可证：食品生产加工环节，发放食品生产许可证；食品流通环节，发放食品流通许可证；餐饮服务环节，发放餐饮服务许可证。

③食品许可审批的次序发生变化：各类食品许可发证在前，而后再办理工商登记。设立食品生产企业，还应当预先核准企业名称，依照《食品安全法》的规定取得食品生产许可后，再办理工商登记。

④在生产加工环节，从事食品生产加工，必须取得食品生产许可证；从事食品添加剂和食品相关产品生产，必须取得工业产品生产许可证。

2. 食品企业的基本制度

《食品安全法》要求食品企业应建立下列基本制度：

（1）建立健全食品安全管理制度

《食品安全法》要求食品企业加强对职工食品安全知识的培训，配备专职或者兼职食品安全管理人员，做好对所生产经营食品的检验工作，依法从事食品生产经营活动。

（2）建立并执行从业人员健康管理制度

《食品安全法》规定，患有痢疾、伤寒、病毒性肝炎等消化道传染病的人员，以及患有活动性肺结核、化脓性或者渗出性皮肤病等有碍食品安全的疾病的人员，不得从事接触直接入口食品的工作。食品生产经营人员每年应当进行健康检查，取得健康证明后方可参加工作。

（3）建立进货查验记录制度

《食品安全法》要求食品生产者采购食品原料、食品添加剂、食品相关产品，应当查验供货者的许可证和产品合格证明文件；对无法提供合格证明文件的食品原料，应当依照食品安全标准进行检验；不得采购或者使用不符合食品安全标准的食品原料、食品添加剂、食品相关产品。食品生产企业应当建立食品原料、食品添加剂、食品相关产品进货查验记录制度，如实记录食品原料、食品添加剂、食品相关产品的名称、规格、数量、供货者名称及联系方式、进货日期等内容。食品原料、食品添加剂、食品相关产品进货查验记录应当真实，保存期限不得少于2年。

（4）建立食品出厂检验记录制度

《食品安全法》要求查验出厂食品的检验合格证和安全状况，并如实记录食品的名称、规格、数量、生产日期、生产批号、检验合格证号、购货者名称及联系方式、销售日期等内容。食品出厂检验记录应当真实，保存期限不得少于2年。食品、食品添加剂和食品相关产品的生产者，应当依照食品安全标准对所生产的食品、食品添加剂和食品相关产品进行检验，检验合格后方可出厂或者销售。

（5）建立食品召回制度

《食品安全法》规定，食品生产者发现其生产的食品不符合食品安全标准，应当立即停止生产，召回已经上市销售的食品，通知相关生产经营者和消费者，并记录召回和通知情况。食品生产者应当对召回的食品采取补救、无害化处理、销毁等措施，并将食品召回和处理情况向县级以上质监部门报告。

（6）建立食品安全事故处置方案

《食品安全法》规定，食品生产企业应当制订食品安全事故处置方案，定期检查本企业各项食品安全防范措施的落实情况，及时消除食品安全事故隐患。

（三）食品安全事故处置

1. 对食品安全事故的处置

（1）发生食品安全事故的企业

①制定预案。发生食品安全事故的单位平时要制定食品安全事故处置预案。

②先行处置。发生事故后应当立即予以处置，对导致或者可能导致食品安全事故的食品及原料、工具、设备等，应当立即采取封存等控制措施，防止事故扩大。

③事故报告。发生食品安全事故的单位自事故发生之时起2小时内向所在地县级人民政府卫生行政管理部门报告，同时要立即向事故发生地县级卫生行政部门报告。

（2）相关监管部门

①通报。农业行政、质量监督、工商行政管理、食品药品监督管理部门在日常监督管理中发现食品安全事故，或者接到有关食品安全事故的举报，应当立即向卫生行政部门通报。

②处置。在卫生部门的组织协调下，立即采取以下措施：救治受害人员，开展应急救援工作，对因食品安全事故导致人身伤害的人员，卫生行政部门应当立即组织救治；采取封存措施，封存可能导致食品安全事故的食品及其原料，并立即进行检验；封存被污染的食品用工具及用具，并责令进行清洗消毒；召回并销毁问题食品，对确认属于被污染的食品及其原料，责令食品生产经营者依法予以召回、停止经营并销毁；做好信息发布工作，依法对食品安全事故及其处理情况进行发布，并对可能产生的危害加以解释、说明。

③调查。发生重大食品安全事故，设区的市级以上人民政府卫生行政部门应当立即会同有关部门进行事故责任调查，督促有关部门履行职责，向本级人民政府提出事故责任调查处理报告。发生食品安全事故，县级以上疾病预防控制机构应当协助卫生行政部门和有关部门对事故现场进行卫生处理，并对与食品安全事故有关的因素开展流行病学调查。事故责任调查主要是调查事故原因，调查事故的责任单位和责任人。

④处理。调查食品安全事故，除了查明事故单位的责任，还应当查明负有监督管理和

认证职责的监督管理部门、认证机构的工作人员失职、渎职情况。对事故单位及责任人进行处理。

（3）政府

①上报。接到县级卫生行政部门关于发生重大食品安全事故的报告的县级人民政府应当按照规定上报。

②处置。县级以上人民政府应当立即成立食品安全事故处置指挥机构，启动应急预案，依照规定进行处置。

2. 县级以上质监部门在监督管理中采取的措施

（1）现场检查，即进入生产经营场所实施现场检查。

（2）抽样检验，即对生产经营的食品进行抽样检验。

（3）查阅、复制有关资料，即查阅、复制有关合同、票据、账簿以及其他有关资料。

（4）查封、扣押有关物品，即查封、扣押有证据证明不符合食品安全标准的食品，违法使用的食品原料、食品添加剂、食品相关产品，以及用于违法生产经营或者被污染的工具、设备。

（5）查封有关场所，即查封违法从事食品生产经营活动的场所。

此外，根据《食品安全法》的规定，国家鼓励社会团体、基层群众性自治组织开展食品安全法律法规以及食品安全标准和知识的普及工作，倡导健康的饮食方式，增强消费者食品安全意识和自我保护能力。新闻媒体应当开展食品安全法律法规以及食品安全标准和知识的公益宣传，并对违反本法的行为进行舆论监督。

国家鼓励和支持开展与食品安全有关的基础研究和应用研究，鼓励和支持食品生产经营者为提高食品安全水平采用先进技术和先进管理规范。任何组织或者个人有权举报食品生产经营中违反本法的行为，有权向有关部门了解食品安全信息，对食品安全监督管理工作提出意见和建议。

案例 5-2　　游客食物中毒责任主体的确定

某旅行社组织了 16 名游客赴青岛、大连游。游程第二天用过晚餐后，有 2 名游客出现呕吐并伴有腹泻。导游及时送游客入院治疗，随后另有 12 名游客均出现不同程度的腹泻现象，经医院检查确认为急性肠炎。卫生防疫部门对旅游团就餐的餐厅进行了检验，将造成旅游者集体呕吐和腹泻的原因确定为：餐厅提供的食物，不符合卫生标准，细菌严重超标。为此，旅游团的行程被迫延迟。事后，餐厅负责人承认旅游者集体呕吐和腹泻是由于其工作失误所致，同意并保证承担由此产生的旅游损失费用和治疗费用。但是旅游者回来之后很长时间，餐厅一直没有兑现赔偿承诺。旅游者认为，餐厅是旅行社安排的，所以旅行社应当赔偿由于就餐食物不洁造成的损失。旅行社认为，造成旅游者集体食物中毒的事故是餐厅工作失误所致，旅行社也是受害者，不应对旅游者进行赔付。双方不能达成一致意见，于是旅游者向旅游质量监督管理部门投诉。经调查确认，造成旅游者集体急性肠炎的原因是餐厅购进变质肉食所致。

点评：我国《消费者权益保护法》规定：消费者在购买、使用商品和接受服务时享有人身、财产安全不受损害的权利。该法还规定，经营者应当保证其提供的商品或服务符合保障人身、财产安全的要求。消费者在接受服务时，其合法权益受到损害的，可以向服务者要求赔偿。在本案例中，旅游者与旅行社签订的旅游合同合法有效，合同明确规定了旅游团队的用餐标准和用餐质量要求，双方应严格遵守合同约定。因是旅行社所安排的餐厅的饭菜导致旅游者急性肠炎，进而影响了旅游行程，故旅行社应当承担直接责任，先行向旅游者进行赔付，再向餐厅追偿。餐厅作为旅游团队的接待单位，不注重饭菜质量是造成此次事故的主要原因，应当承担主要责任。

资料来源　吴贵明，王瑜．旅游景区安全案例分析［M］．上海：上海财经大学出版社，2008.

第三节　旅游饭店法律责任

一、旅游饭店的权利和义务

旅游饭店的权利和义务，体现在它与旅游者或旅行社之间的旅游合同关系中。在法律上，我们把旅游者或旅行社向旅游饭店提出订房的要求叫要约；旅游饭店答应旅游者或旅行社订房的要求叫承诺。订房的要约和承诺达成了协议，旅游饭店与旅游者或旅行社之间的旅游合同关系即告成立。为此，在旅游饭店与旅游者或旅行社之间即产生了法律上的权利义务关系。

（一）旅游饭店与旅游者之间权利义务关系的时空范围

1. 旅游饭店与旅游者之间权利义务关系的时间范围

旅游饭店与旅游者之间权利义务关系的产生，可分为以下两种情况：一种情况是旅游者直接到旅游饭店投宿。在这种情况下，当旅游饭店接受了旅游者的要求，履行了登记手续，将客房钥匙交给旅游者时起，双方的权利义务关系随之产生。另一种情况是旅游者向旅游饭店预订房间。在这种情况下，旅游者既可以采取口头的形式，也可以采取电报、电传等书面形式向旅游饭店预订房间，经过旅游饭店明示或默示的同意，二者之间的权利义务关系也随之产生。旅游饭店与旅游者之间权利义务关系产生或确立之后，二者之间的协议对双方当事人均有法律上的约束力，任何一方或双方不按协议的规定履行自己的义务，都应承担相应的旅游法律责任。

旅游饭店与旅游者之间的权利义务关系是随着二者之间协议的履行、解除和终止而消灭。在一般情况下，当旅游者准备离开饭店时，旅游饭店提出账单，旅游者付清房费之后，双方的权利义务关系也随之消灭。但是，在旅游者结账之后到离开旅游饭店之前还有一段时间，可以把它看做双方权利义务关系的延伸。在这段时间内，如果由于旅游饭店的过错造成旅游者损失的，旅游饭店应承担相应的责任。

2. 旅游饭店与旅游者之间权利义务关系的空间范围

随着旅游饭店业的不断发展，饭店和旅游者之间的权利义务关系的空间范围已不限于客房和餐厅。现代饭店有许多附属设施，如停车场、游泳池以及娱乐场所等。这样，饭店的责任范围也就扩大到一切由它实际控制的地方。

（二）旅游饭店与旅游者之间权利义务关系的内容

1. 旅游饭店的权利义务

（1）旅游饭店的义务

第一，不加歧视地接受旅游者。旅游饭店从它产生时起，不加歧视地接受旅游者已成为其基本义务之一。只要旅游饭店有接待条件，不论是本国人还是外国人，不论其是何种族，有何宗教信仰等，旅游饭店都有义务接待。《旅游法》规定，住宿经营者应当按照旅游服务合同的约定为团队旅游者提供住宿服务。住宿经营者未能按照旅游服务合同提供服务的，应当为旅游者提供不低于原定标准的住宿服务，因此增加的费用由住宿经营者承担；但由于不可抗力、政府因公共利益需要采取措施造成不能提供服务的，住宿经营者应当协助安排旅游者住宿。可见，在旅游饭店与旅游者的协议确立之后，旅游饭店有义务按照协议的约定，在期限内为旅游者提供相应标准的客房和服务。

第二，旅游饭店有义务采取措施保证旅游者的人身安全。旅游饭店属于特种服务行业，因此，保证旅游者的人身安全成为旅游饭店的一项法定义务。在我国，旅游饭店必须为旅游者提供符合《产品质量法》和《食品安全法》标准的产品及食品，即旅游饭店一方面为旅游者提供安全的住宿设施，另一方面为旅游者提供符合卫生标准的饮食。同时，旅游饭店还要保护旅游者免受不法行为的侵害。

第三，旅游饭店有义务保证旅游者行李物品的安全。在我国，按照有关法律规定，旅游饭店应当对旅游者行李物品的安全负责。对于旅游者不能带入客房的贵重行李物品，旅游饭店应负责认真保管，并详细登记造册。

（2）旅游饭店的权利

第一，按照协议的约定，旅游饭店有权收取旅游者交付的住宿费和各种合理的费用。其他各种合理的费用主要包括客房饮料费、电报电话费、膳食费、洗衣费等。如果旅游者无力或拒绝支付这些费用，按照我国《民法通则》的有关规定，旅游饭店有权留置由其控制的旅游者的行李物品，并可以折价或变卖该行李物品，从中得到优先受偿。

第二，旅游饭店在有合法理由的情况下，有权拒绝接受旅客。如客房已满、旅客患有传染病或精神病等，在这种情况下，为了对其他旅客的人身、财产安全负责，旅游饭店有拒绝接受的权利。同时，对于以旅游饭店为掩护，进行违法犯罪活动的人，旅游饭店有将其驱赶出饭店的权利。

第三，旅游饭店有权要求旅游者爱护饭店内的一切设施和财物。同时，对于旅游者或旅行社无正当理由取消订房而造成旅游饭店经济损失的，旅游饭店有权要求其进行赔偿。

2. 旅游者的权利义务

（1）旅游者的义务

第一，按照协议的约定，向旅游饭店支付食宿费及其他各种合理费用。

第二，遵守我国的有关法律法规和旅游政策的规定。不得在旅游饭店进行斗殴、赌博、吸毒、卖淫、奸宿，传播和放映反动、淫秽、迷信的书刊、录音、录像及其他违法犯罪活动；不得非法将枪支、弹药、炸药、剧毒品、放射性物品等危险品带进旅游饭店；不得发出巨大声响、喧哗吵闹，扰乱公共秩序，影响其他旅游者休息；不得私自留客住宿，转租、转让房间、铺位；不得未经饭店同意自行倒换房间等。

第三，旅游者无正当理由不得取消订房、提前退房等；否则，由此造成旅游饭店经济损失的，旅游者应承担赔偿责任。

（2）旅游者的权利

第一，有权要求旅游饭店提供符合协议约定标准的客房和相关服务。

第二，对于由于旅游饭店的过错造成其人身及行李物品的损害，有要求赔偿的权利。

（三）旅游饭店与旅行社之间的权利义务关系

一般来说，旅行社是通过“预订房间”这种形式与旅游饭店签订旅游合同的。旅游饭店为了防止旅行社取消订房或者在合同约定的时间不提供合同约定数量的客人，在经营中采取了“超额订房”这种措施，以减少自己的经济损失。但是，这种“超额订房”必须建立在科学分析的基础之上，一旦旅行社没有取消订房，或者按照合同约定的时间提供了约定数量的客人，旅游饭店就有义务提供相应数量的房间或床位，并为旅游者提供必要的膳食服务。如果由于旅游饭店“超额订房”的原因，使原来预订房间的客人到来后无房可住，而将其“转住”其他饭店时，其费用及其他各方面的支出均应由旅游饭店承担。相反，如果旅行社没有按照合同的约定时间、人数为旅游饭店输送客人，或者无正当理由而取消订房时，旅游饭店有权要求旅行社承担相应的法律责任。

与旅游饭店的权利义务相对应，旅行社的权利就是旅游饭店的义务，旅行社的义务就是旅游饭店的权利。因此，旅行社的权利义务如下：

（1）旅行社有权要求旅游饭店按照旅游合同的约定，提供一定数量的客房、床位和服务，并有义务向旅游饭店支付由此而产生的各种费用。

（2）旅行社有义务按旅游合同约定的时间、人数为旅游饭店输送客人，对旅游饭店的违约行为，旅行社有权要求其承担相应的违约责任。

二、旅游饭店的法律责任

（一）旅游饭店法律责任的产生根据

1. 因合同违约产生的法律责任

如前所述，旅游饭店与旅游者或旅行社之间，实际上是一种旅游合同关系，当旅游饭店不履行或不完全履行合同约定的义务时，无论是对旅行社还是对旅游者违约，旅游饭店都应承担相应的违约责任。

2. 因侵权行为产生的法律责任

因旅游饭店的过错，造成旅游者人身或行李物品损害时，旅游饭店应承担相应的赔偿责任。旅游饭店除了承担一般的侵权行为赔偿责任外，还应承担以下几种特殊侵权行为责任：因旅游饭店工作人员的过错，造成旅游者人身或行李物品损害的，如果旅游饭店工作人员的行为是在完成其工作过程中形成的，应由旅游饭店承担赔偿责任，旅游饭店承担赔偿责任后，在其内部对有过错的工作人员给予相应的行政处罚或经济制裁；如果旅游饭店工作人员的行为与其工作无关，就应由其本人承担赔偿责任。其行为构成犯罪的，由司法机关依法追究刑事责任。因旅游产品质量不合格造成旅游者人身伤亡或行李物品损失的，产品的制造者、销售者依法应当承担赔偿责任。旅游饭店与旅行社之间的旅游合同关系一经成立，对双方当事人都有法律上的约束力。各自依法享有权利，承担义务。

但是，由于旅游者并不直接和旅游产品的生产者、销售者发生法律上的权利义务关系，因此，当旅游者要求旅游饭店进行赔偿时，旅游饭店应先向旅游者进行赔偿，然后再向有责任的第三方进行追偿；因旅游饭店的建筑物、设施设备以及该建筑物上的搁置物、悬挂物发生倒塌、脱落、坠落造成旅游者人身伤亡或行李物品损失的，旅游饭店应当承担赔偿责任，但是能够证明自己没有过错的除外。

（二）旅游饭店法律责任的减轻或免除

（1）因旅游饭店和旅游者双方的过错而给旅游者造成损失时，应根据责任大小来分别承担责任。旅游饭店方不因旅游者一方有责任而减轻或免除自己的责任。

（2）因不可抗力的原因而使旅游饭店违约或造成旅游者人身、行李物品损害时，旅游饭店可不承担法律责任。

（3）由于旅游者本人的过错而造成的损害，旅游饭店可免除责任。

（4）由于物品的自然属性而给旅游者造成人身伤害或因物品的自然消耗，而使旅游者行李物品减少、损坏时，旅游饭店可免除责任。

（5）根据法律法规的规定或者双方当事人的约定，免除责任的其他条件出现时，旅游饭店可不承担法律责任。

案例 5-3　　第三者行为造成人身伤害　饭店应承担赔偿责任

某日晚，北京游客张先生与家人特意飞到青岛，与朋友一起入住青岛某四星级饭店，参加该饭店组织的阿尔卑斯缤纷圣诞综艺晚会。晚 21：15 左右，张先生的 8 岁女儿上台给歌手献花，却哭着跑回来，哭诉歌手用指甲掐伤了手指。张先生立即上台询问，歌手称不是故意。在争论时，饭店保安人员将张先生劝离了晚会现场。之后张先生发现同行朋友的小孩也受到伤害。饭店方领导在张先生的一再要求下始终未到。半小时后，张先生向青岛市旅游投诉中心投诉，同时向 110 报警。警方和旅游投诉中心的工作人员到达时，歌手已离开饭店。饭店派人送小孩到医院检查，检查结果为左手小指内侧有 0.5cm×0.5cm 的伤口。对于这一事件的性质和结果，双方的认识有较大分歧。最终张先生与饭店未达成协议。张先生认为：作为消费者特意从北京飞到青岛，在该饭店订房，和家人、朋友参加圣诞活动，没想到会发生这样的事情，作为一家四星级饭店，处理这一问题的态度更是令人极端失望。张先生就解决此事提出4条要求：一是酒店书面道歉；二是出示晚会演出许可证明；三是对歌手进行精神健康检查；四是赔偿相应经济损失和精神损失。饭店认为：圣诞晚会是委托青岛某文化传播有限公司组织的，歌手在台上演出时，有几个六七岁小孩跑上舞台嬉闹，影响歌手正常演出，歌手在推脱过程中将一小女孩手指划伤。饭店领导为尽快调解此事，向客人表示了歉意，并同意免除客人当晚的住店费用，客人未接受。第二天，饭店约演出单位某文化传播有限公司与客人协商，该演出单位拒绝提供歌手体检证明，甚至否认歌手划伤小孩手指的事实。

点评：最高人民法院《关于审理人身损害赔偿案件适用法律若干问题的解释》规定，从事住宿、餐饮、娱乐等经营活动或者其他社会活动的自然人、法人、其他组织，未尽合理限度范围内的安全保障义务致使他人遭受人身损害，赔偿权利人请求其承担相应赔偿责任的，人民法院应予支持。因第三人侵权损害结果发生，由实施侵权行为的第三人承担赔偿责任。安全保障义务人有过错的，应当在其能够防止或者制止损害的范围内承担相应的补充赔偿责任。安全保障义务人承担责任后，可以向第三人追偿。赔偿权利人起诉安全保障义务人的，应当将第三人作为共同被告，但第三人不能确定的除外。该司法解释还规定，饭店在客人受到第三人伤害时，有及时保留现场、保留证据，及时协助客人解决问题，及时协调和处理这一事件的义务。可见，该司法解释对于在酒店、公园、餐馆等公共场所发生的人身损害赔偿案件，可以让受害人得到公平充分的司法救济。在本案例中，对张先生女儿造成伤害的侵权人是歌手。饭店作为安全保障义务人有无过错则是其该不该承担补充赔偿责任的关键。首先，饭店委托了有资质的演出机构承办晚会，其圣诞晚会的演出符合《营业场所演出管理条例》的有关要求，具有合法性；其次，对于歌手伤人这样一个损害结果的发生，饭店是无法预料和防范的，因此饭店在这一点上没有过错。但是当问题出现时，饭店未及时处理此事，属于不作为的违法行为。同时，饭店在处理此事过程中的疏忽大意或掉以轻心或有意回避矛盾，使本来简单的事情复杂化了，给解决问题带来难度，因此，应承担相应的责任。

资料来源 佚名．旅游案例研判［EB/OL］．（2012-04-27）［2014-01-13］．http://www.docin.com/p-391689986.html.

思考与练习

一、填空题

1. 对可能损害客人人身和财产安全的场所，饭店应当采取________措施。警示牌应当________。

2. 在法律上，我们把旅游者或旅行社向旅游饭店提出订房的要求叫做________；旅游饭店答应旅游者或旅行社订房的要求叫做________。

3.《食品安全法》规定，食品应当________，符合应当有的营养要求，具有相应________等感官性状。

二、选择题（在每小题的四个备选答案中，选出1~4个正确答案，并将正确答案的序号填在题干的括号内）

1. 在复核工作中，凡在1年内接到警告通知书（　　）以上或通报批评（　　）以上的饭店，旅游饭店星级评定机构应降低或取消其星级，并向社会公布。

A. 两次　三次　　B. 五次　两次

C. 三次　一次　　D. 三次　两次

2. 旅游饭店的星级评定工作中，旅游饭店星级评定机构应根据检查员意见对申请星级的饭店进行评审。评审的主要内容有（　　）。

A. 审定申请资格　　B. 核实申请报告

C. 认定本标准的达标情况　　D. 查验违规及事故投诉的处理情况

3. 根据中国旅游饭店业协会制定的《中国旅游饭店行业规范》，饭店可对以下情况的客人不予接待（　　）。

A. 携带危害饭店安全的物品入店者　　B. 影响饭店形象者

C. 无支付能力者　　D. 刚刚退房的客人

三、简答题

1. 在旅游饭店与旅游者的关系中，旅游饭店的权利有哪些？

2. 根据《食品安全法》，在旅游中发生食品中毒事故的处理程序是什么？

四、案例分析题

某年6月，某旅行社组织了一个“北京七日游”的旅游团，在旅游合同中，旅行社向游客承诺，住宿的饭店为三星级饭店。到达北京后，该团入住北京某饭店，该饭店自称是三星级饭店。游客被分为两组，甲组入住该饭店A座，乙组入住该饭店B座。甲组客人对住宿条件没有异议，而乙组客人则十分不满，因其所住的B座设施、条件都很差，甚至没有电梯。因此乙组客人对其所住的饭店是否为三星级饭店提出了异议，并要求赔偿。

试问，该饭店的三星级标准是否有效？乙组客人的要求是否合理？

第六章

旅游交通运输管理法律制度

背景与提要

在我国旅游业食、住、行、游、购、娱六个构成要素中，“行”是指交通，又由于它是发生或存在于旅游活动中的，故又称之为“旅游交通”。旅游交通是旅游业发展的前提条件和旅游活动中必不可少的重要环节，旅游业要实现旅游接待“进得来、散得开、出得去”的任务，必然离不开旅游交通运输。从这种意义上讲，旅游交通是整个国民经济交通运输业的重要组成部分。随着现代旅游业的发展，旅游交通运输在整个交通运输，特别是在客运中占有越来越重要的地位，它是以旅游者为主要运送对象，使旅游者由居住地到达旅游目的地，或者在旅游目的地之间、各个旅游活动场所之间实现的空间移位，在这一层面上，旅游交通运输在整个国民经济交通运输业中又具有特定的运送对象。特别是近年来旅游包机、旅游列车、旅游观光巴士等专营旅游业务的交通运输工具的发展，更加说明了这一特性。可见，现代交通运输业的发展，大大缩短了旅游者与旅游目的地之间的距离，极大地刺激和促进了旅游业的发展，作为承担旅游交通运输任务的企业法人，应当具有一系列的法律责任，因而也就需要有相应的法律法规来调整旅游交通承运人与旅游者以及其他旅游部门之间的各种权利义务关系，以解决在旅游交通运输中可能出现的各类问题和纠纷。

为了维护旅游交通运输的顺利进行，保证旅客及其行李物品运输的安全，我国对于铁路、民航、公路、内河及沿海水上运输都颁布了一系列法律和行政法规，在铁路运输方面，有《铁路法》、《铁路运输安全保护条例》等，特别是1994年8月，经国务院批准，铁道部发布了《铁路旅客运输损害赔偿规定》，2007年6月，为了加强铁路交通事故的应急救援工作，规范铁路交通事故调查处理，减少人员伤亡和财产损失，保障铁路运输安全和畅通，国务院常务会议又通过了《铁路交通事故应急救援和调查处理条例》，该条例自2007年9月1日起施行，上述规定同时废止。在航空运输方面，有《民用航空法》、《旅客、行李国内运输规则》、《旅客、行李国际运输规则》、《国内航空运输旅客身体损害赔偿暂行规定》、《中国民航安全管理条例》等，2006年1月，经国务院批准，中国民用航空总局对上述暂行规定进行修改后，发布实施了《国内航空运输承运人赔偿责任限额规定》。在公路运输方面，有《公路法》、《城市出租汽车管理暂行办法》等。在水路运输方面，有《内河交通安全管理条例》、《水路运输管理条例》、《海上交通安全管理法》等。国家旅游局也颁布了《旅游汽车、游船管理办法》等部门规章和其他规范性文件。这些法律法规规定了旅游交通运输企业的法律地位及其与旅客之间的相互权利义务关系以及这些旅游交通运输企业应承担的法律责任等问题。

本章以我国《民法通则》和《合同法》理论为基础，在介绍我国旅游交通运输法律法规一般理论的同时，重点阐述《民用航空法》和《铁路法》中与旅游者密切相关的内容。其目的是要求学生了解旅游交通运输法规的概念、旅游交通运输法规的基本原则，理解旅游交通运输合同的相关知识，掌握航空运输、铁路运输承运人和旅游者之间的权利义务关系。

第一节 旅游交通运输法律制度概述

一、旅游交通运输法律的概念和特征

（一）旅游交通运输的特征

旅游交通运输是指旅游业经营者为旅游者在旅行游览过程中提供各类交通运输服务而产生的一系列社会经济活动和现象的总和。它是承运人使用一定的交通运输工具（火车、汽车、船舶、飞机等），通过一定的交通路线（铁路、公路、航道、航线等）和站、港、场等设施来实现旅游者由居住地到目的地的往返以及在各地区旅游往返所提供空间位置转移的生产服务活动。旅游交通运输虽然不是一个完全独立的行业，但却是整个国民经济交通运输业的一个重要组成部分，在整个国民经济交通运输业中，旅游交通运输又有其特殊性，从而具有相对的独立性，其特征如下：

1. 游览性

旅游交通的一个突出特性在于它的游览性。如长江三峡的旅游船，较之一般长江客轮，经停的游览点多，而且有较长的游览时间。而一般长江客轮则是以准点将旅客从始发港送到目的港为特征，沿途景点停留数量少且时间短，经常是夜过三峡。旅游船则保证旅游者在白天过三峡，以实现旅游者“三峡之游”的目的。此外，旅游交通运输在线路安排上十分注意将各旅游景区、景点连接起来，以便旅游者在旅行过程中游览多个景点、领略沿途风景。

2. 舒适性

旅游交通运输的舒适性也是较之一般交通运输的一个特性。如旅游列车在车厢设施、服务质量、服务项目、乘客座椅等方面，特别注重其舒适性；旅游汽车、旅游船内的设备设施一般也都优于一般交通客车、交通客轮。当然，有些旅游者，从经济角度出发，也有选择一般交通客车、客轮作为其旅游交通工具的。作为旅游交通运输的舒适性，突出体现在一些国际旅游专列和巨型远洋游船上。在这些旅游交通运输工具上，不仅拥有星级客房、风味餐厅，而且还有各类娱乐、健身设施。

3. 季节性

一般来说，随着自然季节的变化，旅游交通运输也有旺季、淡季之分。旅游旺季、节假日期间，旅游交通客运量急剧增加，求大于供；而在旅游淡季，则交通运送量明显下降，供大于求。所以，旅游交通运输为适应这种季节性，也往往在旅游旺季集中运送旅游者，而在旅游淡季则以运送一般旅客为主，不断地根据季节作相应的调整。

（二）旅游交通运输法律的含义

旅游交通运输法律是指调整旅游交通运输中发生的各种社会关系的法律法规和规章的总称。旅游交通运输法律关系主要有：国家交通管理部门与国家旅游管理部门之间的交通法律关系；旅游交通经营企业与旅游者之间的法律关系以及旅游交通经营企业之间的法律关系等等。可见，旅游交通运输法律的概念包括以下几方面的含义：

（1）旅游交通运输法律是由一系列的法律规范构成的整体，而不是指某一部法律。构成旅游交通运输法律体系的有航空、铁路、公路、海上、内河等运输方面的规范以及城市交通、旅游景区内交通运输，如景区、景点内的汽车、游船、缆车、人力交通工具、索道等特殊交通工具的运输规范。

（2）由于旅游交通运输的涉外性以及国际旅游联合交通运输的广泛存在，旅游交通法律体系中既包括国内旅游交通法规，又包括国际旅游交通规范。

（3）旅游交通运输中的法律关系主要分为两大类：一是旅游交通运输管理关系；二是旅游交通运输合同关系。这两类法律关系分属于纵向和横向法律关系，性质不同。

二、旅游交通运输法律制度的主要内容和基本原则

（一）旅游交通运输法律制度的主要内容

旅游交通运输法律通过明确旅游交通法律关系各主体之间的权利义务，维护和促进旅游交通秩序，从而促进旅游业和交通运输业的繁荣和发展。其内容如下：

（1）有关旅游交通运输部门的机构设置、权限划分的规定。如规定了铁路、民航等专门从事交通运输的业务部门，要设有分管旅游交通运输的业务部门，要设有分管旅游交通运输的临时或长期的业务单位等。

（2）有关调整旅游交通运输部门与有关业务部门之间因各自的业务活动而发生的旅游交通工具、交通设施利用和保护时引起的相互经济关系的规定。如规定了调整旅行社向民航部门因零散购票或预约包机而引起的经济关系；规定了调整旅游车船队与石油部门、电力部门业务往来而引起的经济关系等。

（3）有关调整旅游交通运输部门因运送旅游者及行李物品而引起的经济关系的规定。如规定了旅游者购买民航机票旅游的订座、购票、退票、客票变更、团体客票、遗失客票、客票检查、安全检查、载运限制、误机、漏乘、错乘、旅客遗失物品处理等一系列法律关系等等。

（4）有关调整交通运输部门相互之间因运输旅客或货物而实行专业化协作所引起的经济关系。例如，规定了铁路、公路、水路运输中的联运管理；规定了航空运输中不同地区航空企业运输的航运管理等等。

（5）有关旅游交通运输部门及其所属企业的内部管理工作的规定。如规定了调整交通运输企业内部客运、货运、仓储、维修等各种企业之间的关系等等。

（二）旅游交通运输法律制度的基本原则

1. 计划运输原则

交通运输法规规定，计划运输是交通运输的一项重要原则。旅游者外出旅游在时间行

程上有一定的计划，旅游企业接待旅游者在何时起程、何时到达、何时返程也有一定的计划。按计划进行的旅客行李物品运输，事先应由托运人和承运人签订运输合同，以便按时、按量地组织合理运输。这些旅行游览计划的实施，在很大程度上要以可靠的交通运输计划作为重要的保证条件。旅游交通运输计划，包括客运计划和货运计划，主要指国内外旅游者的运输计划以及其行李物品的运输计划。经过批准的旅游交通运输计划或者依法签订的旅游交通运输合同，是旅游交通运输企业同旅游业其他企事业单位计划运输的法律文件。交通运输法规要求编制和实施旅游交通运输计划要从全局出发，综合平衡，保证重点，全面安排。旅游交通运输计划确定以后，要按照先重点，后一般，先计划内，后计划外的次序，有组织地安排旅游者及其行李物品的运输。

加强铁路、民航、公路、水运等旅游运输企业同其他旅游企事业单位的协作，是交通运输法的内容之一，也是实现交通运输计划的重要内容。由于会受到气候变化、季节变化、市场供求关系变化等因素的影响，旅游计划往往呈现出变动性较大的倾向。一旦旅游计划变动，要求交通运输企业增加运力或减少运力的幅度也大，这样势必造成运力安排上的困难。因此，交通运输企业只有与其他旅游企事业单位紧密配合和通力协作，在制订运输计划、执行计划以及在计划变动后的处理方面，采取一致的步骤和妥善的措施，才能保证旅游运输计划的可行性和效益性。

2. 合理运输原则

合理运输，主要是指根据旅游者（团）的需要，按旅行游览的合理流向，选择最佳的运输工具和运输路线进行运输，以达到良好的运输效果。从宏观效果看，可以节省旅游运输能力，经济地使用运输工具，提高运输效力，节约运输费用，加速旅游交通周转，促进旅游事业发展；从微观效益看，合理运输可能使旅游者（团）节省运输费用和时间，合理地组织旅游交通运输，是旅游企事业单位和交通运输部门的共同任务。在实现合理运输的管理工作中，应着重注意以下几个方面的工作：

（1）要在充分调查研究的基础上制定科学的旅游路线，在旅游路线安排上，防止形成旅游者的重复运输、迂回运输等不合理运输。

（2）制定各种运输工具的协作方式和分工方法，充分发挥各种运输工具的潜力。

（3）采用先进的科学技术手段，改善旅游交通运输管理。

3. 安全运输原则

安全运输，是我国旅游交通运输的重要原则。旅游交通运输的目的是使旅游者实现从居住地到旅游地的空间位置转移。安全是旅游者对旅游交通运输的基本要求，如果这种位置转移失去了安全，那就失去了交通运输的意义，达不到旅行游览的目的，反而会给旅游者和旅游业造成一定损失和危害。所以，保障安全运输是旅游交通运输管理极为重要的法律原则。

为了贯彻安全运输的原则，世界各国都颁布了一系列有关民航、铁路、公路、水路安全运输的法律法规、制度和办法等，建立了有关的管理机构，十分重视对交通运输的检查和监督工作。在我国各种运输方式的客、货运输规则中，都规定了安全运输的原则，并对运输责任、运输事故和运输赔偿等问题作了具体规定，国家有关部门还专门制定了许多有关安全运输的单行法规，使安全运输有章可循、有法可依，确保旅游交通运输安全。

三、旅游交通运输合同

（一）旅游交通运输合同的概念

旅游交通运输合同是运输合同的一种，它是指承运人按照约定的运输方式，在运达期限内将旅客或者货物送达约定地点并由旅客、托运人或者收货人支付票款或者运输费用的合同。可见，旅游交通运输合同的概念包含了以下内容：

（1）旅游交通运输合同的主体是承运人和旅客、托运人。旅游交通运输合同主体是指合同权利义务的承担者，即合同的当事人。依据《合同法》的规定，当事人一方是享受收取运费或者票款权利，承担运送义务的承运人；另一方是享受运送权利并支付运费的旅客和托运人。在运输合同中，承运人作为一方当事人，可以是一人也可以为数人，如在相继运输中承运人可分为缔约承运人和实际承运人，在多式联运合同中有多式联运经营人和各区段承运人。承运人多为法人或者组织，但也可以是个人。托运人是指与承运人订立货物运输合同的一方当事人。

（2）旅游交通运输合同中的托运人有时就是收货人，但是在多数情况下，另有收货人，此时，收货人不是运输合同的一方当事人。货物送达目的地后，承运人有通知收货人的义务，经收货人请求交付后，取得托运人因运输合同所产生的权利。在有收货人的情况下，托运人与承运人订立运输合同是为了收货人的利益，承运人应当依照运输合同向收货人交付，但收货人的权利产生于请求交付之时，而非运输合同订立时，收货人是运输合同的第三人，也是运输合同中重要的关系人。

（3）旅游交通运输合同是承运人将旅客或者货物运输到约定地点的合同。由此可见，运输合同的客体是承运人运送行为，不是货物和旅客。在运输合同中，承运人的义务是将旅客或者货物运输到约定地点，权利是收取票款或者运费；而旅客、托运人的权利和义务与其对应，权利是要求承运人将其运输到约定地点，义务是向承运人支付票款或者运费。这里的票款是指在旅客运输合同中，旅客向承运人支付的报酬；这里的运费是指在货物运输合同中，托运人向承运人支付的报酬。

（二）旅游交通运输合同的种类

依据《合同法》的有关规定，旅游交通运输合同主要分为旅客运输合同、货物运输合同和多式联运合同，在此主要介绍旅客运输合同。

1. 旅客运输合同

旅客运输合同是指承运人将旅客从出发地运至目的地，旅客支付票款的合同。客票是旅客运输合同的证明，旅客凭客票就可以要求承运人履行运输义务。《合同法》规定，客运合同自承运人向旅客交付客票时成立，但当事人另有约定或者另有交易习惯的除外。这是对旅客运输合同的成立时间所作的规定。旅客运输合同作为民事合同的一种，其订立和成立与其他民事合同的订立和成立有相同的地方，但是在旅客运输合同的订立和成立时间上也有其特殊的地方。这主要体现在以下几个方面：

从合同行为主体方面来看，在旅客运输合同中，运输部门一般具有独占的地位，制作并发布标准合同，其相对人是社会中不特定的大众，任何人都可以按这些企业发布的标准合同确立合同关系。但是旅客运输领域中还有一个特殊情况存在，即旅客运输供求关系所造成的运力与运量的矛盾总是存在的。在运力大于运量的情况下，承运人不应拒绝也不会拒绝旅客；如果在运力小于运量的情况下，承运人就可能满足不了所有旅客的要求。在实践中，如铁路客运中，往往在售票窗口告示某车次的可售票的数量；班轮客运中，承运人在营业地或者报纸上公告航次和舱位数量，承运人在此运量的范围内才受拘束。

从运输合同的内容来看，承运人所制作公布的客票、价目表和班次时刻表等间接或者直接地构成合同内容，但是否构成合同的内容，是以合同是否成立为界限的，在旅客购票以前，即合同成立以前，这些内容的性质仅在于说明承运人的运输能力、运输安排、价格等实际情况。对承运人法定资格、经营范围、经营行为能力的公示，还不构成具体运输合同的内容，只有在旅客向承运人交付票款，取得客票后，合同才成立，上述内容也才成为运输合同的内容。

旅客运输合同一般在旅客取得客票时成立。在旅客运输合同中，一般合同一成立，旅客就已履行了其主要的义务，即支付票款的义务。旅客运输合同的成立时间和地点，涉及合同当事人受合同约束的开始时间和案件管辖问题，而国际旅客运输合同的成立往往还涉及法律适用问题。在通常情况下，客票就是旅客运输合同成立的凭据，也就是说承运人向旅客签发的客票证明了承运人和旅客之间订立了合同。所以，旅客运输合同的成立时间一般是旅客客票的取得时间，但是在运输合同的当事人另有约定的情况下，旅客运输合同的成立时间可以不在客票的交付时成立。例如，在航空运输中，旅客与承运人约定航空运输合同从旅客登上飞机时成立，则该航空运输合同的成立时间即为旅客登上飞机那一刻。在另有交易习惯的情况下，旅客运输合同的成立时间也可以不在交付客票时成立，比如在出租车运输中，客票的交付时间一般在运输行为完成后，按出租车运输的交易习惯，该运输合同在旅客登上出租车时就成立。

2. 货物运输合同

货物运输合同是指承运人按照托运人的要求将货物从起运地运到目的地，托运人或者收货人支付运费的合同。

3. 多式联运合同

多式联运合同是指以至少两种不同的运输方式，由多式联运经营人将货物安全送达目的地，托运人或收货人支付运费的合同。

（三）旅游运输合同的法律特征

旅游运输合同又称旅游运送合同，其主要有以下几个法律特征：

1. 旅游运输合同是双务、有偿合同

承运人有义务将旅客或货物按合同约定运达目的地，托运人（有时也有收货人）或旅客有义务按合同规定支付运费及其他费用。因此，一般而言，旅游运输合同是双务、有偿合同。当然，个别时候承运人可能免费运输货物或旅客，这时候就是单务、无偿合同，但这只是个别情况。

2. 旅游运输合同是诺成合同

从有关法律法规的规定来看，货物运输合同一般为诺成合同，但也有实践合同。另外，从实务上说，若认定运送合同为实践合同，则承运人在同意托运而未实际接受货物前，合同并不成立。即使其后对托运人交付的货物不予接受和托运，也不承担违约责任。这样，在现代化的大生产条件下，则对托运人的利益保护十分不利，会严重影响托运人和收货人的生产经营活动。同样，若托运人不交付货物，即使承运人已为托运做了准备（如已安排车辆），也不能追究托运人的违约责任，则会影响承运人的营业。

3. 旅游运输合同一般为标准合同

旅游运输合同的承运人一般是从事客货运输业务的人，运输合同的内容一般是由承运人事先根据有关法规和政策或者市场行情事先制定好的，当事人双方的权利、义务更多的是由承运人来决定的，客票、货运单、提单都是统一印制的，运费一般也是统一规定的。因此，旅游运输合同一般是标准合同。

4. 旅游运输合同以运送旅客或货物为直接目的、以运送行为为标的

旅游运输合同既不是承揽合同，因为承运人提供的是运送服务本身而不是某项劳动成果；同时运输合同也不是一般的雇佣或委托合同，因为承运人是以自己的名义和责任独立地完成旅客或货物的运送。

案例 6-1　　旅客运输合同是承运人承担责任的依据

某年 8 月 21 日，王磊等 49 名旅客购买了某航空公司某航班机票，在本次飞行中航班延误近 24 小时。其中当日下午 4 时 40 分至晚上 9 时左右期间，飞机不能起飞是天气原因和合理航班调配时间，被告具有法定的免责事由，但此后当影响飞行的天气因素消除后，该航班一再延误约 20 小时，并对旅客旅途中的知情权、选择权等基本权利处于漠视状态。旅行结束，49 名旅客起诉至法院，要求航空公司承担赔偿责任。

点评：旅客购买机票后，与航空公司之间即建立起航空旅客运输合同关系，合同合法有效，原、被告均应按照合同约定和法律法规的规定履行合同义务。在航班发生延误的情况下，旅客依法享有知情权、选择权、索赔权。被告作为承运人应当及时、准确地把延误的事由和原因以及正常起飞时间告诉旅客；根据旅客要求改乘其他班次或退票；对旅客因航班延误造成的损失予以赔偿。不论何种原因造成航班延误，均不免除法律规定的航空公司应尽义务。本案例中，某航空公司在航班延误期间负有告知义务和补救义务，这种义务属于航空旅客运输合同的附随义务，对旅客旅途中的知情权、选择权等基本权利处于漠视状态，具有明显的管理不善的过错，其行为已构成违约，航空公司应承担相应的违约责任。

资料来源　程秋萍，等．航班延误无人理睬，49 名乘客状告南航二审获胜［N］．江淮晨报，2005-07-14.

第二节 民用航空运输管理

一、民用航空运输管理的基本规范

（一）民用航空运输的概念与经营准则

1. 民用航空运输的概念

民用航空运输，分为国内航空运输和国际航空运输。我国《民用航空法》规定，国内航空运输是指根据当事人订立的航空运输合同，运输的出发地点、约定的经停地点和目的地点均在中华人民共和国境内的运输。国际航空运输则是指根据当事人订立的航空运输合同，无论运输有无间断或者有无转运，运输出发地点、目的地点或者约定的经停地点至少有一个不在中华人民共和国境内的运输。

2. 民用航空运输的经营准则

《民用航空法》规定，公共航空运输企业应当以保证飞行安全和航班正常，提供良好服务为准则，采取有效措施，提高运输服务质量。公共航空运输企业应当教育和要求本企业职工严格履行职责，以文明礼貌、热情周到的服务态度，认真做好旅客和货物运输的各项服务工作。旅客运输航班延误的，应当在机场内及时通告有关情况。

《民用航空法》的上述规定旨在促进公共航空运输企业改善经营管理，在保证飞行安全和正常飞行的基础上，进一步提高运输服务质量。对于旅游业来说，航空运输具有很强的窗口性。每天都有很多中外旅客乘坐我国航空公司的飞机，飞往各国或各地。公共航空运输企业的服务质量，直接体现着中国在国际上的形象和声誉，必须上升到法律的高度来要求服务质量。从法律上讲，旅客与公共航空公司都是平等的合同主体。航空公司将客票售出，便意味着与旅客签订了航空运输合同。公共航空运输企业在运输服务中必须恪尽职守、文明礼貌、热情周到，把旅客及其行李及时、安全、完好地运送到目的地，才算是适当地履行了航空运输合同。因为旅客是为了得到更好的服务，才付出比其他运输方式更高的费用来选择航空运输的。

旅客航空运输航班延误的，法律规定公共航空企业应当在机场内及时通告有关情况。因为航空旅客运输合同签订后，公共航空运输企业就应当按照公布的班期时刻运送旅客，如果因故无法按照客票中规定的航班运送旅客，应当及时在机场向航空运输合同的另一方旅客公布有关情况。上述法律规定中的“有关情况”，主要包括航班延误的原因（依法不能公布的原因除外）、航班延误的时间、对旅客的住宿安排等。这不仅是法律规定的义务，也是对民航优质服务工作方针的要求。

（二）有关禁运的规定

《民用航空法》规定，公共航空运输企业不得运输法律、行政法规规定的禁运物品。禁止旅客随身携带法律、行政法规规定的禁运物品乘坐民用航空器。禁止旅客随身携带危险品乘坐民用航空器。除因执行公务并按照国家规定经过批准外，禁止旅客携带枪支、管制刀具乘坐民用航空器。禁止违反国务院民用航空主管部门的规定，将危险品作为行李托运。

上述规定是为了与其他法律法规相衔接，以使公共航空运输企业的运输行为符合安全要求和公共利益。国家在很多法律法规中规定了禁运物品，以及运输物品应承担的法律责任。如《中华人民共和国刑法》规定："制造、贩卖、运输鸦片、海洛因、吗啡或者其他毒品的，处五年以下有期徒刑或者拘役，可以并处罚金。"除毒品外，黄色淫秽音像制品或图片、伪钞等也被我国法律法规列为禁运品。因此，公共航空运输企业必须严格遵照法律法规的有关规定，不得运输禁运物品。不仅如此，作为旅客，法律也规定禁止携带禁运物品乘坐航空器，因为这些禁运物品大都是危害人民群众身体健康、社会公共秩序、社会经济秩序、社会道德水平的。所以，公共航空运输企业有义务配合公安机关等有关部门，对私带禁运物品乘坐民用航空器的行为进行打击，认真检查旅客的人身及随身物品。发现携带禁运物品的旅客，不允许其乘坐民用航空器，并按照国家有关规定，将其连同禁运物品一并移交公安机关或其他有关部门处理。作为旅游业的导游人员，也有自身不携带禁运物品的义务，还应该协助、配合公共航空运输企业和公安机关禁止旅游者随身携带禁运物品乘坐民用航空器。

《民用航空法》还规定禁止旅客携带危险品乘坐民用航空器。所谓危险品，是指对运输安全构成威胁的易燃、易爆、剧毒、易腐蚀、易污染和放射性物品，这是出于对航空安全的考虑。由航空器的特点所决定，航空运输对安全措施的要求最高。做好航空运输的安全保障工作，仅靠机组人员是不够的，必须要有广大旅客的支持和配合。因此，禁止旅客携带危险品乘坐航空器，不仅是对航空安全的保障，同时也是对广大旅客生命财产安全的保障。

《民用航空法》还禁止旅客携带枪支、管制刀具乘坐民用航空器，但因执行公务并按照国家规定经过批准的除外。此种规定是出于对航空器安全保卫工作的考虑，防止不法分子利用枪支、管制刀具劫持航空器，破坏航空器，或者在航空器内进行其他违法犯罪活动，扰乱秩序，影响飞行安全。对于拒绝接受安全检查的旅客，公共航空运输企业有权拒绝运输。这同样是保障航空运输安全以及所载旅客生命财物安全的需要，也是世界各国管理公共航空运输的通行做法。

二、民用航空运输凭证和依据

在旅游交通运输中，旅客和承运人之间一般不以签字的方式订立合同，承运人发售的客票、行李票即是双方运输合同法律关系的凭证。

（一）旅客运输凭证

《民用航空法》规定，客票是航空旅客运输合同订立和运输条件的初步证据；《民用航空法》规定，承运人运送旅客，应当出具客票。旅客乘坐民用航空器，应当交验有效客票。这是关于承运人出具客票和旅客交验客票的义务性规定。此规定含义如下：

1. 出具客票是承运人的法定义务

承运人运送旅客，必须向旅客签发客票，如果承运人不出具客票而又同意旅客乘坐民用航空器，承运人将无权援用法定的赔偿责任限额。客票是航空旅客运输合同订立和运输合同条件的初步证据，如果承运人不出具客票，航空旅客运输过程中一旦发生纠纷，就缺乏这种初步证据，因此法律要求承运人出具客票。

2. 登机前交验有效客票是旅客的法定义务

旅客乘坐民用航空器，在办理登机手续时，必须向承运人交验有效的客票。旅客如不交验客票，或者所交验的客票已经过期或因其他原因失效，承运人可以拒绝其乘坐民用航空器，这是我国长期航空运输实践中的习惯做法。如上所述，客票是航空运输合同订立和运输合同条件的初步证据。这一规定是指航空旅客运输合同一般在旅客购入客票时即告成立。但是，客票只是此项合同订立的初步证据，而不是合同本身。因为，航空旅客运输合同一般不采用书面形式订立，而客票是证明合同订立的一个证据。客票除作为旅客运输合同订立的证明外，还对运输合同条件具有初步证据力。运输合同条件是关于运输合同当事人双方的主要权利、义务的规定，一般记载于客票最后一页的背面。运输合同条件中最主要的内容是承运人的责任规则，即在何种情况下承担责任，在何种情况下不承担责任以及责任限额等。

正是由于客票是初步证据而不是最终证据，当出现下列情形时，运输合同的存在或者效力不受影响：

（1）旅客未能出示客票

旅客虽然购买了客票，但由于某种原因而无法向承运人出示客票，如旅客忘记随身携带已购买的客票，运输合同确已订立并仍然有效。

（2）客票不符合规定

这主要是指客票不符合《民用航空法》的规定。如该法第 110 条规定："客票应当包括的内容由国务院民用航空主管部门规定，至少应当包括以下内容：①出发地点和目的地点；②出发地点和目的地点均在中华人民共和国境内，而在境外有一个或者数个约定的经停地点的，至少注明一个经停地；③旅客航程的最终目的地点、出发地点或者约定的经停地点之一不在中华人民共和国境内，依照所适用的国际航空运输公约的规定，应当在客票上声明此项运输是适用于该公约的。客票上应当载有该项声明。"依照《民用航空法》的规定，客票上如果没有包括上述规定，即"客票不符合规定"。但是这并不影响运输合同的成立，即合同仍然有效，但承运人的权利在某种程度上将受到影响。

（3）客票遗失

旅客已经购买了客票，但客票遗失，运输合同仍然存在并有效。

《民用航空法》上述关于承运人出具客票的规定和第 110 条关于在国际航空旅客运输的客票中声明适用的国际航空运输公约的规定，都是强制性规定，承运人违反强制性规定，就必须承担没有限额的完全责任。具体来讲，在国内航空运输中，承运人违反出票的强制性规定，不出具客票而同意旅客乘坐民用航空器的，就无权援用《民用航空法》第 128 条有关赔偿责任限制的规定。在国际航空运输中，承运人不出具客票而同意旅客乘坐民用航空器，或者虽然出具了客票，但客票上未载明《民用航空法》第 110 条第 3 项的声明时，无权援用该法第 129 条有关赔偿责任限制的规定。

（二）行李运输凭证

《民用航空法》规定："承运人载运托运行李时，行李票可以包含在客票之内或者与客票相结合。除本法第一百一十条规定外，行李票还应当包括下列内容：（1）托运行李的件数和重量；（2）需要声明托运行李在目的地点交付时的利益的，注明声明金额。"行李票是行李托运和运输合同条件的初步证据。旅客未能出示行李票、行李票不符合规定或者行李票遗失，不影响运输合同的存在或者有效。在国内航空运输中，承运人载运托运行李而不出具行李票的，或者行李票上未依照本法第一百一十条第三项的规定声明的，承运人无权援用本法第一百二十九条有关赔偿责任限制的规定。

上述规定是关于行李票的形式、内容、性质、法律地位以及承运人违反行李票规则的法律后果的规定。其含义如下：

1. 承运人有出具行李票的义务

承运人载运托运行李，应当向旅客出具行李票。根据国际航空运输协会（运输合同条件）对行李的表述，行李是指一位旅客的与其旅程有关的穿、用舒适与方便所必需的适当的物品以及其他个人财物。除另有规定外，行李包括旅客托运行李和旅客自带行李。托运行李又称登记行李，旅客自带行李指的是旅客随身携带的物品，又称非登记行李。承运人载运旅客自带行李，无需出具行李票，而只有在载运托运行李时才需要出具行李票。

2. 行李票的形式

承运人载运托运行李时出具的行李票，可以包含在客票之内，也可以与客票相结合。根据我国的航空实践，承运人载运托运行李，一般不出具单独的行李票，其所出具的行李票或者是包含在客票之内，或者是与客票相结合。所谓行李票包含在客票之内，是指承运人所出具的运输凭证名称为"客票"，其中有行李栏目可供填写有关行李票应包含的内容；所谓行李票与客票相结合，是指承运人所出具的运输凭证名称为"客票行李票"。无论采取哪种形式，该运输凭证就旅客本身的运送而言是客票，就托运行李的运输而言是行李票；如果旅客没有托运行李，该运输凭证仅起客票的作用。

3. 行李票的内容

包含在客票之内的行李票和与客票相结合的行李票，除《民用航空法》第110条规定的内容外，还应当包括以下内容：（1）托运行李的件数和重量；（2）需要声明托运行李在目的地点交付时的利益的，注明声明金额。

4. 行李票的性质

行李票是行李托运和运输合同条件的初步证据，即行李票是一项初步证据，它不是行李运输合同本身。行李票的出具，能基本上证明旅客已经履行了行李托运的手续，即将托运行李交给承运人照管，并表明旅客和承运人已就托运行李运输合同的条件达成一致。

正是由于行李票是行李托运和运输合同条件的初步证据，而不是最终证据，因此，发生下列情形时，托运行李运输合同的存在或有效不受影响：

（1）旅客未能出示行李票，即旅客虽然托运了行李，但由于某种原因无法向承运人出示行李票，承运人经查对核实旅客确已将行李托运，运输合同仍然存在并有效。

（2）承运人出具的行李票不符合规定。行李票不符合规定主要指行李票未载明应当载明的内容。在这种情况下，不影响运输合同的存在或有效。如果行李票上未载明法定的强制性内容，如未作《民用航空法》第一百一十条第三项的声明的，承运人的权利将受到影响。

（3）行李票遗失。承运人已向旅客出具了行李票，但旅客已将行李票遗失，不影响运输合同的存在和有效。

5. 承运人未履行出具行李票的强制性义务或未在行李票上规定法定的强制性内容的法律后果

（1）在国内航空运输中，承运人载运行李而不出具行李票，则承运人无权援用《民用航空法》第一百二十八条有关赔偿责任限制的规定，其赔偿责任金额将是无限制的。

（2）在国际航空运输中，承运人载运行李而不出具行李票，或者行李票上未作《民用航空法》第一百一十条第三项的声明的，则承运人无权援用《民用航空法》第一百二十九条有关赔偿责任限制的规定，其赔偿责任金额将是无限制的。

三、航空承运人的责任

（一）承运人对旅客的责任

《民用航空法》规定，因发生在民用航空器上或者在旅客上、下民用航空器过程中的事件，造成旅客人身伤亡的，承运人应当承担责任；但是旅客的人身伤亡完全是由于旅客本人的健康状况造成的，承运人不承担责任。上述规定是关于承运人对旅客人身伤亡的责任的规定，其含义如下：

（1）承运人对因发生在民用航空器上或者在旅客上、下民用航空器过程中的事件造成的旅客人身伤亡承担责任。承运人承担民事责任的对象是旅客；承运人承担民事责任的范围仅限于旅客的人身伤亡；承运人承担民事责任的前提条件是旅客的人身伤亡是因发生在民用航空器上或在旅客上、下民用航空器过程中的事件造成的，而这一事件与旅客的人身伤亡存在着因果联系；承运人的责任期间是“在民用航空器上或者在旅客上、下民用航空器的过程中”，凡在该期间以外的事件，造成旅客人身伤亡，承运人不承担责任。

（2）对完全是由于旅客本人的健康状况，即旅客的疾病而造成的旅客人身伤亡，承运人不承担责任。

（3）对部分由旅客本人的健康状况造成的旅客人身伤亡，承运人应当承担责任。如某旅客患有心脏病，飞行中飞机发生剧烈颠簸造成该客人摔倒，病发身亡。在这种情况下，承运人应对该旅客的死亡承担责任。

（二）承运人对旅客随身携带物品的责任

《民用航空法》规定，因发生在民用航空器上或者在旅客上、下民用航空器过程中的事件，造成旅客随身携带物品毁灭、遗失或者损坏的，承运人应当承担责任。旅客随身携带物品的毁灭、遗失或者损坏完全是由于行李，即该随身携带物品本身的自然属性、质量或者缺陷造成的，承运人不承担责任。

上述规定是关于承运人对旅客随身携带行李的责任的规定，其含义如下：

（1）承运人应当对因发生在航空器上或者旅客上、下民用航空器过程中的事件造成的旅客随身携带物品的毁灭、遗失或者损坏承担责任。

（2）旅客随身携带物品的毁灭、遗失或者损坏完全是由于行李本身的自然属性、质量或缺陷造成的，承运人不承担责任。因为这些情况的发生一方面与飞机的航行活动无关，另一方面也是承运人无法预料、无法防范的。

（3）对部分因旅客随身携带物品的自然属性、质量或者缺陷造成该物品的毁灭、遗失或者损坏，承运人仍应承担责任。

（三）承运人对旅客托运行李的责任

《民用航空法》规定，因为发生在航空运输期间的事件，造成旅客的托运行李毁灭、遗失或者损坏的，承运人应当承担责任。

上述“航空运输期间”，是指在机场内、民用航空器上或机场外降落的任何地点、托运行李处于承运人掌管之下的全部期间。

（1）承运人应当对发生在航空运输期间的事件造成旅客的托运行李的毁灭、遗失或者损坏承担责任。

（2）如果托运行李的毁灭、遗失或者损坏，完全是由于托运行李本身的自然属性、质量或者缺陷造成的，承运人不承担责任。

（3）如果托运行李的毁灭、遗失或者损坏，部分是由于托运行李本身的自然属性、质量或者缺陷造成的，承运人仍要承担责任。

（四）承运人对延误旅客、行李运输的责任

《民用航空法》规定，旅客、行李或者货物在航空运输中因延误造成的损失，承运人应当承担责任；但是承运人证明本人或者其受雇人、代理人为了避免损失的发生，已经采取一切必要措施，或者不可能采取此种措施的，不承担责任。

上述规定中的“航空运输中”是指承运人的责任期间，承运人仅对在其责任期间造成的旅客、行李迟延运输负责，而不对在此期间外因其他运输方式的延误造成的损失负责。而且“延误”是指承运人未能按照运输合同约定的时间将旅客、行李运抵目的地点。运输合同约定的时间，一般指承运人的班机时刻表，或者机票上载明的旅客抵达目的地的时间。此外，从国际航空司法实践看，航班的撤销也作延误处理。

依照上述法律规定，承运人只在因延误造成损失时才承担责任，如果延误没有造成任何损失，承运人就不承担责任。法律之所以作如此规定，首先，并不是所有的延误都可能造成损失，因此，在虽然发生延误，但并未造成实际损失的情况下，承运人不承担责任。其次，并不是一出现延误就会给每个旅客或托运人造成损失，只有当旅客或托运人因延误遭受损失时，承运人才承担责任。这就要求旅客或托运人负责举证其某项损失是由延误造成的，并列举出延误所造成损失的具体款项。另外，因延误造成的损失是指因延误而给旅客或者托运人造成的实际经济损失，不包括因延误给旅客或托运人造成的精神损失，如给旅客造成的身体上的不便、不适等。至于因延误造成的损失是仅指直接的经济损失，还是既包括直接经济损失，也包括间接经济损失，法律尚无明确规定。如果承运人能够履行其举证责任，证明其本人或者其受雇人、代理人已经采取一切必要措施以避免损失的发生，或者根本不可能采取此种措施，可以不承担责任。

（五）承运人责任的免除或者减轻规定

《民用航空法》规定，在旅客、行李运输中，经承运人证明，损失是由索赔人的过错造成或者促成的，应当根据造成或者促成此种损失的过错的程度，相应免除或者减轻承运人的责任。旅客以外的其他人就旅客死亡或者受伤提出赔偿请求时，经承运人证明，死亡或者受伤是旅客本人的过错造成或者促成的，同样应当根据造成或者促成此种损失的过错的程度，相应免除或者减轻承运人的责任。

上述规定中，“索赔人”主要是指旅客或其代理人。如果旅客在航空运输中死亡，索赔人即为旅客的继承人或其代理人。“旅客以外的其他人”，是指旅客的代理人、继承人或该继承人的代理人。关于旅客、行李运输中承运人的免责问题，法律规定主要包括下列内容：

（1）在旅客、行李运输中，损失如果完全是由于索赔人的过错造成的，应当免除承运人的责任。如飞机发生空中颠簸，承运人通知旅客系好安全带，但某旅客不听乘务员的吩咐而未系安全带造成撞伤。在这种情况下，可以免除承运人的责任。

（2）在旅客、行李运输中，损失如果是由于索赔人的过错促成的，应当根据促成此种损失的程度，相应减轻承运人的责任。如旅客将一活的动物作为一般行李托运，未向承运人申明。承运人误将该活动物运往旅客目的地以外的地方，致使该“托运行李”延误，该活动物因延误时间过长而死亡。在这种情况下，应当根据旅客的过错程度，相应减轻承运人的责任。实际上，也就是根据承运人的过错和旅客的过错程度，使双方分摊因其共同过错造成的损失。所谓“过错”，是指行为人的故意或过失的行为或者不作为。如旅客在托运行李时负有申报危险品的义务而没有申报；旅客的代理人在代旅客提取行李时不慎将行李摔坏等等。

（六）承运人责任限制制度

承运人责任限制制度，是指发生重大的航空事故时，作为责任人的承运人，一般情况下，即航空公司可以根据法律的规定，将自己的赔偿责任限制在一定范围内进行赔偿的法律制度。我国《民用航空法》关于航空承运人责任限制制度的规定是对民法中一般民事损害赔偿原则，即按照实际损失赔偿的原则作出的特殊规定。规定这一制度的目的在于促进航空运输业和航空保险业的发展，公平维护航空运输合同各方当事人的合法权益。根据这一制度，当航空运输过程中发生的旅客人身伤亡，行李物品灭失、损坏的损失数额没有超出法定责任限额时，承运人应当按实际损失赔偿旅客或者托运人；当损失数额超过责任限额时，承运人仅在法定责任限额内承担赔偿责任，对法定限额以外的损失数额不予赔偿。因此，赔偿责任限制制度是通过法律或者行政法规规定承运人的最高赔偿责任限额，将承运人的责任限制在一定数额范围内，以达到保护承运人利益、使承运人不致过度赔偿而破产的目的。当然，赔偿责任限制制度不仅考虑到对承运人利益的保护，也要考虑到对合同对方当事人利益的保护，这种对合同对方当事人利益的保护，一般体现在允许合同对方当事人另行约定高于法定责任限额的赔偿责任限额。就该合同而言，该赔偿责任限额一经约定即取代法定责任限额。一旦发生损失且损失额巨大时，承运人将要在双方约定的赔偿责任限额的范围内承担责任。

1. 关于国内航空运输承运人的赔偿责任

赔偿责任限制制度具体体现为我国《国内航空运输旅客身体损害赔偿暂行规定》。该规定的主要内容有：

（1）适用范围的规定。该规定适用于国内航空旅客运输中发生的旅客身体损害赔偿。作为承运人的责任范围是旅客在航空器内或者上、下航空器过程中死亡或者受伤，在此责任范围内，承运人应当承担赔偿责任。

（2）证明责任的规定。承运人如能证明旅客死亡或受伤是不可抗力或旅客本人健康状况造成的，承运人不承担赔偿责任。此外，如果承运人能证明旅客死亡或受伤是由旅客本人的过失或故意行为造成的，可以减轻或免除其赔偿责任。

（3）承运人赔偿责任限制。对于国内航空运输，赔偿责任限制制度具体体现在经国务院批准，中国民用航空总局于2006年1月29日发布的《国内航空运输承运人赔偿责任限额规定》。根据该规定，对每名旅客的赔偿责任限额为人民币40万元；对每名旅客随身携带物品的赔偿责任限额为人民币3 000元；对旅客托运的行李和对运输的货物的赔偿责任限额，为每千克人民币100元。此外，旅客自行向保险公司投保航空旅客人身意外保险的，此项保险金额的给付，不免除或者减少承运人应当承担的赔偿责任。

如前所述，除了法定赔偿责任限制制度外，法律允许旅客可以就旅客的人身伤亡及延误，事先与承运人书面约定高于行政法规规定的赔偿责任限额。一旦发生了旅客人身伤亡及延误，承运人即应在约定的赔偿责任内承担责任。

2. 关于国际航空运输承运人的赔偿责任

对于国际航空运输，《华沙公约》和《海牙议定书》在“赔偿限额”上有不同的规定，究竟航空公司应赔偿多少，基本上取决于航空公司与旅客所订立的航空运输合同的规定。而旅客所持客票上印制的“旅客须知”或“运输条件”便是该航空运输合同的内容。经常乘坐飞机的人会发现，自己所买的机票前面都印有“旅客须知”，写明了该航空运输的性质、适用的法律以及航空公司的责任范围等。实际上，这也就是航空公司与旅客所订立的合同内容的一部分。在空难发生后，按照“旅客须知”，航空运输的性质和应适用的法律是明确的，所以，赔偿金额也应以所依据的法律的规定来确定。即便起诉到法院，首先也是按照“旅客须知”的规定，除非旅客与航空公司有其他特别的约定。

《统一国际航空运输某些规则的公约》（1999年《蒙特利尔公约》）规定了国际航空运输承运人对旅客伤亡的双梯度责任制度，在第一梯度下，无论承运人是否有过错，都要对旅客的死亡或者身体伤害承担以10万特别提款权，约合112万元人民币为限额的赔偿责任，明显高于国内40万元的水平。

之所以存在差别，是因为我国目前的人均收入水平和经济发展水平仍较低；40万元的高限界定兼顾了国家、企业、公民三者利益平衡。随着物价上涨、人民收入和生活水平提高，40 万元的限额数年后可能滞后，为此主管部门将适时调整限额。

依据《民用航空法》及其相关法律法规，无论是在国内航空运输还是在国际航空运输中的赔偿责任限制，只要能够证明在航空运输中的损失是由于承运人的故意或重大过失造成的，那么，承运人无权援用上述赔偿责任限制制度，即承运人不仅无权援用法定的赔偿责任限额，同时也无权援用约定的赔偿责任限额。也就是说，在这种情况下，承运人将承担无限责任。

案例 6-2　　危险品航空运输中行政处罚问题

2012 年年底，A 销售代理公司经某外航航班（中国—B 国）运输了一票普通快件货物。飞机在 B 国降落时，经 B 国民航局抽查，发现该票普货内含疑似危险品。B 国民航局遂将该信息通报至中国民航局。C 地区管理局按照中国民航局的指示对该案进行了调查取证，最终认定托运人 A 销售代理公司在普货中夹带危险品，并依据《中国民用航空危险品运输管理规定》（CCAR-276）的有关规定对其给予警告和罚款人民币 2 万元的行政处罚。

点评：随着我国社会经济的发展和对外开放步伐的加快，危险品航空运输的市场需求不断增长。但由于所涉及的链条长、环节多、人员复杂（这一点在国际航空运输中表现得尤为突出），危险品航空运输中存在的问题也逐渐显现，夹带、谎报、匿报以及违法运输危险品的问题较为突出。因此，近年来，民航行政机关严格安全监管，依法开展了专项治理行动，重点对谎报、匿报危险品或在普通货物中夹带危险品运输等违法行为加大了监察力度，严厉查处各类违法行为，以确保航空运输安全。本案中，应重点注意以下几个问题：

首先，要明确违法主体。由于本案属于国际货运，《中国民用航空货物国际运输规则》将托运人定义为“与承运人订立货物运输合同，其名称出现在航空货运单托运人栏内的人”，C 地区管理局通过调查发现，实际与承运人订立货运合同，且在航空货运单托运人栏记载的主体为 A 销售代理公司，据此认定其为违法当事人。

其次，要准确界定违法行为的种类。本案中，实际货主在交货时没有作出危险性声明，而托运人 A 销售代理公司在收货时也仅通过客户书面材料和货物包装进行辨别，没有发现该货物存在危险性。因此，没有证据证明 A 销售代理公司存在主观谎报、匿报危险品的故意，最终认定其为普货中夹带危险品。

最后，要重点做好调查取证工作。通过这一系列的调查取证，形成了一条完成的证据链，据此对违法主体、货物性质、违法行为种类等问题予以准确认定，并适用法律作出上述处罚决定。

资料来源　蒋华. 危险品航空运输中行政处罚问题［N］. 中国民航报，2013-09-16.

第三节　旅客铁路运输管理

一、旅客铁路运输的基本规范

我国《铁路法》主要对铁路运输、铁路建设、铁路安全与保护等作出了具体规定。现就与旅游业关系密切的有关内容介绍如下：

（一）铁路运输企业的义务

《铁路法》规定："铁路运输企业必须坚持社会主义经营方向和为人民服务的宗旨，改善经营管理，切实改进路风，提高运输服务质量。"该条法律是对铁路运输企业的义务性的规定。铁路运输企业的义务就是为旅客、托运人和收货人提供运输服务。因此，铁路运输企业应当始终把为人民提供良好的运输生产服务，切实做好各项工作放在首位；应当不断改进铁路的服务方式、提高服务质量、加强企业管理，真正做到优质、高效、全面地为旅客、托运人和收货人提供各种运输服务活动。

（二）铁路运输有关安全的规定

《铁路法》规定："公民有爱护铁路设施的义务。禁止任何人破坏铁路设施，扰乱铁路运输的正常秩序。"铁路运输安全保护问题不仅仅是铁路部门的事，它同时也是全体公民的重要义务。只有依靠全体公民的共同努力，才能从根本上保证铁路运输安全，保证铁路运输的畅通无阻，因此，每个公民都应从法律的高度来认识自己的义务，维护铁路运输的安全，使"人民铁路人民爱"的宣传宗旨能够落到实处。

同时，《铁路法》又规定："铁路运输企业应当保证旅客和货物运输的安全，做到列车正点到达。"这一规定有以下三层含义：

1. 必须保证旅客的乘车安全

旅客旅行的目的是从一地到另一地，在旅行过程中安全是旅客的第一需要。铁路承运人在运送旅客过程中必须把保证旅客的生命、财产安全放在首位，确保旅客列车的运行安全。

2. 保证货物、行李的安全和完好

托运人托运货物、行李的目的是要实现上述物品的位移；铁路运输企业运送上述物品的主要义务也是要保证这些物品的完整和安全。这不仅是铁路运输企业必须做到的，也是民事平等主体关系在法律上的反映。

3. 保证列车安全正点到达目的地

安全正点是铁路运输企业提供运输服务的基本义务之一。保证正点到达目的站的基本含义是要求铁路的旅客列车必须按列车运行图规定的时间开出始发站和到达目的站。旅客旅行有一定的计划性，如果铁路不能按照规定的时间及时发车和到达旅行目的站，则势必打乱旅客的旅行计划，使旅客在精神上、物质上受到损失。因此，作为运输企业，应当提高铁路运输的正点率。

二、铁路运输合同及其当事人的权利义务

（一）铁路运输合同

《铁路法》规定："铁路运输合同是明确运输企业与旅客、托运人之间权利义务关系的协议。"旅客车票、行李票、包裹票和货物运单是合同或者合同的组成部分。

铁路运输合同是《铁路法》的重要内容。铁路运输企业在多年的运输生产活动中，虽然每时每刻都在同旅客打交道，但对体现双方权利义务的合同关系一直不明确，特别是旅客运输。旅客持有旅客车票，与铁路运输企业发生旅客运输关系，但车票的法律属性如何，它是什么性质的文件都不明确。在实践中，一直把客票、行李票、包裹票和货物运单视为运输合同或合同的组成部分，但却没有任何法律依据。《铁路法》明确规定了旅客车票、行李票、包裹单和货物运单是合同或合同的组成部分，把它们的法律性质和法律地位给明确了。正确理解和认识铁路运输合同，对搞好铁路运输生产，依法维护合同双方当事人的合法权益都是十分有利的。

（二）铁路运输企业的权利义务

《铁路法》规定："铁路运输企业应当保证旅客按车票载明的日期、车次乘车，并到达目的站。因铁路运输企业的责任造成旅客不能按车票载明的日期、车次乘车的，铁路运输企业应当按照旅客的要求，退还全部票款或者安排改乘到达相同目的站的其他列车。"旅客旅行的基本目的就是要到达旅行目的地，旅客到铁路车站购买车票，要向铁路运输企业提出具体的车次、时间、到站，铁路运输企业按照旅客的要求售给相应的车票，则铁路旅客运输合同即告成立。旅客凭车票有权要求铁路运输企业按照票面载明的日期、车次及时安排旅行；铁路运输企业也有义务按照票面的规定，组织旅客旅行，为乘客提供条件，把旅客及时运送到旅行目的地。

但是，由于客观情况的变化，有时旅客并不能按时乘车。从实际看，这种情况的发生主要有两个方面的原因：

（1）旅客自身的原因，如情况发生变化，放弃或改变了旅行计划，也可能是由于各方面的原因，发生了误车等情况。

由于旅客自身的原因造成不能按时乘车的，其法律后果应当由旅客自己负责，铁路运输企业不承担法律责任。但是旅客可以按照有关规定，办理退票或改乘其他列车的手续，并缴纳规定的退票或改乘的签证费用。旅客退票实际上是向铁路运输企业提出解除铁路运输合同的请求，铁路运输企业按照旅客的要求办理了退票手续，则双方之间的合同即告解除。由于是旅客单方解约，则应向铁路运输企业交纳违约费用，即所谓的"退票费"；旅客要求办理改乘手续，实际上是向铁路运输企业提出变更合同的请求，铁路运输企业按照旅客的要求改签了旅客车票的乘车车次、日期，则与旅客之间成立了新的旅客运输合同，双方当事人应当按照改签后的合同履行各自的权利和义务。在变更合同的情况下，旅客也应承担相应的法律责任，即向铁路支付签证费及其他规定的手续费。

（2）铁路运输企业的原因，如列车晚点、车次取消等原因。这两种情况的法律责任是不同的。

由于铁路运输企业的原因而造成旅客不能按照车票载明日期、车次乘车的，铁路运输企业应当承担法律责任，即退还全部票款或安排乘坐到达相同目的站的其他列车。在这种情况下改乘列车，铁路运输企业就不得收取任何费用。

实际上，上述法律规定是要求铁路运输合同的双方当事人都应当信守合同，按照合同约定履行义务，无论是哪一方违反合同、不履行合同义务，都要承担相应的法律责任。

《铁路法》还规定，铁路运输企业应当采取有效措施做好旅客运输服务工作，做到文明礼貌、热情周到，保持车站和车厢内的清洁卫生，提供饮用开水，做好列车上的饮食供应工作。《铁路法》作此规定，是因为铁路运输企业从事运输生产活动，其本身就是为旅客或者托运人、收货人提供服务。旅客运输是铁路运输企业为公众服务的“窗口”，旅客运输服务质量和水平的高低，直接关系到路风路誉，因此，做好铁路旅客服务工作，是铁路运输企业经营管理的首要任务。

（三）关于旅客乘车条件的规定

《铁路法》规定：“旅客乘车应当持有效车票。对无票乘车或者持失效车票乘车的，应当补收票款，并按照规定加收票款；拒不交付的，铁路运输企业可以责令其下车。”

旅客乘车旅行必须具备的条件是应当持有效车票。所谓“有效车票”，是指必须是铁路车站出售的，有规定的乘车期限、规定的上车车站和票面指定的乘车车次的车票。如果旅客无票乘车或者持无效车票乘车，通常情况下，铁路运输企业可以根据有关规章的规定补收票款，并加收一定的票款。补收并加收票款是符合我国《民法通则》规定的，因为，旅客持失效车票或者无票乘车，实际上是一种侵害铁路运输企业合法权益的行为。依照我国民法的规定，实施侵权行为的加害人，应当承担相应的法律责任。

从实际情况看，旅客无票乘车的原因是多种多样的。如有的旅客是有紧急事务而来不及购买车票；有的旅客是家中有急事而临时要求乘车。对这些情况，如果是经列车长同意上车的，则可以按照正常的票价补票即可，因为这种情况下乘车是经过铁路运输企业同意的。而对于未经列车长允许，旅客自己上车的，旅客则应承担相应的责任，即除补收票款外，还需加收票款及有关手续费。

根据《铁路旅客及行李包裹运输规程》的规定，对于不符合乘车条件的，按下列规定处理：

（1）无票或者持失效火车票乘车，应自乘车站起至发现时的最近前方停车站止，加倍补收所乘列车的票款。如继续乘车时，可另行补收票款。

（2）持用伪造车票或者涂改的车票时，除加倍核收所乘列车区间的票款外，并交公安机关处理。如果持用过期车票、借用、涂改车票的市郊定期客票乘车时，从有效期终了的次日起至发现日止，按票面记载的区间每日往返各一次，加倍核收所乘列车的票款，同时收回原票，并通知其单位。

（3）持用票价低的车票，越席乘坐票价高的座席、卧铺或者越级乘坐高等级别列车时，如经列车和车站负责人同意的，只补收乘车区间车票的票价差额。如未经同意，则加倍核收乘车区间的票价差额。

(4) 持市郊客票乘坐非指定列车时按无票处理，应另加倍补收所乘列车的票款。持市郊客票中途下车前程失效；持市郊定期客票中途下车时，应另行补收所乘区间的票价。

(5) 旅客使用减价票，没有减价凭证或者不符合减价条件的，加倍补收全价票价与减价票价的差额。旅客未按票面指定的车次、日期乘车，车票又未经剪口，应另行补收所乘列车乘车区间的票款。如经车站剪口，应换发代用票。但对错乘后乘车两小时则按失效车票处理。

(6) 持站台票送客的人员不准上车。如已经上车未及时声明的，应在最近前方停车站下车，补收所乘列车的票款。如在开车后 20 分钟内仍不声明的，或者有意持站台票上车的，则按无票乘车处理。确因时间来不及买票的，经车站发给补票证或者特殊情况经列车长同意上车的旅客，补收旅客所乘列车至下车站时止的票款。应买票而未买票的小孩，补收小孩票；身高超过 140 厘米持有小孩票乘车时，应补收小孩票与全额票的差额。

(7) 对违章乘车拒绝补款的人员，铁路列车工作人员可以责令其下车，并编制客运记录，交县、市所在地或者三等以上车站处理。车站对列车和本站发现的上述人员，应通知其单位，追缴应收票款。

(四) 铁路承运人的赔偿责任

1. 铁路运输赔偿原则

《铁路法》规定，铁路运输企业应当对承运的货物、包裹、行李自接受承运时起到交付时止的灭失、短少、变质、污染或者损坏，承担赔偿责任，包括：(1) 托运人或者旅客根据自愿申请办理保价运输的，按照实际损失赔偿，但最高不超过保价额。(2) 未按保价运输承运的，按照实际损失赔偿，但最高不超过国务院铁路主管部门规定的赔偿限额；如果损失是由于铁路运输企业的故意或者丢失造成的，不适用赔偿限额的规定，按照实际损失赔偿。托运人或者旅客根据自愿，可以向保险公司办理货物运输保险，保险公司按照保险合同的约定承担赔偿责任。托运人或者旅客根据自愿，可以办理保价运输，也可以办理货物运输保险，还可以既不办理保价运输，也不办理运输保险。铁路运输企业不得以任何方式强迫办理保价运输或者货物运输保险。

上述内容是关于铁路运输赔偿原则的规定，也是铁路运输合同方面的一个十分重要的内容。其中涉及三个概念：

(1) 限额赔偿。它是指在发生铁路责任赔偿事故时，铁路运输企业按照实际责任赔偿，但最高不超过国务院铁路主管部门规定的限额。如果实际损失低于限额的，则按实际损失赔偿。这就是《铁路法》中关于限额赔偿的规定。

(2) 保价运输。它是指旅客、托运人在托运货物、行李和包裹时，可以按照货物、行李和包裹的实际价值向铁路运输企业申明价格，并按照申明的价格支付相应的运输费用。在发生物品损坏时，铁路运输企业按照申明的价格进行赔偿。保价运输是针对限额赔偿而规定的一种法律制度，因为，在铁路运输中实行限额赔偿制度仅仅是保护了承运人的利益，对于广大货主或托运人来说，限额赔偿不能满足其对赔偿的要求，这对托运人来说是不公平的。为了保障托运人的利益和在铁路运输中贯彻我国民法的公平原则，法律不仅规定了限额赔偿，保护铁路运输企业的合法权益，而且也给托运人要求得到全额赔偿以出路，这就是保价运输。

（3）货物运输保险。它是指托运人与保险公司之间的有关保险权利义务的协议，即托运人在托运货物时，可以向保险公司提出办理运输保险。

在限额赔偿上，《铁路法》有一个特点，这就是如果当事人能够证明行李、包裹和货物的损失是由于铁路运输企业的故意或重大过失造成的，则应当按照实际损失予以赔偿，不适用限额赔偿的规定。

2. 铁路旅客运输损害赔偿的规定

《铁路交通事故应急救援和调查处理条例》关于“事故赔偿”有以下规定：

（1）事故造成人身伤亡的，铁路运输企业应当承担赔偿责任；但是人身伤亡是不可抗力或者受害人自身原因造成的，铁路运输企业不承担赔偿责任；违章通过平交道口或者人行过道，或者在铁路线路上行走、坐卧造成的人身伤亡，属于受害人自身的原因造成的人身伤亡，铁路运输企业不承担赔偿责任。

（2）事故造成铁路旅客人身伤亡和自带行李损失的，铁路运输企业对每名铁路旅客人身伤亡的赔偿责任限额为人民币 15 万元，对每名铁路旅客自带行李损失的赔偿责任限额为人民币 2 000 元。铁路运输企业与铁路旅客可以书面约定高于前款规定的赔偿责任限额。

（3）事故当事人对事故损害赔偿有争议的，可以通过协商解决，或者请求组织事故调查组的机关或者铁路管理机构组织调解，也可以直接向人民法院提起民事诉讼。

案例 6–3　　铁路运输企业的安全责任

赵先生等人参加了某旅行社组织的旅游团前往桂林旅游。临行前接受组团社的推荐，购买了旅游意外保险。在乘火车前往桂林途中，火车车窗的玻璃突然被一块飞来的石头击碎，将靠窗而坐的赵先生扎伤。事后，赵先生向旅行社索赔。旅行社说，此事故纯属意外，不是旅行社的责任，赵先生应向保险公司索要旅游意外保险赔偿。但保险公司却认为，旅客在火车上发生意外，应由铁路客运部门负责赔偿。

点评：《铁路法》规定，铁路运输企业应当保证旅客和货物运输的安全，做到列车正点到达。在客运期间发生的事故，旅客应该向铁路客运部门索赔。如果说是第三者的责任，铁路运输企业可以向有责任的第三者追偿。在本案例中，游客赵先生在乘车途中被火车车窗玻璃扎伤属于意外事故，铁路承运人应当承担赔偿责任。赵先生外出旅游，接受组团社的推荐，购买了旅游意外保险，也可以向承保的保险公司索赔，旅行社不承担责任。

资料来源　张希钦．旅游服务案例分析［M］．北京：中国旅游出版社，2007.

思考与练习

一、填空题

1. 我国《民用航空法》规定：承运人只在因________造成损失时才承担责任，该损失仅包括实际的经济损失，不包括________。

2. 我国《民用航空法》规定：公共航空运输企业应当以保证________和航班正常，提供________为准则，采取有效措施，提高运输________。

3. 从法律上讲，旅客与公共航空公司都是________的合同主体，航空公司将客票售出，便意味着与旅客签订了________。

二、选择题（在每小题的四个备选答案中，选出 1 ~4 个正确答案，并将正确答案的序号填在题干的括号内）

1. 《民用航空法》规定：民航客票是(　　)订立运输合同的凭证。

A. 旅游行政管理部门与中国民航之间　　B. 中国民航与旅客之间

C. 中国民航与旅行社之间　　D. 旅行社与旅客之间

2. 《民用航空法》规定：承运人运送旅客，航班延误的，应当在机场内及时通告有关情况。此"有关情况"，主要包括(　　)。

A. 航班延误的原因　　B. 航班延误的时间

C. 对旅客的饮食安排　　D. 对旅客的住宿安排

3. 依据《铁路交通事故应急救援和调查处理条例》，事故造成铁路旅客人身伤亡的，铁路运输企业对每名铁路旅客人身伤亡的赔偿责任限额为人民币(　　)。

A. 10 万元　　B. 15 万元　　C. 8 万元　　D. 4 万元

三、简答题

1. 《民用航空法》关于旅客运输合同是如何规定的?

2. 根据《铁路法》，铁路运输企业在旅客运输方面的责任是什么?

四、案例分析题

某年 12 月，郭某购买了克山至绥化的 6253 次客票，准备在绥化转车。情急中她错上了 K619 次旅客列车，中途不得不在克东站下车，在此候乘 6253 次列车。在等车过程中，郭某因去对面厕所，在横穿铁路线时，不幸被上行的 620 次机车撞死。郭某死亡时身上揣有一张克山到济宁的 6253 次未剪口客票，其死亡时间为当日 12 时 24 分。事故发生后，郭某的丈夫高某要求铁路部门给予赔偿。而铁路方面则认为，郭某的死亡属意外伤亡，责任完全在旅客本人，铁路方面不承担赔偿责任。但考虑到郭某家庭生活十分困难，尚有两个未成年的孩子，铁路部门同意比照保险条例规定，一次性支付死者家属保险金 1.9 万元。但高某对此提出不同意见，并向哈尔滨铁路运输法院提起诉讼，要求铁路部门赔偿各种损失及已经支出的费用共计 170 610 元。后经法庭调解，被告出于人道考虑，给付原告高某 2 万元，原告同意放弃因火车撞死其妻而提出的赔偿 17 万元的诉讼请求。

根据上述材料回答，原告的诉讼请求能否成立？为什么?

第七章

旅游资源保护法律制度

背景与提要

旅游资源是旅游业赖以生存和发展的基础，其开发和利用无疑给人们的生活带来美好、舒适和享受。但是，在旅游业快速发展的过程中，一些地方盲目开发、过度开发旅游资源的问题日益突出。热点旅游景区普遍超负荷经营，人满为患；一些景区生态环境受到严重破坏；个别城市或景区在发展旅游业中破坏珍贵的自然遗产和文化遗产，造成的损失不可逆转。为此，《旅游法》规定，对自然资源和文物等人文资源进行旅游利用，必须严格遵守有关法律法规的规定，符合资源、生态保护和文物安全的要求，尊重和维护当地传统文化和习俗，维护资源的区域整体性、文化代表性和地域特殊性，并考虑军事设施保护的需要；有关主管部门应当加强对资源保护和旅游利用状况的监督检查。可见，保护旅游资源及其环境，是政府行业管理机构、旅游企业和旅游者的共同责任，只有把这种责任上升到法律的高度，才能切实保证旅游资源及环境免遭破坏。《旅游法》的实施是有效保护和合理利用旅游资源的根本保障，它全面界定了政府、旅游经营者和旅游者三方的责任，确定了旅游规划的法律效力，对于旅游资源的整体性保护、禁止重复建设和掠夺性开发、促进旅游业持续健康发展意义重大。此外，我国先后出台了《文物保护法》、《环境保护法》、《自然保护条例》、《风景名胜区条例》等法律法规，各省、市、自治区地方立法机构和人民政府也结合当地具体情况制定了一些地方性的保护旅游资源法规，为我国全面保护旅游资源提供了自上而下的法律保障。

在旅游资源与环境的国际保护方面，1972 年，联合国人类环境会议通过了《保护世界文化和自然遗产公约》，强调保护自然和文化遗产对整个人类的重要性，并从1985 年开始分批公布世界遗产名录。1980 年，世界旅游组织在《马尼拉宣言》中称“所有旅游资源都是人类文化遗产的构成部分，各国和整个国际社会都必须采取步骤加以保护”，要求各国和整个国际社会在旅游资源保护方面要承担国际义务。此外，经济合作与发展组织、世界旅游环境研究中心、欧盟、世界旅游理事会等组织对全球范围内旅游资源与环境保护起到了积极的作用。我国政府十分重视对各类旅游资源和环境的保护，积极支持并参加保护世界旅游资源和环境的国际行动。

通过本章的学习，要求学生了解文物保护、自然保护区以及风景名胜区的性质，掌握保护和利用旅游资源的相关法律法规，充分认识保护旅游资源的重要性，增强保护旅游资源的意识。

第一节 旅游资源保护概述

一、旅游资源开发利用中的法律问题

依据《旅游区（点）质量等级的划分与评定》（GB/T 17775-2003），旅游资源是指自然界和人类社会凡能对旅游者产生吸引力，可以为旅游业开发利用，并可产生经济效益、社会效益和环境效益的各类事物和因素。旅游资源包括的范围很广，从其基本属性和旅游者观赏的角度，可分为自然旅游资源和人文旅游资源两大类。前者主要指由于自然因素形成的自然景观，它包括地文景观、水域风光、气候天象和生物景观等；后者主要指反映人类社会生活的政治、经济、文化、艺术和宗教等活动的人文景观和民俗风情，它包括文物古迹、城乡风貌、文学艺术、宗教文化、现代设施等。旅游资源是一个国家或地区旅游业发展依赖的基本物质基础，由于在发展旅游业中具有特别重要的地位，加之本身的易损性，大多属于不可再生的资源。如果对旅游资源开发利用不当，就会使其受到不同程度的破坏，甚至会使部分珍贵的资源过早衰竭，进而使旅游业赖以存在和发展的基础面临威胁。我国关于旅游资源开发利用和保护的法律法规在内容上有其共性，可概括为以下几个方面：

（一）规定了旅游资源保护的范围

《风景名胜区条例》规定，风景名胜区，是指具有观赏、文化或科学价值，自然景物、人文景物比较集中，环境优美，具有一定的规模和范围，可供人们游览、休息或进行科学、文化活动的地区。《文物保护法》保护的文物范围有：具有历史、艺术、科学价值的古文化遗址、古墓葬、古建筑、石窟寺和石刻；与重大历史事件、革命运动和著名人物有关的，具有重要纪念意义、教育意义和史料价值的建筑物、遗址、纪念物；历史上各时代珍贵的艺术品、工艺美术品；重要的革命文献资料及具有历史、艺术、科学价值的手稿、古旧图书资料等；反映历史上各时代、各民族社会制度、社会生产、社会生活的代表性实物。《自然保护区管理条例》保护的自然保护区范围，是指对有代表性的自然生态系统、珍稀濒危野生动植物种的天然集中分布区、有特殊意义的自然遗迹等保护对象所在的陆地、陆地水底或者海域，依法划出一定面积予以特殊保护和管理的区域等等。

（二）规定了旅游资源管理机构和职责

我国对文物的保护工作，由县以上（含县级）各级人民政府设置的文物保护单位负责。国家文化行政管理部门主管全国的文物工作，文物保护机构的主要职责是：核定公布文物保护单位和历史文化名城；划定文物范围，作出标志说明，建立档案，并区别情况设置专门机构或者专人负责管理；参与制定城乡建设规划中涉及文物保护单位的条款；审批文物保护单位范围内的建设工程；审批文物保护单位的迁移、拆除、修缮、保养或用于其他项目等。同时《文物保护法》专门规定了考古发掘的报批手续和范围。

我国对风景名胜区的管理，由国务院环境保护行政主管部门负责，地方各级人民政府城乡建设部门主管本地区的风景名胜区工作。上述机构的主要管理职责是：制定规划；调查风景名胜区的重要景物；建设必要的交通、服务设施；有计划地组织游览；保护景区环境完好和游人的安全。

依据《自然保护区条例》的规定，我国对自然保护区实行综合管理和分部门管理相结合的管理体制。国务院环境保护行政主管部门负责全国自然保护区的综合管理；国务院林业、农业、地质矿产、水利、海洋等有关行政主管部门在各自的职责范围内，主管有关的自然保护区；县级以上地方人民政府负责自然保护区管理的部门的设置和职责，由省、自治区、直辖市人民政府根据当地具体情况确定。各级人民政府设立的旅游行政主管部门，会同其他部门共同管理旅游资源，并对某些旅游开发区单独进行管理。

（三）规定了旅游资源开发利用与保护的原则和内容

我国《旅游法》规定，国务院和县级以上地方人民政府应当将旅游业发展纳入国民经济和社会发展规划。旅游发展规划应当包括旅游业发展的总体要求和发展目标，旅游资源保护和利用的要求和措施，以及旅游产品开发、旅游服务质量提升、旅游文化建设、旅游形象推广、旅游基础设施和公共服务设施建设的要求和促进措施等内容。旅游发展规划应当与土地利用总体规划、城乡规划、环境保护规划以及其他自然资源和文物等人文资源的保护和利用规划相衔接。

此外，与旅游资源相关的法律法规还明确规定了旅游资源开发、利用和保护的原则。如规定了对风景名胜区和对文物分等定级的原则，规定了统一领导、分级管理的原则，规定了建立各级文物保护单位的原则；《环境保护法》规定的保护环境和自然资源，防治污染和其他公害的原则，是在开展旅游活动中必须遵守的重要原则。该法规定，在城镇生活居住区，水源保护区，名胜古迹、风景游览区，温泉、疗养区和自然环境保护区，不准建立污染环境的企业、事业单位，已经建成的要限期治理、调整或者搬迁。在旅游基本建设中，必须提出对环境影响的报告书，由环保部门审查批准。其中防止污染和其他公害的设施，必须与主体工程同时设计，同时施工，同时投产。凡是对环境造成污染和其他公害的单位，应当按照谁污染谁治理的原则积极治理污染。在组织江河水面旅游、森林旅游、草原旅游、野生动植物资源旅游活动中，必须遵守国家有关的自然资源保护法律法规，保护自然资源的生态环境，接受环保机构的监督指导。旅游部门有义务对旅游者进行宣传教育，提高全社会成员的环保意识，避免和减少由旅游者带来的环境卫生污染和对生态环境的破坏。

二、旅游资源质量等级管理

我国是世界上旅游资源最丰富的国家之一，随着我国旅游业的蓬勃发展，作为旅游资源主要体现形式和旅游产品主要载体的旅游景区、景点的开发建设和管理，也取得了举世瞩目的成就。全国已形成了数以千计的各种档次的旅游景区和景点，从而构筑了遍布全国的旅游产业网络。景区景点的规划建设和经营管理水平有了很大提高，全国文明风景旅游区示范点，就是其中的杰出代表，一批景区的管理和服务水平，实际上已与国际水平接轨。同时，还必须清醒地看到，由于我国旅游业起步较晚，景区景点数量大，加上投资力度总体不足，管理经验总体缺乏，所以目前大多数景点还处于比较粗放的状态，其服务功能、服务质量、管理水平和生态环境保护力度，与国际水平相比尚有一定差距，究其原因，其中很重要的一条就是缺少一个统一的质量标准去规范和引导。在这种背景下，国家旅游局1996年向国家技术监督局申报制定旅游景区、景点质量标准，并于当年列入了国家标准制订计划之中。由国家旅游局负责起草，北京市旅游局有关人士，几位多年从事旅游景区研究的专家、教授参加了起草工作，前后历时3年多，几易其稿之后，旅游行业的又一国家级标准《旅游区（旅游点）质量等级的划分与评定》于1999年5月出台了。该标准提出了我国旅游景区、景点质量等级划分的依据与方法、划分的条件及评定的基本要求，它推动了我国旅游景区的管理迈上一个新台阶。

为了进一步加强对旅游区（点）的管理，提高旅游区（点）服务质量，维护旅游区（点）和旅游者的合法权益，促进我国旅游资源开发、利用和环境保护，2003年2月，我国总结了国内旅游区（点）实施情况和管理经验，借鉴了国内外有关资料和技术规程，在原标准基础上对一些内容进行了修订，使其更加符合旅游区（点）的发展实际：（1）在划分等级中增加了AAAAA级旅游区（点）。新增的AAAAA级主要从细节方面、景区的文化性和特色性等方面做更高要求；（2）对原AAAA级旅游区（点）的划分条件进行了修订，强化以人为本的服务宗旨，AAAA级旅游区（点）增加细节性、文化性和特色性要求；（3）细化了关于资源吸引力和市场影响力方面的划分条件。《旅游区（旅游点）质量等级的划分与评定》的主要内容如下：

（一）概念界定

1. 旅游区（点）（tourist attraction）

旅游区是以旅游及其相关活动为主要功能或主要功能之一的空间或地域。本标准中旅游区（点）是指具有参观游览、休闲度假、康乐健身等功能，具备相应旅游服务设施并提供相应旅游服务的独立管理区。该管理区应有统一的经营管理机构和明确的地域范围。旅游区（点）包括风景区、文博院馆、寺庙观堂、旅游度假区、自然保护区、主题公园、森林公园、地质公园、游乐园、动物园、植物园及工业、农业、经贸、科教、军事、体育、文化艺术等各类旅游区（点）。

2. 旅游资源（tourism resources）

自然界和人类社会凡能对旅游者产生吸引力，可以为旅游业开发利用，并可产生经济效益、社会效益和环境效益的各种事物和因素。

3. 游客中心（tourist center）

旅游区（点）设立的为游客提供信息、咨询、游程安排、讲解、教育、休息等旅游设施和服务功能的专门场所。

（二）旅游区（点）评定的标准、范围

旅游区（点）质量等级评定，依据中华人民共和国国家标准《旅游区（旅游点）质量等级的划分与评定》进行。凡在中国境内，正式开业接待旅游者1年以上的旅游区（点），包括旅游景区景点、主题公园、游乐园、度假区、自然保护区、风景名胜区、森林公园、动物园、植物园、文博院馆等，均可申请参加质量等级评定。

（三）旅游区（点）质量等级、划分依据与方法

（1）旅游区（点）质量等级划分为五级，从高到低依次为 AAAAA、AAAA、AAA、AA、A 级旅游区（点）。旅游区（点）质量等级的标志、标牌、证书由国家旅游行政主管部门统一规定并颁发。

（2）根据旅游区（点）质量等级划分条件确定旅游区（点）质量等级，按照“服务质量与环境质量评分细则”、“景观质量评分细则”的评价得分，并结合“游客意见评分细则”的得分综合进行。

（3）对于初步评定的 AAAAA、AAAA、AAA 级旅游区（点）采取分级公示、征求社会意见的方法。

（四）旅游区（点）质量等级评定的组织和权限

国家旅游局负责全国旅游区（点）质量等级评定工作。国家旅游局设立旅游区（点）质量等级评定委员会，负责全国旅游区（点）质量等级评定的组织、领导工作，并具体负责评定 AAAAA、AAAA 级和 AAA 旅游区（点）。

各省级旅游局设立地方旅游区（点）质量等级评定机构，在国家旅游局旅游区（点）质量等级评定委员会的指导下，负责本地区旅游区（点）质量等级评定工作，具体负责本地区 AA 级和 A 级旅游区（点）的评定和向国家旅游局推荐本地区符合条件的 AAAA 级、AAA 级旅游区（点）。AA 级、A 级旅游区（点）评定需向国家旅游局备案。

案例 7–1　　景区过错造成损害 旅行社应承担连带责任

某年 3 月 17 日，费先生与其同事一行 10 人参加了由上海某旅行社组织的赴浙江诸暨、绍兴旅游。浙江地接社安排导游全程陪同。3 月 18 日上午，地接社安排费先生等人到柯岩风景区经营的鉴湖景区游览。在一景点，费先生为了拍照留念，一只脚站在石凳上，另一只脚踩在石桌上，因石桌台面晃动，致费先生摔倒。随后，费先生由柯岩风景区的工作人员送往绍兴市人民医院治疗，经诊断为右胫骨骨折。回到上海后，费先生又在家人的陪同下，先后到几家大医院就诊，前前后后花费数万元。于是，费先生将上海某旅行社、浙江地接社、柯岩风景区经营方告上法院，要求三被告共同赔偿医疗费、误工费、交通费、护理费、残疾赔偿金等共计 12 万余元。经查，景区在费先生摔倒致伤的地方未设警示标志。

点评：《民法通则》规定，公民、法人由于过错，侵害他人财产、人身的，应当承担民事责任。受害人对于损害的发生也有过错，可以减轻侵害人的民事责任。费先生等人与上海某旅行社签订了旅游协议，是双方当事人的真实意思表示，应受法律保护。上海某旅行社将该旅游业务委托被告浙江地接社负责接待、安排导游。柯岩风景区作为景区的经营方，对景点的设备设置应考虑游客的心理、好奇等因素，应尽合理限度范围内的安全保障义务，但柯岩风景区未在该处设置警示标志，且该石桌台面的晃动存有安全隐患，故可认定柯岩风景区未尽合理限度范围内的安全保障义务，应承担相应的民事赔偿责任。费先生作为具有行为能力的成年人，对石凳、石桌如何使用

和对站在石凳、石桌上拍照的危险性具有认知能力，故认定费先生存有主要过错，可减轻被告的民事赔偿责任。被告上海某旅行社与被告浙江地接社虽属委托、受托关系，但对原告而言是合同的相对方，理应依法保障游客的人身、财产安全不受侵害，故应承担连带责任。

资料来源　刘宁，周凯．游客景区拍照摔伤获赔3万　旅行社负连带责任［N］．中国青年报，2008-07-18.

第二节　人文旅游资源管理

一、有关文物保护的一般法律规定

为了加强国家对文物的保护，有利于开展科学研究工作，继承我国优秀的历史文化遗产，进行爱国主义和革命传统教育，建设社会主义精神文明，我国于1982年11月制定了《中华人民共和国文物保护法》（简称《文物保护法》）。随着改革开放的深化和扩大，文物管理工作出现了许多新情况和新问题，特别是我国《文物保护法》中没有明确文物部门的执法权，法律对于破坏文物的行为和犯罪活动处罚过宽，因而1991年6月第七届全国人大常委会第二十次会议审议并通过了关于修改《文物保护法》的决定和《关于惩治盗掘古文化遗址古墓葬犯罪的补充规定》。1992年5月，经国务院批准，国家文物局发布了《中华人民共和国文物保护法实施细则》。1997年10月1日起施行的我国新《刑法》又规定了妨害文物管理罪中各种具体犯罪应当承担的刑事责任。2002年10月28日第九届全国人民代表大会常务委员会第三十次会议通过新的《中华人民共和国文物保护法》，并于2003年5月13日国务院第八次常务会议通过《中华人民共和国文物保护法实施条例》，2007年12月29日第十届全国人民代表大会常务委员会第三十一次会议通过关于修改《中华人民共和国文物保护法》的决定，从而使我国的文物保护法律得到进一步完善，使各类文物得到了根本性的法律保护。

为了加强保护历史文化遗产的国际协作，我国已经加入保护世界文化遗产的全部国际公约。除《保护世界文化与自然遗产公约》外，我国政府于1989年9月25日加入了《关于禁止和防止非法进出口文化财产和非法转让其所有权的方法的公约》。该公约的主要宗旨就是保护缔约国的文化财产免受偷盗、秘密发掘和非法出口的危险。该公约强调各缔约国均有义务建立保护文化遗产的国家机构，配备合格的工作人员，协助制定旨在切实保护文化遗产特别是防止重要文化财产的非法进出口和非法转让的法律或规章草案，组织对考古发掘的监督，制定并不断更新一份其出口将造成文化遗产的严重枯竭的重要的公共及私有文化财产的清单，对任何种类的文化财产的失踪进行适当宣传等。1997年3月7日，我国政府决定加入《国际统一私法协会关于被盗或者非法出口文物的公约》。该公约适用于缔约国返还被盗文物、归还因违反缔约国为保护其文化遗产之目的制定的文物出口法律而移出该国领土的文物等国际性请求。该公约中的文物系指因宗教或者世俗的原因，具有考古、史前史、历史、文学、艺术或者科学方面重要性，并属于该公约所列分类之一的物品。根据该公约规定，被盗文物的拥有者应当归还该被盗物；缔约国可以请求另一缔约国法院或者其他主管机关命令归还从请求国领土非法出口的文物。2000 年，我国又加入了《武装冲突情况下保护文化财产公约》，因篇幅所限在此不再赘述。

（一）受法律保护的文物范围

新《文物保护法》规定了受国家保护的文物有：

（1）具有历史、艺术、科学价值的古文化遗址、古墓葬、古建筑、石窟寺和石刻、壁画；

（2）与重大历史事件、革命运动或者著名人物有关的以及具有重要纪念意义、教育意义或者史料价值的近代现代重要史迹、实物、代表性建筑；

（3）历史上各时代珍贵的艺术品、工艺美术品；

（4）历史上各时代重要的文献资料以及具有历史、艺术、科学价值的手稿和图书资料等；

（5）反映历史上各时代、各民族社会制度、社会生产、社会生活的代表性实物。

此外，《文物保护法》还规定，文物认定的标准和办法由国务院文物行政部门制定，并报国务院批准。具有科学价值的古脊椎动物化石和古人类化石同文物一样受国家保护。

（二）文物的所有权

文物的所有权，即文物的归属，它是指由谁享有占有、使用、收益和处分文物的权利。

1. 国家文物所有权

我国《文物保护法》规定，中华人民共和国境内地下、内水和领海中遗存的一切文物，属于国家所有。古文化遗址、古墓葬、石窟寺属于国家所有。国家指定保护的纪念建筑物、古建筑、石刻、壁画、近代现代代表性建筑等不可移动文物，除国家另有规定的以外，属于国家所有。国有不可移动文物的所有权不因其所依附的土地所有权或者使用权的改变而改变。

下列可移动文物，属于国家所有：

（1）中国境内出土的文物，国家另有规定的除外；

（2）国有文物收藏单位以及其他国家机关、部队和国有企业、事业组织等收藏、保管的文物；

（3）国家征集、购买的文物；

（4）公民、法人和其他组织捐赠给国家的文物；

（5）法律规定属于国家所有的其他文物。

属于国家所有的可移动文物的所有权不因其保管、收藏单位的终止或者变更而改变。国有文物所有权受法律保护，不容侵犯。

2. 其他文物所有权

《文物保护法》规定，属于集体所有和私人所有的纪念建筑物、古建筑和祖传文物以及依法取得的其他文物，其所有权受法律保护。文物的所有者必须遵守国家有关文物保护的法律法规的规定。

此外，《文物保护法》还规定，一切机关、组织和个人都有依法保护文物的义务。国务院文物行政部门主管全国文物保护工作。地方各级人民政府负责本行政区域内的文物保护工作。县级以上地方人民政府承担文物保护工作的部门对本行政区域内的文物保护实施监督管理。县级以上人民政府有关行政部门在各自的职责范围内，负责有关的文物保护工作。

鉴于这些年一些地方在发展经济、开发旅游时不能正确处理与保护文物的关系，造成许多不可移动文物被毁坏，《文物保护法》新增规定：各级人民政府应当重视文物保护，正确处理经济发展、社会发展与文物保护的关系，确保文物安全；基础建设、旅游发展必须遵守文物保护工作的方针，其活动不得对文物造成破坏。原《文物保护法》把较多的责任归为各级文物管理部门，修订后的《文物保护法》则强调保护文物也是一切机关、组织和个人的义务，应当建立文物保护的责任分担机制，特别强调“公安机关、工商行政管理部门、海关、城乡建设规划部门和其他有关国家机关，应当依法认真履行所承担的保护文物的职责，维护文物管理秩序”。新《文物保护法》与刑法有关规定相衔接，对追究文物犯罪刑事责任有了明确规定。

（三）文物的级别

我国原《文物保护法》将不可移动文物，如革命遗址、纪念建筑物、古文化遗址、古墓葬、古建筑、石窟寺、石刻等文物，根据它们的历史、艺术、科学价值，分为三个不同级别的文物保护单位，即全国重点文物保护单位，省、自治区、直辖市级文物保护单位和县、自治县、市级文物保护单位，但对未公布的没作规定。全国现有不可移动文物 40 万处左右，已公布为保护单位的不足 7 万处，而新《文物保护法》对尚未公布的不可移动文物也制定了保护规定。新法是一个非常大的系统，今后除了大力落实新《文物保护法》之外，还要进一步健全完善文物保护法规体系，并与新《文物保护法》的有关规定有机对接，同时要逐步与国际接轨。

我国馆藏文物，如纪念物、艺术品、工艺美术品、革命文献资料、手稿、古旧图书资料以及代表性实物等文物有 1 200 多万件，这些文物分为一般文物和珍贵文物。珍贵文物又分为一、二、三级，对于这些文物要抓好“四有”建设，即有保护范围、有标志说明、有记录档案、有管理机构或人员，否则，在大规模基建施工的时候，不少文物会遭到破坏。

（四）对文物保护单位的保护

我国《文物保护法》规定，各级文物保护单位，分别由省、自治区、直辖市人民政府和县、自治县、市人民政府从核定公布之日起 1 年内划定必要的保护范围，作出标志说明，建立记录档案，并区别不同情况分别设置专门机构或者专人负责管理。全国重点文物保护单位的保护范围和记录档案，由省、自治区、直辖市文化行政管理部门报国家文物局备案。文物保护单位的保护范围内不得进行其他建设工程。如有特殊需要，必须经原公布的人民政府和上一级文化行政管理部门同意。在全国重点文物保护单位范围内进行其他建设工程，必须经省、自治区、直辖市人民政府和国家文化行政管理部门同意。

根据保护文物的实际需要，可以在文物保护单位的周围划定并公布建设控制地带。在建设控制地带内，不得建设危及文物安全的设施，不得修建其形式、高度、体量、色调等与文物保护单位的环境风貌不相协调的建筑物或者构筑物，在建设控制地带内新建建筑物、构筑物，其设计方案应当根据文物保护单位的级别，经同级文物行政管理部门同意后，报同级城乡规划部门批准。

二、文物的修缮、保养、使用和销售

文物的保护素来面临着诸多难题，如潮湿霉变、脱落倒塌、人为的损害等，修订后的《文物保护法》第一次规定了“保护为主、抢救第一、合理利用、加强管理”的文物保护工作方针，完善和建立了一系列保护文物、确保文物安全的制度和措施，并将十六字方针以法律的形式写进总则。文物是中华民族历史的载体，是五千年灿烂文化的缩影。提倡在确保文物安全的前提下，对文物合理利用，用科学精神和创新意识解决新形势下的新问题，满足人民群众日益增长的文化生活需求，形成保护与利用的良性互动。

（一）文物的修缮、保养

《文物保护法》规定：“不可移动文物已经全部毁坏的，应当实施遗址保护，不得在原址重建。但是，因特殊情况需要在原址重建的，由省、自治区、直辖市人民政府文物行政部门报省、自治区、直辖市人民政府批准；全国重点文物保护单位需要在原址重建的，由省、自治区、直辖市人民政府报国务院批准。”

国有不可移动文物由使用人负责修缮、保养；非国有不可移动文物由所有人负责修缮、保养。非国有不可移动文物有损毁危险，所有人不具备修缮能力的，当地人民政府应当给予帮助；所有人具备修缮能力而拒不依法履行修缮义务的，县级以上人民政府可以给予抢救修缮，所需费用由所有人负担。

对文物保护单位进行修缮，应当根据文物保护单位的级别报相应的文物行政部门批准；对未核定为文物保护单位的不可移动文物进行修缮，应当报登记的县级人民政府文物行政部门批准。

文物保护单位的修缮、迁移、重建，由取得文物保护工程资质证书的单位承担。对不可移动文物进行修缮、保养、迁移，必须遵守不改变文物原状的原则。

（二）文物的使用、销售

《文物保护法》规定，核定为文物保护单位的属于国家所有的纪念建筑物或者古建筑，除可以建立博物馆、保管所或者辟为参观游览场所外，如果必须作其他用途的，应当经核定公布该文物保护单位的人民政府文物行政部门征得上一级文物行政部门同意后，报核定公布该文物保护单位的人民政府批准；全国重点文物保护单位作其他用途的，应当由省、自治区、直辖市人民政府报国务院批准。国有未核定为文物保护单位的不可移动文物作其他用途的，应当报告县级人民政府文物行政部门。

使用不可移动文物，必须遵守不改变文物原状的原则，负责保护建筑物及其附属文物的安全，不得损毁、改建、添建或者拆除不可移动文物。对危害文物保护单位安全、破坏文物保护单位历史风貌的建筑物、构筑物，当地人民政府应当及时调查处理，必要时，对该建筑物、构筑物予以拆迁。

《文物保护法》规定，国有不可移动文物不得转让、抵押。建立博物馆、保管所或者辟为参观游览场所的国有文物保护单位，不得作为企业资产经营。非国有不可移动文物不得转让、抵押给外国人。非国有不可移动文物转让、抵押或者改变用途的，应当根据其级别报相应的文物行政部门备案；由当地人民政府出资帮助修缮的，应当报相应的文物行政部门批准。文物商店销售的文物，在销售前应当经省、自治区、直辖市人民政府文物行政部门审核；对允许销售的，省、自治区、直辖市人民政府文物行政部门应当作出标志。

三、馆藏文物与民间收藏文物

（一）馆藏文物

1. 馆藏文物的保管

（1）博物馆、图书馆和其他文物收藏单位对收藏的文物，必须区分文物等级，设置藏品档案，建立严格的管理制度，并报主管的文物行政部门备案。县级以上地方人民政府文物行政部门应当分别建立本行政区域内的馆藏文物档案；国务院文物行政部门应当建立国家一级文物藏品档案和其主管的国有文物收藏单位馆藏文物档案。

（2）文物收藏单位应当根据馆藏文物的保护需要，按照国家有关规定建立、健全管理制度，并报主管的文物行政部门备案。未经批准，任何单位或者个人不得调取馆藏文物；文物收藏单位的法定代表人对馆藏文物的安全负责。国有文物收藏单位的法定代表人离任时，应当按照馆藏文物档案办理馆藏文物移交手续。

2. 馆藏文物的取得

文物收藏单位可以通过下列方式取得文物：

（1）购买；

（2）接受捐赠；

（3）依法交换；

（4）法律、行政法规规定的其他方式。

此外，国有文物收藏单位还可以通过文物行政部门指定保管或者调拨方式取得文物。

3. 馆藏文物的调拨

国务院文物行政部门可以调拨全国的国有馆藏文物。省、自治区、直辖市人民政府文物行政部门可以调拨本行政区域内其主管的国有文物收藏单位馆藏文物；调拨国有馆藏一级文物，应当报国务院文物行政部门备案。国有文物收藏单位可以申请调拨国有馆藏文物。

4. 馆藏文物的展览

文物收藏单位应当充分发挥馆藏文物的作用，通过举办展览、科学研究等活动，加强对中华民族优秀的历史文化和革命传统的宣传教育。国有文物收藏单位之间因举办展览、科学研究等需借用馆藏文物的，应当报主管的文物行政部门备案；借用馆藏一级文物的，应当经省、自治区、直辖市人民政府文物行政部门批准，并报国务院文物行政部门备案。非国有文物收藏单位和其他单位举办展览需借用国有馆藏文物的，应当报主管的文物行政部门批准；借用国有馆藏一级文物，应当经国务院文物行政部门批准。文物收藏单位之间借用文物的最长期限不得超过三年。

5. 馆藏文物的交换

已经建立馆藏文物档案的国有文物收藏单位，经省、自治区、直辖市人民政府文物行政部门批准，并报国务院文物行政部门备案，其馆藏文物可以在国有文物收藏单位之间交换；交换馆藏一级文物的，必须经国务院文物行政部门批准。

未建立馆藏文物档案的国有文物收藏单位，不得依照本法第四十条、第四十一条的规定处置其馆藏文物。

此外，《文物保护法》规定，依法调拨、交换、借用国有馆藏文物，取得文物的文物收藏单位可以对提供文物的文物收藏单位给予合理补偿，具体管理办法由国务院文物行政部门制定。国有文物收藏单位调拨、交换、出借文物所得的补偿费用，必须用于改善文物的收藏条件和收集新的文物，不得挪作他用；任何单位或者个人不得侵占。调拨、交换、借用的文物必须严格保管，不得丢失、损毁。禁止国有文物收藏单位将馆藏文物赠与、出租或者出售给其他单位、个人。国有文物收藏单位不再收藏的文物的处置办法，由国务院另行制定。

（二）民间收藏文物

1. 民间收藏文物的取得

文物收藏单位以外的公民、法人和其他组织可以收藏通过下列方式取得的文物：

（1）依法继承或者接受赠与；

（2）从文物商店购买；

（3）从经营文物拍卖的拍卖企业购买；

（4）公民个人合法所有的文物相互交换或者依法转让；

（5）国家规定的其他合法方式。

文物收藏单位以外的公民、法人和其他组织收藏的前款文物可以依法流通。

2. 民间收藏文物的买卖

公民、法人和其他组织不得买卖下列文物：

（1）国有文物，但是国家允许的除外；

（2）非国有馆藏珍贵文物；

（3）国有不可移动文物中的壁画、雕塑、建筑构件等；

（4）来源不符合“民间收藏文物的取得”几种形式的文物。

此外，《文物保护法》还规定，国家鼓励文物收藏单位以外的公民、法人和其他组织将其收藏的文物捐赠给国有文物收藏单位或者出借给文物收藏单位展览和研究。国有文物收藏单位应当尊重并按照捐赠人的意愿，对捐赠的文物妥善收藏、保管和展示。

国家禁止出境的文物，不得转让、出租、质押给外国人。

（三）文物的拍卖

（1）文物商店应当由国务院文物行政部门或者省、自治区、直辖市人民政府文物行政部门批准设立，依法进行管理。文物商店不得从事文物拍卖经营活动，不得设立经营文物拍卖的拍卖企业。

（2）依法设立的拍卖企业经营文物拍卖的，应当取得国务院文物行政部门颁发的文物拍卖许可证。经营文物拍卖的拍卖企业不得从事文物购销经营活动，不得设立文物商店。

（3）文物行政部门的工作人员不得举办或者参与举办文物商店或者经营文物拍卖的拍卖企业。文物收藏单位不得举办或者参与举办文物商店或者经营文物拍卖的拍卖企业。禁止设立中外合资、中外合作和外商独资的文物商店或者经营文物拍卖的拍卖企业。除经批准的文物商店、经营文物拍卖的拍卖企业外，其他单位或者个人不得从事文物的商业经营活动。

（4）文物商店销售的文物，在销售前应当经省、自治区、直辖市人民政府文物行政部门审核；对允许销售的，省、自治区、直辖市人民政府文物行政部门应当作出标志。拍卖企业拍卖的文物，在拍卖前应当经省、自治区、直辖市人民政府文物行政部门审核，并报国务院文物行政部门备案；省、自治区、直辖市人民政府文物行政部门不能确定是否可以拍卖的，应当报国务院文物行政部门审核。

（5）文物商店购买、销售文物，拍卖企业拍卖文物，应当按照国家有关规定作出记录，并报原审核的文物行政部门备案。拍卖文物时，委托人、买受人要求对其身份保密的，文物行政部门应当为其保密，但是，法律、行政法规另有规定的除外。

（6）文物行政部门在审核拟拍卖的文物时，可以指定国有文物收藏单位优先购买其中的珍贵文物。购买价格由文物收藏单位代表与文物的委托人协商确定。

（7）银行、冶炼厂、造纸厂以及废旧物资回收单位，应当与当地文物行政部门共同负责拣选掺杂在金银器和废旧物资中的文物。拣选文物除供银行研究所必需的历史货币可以由人民银行留用外，应当移交当地文物行政部门。移交拣选文物，应当给予合理补偿。

四、文物出境进境

（一）文物出境

（1）国有文物、非国有文物中的珍贵文物和国家规定禁止出境的其他文物，不得出境，但是依照《文物保护法》规定出境展览或者因特殊需要经国务院批准出境的除外。

（2）文物出境，应当经国务院文物行政部门指定的文物进出境审核机构审核。经审核允许出境的文物，由国务院文物行政部门发给文物出境许可证，从国务院文物行政部门指定的口岸出境。任何单位或者个人运送、邮寄、携带文物出境，应当向海关申报；海关凭文物出境许可证放行。

（3 文物出境展览，应当报国务院文物行政部门批准；一级文物超过国务院规定数量的，应当报国务院批准。一级文物中的孤品和易损品，禁止出境展览。

出境展览的文物出境，由文物进出境审核机构审核、登记。海关凭国务院文物行政部门或者国务院的批准文件放行。出境展览的文物复进境，由原文物进出境审核机构审核查验。

（二）文物进境

（1）文物临时进境，应当向海关申报，并报文物进出境审核机构审核、登记。

（2）临时进境的文物复出境，必须经原审核、登记的文物进出境审核机构审核查验；经审核查验无误的，由国务院文物行政部门发给文物出境许可证，海关凭文物出境许可证放行。

五、违反《文物保护法》的法律责任

（一）刑事责任

违反《文物保护法》规定，有下列行为之一，构成犯罪的，依法追究刑事责任：

（1）盗掘古文化遗址、古墓葬的；

（2）故意或者过失损毁国家保护的珍贵文物的；

（3）擅自将国有馆藏文物出售或者私自送给非国有单位或者个人的；

（4）将国家禁止出境的珍贵文物私自出售或者送给外国人的；

（5）以牟利为目的倒卖国家禁止经营的文物的；

（6）走私文物的；

（7）盗窃、哄抢、私分或者非法侵占国有文物的；

（8）应当追究刑事责任的其他妨害文物管理行为。

（二）行政责任

（1）有下列行为之一，尚不构成犯罪的，由县级以上人民政府文物主管部门责令改正，造成严重后果的，处5万元以上50万元以下的罚款；情节严重的，由原发证机关吊销资质证书：擅自在文物保护单位的保护范围内进行建设工程或者爆破、钻探、挖掘等作业的；在文物保护单位的建设控制地带内进行建设工程，其工程设计方案未经文物行政部门同意、报城乡建设规划部门批准，对文物保护单位的历史风貌造成破坏的；擅自迁移、拆除不可移动文物的；擅自修缮不可移动文物，明显改变文物原状的；擅自在原址重建已全部毁坏的不可移动文物，造成文物破坏的；施工单位未取得文物保护工程资质证书，擅自从事文物修缮、迁移、重建的。

刻划、涂污或者损坏文物尚不严重的，或者损毁依照本法第十五条第一款规定设立的文物保护单位标志的，由公安机关或者文物所在单位给予警告，可以并处罚款。

（2）有下列行为之一的，由县级以上人民政府文物主管部门责令改正，没收违法所得，违法所得1万元以上的，并处违法所得2倍以上5倍以下的罚款；违法所得不足1万元的，并处5 000元以上2万元以下的罚款：转让或者抵押国有不可移动文物，或者将国有不可移动文物作为企业资产经营的；将非国有不可移动文物转让或者抵押给外国人的；擅自改变国有文物保护单位的用途的。

（3）有下列行为之一，尚不构成犯罪的，由县级以上人民政府文物主管部门责令改正，可以并处2万元以下的罚款，有违法所得的，没收违法所得：文物收藏单位未按照国家有关规定配备防火、防盗、防自然损坏的设施的；国有文物收藏单位法定代表人离任时未按照馆藏文物档案移交馆藏文物，或者所移交的馆藏文物与馆藏文物档案不符的；将国有馆藏文物赠与、出租或者出售给其他单位、个人的；违法处置国有馆藏文物的；违法挪用或者侵占依法调拨、交换、出借文物所得补偿费用的。

（4）买卖国家禁止买卖的文物或者将禁止出境的文物转让、出租、质押给外国人，尚不构成犯罪的，由县级以上人民政府文物主管部门责令改正，没收违法所得，违法经营额1万元以上的，并处违法经营额2倍以上5倍以下的罚款；违法经营额不足1万元的，并处5 000元以上2万元以下的罚款。

（5）未经许可，擅自设立文物商店、经营文物拍卖的拍卖企业，或者擅自从事文物的商业经营活动，尚不构成犯罪的，由工商行政管理部门依法予以制止，没收违法所得、非法经营的文物，违法经营额5万元以上的，并处违法经营额2倍以上5倍以下的罚款；违法经营额不足5万元的，并处2万元以上10万元以下的罚款。

（6）有下列情形之一的，由工商行政管理部门没收违法所得、非法经营的文物，违法经营额5万元以上的，并处违法经营额1倍以上3倍以下的罚款；违法经营额不足5万元的，并处5 000元以上5万元以下的罚款；情节严重的，由原发证机关吊销许可证书：文物商店从事文物拍卖经营活动的；经营文物拍卖的拍卖企业从事文物购销经营活动的；文物商店销售的文物、拍卖企业拍卖的文物，未经审核的；文物收藏单位从事文物的商业经营活动的。

（7）有下列行为之一，尚不构成犯罪的，由县级以上人民政府文物主管部门会同公安机关追缴文物；情节严重的，处5 000元以上5万元以下的罚款：发现文物隐匿不报或者拒不上交的；未按照规定移交拣选文物的。

（8）有下列行为之一的，由县级以上人民政府文物主管部门责令改正：改变国有未核定为文物保护单位的不可移动文物的用途，未依照本法规定报告的；转让、抵押非国有不可移动文物或者改变其用途，未依照本法规定备案的；国有不可移动文物的使用人拒不依法履行修缮义务的；考古发掘单位未经批准擅自进行考古发掘，或者不如实报告考古发掘结果的；文物收藏单位未按照国家有关规定建立馆藏文物档案、管理制度，或者未将馆藏文物档案、管理制度备案的；未经批准擅自调取馆藏文物的；馆藏文物损毁未报文物行政部门核查处理，或者馆藏文物被盗、被抢或者丢失，文物收藏单位未及时向公安机关或者文物行政部门报告的；文物商店销售文物或者拍卖企业拍卖文物，未按照国家有关规定作出记录或者未将所作记录报文物行政部门备案的。

（9）文物行政部门、文物收藏单位、文物商店、经营文物拍卖的拍卖企业的工作人员，有下列行为之一的，依法给予行政处分；情节严重的，依法开除公职或者吊销其从业资格；构成犯罪的，依法追究刑事责任：文物行政部门的工作人员违反本法规定，滥用审批权限、不履行职责或者发现违法行为不予查处，造成严重后果的；文物行政部门和国有文物收藏单位的工作人员借用或者非法侵占国有文物的；文物行政部门的工作人员举办或者参与举办文物商店或者经营文物拍卖的拍卖企业的；因不负责任造成文物保护单位、珍贵文物损毁或者流失的；贪污、挪用文物保护经费的。

此外，《文物保护法》规定，造成文物灭失、损毁的，依法承担民事责任。

案例 7-2　　文物保护单位受法律保护

重庆市的老舍旧居1992年被市政府公布为市级重点文物保护单位，1995年经市政府划定保护范围和建设控制地带。2004年11月北碚区委计划新建一个住宅区，开发商重庆勇智实业开发有限公司在工程设计方案尚未经北碚区文物部门和市文物局审核通过的情况下，就迫不及待开始了拆迁施工，并擅自在老舍旧居外搭建电杆。对此，北碚区文物管理所、市文物局保护处与勇智公司工程人员就老舍旧居的保护范围等问题进行了磋商，要求该公司停工。但该公司仍强行施工，违法安插的电杆久久立在老舍旧居外。

点评：保护老舍旧居是有法可依的，《文物保护法》明确提出："文物保护单位的保护范围内不得进行其他建设工程或者爆破、钻探、挖掘等作业。但是，因特殊情况需要在文物保护单位的保护范围内进行其他建设工程或者爆破、钻探、挖掘等作业的……应当征得上一级人民政府文物行政部门同意……"因此，这家公司的行为严重违反了《文物保护法》。

资料来源　张涛. 老舍在重庆北碚旧居的保护咋就这么难［EB/OL］.（2004-11-15）［2014-01-15］. http://news. xinhuanet. com/comments/2004-11/15/content_2220090. htm.

第三节　风景名胜区管理

一、风景名胜区管理法规概述

风景名胜区是我国辽阔国土上自然景物与人文景物高度集中的具有典型意义的精华所在。风景名胜区是维护国土风貌、优化生态环境的重要保证；是弘扬民族文化、激发爱国热情的重要场所；是扩大对外开放、促进旅游事业发展的物质基础；是推动地区经济发展的重要因素。为了加强对风景名胜区的管理，有效保护和合理利用风景名胜资源，我国保护风景名胜区的主要法规有：1993年《风景名胜区建设管理规定》；1994年《风景名胜区管理处罚规定》；2004年《国家重点风景名胜区审查办法》；2006年《风景名胜区条例》。

（一）风景名胜区的概念和级别划分

《风景名胜区条例》规定，风景名胜区是指具有观赏、文化或者科学价值，自然景观、人文景观比较集中，环境优美，可供人们游览或者进行科学、文化活动的区域。由此可见，风景名胜区应当具备三个条件：具有观赏、文化或科学价值；自然景物、人文景物比较集中；可供人们游览或者进行科学、文化活动。

风景名胜区按其景物的观赏、文化、科学价值和环境质量、规模大小、游览条件等，划分为三级：

（1）市、县级风景名胜区，由市、县主管部门组织有关部门提出风景名胜旅游资源调查评价报告，报市、县人民政府审定公布，并报省级主管部门备案；

（2）省级风景名胜区，由市、县人民政府提出风景名胜旅游资源调查评价报告，报省、自治区、直辖市人民政府审定公布，并报国务院环境保护行政主管部门备案；

（3）国家重点风景名胜区，由省、自治区、直辖市人民政府提出风景名胜旅游资源调查评价报告，报国务院审定公布。

全国风景名胜区工作，由国务院环境保护行政主管部门主管，地方各级人民政府城乡建设部门主管本地区的风景名胜区工作。风景名胜区依法设立人民政府的，全面负责风景名胜区的保护、利用、规划和建设。风景名胜区没有设立人民政府的，应当设立管理机构，在所属人民政府领导下，主持风景名胜区的管理工作，设在风景名胜区内的所有单位，除各自业务受上级主管部门领导外，都必须服从管理机构对风景名胜区的统一规划和管理。

（二）风景名胜区的规划与保护

根据《风景名胜区条例》的规定，国家对风景名胜区实行科学规划、统一管理、严格保护、永续利用的原则。

1. 风景名胜区的规划

风景名胜区规划分为总体规划和详细规划。风景名胜区总体规划的编制，应当体现人与自然和谐相处、区域协调发展和经济社会全面进步的要求，坚持保护优先、开发服从保护的原则，突出风景名胜资源的自然特性、文化内涵和地方特色。风景名胜区总体规划应当包括下列内容：

（1）风景资源评价；

（2）生态资源保护措施、重大建设项目布局、开发利用强度；

（3）风景名胜区的功能结构和空间布局；

（4）禁止开发和限制开发的范围；

（5）风景名胜区的游客容量；

（6）有关专项规划。

风景名胜区应当自设立之日起 2 年内编制完成总体规划。总体规划的规划期一般为 20 年。省级风景名胜区的总体规划，由省、自治区、直辖市人民政府审批，报国务院建设主管部门备案。

风景名胜区详细规划应当根据核心景区和其他景区的不同要求编制，确定基础设施、旅游设施、文化设施等建设项目的选址、布局与规模，并明确建设用地范围和规划设计条件。风景名胜区详细规划，应当符合风景名胜区总体规划。省级风景名胜区的详细规划，由省、自治区人民政府建设主管部门或者直辖市人民政府风景名胜区主管部门审批。

2. 风景名胜区的保护

（1）风景名胜区内的景观和自然环境，应当根据可持续发展的原则，严格保护，不得破坏或者随意改变。风景名胜区管理机构应当建立健全风景名胜资源保护的各项管理制度。风景名胜区内的居民和游览者应当保护风景名胜区的景物、水体、林草植被、野生动物和各项设施。

（2）风景名胜区管理机构应当对风景名胜区内的重要景观进行调查、鉴定，并制定相应的保护措施。

（3）在风景名胜区内禁止进行下列活动：

①开山、采石、开矿、开荒、修坟立碑等破坏景观、植被和地形地貌的活动；

②修建储存爆炸性、易燃性、放射性、毒害性、腐蚀性物品的设施；

③在景物或者设施上刻划、涂污；

④乱扔垃圾。

（4）禁止违反风景名胜区规划，在风景名胜区内设立各类开发区和在核心景区内建设宾馆、招待所、培训中心、疗养院以及与风景名胜资源保护无关的其他建筑物；已经建设的，应当按照风景名胜区规划，逐步迁出。

（5）在风景名胜区内从事本条例第 26 条、第 27 条禁止范围以外的建设活动，应当经风景名胜区管理机构审核后，依照有关法律法规的规定办理审批手续。

在国家级风景名胜区内修建缆车、索道等重大建设工程，项目的选址方案应当报国务院建设主管部门核准。

（6）在风景名胜区内进行下列活动，应当经风景名胜区管理机构审核后，依照有关法律法规的规定报有关主管部门批准：

①设置、张贴商业广告；

②举办大型游乐等活动；

③改变水资源、水环境自然状态的活动；

④其他影响生态和景观的活动。

（7）风景名胜区内的建设项目应当符合风景名胜区规划，并与景观相协调，不得破坏景观、污染环境、妨碍游览。在风景名胜区内进行建设活动的，建设单位、施工单位应当制订污染防治和水土保持方案，并采取有效措施，保护好周围景物、水体、林草植被、野生动物资源和地形地貌。

（8）国家建立风景名胜区管理信息系统，对风景名胜区规划实施和资源保护情况进行动态监测。国家级风景名胜区所在地的风景名胜区管理机构应当每年向国务院建设主管部门报送风景名胜区规划实施和土地、森林等自然资源保护的情况；国务院建设主管部门应当将土地、森林等自然资源保护的情况，及时抄送国务院有关部门。

二、风景名胜区的利用和管理

（一）《旅游法》关于景区利用和管理的规范

（1）景区开放应当具备下列条件，并听取旅游主管部门的意见：

①有必要的旅游配套服务和辅助设施；

②有必要的安全设施及制度，经过安全风险评估，满足安全条件；

③有必要的环境保护设施和生态保护措施；

④法律、行政法规规定的其他条件。

（2）利用公共资源建设的景区的门票以及景区内的游览场所、交通工具等另行收费项目，实行政府定价或者政府指导价，严格控制价格上涨。拟收费或者提高价格的，应当举行听证会，征求旅游者、经营者和有关方面的意见，论证其必要性、可行性。利用公共资源建设的景区，不得通过增加另行收费项目等方式变相涨价；另行收费项目已收回投资成本的，应当相应降低价格或者取消收费。公益性的城市公园、博物馆、纪念馆等，除重点文物保护单位和珍贵文物收藏单位外，应当逐步免费开放。

（3）景区应当在醒目位置公示门票价格、另行收费项目的价格及团体收费价格。景区提高门票价格应当提前6个月公布。将不同景区的门票或者同一景区内不同游览场所的门票合并出售的，合并后的价格不得高于各单项门票的价格之和，且旅游者有权选择购买其中的单项票。景区内的核心游览项目因故暂停向旅游者开放或者停止提供服务的，应当公示并相应减少收费。

（4）景区接待旅游者不得超过景区主管部门核定的最大承载量。景区应当公布景区主管部门核定的最大承载量，制订和实施旅游者流量控制方案，并可以采取门票预约等方式，对景区接待旅游者的数量进行控制。旅游者数量可能达到最大承载量时，景区应当提前公告并同时向当地人民政府报告，景区和当地人民政府应当及时采取疏导、分流等措施。

（二）《风景名胜区条例》关于景区利用和管理的规范

（1）风景名胜区管理机构应当根据风景名胜区的特点，保护民族民间传统文化，开展健康有益的游览观光和文化娱乐活动，普及历史文化和科学知识。

（2）风景名胜区管理机构应当根据风景名胜区规划，合理利用风景名胜资源，改善交通、服务设施和游览条件。风景名胜区管理机构应当在风景名胜区内设置风景名胜区标志和路标、安全警示等标牌。

（3）风景名胜区内宗教活动场所的管理，依照国家有关宗教活动场所管理的规定执行。风景名胜区内涉及自然资源保护、利用、管理和文物保护以及自然保护区管理的，还应当执行国家有关法律法规的规定。

（4）国务院建设主管部门应当对国家级风景名胜区的规划实施情况、资源保护状况进行监督检查和评估。对发现的问题，应当及时纠正、处理。

（5）风景名胜区管理机构应当建立健全安全保障制度，加强安全管理，保障游览安全，并督促风景名胜区内的经营单位接受有关部门依据法律法规进行的监督检查。禁止超过允许容量接纳游客和在没有安全保障的区域开展游览活动。

（6）进入风景名胜区的门票，由风景名胜区管理机构负责出售。门票价格依照有关价格的法律法规的规定执行。风景名胜区内的交通、服务等项目，应当由风景名胜区管理机构依照有关法律法规和风景名胜区规划，采用招标等公平竞争的方式确定经营者。风景名胜区管理机构应当与经营者签订合同，依法确定各自的权利义务。经营者应当缴纳风景名胜资源有偿使用费。

（7）风景名胜区的门票收入和风景名胜资源有偿使用费，实行收支两条线管理。风景名胜区的门票收入和风景名胜资源有偿使用费应当专门用于风景名胜资源的保护和管理以及风景名胜区内财产的所有权人、使用权人损失的补偿。具体管理办法，由国务院财政部门、价格主管部门会同国务院建设主管部门等有关部门制定。

（8）风景名胜区管理机构不得从事以营利为目的的经营活动，不得将规划、管理和监督等行政管理职能委托给企业或者个人行使。风景名胜区管理机构的工作人员，不得在风景名胜区内的企业兼职。

三、违反《风景名胜区条例》的法律责任

违反《风景名胜区条例》的规定，当事人承担的责任有行政责任，也有民事责任。其行政责任主要包括：

（1）违反《风景名胜区条例》的规定，有下列行为之一的，由风景名胜区管理机构责令停止违法行为、恢复原状或者限期拆除，没收违法所得，并处50万元以上100万元以下的罚款：

①在风景名胜区内进行开山、采石、开矿等破坏景观、植被、地形地貌的活动的；

②在风景名胜区内修建储存爆炸性、易燃性、放射性、毒害性、腐蚀性物品的设施的；

③在核心景区内建设宾馆、招待所、培训中心、疗养院以及与风景名胜资源保护无关的其他建筑物的。

县级以上地方人民政府及其有关主管部门批准实施本条第一款规定的行为的，对直接负责的主管人员和其他直接责任人员依法给予降级或者撤职的处分；构成犯罪的，依法追究刑事责任。

（2）违反《风景名胜区条例》的规定，在风景名胜区内从事禁止范围以外的建设活动，未经风景名胜区管理机构审核的，由风景名胜区管理机构责令停止建设、限期拆除，对个人处2万元以上5万元以下的罚款，对单位处20万元以上50万元以下的罚款。

（3）违反《风景名胜区条例》的规定，在国家级风景名胜区内修建缆车、索道等重大建设工程，项目的选址方案未经国务院建设主管部门核准，县级以上地方人民政府有关部门核发选址意见书的，对直接负责的主管人员和其他直接责任人员依法给予处分；构成犯罪的，依法追究刑事责任。

（4）违反《风景名胜区条例》的规定，个人在风景名胜区内进行开荒、修坟立碑等破坏景观、植被、地形地貌的活动的，由风景名胜区管理机构责令停止违法行为、限期恢复原状或者采取其他补救措施，没收违法所得，并处1 000元以上1万元以下的罚款。

（5）违反《风景名胜区条例》的规定，在景物、设施上刻划、涂污或者在风景名胜区内乱扔垃圾的，由风景名胜区管理机构责令恢复原状或者采取其他补救措施，处50元

的罚款；刻划、涂污或者以其他方式故意损坏国家保护的文物、名胜古迹的，按照治安管理处罚法的有关规定予以处罚；构成犯罪的，依法追究刑事责任。

（6）违反《风景名胜区条例》的规定，未经风景名胜区管理机构审核，在风景名胜区内进行下列活动的，由风景名胜区管理机构责令停止违法行为、限期恢复原状或者采取其他补救措施，没收违法所得，并处5万元以上10万元以下的罚款；情节严重的，并处10万元以上20万元以下的罚款：

①设置、张贴商业广告的；

②举办大型游乐等活动的；

③改变水资源、水环境自然状态的活动的；

④其他影响生态和景观的活动。

（7）违反《风景名胜区条例》的规定，施工单位在施工过程中，对周围景物、水体、林草植被、野生动物资源和地形地貌造成破坏的，由风景名胜区管理机构责令停止违法行为、限期恢复原状或者采取其他补救措施，并处2万元以上10万元以下的罚款；逾期未恢复原状或者采取有效措施的，由风景名胜区管理机构责令停止施工。

（8）违反《风景名胜区条例》的规定，国务院建设主管部门、县级以上地方人民政府及其有关主管部门有下列行为之一的，对直接负责的主管人员和其他直接责任人员依法给予处分；构成犯罪的，依法追究刑事责任：

①违反风景名胜区规划在风景名胜区内设立各类开发区的；

②风景名胜区自设立之日起未在2年内编制完成风景名胜区总体规划的；

③选择不具有相应资质等级的单位编制风景名胜区规划的；

④风景名胜区规划批准前批准在风景名胜区内进行建设活动的；

⑤擅自修改风景名胜区规划的；

⑥不依法履行监督管理职责的其他行为。

（9）违反《风景名胜区条例》的规定，风景名胜区管理机构有下列行为之一的，由设立该风景名胜区管理机构的县级以上地方人民政府责令改正；情节严重的，对直接负责的主管人员和其他直接责任人员给予降级或者撤职的处分；构成犯罪的，依法追究刑事责任：

①超过允许容量接纳游客或者在没有安全保障的区域开展游览活动的；

②未设置风景名胜区标志和路标、安全警示等标牌的；

③从事以营利为目的的经营活动的；

④将规划、管理和监督等行政管理职能委托给企业或者个人行使的；

⑤允许风景名胜区管理机构的工作人员在风景名胜区内的企业兼职的；

⑥审核同意在风景名胜区内进行不符合风景名胜区规划的建设活动的；

⑦发现违法行为不予查处的。

根据《风景名胜区条例》的规定，当事人具有规定的违法行为，依照有关法律、行政法规的规定，有关部门已经予以处罚的，风景名胜区管理机构不再处罚。而当事人的违法行为，侵害国家、集体或者个人的财产的，有关单位或者个人应当依法承担民事责任。

此外，《风景名胜区条例》规定，责令限期拆除在风景名胜区内违法建设的建筑物、构筑物或者其他设施的，有关单位或者个人必须立即停止建设活动，自行拆除；对继续进行建设的，作出责令限期拆除决定的机关有权制止。有关单位或者个人对责令限期拆除决定不服的，可以在接到责令限期拆除决定之日起 15 日内，向人民法院起诉；期满不起诉又不自行拆除的，由作出责令限期拆除决定的机关依法申请人民法院强制执行，费用由违法者承担。

案例 7–3　风景名胜区应加强安全管理

厦门黄某等四人到厦门同安区内的北辰山风景区内一处游人较少的龙泉洞景点游览时，尾随其后的两名歹徒对她们实施抢劫，四少女不从，两名歹徒操刀便刺，四少女同时遇害，同年 8 月两名歹徒伏法。四位受害人亲属以安全措施不健全，违反旅游合同中应确保游人安全的附属义务为由，将景区告上法庭，要求景区总计承担 47 万元损失。

点评：这是我国首例刑事案件中受害人家属要求景区承担违约责任的司法诉讼。《风景名胜区条例》明确规定，风景名胜区管理机构应当建立健全安全保障制度，加强安全管理，保障游览安全，并督促风景名胜区内的经营单位接受有关部门依据法律法规进行的监督检查。如果景区没有达到其要求，景区的经营就存在安全隐患，容易导致游览者人身、财产受到损害，造成合同不能履行或不能完全履行。这也是景区没有完全尽到责任的具体表现。

资料来源　史蔓蓉. 景区安全责任应如何界定［N］. 中国旅游报，2003-01-06.

第四节　自然旅游资源管理

一、自然保护区旅游资源管理法规概述

为了加强自然保护区的建设和管理，保护自然环境和自然资源，国务院于 1994 年 10 月发布了《自然保护区条例》，该条例自 1994 年 12 月 1 日起施行，从此我国对自然环境和自然资源的保护走上了法制化轨道。

（一）自然保护区的概念

自然保护区是指对有代表性的自然生态系统、珍稀濒危野生动植物种的天然集中分布区、有特殊意义的自然遗迹等保护对象所在的陆地、陆地水底或者海域，依法划出一定面积予以特殊保护和管理的区域。自然保护区在国外因保护对象的不同而有不同的名称，如使用国家公园、保护公园、生物保护区等名称的，我国一般使用自然保护区、国家森林公园等。

（二）自然保护区的管理体制

根据《自然保护区条例》的规定，我国对自然保护区实行综合管理和分部门管理相

结合的管理体制。国务院环境保护行政主管部门负责全国自然保护区的综合管理；国务院林业、农业、地质矿产、水利、海洋等有关行政主管部门在各自职责范围内，主管有关的自然保护区；县级以上地方人民政府负责自然保护区管理的部门的设置和职责，由省、自治区、直辖市人民政府根据当地具体情况确定。

（三）自然保护区的建立和管理

1. 建立自然保护区的条件

根据《自然保护区条例》的规定，凡有下列条件之一的，应当建立自然保护区：

（1）典型的自然地理区域、有代表性的自然生态系统区域以及已经遭受破坏但经保护能够恢复的同类的自然生态区域；

（2）珍惜、濒危野生动植物物种的天然集中分布区域；

（3）具有特殊保护价值的海域、海岸、岛屿、湿地、内陆水域、森林、草原和荒漠；

（4）具有重大科学文化价值的地质构造、著名溶洞、化石分布区、冰川、火山、温泉等自然遗迹；

（5）经国务院或者省、自治区、直辖市人民政府批准，需要予以特殊保护的其他自然区域。

对于跨两个以上行政区域的自然保护区的建立，由有关行政区域的人民政府协商一致后提出申请，并按照《自然保护区条例》规定的有关程序审批；建立海上自然保护区，须经国务院批准。

2. 自然保护区的分类与功能划分

自然保护区可分为国家级自然保护区和地方级自然保护区两个等级。在国内外有典型意义、在科学上有重大国际影响或者有特殊科学研究价值的自然保护区，列为国家级自然保护区；除列为国家级自然保护区的外，其他具有典型意义或者重要科学研究价值的自然保护区列为地方级自然保护区。

整个自然保护区可以分为核心区、缓冲区和实验区三个部分。核心区是自然保护区的中心部分；核心区外围规定一定的面积为缓冲区；缓冲区外围划为实验区。只有在实验区才可以从事科学试验、参观考察、旅游等活动。

自然保护区的命名方法：国家级自然保护区，用自然保护区所在地地名加“国家自然保护区”；地方级自然保护区，用自然保护区所在地地名加“地方级自然保护区”。有特殊保护对象的自然保护区，可以在自然保护区所在地地名后加特殊保护对象的名称。

3. 自然保护区的管理

根据《自然保护区条例》的规定，自然保护区管理机构的主要职责如下：

（1）贯彻执行国家有关自然保护区的法律法规和方针、政策；

（2）制定自然保护区的各项管理制度，统一管理自然保护区；

（3）调查自然资源并建立档案，组织环境监测，保护自然保护区内的自然环境和自然资源；

（4）组织或者协助有关部门开展自然保护区的科学研究工作；

（5）进行自然保护的宣传教育；

（6）在不影响保护自然保护区的自然环境和自然资源的前提下，组织开展参观、旅游等活动。

管理自然保护区所需经费，由自然保护区所在地的县级以上地方人民政府安排。国家对国家级自然保护区的管理，给予适当的资金补助。

二、自然保护区开展旅游活动的规定

《自然保护区条例》对于在自然保护区开展旅游活动作了如下特殊规定：

（1）禁止在自然保护区的核心区和缓冲区开展旅游活动。

（2）在国家级自然保护区的实验区开展旅游活动的，由自然保护区管理机构提出方案，经省、自治区、直辖市人民政府有关自然保护区行政主管部门审核后，报国务院有关自然保护区行政主管部门批准；在地方自然保护区的实验区开展旅游活动的，由自然保护区管理机构提出方案，经省、自治区、直辖市人民政府有关自然保护区行政主管部门批准。

（3）在自然保护区组织旅游活动的，必须按照批准的方案进行，并加强管理；进入自然保护区旅游的单位和个人，应当服从自然保护区管理机构的管理。严禁开设与自然保护区保护方向不一致的旅游项目。

（4）外国人进入地方级自然保护区的，接待单位应当事先报经省、自治区、直辖市人民政府有关自然保护区行政主管部门批准；进入国家级自然保护区的，接待单位应当报经国务院有关自然保护区行政主管部门批准。进入自然保护区的外国人，应当遵守有关自然保护区的法律法规和规定。

三、违反《自然保护区条例》的法律责任

违反《自然保护区条例》的规定，有下列行为之一的，由自然保护区管理机构责令其改正，并可以根据不同情节处以100元以上5 000元以下的罚款：

（1）擅自移动或者破坏自然保护区界标的；

（2）未经批准进入自然保护区或者在自然保护区内不服从管理机构管理的；

（3）经批准在自然保护区的缓冲区内从事科学研究、教学学习和标本采集的单位和个人，不向自然保护区管理机构提交活动成果副本的。

自然保护区管理机构违反《自然保护区条例》的规定，有下列行为之一的，由县级以上人民政府有关自然保护区行政主管部门责令限期改正；对直接责任人员，由其所在单位或者上级机关给予行政处分：

（1）未经批准在自然保护区开展参观、旅游活动的；

（2）开设与自然保护区保护方向不一致的参观、旅游项目的；

（3）不按照批准的方案开展参观、旅游活动的。

对于违反《自然保护区条例》的规定，给自然保护区造成损失的，由县级以上人民政府有关自然保护区行政主管部门责令赔偿损失。妨碍自然保护区管理人员执行公务的，

由公安机关依照《治安管理处罚条例》的规定给予处罚；情节严重，构成犯罪的，依法追究刑事责任。违反该条例的规定，造成自然保护区重大污染或者破坏事故，导致公私财产重大损失或者人身伤亡的严重后果，构成犯罪的，对直接负责的主管人员和其他直接责任人员，依法追究刑事责任。

案例 7–4　　禁止在自然保护区的核心区、缓冲区开展旅游

某年 8 月 19 日，内蒙古博物馆自然部副主任李某，既未经“二连盆地–查干诺尔恐龙化石自然保护区”管委会同意，又无自治区国土资源厅和环保局的批准手续，擅自率 5 名比利时人进入保护区核心区非法挖掘恐龙化石，成为该保护区建立两年来首例进入保护区核心区挖掘恐龙化石者。8 月 29 日，苏尼特右旗地质矿产局执法人员到达现场调查，发现部分化石已被私自运走。

点评：《自然保护区条例》规定：自然保护区根据其功能可以分为核心区、缓冲区和实验区三个部分。只有在实验区才可以从事科学试验、参观考察、旅游等活动。本案李某进入保护区核心区挖掘恐龙化石的做法完全是非法的。同时条例还规定了外国人进入保护区应履行的相关手续，本案中比利时人进入保护区的行为也是非法的。

资料来源　茫瀚夫，翁浩．恐龙案公断京城［N］．中国环境报，2008–05–07.

思考与练习

一、填空题

1.《文物保护法》规定，具有科学价值的________化石和________化石同文物一样受国家保护。

2. 禁止在自然保护区的________和________开展旅游活动。

3. 景区接待旅游者数量可能达到最大承载量时，应当________并同时向当地人民政府报告，景区和当地人民政府应当及时采取________等措施。

二、选择题（在每小题的四个备选答案中，选出 1 ~ 4 个正确答案，并将正确答案的序号填在题干的括号内）

1. 我国文物级别划分的依据是(　　)。

A. 文物的观赏、历史、文化价值　　B. 文物的历史、艺术、文化价值

C. 文物的文化、科学、艺术价值　　D. 文物的历史、艺术、科学价值

2. 个人在风景名胜区内进行开荒、修坟立碑等破坏景观、植被、地形地貌的活动的，由风景名胜区管理机构责令停止违法行为、限期恢复原状或者采取其他补救措施，没收违法所得，并处(　　)的罚款。

A. 1 000 元以上 1 万元以下　　B. 2 万元以上 5 万元

C. 2 万元以上 10 万元以下　　D. 100 元以上 5 000 元以下

3. 根据《风景名胜区条例》的规定，国家对风景名胜区实行(　　)的原则。

A. 科学规划　　B. 统一管理

C. 严格保护　　　　D. 永续利用

三、简答题

1. 文物保护的范围有哪些？

2. 建立自然保护区的条件是什么？

3. 我国的风景名胜区分为几个等级？是根据什么依据划分的？

四、案例分析题

2007 年 4 月，在山西有一个村民，一天发现自己家的山墙快要倒了，他就自己动手修了一下这个山墙，花费了 2 000 元。2004 年 5 月，该村作为典型的古民居建筑，被列为国家重点保护文物。鉴于该村的民居建筑是文物这一特点，文物部门规定，在修建时必须在文物部门的指导下，依照维持原貌的原则，保持整体的建筑风格。

试问：

1. 该村民拆除自家山墙的做法对不对？其法律依据是什么？

2. 该房屋的修缮费用应该由谁承担？其法律依据是什么？

第八章

旅游者出入境管理法律制度

背景与提要

中国旅游业的起飞，以接待入境的国际旅游者为标志，这也是由我国当时经济社会发展的实际情况所决定的。国家旅游局发布的统计数据显示，2010 年，我国入境旅游人数达 5 566 万人次，跃居世界第三大入境旅游接待国，旅游外汇收入排名第 4 位。2011 年，我国入境旅游保持稳定快速发展态势，对全球入境旅游的贡献率超过 30%。其中，入境过夜旅游者人数为 5 758 万人次，与 2002 年相比增长了 56.5%，国际旅游（外汇）收入为 485 亿美元，10 年间增长了 138%。我国公民出境旅游最早起源于 1983 年，广东地区的“港澳探亲游”成为出境游的开始。随着我国综合国力的增强，我国公民出境旅游呈快速增长态势，出境旅游尤其是因私出境旅游的快速增长，成为我国综合国力增强、居民生活水平提高、对外开放扩大的最为直接和最为生动的见证。截至目前，我国公民出境旅游目的地国家和地区共达 146 个，其中正式实施组团业务的 114 个。2002—2011 年，我国出境旅游人数由 1 660 万人次增加到 7 025 万人次，增长 323%，是亚洲第一大出境旅游客源国和世界第三大出境消费国，中国成为世界上出境旅游增长最快的国家。

在有关出入境的法律制度建设方面，我国先后颁布实施了《中国公民出境入境管理法》及其实施细则、《外国人入境出境管理法》及其实施细则、《出境入境边防检查条例》等，为促进国际交往，保障中国公民和外国人出入中国国境的正当权利和利益，维护国家主权、安全和社会秩序，发挥了重要作用。1990 年 10 月，我国发布了《关于组织我国公民赴东南亚三国旅游的暂行管理办法》，该办法为出国探亲旅游提供了法律依据。1997 年 7 月，经国务院批准，国家旅游局、公安部联合发布了《中国公民自费出国旅游管理暂行办法》，该办法明确指出，中国公民自费出国旅游必须有计划、有组织、有控制地发展。2001 年 12 月，国务院通过了《中国公民出国旅游管理办法》（以下简称《办法》），该《办法》自 2002 年 7 月 1 日起正式施行。这是我国旅游法制建设的又一重要成果，不仅对促进出国旅游的健康发展具有重要意义，而且对推动旅游全行业的发展、加强旅游法制建设、提升国家旅游整体形象也将发挥积极而现实的作用。2006 年 4 月，国家旅游局、外交部联合发布《中国公民出境旅游突发事件应急预案》，为中国公民加强自我保护意识、选择安全出境旅游目的地提供重要的信息服务。随着我国经济社会的快速发展和对外开放的不断扩大，人民生活水平逐步提高，出入境活动已成为人们日常生活的重要组成部分，老百姓对出境入境便利性提出了更高的要求；外国人来华数量迅速增长，在有力促进对外开放和经济社会发展的同时，外国人“三非”（非法就业、非法入境和非法居留）等问题也日益凸显，而以往的出入境管理法律法规逐步暴露出一些问题，这就需要我们进一步完善有关管理制度进行有效应对。为此，2012 年 6 月 30 日第十一届全国人大常委会通过了《中华人民共和国出境入境管理法》（以下简称《出境入境管理法》），该法于 2013 年 7 月 1 日起施行。

本章以阐述、解析我国《出境入境管理法》的内容为主线，要求学生了解和掌握中国公民出入境管理法律制度、外国人入出境管理法律制度以及入出境监督检查制度，并在此基础上对旅游者出入境过程中遇到的实际问题进行分析。

第一节　中国公民出入境管理法律

一、中国公民出入境管理

《出境入境管理法》在“为中国公民出境入境提供专用通道”、“留存出境入境人员的指纹信息”、“改革华侨回国定居审批制度”等方面都作了明确的规定。

（一）中国公民出入境的管理机关

国家保护中国公民出境入境合法权益。中国公民因私出境应向户口所在地的市、县公安机关提出申请；中国公民因公务出境，由派遣部门向外交部或外交部授权的地方外事部门申请办理出境证件；海员因执行任务出境，由港务监督局或者港务监督局授权的港务监督办理出境证件。

《出境入境管理法》将华侨在境内申请回国定居的受理机关由公安机关调整到侨务部门，进一步精简审批环节。定居国外的中国公民要求回国定居的，应当在入境前向中华人民共和国驻外使馆、领馆或者外交部委托的其他驻外机构提出申请，也可以由本人或者经由国内亲属向拟定居地的县级以上地方人民政府侨务部门提出申请；新法还明确了华侨在国内可以凭本人护照证明其身份，解决华侨证明身份难的问题，便利华侨在华工作和生活。

国家在对外开放的口岸设立出入境边防检查机关。中国公民、外国人以及交通运输工具应当从对外开放的口岸出境入境，特殊情况下，可以从国务院或者国务院授权的部门批准的地点出境入境。出境入境人员和交通运输工具应当接受出境入境边防检查。

为了便利本国公民通关，增强本国公民对国家的认同感和自豪感，并为下一步继续推出自助通关等便利提供法律授权，《出境入境管理法》规定具备条件的口岸，应当为我国公民出入境提供专用通道等便利措施。

（二）中国公民出入境的有效证件

1. 护照

护照是指一国公民向本国或外国当局证明其身份的文书。它是各主权国家发给本国公民出境、旅行、居留、入境的证件。由于护照能证明持有人的国籍、身份，可以使持证人在国外得到外国当局或者本国驻外大使馆、领事馆的保护，因此，凡出国人员均应持有效护照，以便有关当局查验。

护照分为外交护照、公务护照和普通护照三种。外交护照为红色，主要发给出国从事外交工作的政府高级官员、外交及领事官员等；公务护照为墨绿色，主要发给政府一般官员和驻外大使馆、领事馆的不具有外交职衔的工作人员等；普通护照可分为因公普通护照和因私普通护照两种，前者为深褐色，后者为褐色。普通护照主要发给侨民以及包括旅游在内的因私出国公民。

中国公民出境旅游应申请办理普通护照。按照法律规定，申请人应向户口所在地的市、县公安机关出入境管理部门提出申请，并回答有关询问，履行下列手续：提交本人的居民身份证、户口簿、近期免冠照片以及申请事由的相关材料。国家工作人员因前往外国定居、探亲、学习、就业、旅行、从事商务活动等非公务原因出境申请普通护照的，还应当按照国家有关规定提交相关证明文件。公安机关出入境管理机构应当自收到申请材料之日起 15 日内签发普通护照；对不符合规定不予签发的，应当书面说明理由，并告知申请人享有依法申请行政复议或者提起行政诉讼的权利。在偏远地区或者交通不便的地区或者因特殊情况，不能按期签发护照的，经护照签发机关负责人批准，签发时间可以延长至 30 日。公民因合理紧急事由请求加急办理的，公安机关出入境管理机构应当及时办理。普通护照的有效期为：护照持有人未满 16 周岁的 5 年，16 周岁以上的 10 年。同时根据《国际民航组织公约》附件九的规定，取消了护照延期的规定。外交护照、公务护照的有效期由外交部规定。

新颁发的护照不仅仅是一本小册子，它内部含有芯片，具备视读与机读两种功能。护照的防伪性能参照国际技术标准制定。护照签发机关及其工作人员对因制作、签发护照而知悉的公民个人信息，应当予以保密。

申请人有下列情形之一的，护照签发机关不予签发护照：（1）不具有中华人民共和国国籍的；（2）无法证明身份的；（3）在申请过程中弄虚作假的；（4）被判处刑罚正在服刑的；（5）人民法院通知有未了结的民事案件不能出境的；（6）属于刑事案件被告人或者犯罪嫌疑人的；（7）国务院有关主管部门认为出境后将对国家安全造成危害或者对国家利益造成重大损失的。

申请人有下列情形之一的，护照签发机关自其刑罚执行完毕或者被遣返回国之日起 6 个月至 3 年以内不予签发护照：（1）因妨害国（边）境管理受到刑事处罚的；（2）因非法出境、非法居留、非法就业被遣返回国的。

《护照法》规定的处罚种类包括罚款、拘留、没收违法所得三种。《护照法》规定的罚款和拘留的幅度是：弄虚作假骗取护照的，由护照签发机关收缴护照或者宣布护照作废；由公安机关处 2 000 元以上 5 000 元以下罚款；构成犯罪的，依法追究刑事责任。为他人提供伪造、变造的护照，或者出售护照的，依法追究刑事责任；尚不够刑事处罚的，由公安机关没收违法所得，处 10 日以上 15 日以下拘留，并处 2 000 元以上 5 000 元以下罚款；非法护照及其印制设备由公安机关收缴。持用伪造或者变造的护照或者冒用他人护照出入国（边）境的，由公安机关依照出境入境管理的法律规定予以处罚；非法护照由公安机关收缴。

2. 签证

签证是指一个国家官方机构发给外国人入出本国国境或在本国停留、居住的许可证明。中国公民凭护照或其他有效证件出入境，无需办理签证。但若作为允许中国公民前往一个国家或中途经过或停留的证件，中国公民在经批准出境获得护照后，应申办欲前往国的签证或入境许可证。按国际惯例，一般按护照种类发给相应签证，但也可发给高于或低于护照种类的签证。出国旅游应向驻华使、领馆办理签证申请；没有使、领馆，也没有其他使、领馆代办业务的，则需到办理该国签证机关的国家办理。出国旅游要提前办理签证；办好签证要特别注意有效期和停留期；需延长的，应向有关单位办理申请延长手续。

3. 旅行证

旅行证是中国公民出入境的主要证件，由中国驻外的外交代表机关、领事机关或外交部授权的其他驻外机关颁发。旅行证分为一年一次有效和两年多次有效两种，由持证人保存、使用。需变更或加注旅行证的记载事项，应提供变更材料、加注事项的证明或说明材料向发证机关提出申请。

4. 入出境通行证

入出境通行证是中国公民入出边境的通行证件，由省级公安机关及其授权的公安机关签发，证件在有效期内一次或多次入出境有效。

护照以及出入境证件持有人出现下列情形之一的，原发证机关或上级机关予以吊销和宣布作废：持证人因非法进入前往国或者非法居留被送回国内的；持护照、证件招摇撞骗的；从事危害国家安全、荣誉和利益活动的。若违反法律规定，持证人还将受到收缴证件、警告、拘留的处罚，情节严重的，追究刑事责任。

二、中国公民出入境的权利义务及其限制

（一）中国公民出入境的权利义务

中国公民出入境的合法权益受中国法律保护，同时也受前往国法律的保护。当今世界上许多国家为发展旅游业，对旅游者在旅游活动中最关心的安全、服务质量、发生意外事故得到法律保障等问题通过立法建立相应法律制度，签订双边和多边协定规定外国旅游者应受到与本国国民同等的法律保护，并给予若干优惠，中国旅游者理应得到相关外国法律的保护。中国旅游者持护照出入境无需办理签证；公安机关对于中国旅游者出境申请应在规定时间内答复；申请人有权查询规定时间没有审批结果的原因，受理部门应作出答复；申请人认为不批准出境不符合法律规定，可向上一级公安机关申诉，受理机关应作出处理和答复；旅游者本人保存、使用其护照，非经法定事由和特定机关，不受吊销、收缴和扣押；旅游者有权按规定缴纳有关费用。

中国公民出国旅游应申办有效证件，并妥善保管护照等证件；在指定口岸或对外开放的口岸出入境，向边防检查站出示中国护照或其他有效证件，填写出入境登记卡，接受“一关四检”的检查及各种检查，遵守中国及前往国国家法律，不得有危害祖国安全、荣誉和利益的行为。

（二）中国公民出境限制

《出境入境管理法》规定，中国公民有下列情形之一的，不准出境：

（1）未持有效出境入境证件或者拒绝、逃避接受边防检查的；

（2）被判处刑罚尚未执行完毕或者属于刑事案件被告人、犯罪嫌疑人的；

（3）有未了结的民事案件，人民法院决定不准出境的；

（4）因妨害国（边）境管理受到刑事处罚或者因非法出境、非法居留、非法就业被其他国家或者地区遣返，未满不准出境规定年限的；

（5）可能危害国家安全和利益，国务院有关主管部门决定不准出境的；

（6）法律、行政法规规定不准出境的其他情形。

三、中国公民出国旅游管理

中国公民的出境旅游，从活动形式来看，大体上是沿着“港澳游”、“边境游”和“出国游”的顺序逐渐发展起来的；从活动目的来看，是从探亲访友、商贸活动到休闲观光逐渐展开的；从国家政策和管理角度来看，经历了试验、放松到逐渐放开的过程。相关分析显示，出境旅游越来越便捷，同时如美国等国家也在不断为中国游客降低门槛，预计未来10年内，中国出境旅游仍将处于高速增长时期，而且消费额度会不断攀升。按照国际通行的定义，“出境旅游指一个国家的居民跨越国境到另外一个国家的旅游活动”。由于特殊政治背景和历史的诸多原因，中国的出境旅游指的是中国公民跨越国境和某些特定的界线到其他国家或特定行政区域的旅游活动。具体地说，是指由中国内地前往其他国家或者地区，由中国内地前往香港特别行政区、澳门特别行政区，由中国大陆前往台湾地区，不以通过所从事的活动获取报酬为主要目的，进行休闲、娱乐、观光、度假、探亲访友、就医疗养、购物、参加会议或从事经济、文化、体育、宗教的活动，且在境外连续停留不超过12个月，不包括因工作或学习在国内和目的地国家（地区）之间有规律往返的活动。也就是说，本教材提到的出境旅游，实际包括出国旅游、边境旅游和到我国港澳台地区的旅游活动。

国家旅游局对旅游业三大市场的开发战略调整，其政策变化主要包含三个层面：一是，对于出境旅游，政府的态度是不鼓励不限制。世界上没有哪一个国家是大力推动出境游的，除非存在贸易逆差。二是，考虑到出境市场的成长速度，新的方针退去了计划经济色彩，取消对出境社的配额管理，今后出境社的审批将以市场需求为导向。三是，进一步与国际接轨，依据法律法规来规范旅游企业的经营活动。对中国出境旅游发展的政策，由适度发展出境旅游调整为规范发展出境旅游再调整为有序发展出境旅游。这一政策的调整，一方面是由旅游经济发展规律形成的出境旅游运作规律决定的；另一方面是由国家法律法规规定的行政管理行为的规则决定的，如企业经营行为的规则、旅游者旅游行为的规则等等。具体来说，就是政府对出境旅游要通过宏观调控、市场监管、社会管理来规范出境旅游，要通过制定政策和法规来引导和规范出境旅游市场。《中国公民出国旅游管理办法》（以下简称《办法》）对旅行社取得经营出国旅游业务的条件、程序和组团社的义务、领队职责、旅游者的权利义务及罚则等方面的内容进行了规定，形成了一部比较科学、完善的行政法规。

（一）经营出国旅游业务的组团社资质和义务

为规范旅行社组织中国公民出国旅游活动，保障出国旅游者和出国旅游经营者的合法权益，《办法》规定，出国旅游目的地国家和地区由国务院旅游行政部门会同国务院有关部门提出，报国务院批准后，由国务院旅游行政部门公布。任何单位和个人不得组织中国公民到国务院旅游行政管理部门公布的出国旅游目的地以外的国家和地区旅游。临时到非出国旅游目的地国家专项旅游，必须经国务院旅游行政部门批准。旅行社经营出国旅游业务应当具备三个条件：取得旅行社资格满 1 年；经营入境旅游业务有突出业绩；经营期间无重大违法行为和重大服务问题。

（二）申请经营出国旅游业务的程序

申请经营出国旅游业务的旅行社，应当向省、自治区、直辖市旅游行政部门提出申请。省、自治区、直辖市旅游行政部门应当自受理申请之日起 30 个工作日内，依据《办法》第 3 条规定的条件对申请审查完毕，经审查同意的，报国务院旅游行政部门批准；经审查不同意的，应当书面通知申请人并说明理由；国务院旅游行政部门批准旅行社经营出国旅游业务，应当符合旅游业发展规划及合理布局的要求；未经国务院旅游行政部门批准取得出国旅游业务经营资格的，任何单位和个人不得擅自经营或者以商务、考察、培训等方式变相经营出国旅游业务。

国务院旅游行政部门应当将取得出国旅游业务经营资格的旅行社（以下简称组团社）名单予以公布，并通报国务院有关部门。

国务院旅游行政部门根据上年度全国入境旅游的业绩、出国旅游目的地的增加情况和出国旅游的发展趋势，在每年的 2 月底以前确定本年度组织出国旅游的人数安排总量，并下达省、自治区、直辖市旅游行政部门；省、自治区、直辖市旅游行政部门根据本行政区域内各组团社上年度经营入境旅游的业绩、经营能力、服务质量，按照公平、公正、公开的原则，在每年的 3 月底以前核定各组团社本年度组织出国旅游的人数安排；国务院旅游行政部门应当对省、自治区、直辖市旅游行政部门核定组团社年度出国旅游人数安排及组团社组织公民出国旅游的情况进行监督。

国务院旅游行政部门统一印制《中国公民出国旅游团队名单表》（以下简称《名单表》），在下达本年度出国旅游人数安排时编号发放给省、自治区、直辖市旅游行政部门，由省、自治区、直辖市旅游行政部门核发给组团社；组团社应当按照核定的出国旅游人数安排组织出国旅游团队，填写《名单表》。旅游者及领队首次出境或者再次出境，均应当填写在《名单表》中，经审核后的《名单表》不得增添人员。

《名单表》一式四联，分为出境边防检查专用联、入境边防检查专用联、旅游行政部门审验专用联、旅行社自留专用联；组团社应当按照有关规定，在旅游团队出境、入境时及旅游团队入境后，将《名单表》分别交有关部门查验、留存；出国旅游兑换外汇，由旅游者个人按照国家有关规定办理。

旅游者持有有效普通护照的，可以直接到组团社办理出国旅游手续；没有有效普通护照的，应当依照《出境入境管理法》的有关规定办理护照后再办理出国旅游手续；组团社应当为旅游者办理前往国签证等出境手续。

（三）组团社的主要责任和义务

《办法》规定，组团社应当按照核定的出国旅游人数安排组织出国旅游团队，填写《名单表》。旅游者及领队首次出境或者再次出境，均应当填写在《名单表》中，经审核后的《名单表》不得增添人员，即组团社如实填写《名单表》。

组团社应当为出国旅游团队安排专职领队，领队应当经省、自治区、直辖市旅游行政部门考核合格，取得领队证；领队在带团时，应当佩戴领队证，并遵守本《办法》及国务院旅游行政部门的有关规定。

组团社应当为旅游者办理出国手续。旅游团队应当从国家开放口岸整团出入境；旅游团队出入境时，应当接受边防检查站对护照、签证、《名单表》的查验。经国务院有关部门批准，旅游团队可以到旅游目的地国家按照该国有关规定办理签证或者免签证；旅游团队出境前已确定分团入境的，组团社应当事先向出入境边防检查总站或者省级公安边防部门备案；旅游团队出境后因不可抗力或者其他特殊原因确需分团入境的，领队应当及时通知组团社，组团社应当立即向有关出入境边防检查总站或者省级公安边防部门备案。

组团社应当维护旅游者的合法权益。向旅游者提供的出国旅游服务信息必须真实可靠，不得作虚假宣传，报价不得低于成本。

组团社经营出国旅游业务，应当与旅游者订立书面旅游合同；旅游合同应当包括旅游起止时间、行程路线、价格、食宿、交通以及违约责任等内容。旅游合同由组团社和旅游者各持一份。

组团社应当按照旅游合同约定的条件，为旅游者提供服务；组团社应当保证所提供的服务符合保障旅游者人身、财产安全的要求；对可能危及旅游者人身安全的情况，应当向旅游者作出真实说明和明确警示，并采取有效措施，防止危害的发生。

组团社组织旅游者出国旅游，应当选择在目的地国家依法设立并具有良好信誉的旅行社（以下简称境外接待社），并与之订立书面合同后，方可委托其承担接待工作。

组团社及其旅游团队领队应当要求境外接待社按照约定的团队活动计划安排旅游活动，并要求其不得组织旅游者参与涉及色情、赌博、毒品内容的活动或者危险性活动，不得擅自改变行程、减少旅游项目，不得强迫或者变相强迫旅游者参加额外付费项目；境外接待社违反组团社及其旅游团队领队根据前款规定提出的要求时，组团社及其旅游团队领队应当予以制止。

（四）领队的职责

《办法》规定，领队的职责和义务主要有：

旅游团队领队应当向旅游者介绍旅游目的地国家的相关法律、风俗习惯以及其他有关注意事项，并尊重旅游者的人格尊严、宗教信仰、民族风俗和生活习惯。

旅游团队领队在带领旅游者旅行、游览过程中，应当就可能危及旅游者人身安全的情况，向旅游者作出真实说明和明确警示，并按照组团社的要求采取有效措施，防止危害的发生。

旅游团队在境外遇到特殊困难和安全问题时，领队应当及时向组团社和中国驻所在国家使、领馆报告；组团社应当及时向旅游行政部门和公安机关报告。

旅游团队领队不得与境外接待社、导游及为旅游者提供商品或者服务的其他经营者串通欺骗、胁迫旅游者消费，不得向境外接待社、导游及其他为旅游者提供商品或者服务的经营者索要回扣、提成或者收受其财物。

（五）出国旅游者的权利和义务

《办法》关于组团社的义务和领队的职责的规定，是从另一个方面对旅游者的权利保障。此外，《办法》赋予旅游者投诉权，规定：旅游者对组团社或者旅游团领队违反本法规定的行为，有权向旅游行政部门投诉。同时还明确了组团社的赔偿责任，规定：因组团社或者其委托的境外接待社违约，使旅游者合法权益受到损害的，组团社应当依法对旅游者承担赔偿责任。

依据《办法》规定，旅游者应当遵守旅游目的地国家的法律，尊重当地的风俗习惯，并服从旅游团队领队的统一管理；严禁旅游者在境外滞留不归，旅游者在境外滞留不归的，旅游团队领队应当及时向组团社和中国驻所在国家使、领馆报告，组团社应当及时向公安机关和旅游行政部门报告。有关部门处理有关事项时，组团社有义务予以协助。

（六）法律责任

《办法》对上述主体违反各自的义务或职责规定了相应的处罚措施。其中，有下列六种情形之一的旅行社将被暂停或取消出国旅游业务经营资格：入境旅游业绩下降的；因自身原因，在 1 年内未能正常开展出国旅游业务的；因出国旅游服务质量问题被投诉并经查实的；有逃汇、非法套汇行为的；以旅游名义弄虚作假，骗取护照、签证等出入境证件或者送他人出境的；国务院旅游行政部门认定的影响中国公民出国旅游秩序的其他行为。

任何单位和个人未经批准擅自经营或者以商务、考察、培训等方式变相经营出国旅游业务的，由旅游行政部门责令停止非法经营，没收违法所得，并处违法所得 2 倍以上 5 倍以下的罚款。

组团社不为旅游团队安排专职领队的，由旅游行政部门责令改正，并处 5 000 元以上 2 万元以下的罚款，可以暂停其出国旅游业务经营资格；多次不安排专职领队的，并取消其出国旅游业务经营资格。

组团社向旅游者提供虚假服务信息或者低于成本报价的，由工商行政管理部门依照《中华人民共和国消费者权益保护法》、《中华人民共和国反不正当竞争法》的有关规定给予处罚。

组团社或者旅游团队领队对可能危及人身安全的情况未向旅游者作出真实说明和明确警示，或者未采取防止危害发生的措施的，由旅游行政部门责令改正，给予警告；情节严重的，对组团社暂停其出国旅游业务经营资格，并处 5 000 元以上 2 万元以下的罚款，对旅游团队领队可以暂扣直至吊销其领队证；造成人身伤亡事故的，依法追究刑事责任，并承担赔偿责任。

组团社或者旅游团队领队违反规定，未要求境外接待社不得组织旅游者参与涉及色情、赌博、毒品内容的活动或者危险性活动，未要求其不得擅自改变行程、减少旅游项目、强迫或者变相强迫旅游者参加额外付费项目，或者在境外接待社违反前述要求时未制止的，由旅游行政部门对组团社处组织该旅游团队所收取费用2倍以上5倍以下的罚款，并暂停其出国旅游业务经营资格，对旅游团队领队暂扣其领队证；造成恶劣影响的，对组团社取消其出国旅游业务经营资格，对旅游团队领队吊销其领队证。

旅游团队领队与境外接待社、导游及为旅游者提供商品或者服务的其他经营者串通欺骗、胁迫旅游者消费或者向境外接待社、导游和其他为旅游者提供商品或者服务的经营者索要回扣、提成或者收受其财物的，由旅游行政部门责令改正，没收索要的回扣、提成或者收受的财物，并处索要的回扣、提成或者收受的财物价值2倍以上5倍以下的罚款；情节严重的，并吊销其领队证。

旅游者在境外滞留不归，旅游团队领队不及时向组团社和中国驻所在国家使领馆报告，或者组团社不及时向有关部门报告的，由旅游行政部门给予警告，对旅游团队领队可以暂扣其领队证，对组团社可以暂停其出国旅游业务经营资格；旅游者因滞留不归被遣返回国的，由公安机关吊销其护照。

案例8-1　　出境旅游未派遣领队 组团社应承担责任

杜某夫妇参加某旅行社组织的“新马泰港澳16日游”旅游团。在临登飞机时，旅游者发现，该旅游团队是6家旅行社组织的，大家手中的旅游日程各不相同。更让旅游者感到疑惑和骚动不安的是，该旅游团没有领队，而团队中绝大多数人是初次跨出国门。这个出国旅游团在整个旅途中遇到许多困难：在国外如何转机，出入境卡怎么填，需要哪些旅行文件，怎样与境外旅行社接洽等无人过问；在新加坡入境时，因不熟悉情况，旅游团被边检部门盘查一个半小时之久，影响了游览活动；旅游过程中，因没有领队与境外接待社协调，原来的日程安排多次变更；旅游团在异国他乡，人生地不熟，只好听从境外导游的摆布。旅行结束后，杜某夫妇以旅行社未提供相应服务，损害其合法权益为由，要求旅行社赔偿其损失。旅行社辩称，组团人数不足，由若干家旅行社将旅游者拼为一个团，是旅行社的通常做法，只要按约定准时出游，是否告知旅游者并没有实际意义；此次组团出境旅游，事先双方并没有约定派领队，因此，旅行社未派领队并不构成违约。

点评：旅游者出境旅游，应当事先对自己想委托的旅行社的经营情况、合法地位有所了解，并就旅行过程中的相关问题与旅行社签订正式有效的书面合同，以保护自己的合法权益。为出境、出国的旅游者派遣领队是旅行社的法定义务。为出境旅游团提供领队服务作为旅行社的法定义务，无疑是旅游合同的默示条款，旅行社违反了合同默示条款，就是一种违约行为。在上述案例中，因旅行社违规运作，致使杜某夫妇不得不为吃、住、行操心劳神，没有享受到应有的服务，旅行社既要赔偿旅游者住宿、景点等损失，还应该退赔领队服务费。

资料来源　云南省旅游质监所．出境旅游该不该派领队［N］．北京晨报，2004-05-31.

第二节　外国人入出境管理法律

一、外国旅游者的法律地位

所谓外国旅游者，是指在一国境内进行旅行、游览，但不具有该国国籍的人。国籍是一个人同某一特定国家固定的法律联系。我们把具有一个国家国籍的人称为该国的国民或者公民。也就是说，国籍是国家对自己的公民实行外交保护的法律依据。

依据《中华人民共和国国籍法》的规定，在我国的外国旅游者，是指不具有中国国籍而在中国境内进行旅行、游览的外国人或无国籍的人。从国际法角度看，一个国家是否准许外国人入境、居留、旅行、出境等是该国的国家主权问题，别的国家无权干涉。但是，随着国际经济、文化和科学技术交流的不断增加，世界各国都根据本国的具体情况，在不同程度上规定了外国人可以入、出本国国境和在本国境内居留、旅行等。

在国际实践中，根据外国人在一个国家所处的法律地位不同，可将其分为一般外国人与享有外交特权和豁免权的外国人两种。外国旅游者属于前一种人。一个国家对合法入境的外国旅游者，都给予了一定的权利，如人身权、财产权、婚姻家庭权和诉讼权等等。

关于外国旅游者的待遇问题，由于各国情况不同，出现了许多不同的原则和形式，其中国民待遇是最常见的一种。所谓国民待遇，是指旅游地国给予外国旅游者的待遇和给予本国旅游者的待遇相同。但是，这种待遇仅限于一般民事方面或者诉讼方面，而不包括政治方面。例如，在我国，外国旅游者可以同中国公民结婚，但却没有选举权与被选举权。

外国旅游者的合法权益，受旅游地国法律保护，当他们的人身自由或者财产安全受到损害时，可以提起诉讼。当然，外国旅游者也应遵守旅游地国的法律法规和政策，不得危害旅游地国的安全，不得损害其社会公共利益和公共秩序。由于旅游者本人的过错给旅游地国家、集体和个人财产造成经济损失的，应进行赔偿。如果其行为触犯旅游地国刑律的，可依法追究刑事责任。

二、外国人入出境管理机关与签证

（一）外国人入出境管理机关及其职责

依据我国有关的法律规定，中国政府在国外受理外国人入境、过境申请的机关，是中国的外交代表机关、领事机关和外交部授权的其他驻外机关。在国内受理外国人入境、过境、居留、旅行申请的机关，是公安部、公安部授权的地方公安机关和外交部、外交部授权的地方外事部门。受理外国人入境、过境、居留、旅行的机关有权拒发签证、证件；对已发出的签证、证件，有权吊销或者宣布作废。公安部或外交部在必要时可以改变各自授权的机关作出的决定。对非法入境、非法居留的外国人，县级以上公安机关可以拘留审查、监视居住或者遣返出境。县级以上公安机关外事民警在执行任务时，有权查验外国人的护照和其他证件。外事民警查验时，应当出示自己的工作证件，有关组织或者个人有协助的责任。

（二）签证

1. 签证的概念与种类

《出境入境管理法》规定，外国人入境，应当向驻外签证机关申请办理签证。签证是指一国外交、领事、公安机关或由上述机关授权的其他机关，根据外国人要求入境的申请，依照有关规定在其所持证件（护照等）上签注、盖印，表示准其出入本国国境或过境的手续，它实际上是一国实施有条件准许入境的措施。为了规范签证的签发和外国人在中国境内停留、居留的服务和管理，根据《出境入境管理法》，国务院制定了《外国人入境出境管理条例》，建立了外国人入境出境服务和管理工作协调机制，加强了外国人入境出境服务和管理工作的统筹、协调与配合。

在我国，根据外国人的身份和所持护照的种类，根据证件持有人是否享有外交特权和优遇，将签证分为外交签证、礼遇签证、公务签证和普通签证；在签发普通签证时，根据外国人申请来中国的事由，在签证上标明相应的汉语拼音字母，主要有以下几种：

（1）C 字签证，发给执行乘务、航空、航运任务的国际列车乘务员、国际航空器机组人员、国际航行船舶的船员及船员随行家属和从事国际道路运输的汽车驾驶员。

（2）D 字签证，发给入境永久居留的人员。

（3）F 字签证，发给入境从事交流、访问、考察等活动的人员。

（4）G 字签证，发给经中国过境的人员。

（5）Jl 字签证，发给外国常驻中国新闻机构的外国常驻记者；J2 字签证，发给入境进行短期采访报道的外国记者。

（6）L 字签证，发给入境旅游的人员；以团体形式入境旅游的，可以签发团体 L 字签证。

（7）M 字签证，发给入境进行商业贸易活动的人员。

（8）Q1 字签证，发给因家庭团聚申请入境居留的中国公民的家庭成员和具有中国永久居留资格的外国人的家庭成员，以及因寄养等原因申请入境居留的人员；Q2 字签证，发给申请入境短期探亲的居住在中国境内的中国公民的亲属和具有中国永久居留资格的外国人的亲属。

（9）R 字签证，发给国家需要的外国高层次人才和急需紧缺专门人才。

（10）S1 字签证，发给申请入境长期探亲的因工作、学习等事由在中国境内居留的外国人的配偶、父母、未满 18 周岁的子女、配偶的父母，以及因其他私人事务需要在中国境内居留的人员；S2 字签证，发给申请入境短期探亲的因工作、学习等事由在中国境内停留居留的外国人的家庭成员，以及因其他私人事务需要在中国境内停留的人员。

（11）X1 字签证，发给申请在中国境内长期学习的人员；X2 字签证，发给申请在中国境内短期学习的人员。

（12）Z 字签证，发给申请在中国境内工作的人员。

外国人申请办理签证，应当向驻外签证机关提交本人的护照或者其他国际旅行证件，以及申请事由的相关材料，按照驻外签证机关的要求办理相关手续、接受面谈。外国人申请办理签证需要提供中国境内的单位或者个人出具的邀请函件的，申请人应当按照驻外签证机关的要求提供。出具邀请函件的单位或者个人应当对邀请内容的真实性负责。

国家旅游局、省级旅游局及特定的旅行社，依法行使到我国境内旅游的签证通知权。中国政府驻外使、领馆和外交部授权的其他驻外机关、公安部及其授权的其他机关、外交部及其授权的其他机关是办理签证事宜的部门。经授权的地方公安机关作为口岸签证机关，按法律规定的事宜，对在外事、旅游活动中确需来华而来不及在中国驻外机关申办签证的外国人办理签证的，申办人一下飞机即可办理签证，这种方式俗称“落地签证”。

旅行社按照国家有关规定组织入境旅游的，可以向口岸签证机关申请办理团体旅游签证。外国人向口岸签证机关申请办理签证，应当提交本人的护照或者其他国际旅行证件，以及申请事由的相关材料，按照口岸签证机关的要求办理相关手续，并从申请签证的口岸入境。口岸签证机关签发的签证一次入境有效，签证注明的停留期限不得超过 30 日。

签证有一定格式和内容，包括签证有效期、有效次数、停留期、入出境口岸、偕行人员等。外国旅游者应在签证有效期内，按照指定的入境口岸、交通工具和线路通行，非经许可，中途不得停留。

旅游者领取签证、证件后，需要申请变更或延期，诸如有效期延长、增加偕行人员、增加不对外国人开放地点，法律是许可的，但应向证件发放机关申办，并办理下列手续：交验护照和签证、旅行证等证件；填写变更或延期申请表，提供与延期或变更有关的证明；缴纳规定的费用。

2. 签发签证的情形

（1）不予签发签证。根据《出境入境管理法》，外国人有下列情形之一的，不予签发签证：

①被处驱逐出境或者被决定遣送出境，未满不准入境规定年限的；

②患有严重精神障碍、传染性肺结核病或者有可能对公共卫生造成重大危害的其他传染病的；

③可能危害中国国家安全和利益、破坏社会公共秩序或者从事其他违法犯罪活动的；

④在申请签证过程中弄虚作假或者不能保障在中国境内期间所需费用的；

⑤不能提交签证机关要求提交的相关材料的；

⑥签证机关认为不宜签发签证的其他情形。

对不予签发签证的，签证机关可以不说明理由。

（2）可以免办签证。根据《出境入境管理法》，外国人有下列情形之一的，可以免办签证：

①根据中国政府与其他国家政府签订的互免签证协议，属于免办签证人员的；

②持有效的外国人居留证件的；

③持联程客票搭乘国际航行的航空器、船舶、列车从中国过境前往第三国或者地区，在中国境内停留不超过 24 小时且不离开口岸，或者在国务院批准的特定区域内停留不超

过规定时限的；

④国务院规定的可以免办签证的其他情形。

（3）临时入境手续的办理。根据《出境入境管理法》，有下列情形之一的外国人需要临时入境的，应当向出入境边防检查机关申请办理临时入境手续：

①外国船员及其随行家属登陆港口所在城市的；

②可以免办签证第③项规定的人员需要离开口岸的；

③因不可抗力或者其他紧急原因需要临时入境的。

临时入境的期限不得超过15日。对申请办理临时入境手续的外国人，出入境边防检查机关可以要求外国人本人、载运其入境的交通运输工具的负责人或者交通运输工具出境入境业务代理单位提供必要的保证措施。

三、外国人的入境、出境

（一）入境

依据《出境入境管理法》，外国人入境，应当向出入境边防检查机关交验本人的护照或者其他国际旅行证件、签证或者其他入境许可证明，履行规定的手续，经查验准许，方可入境。外国人有下列情形之一的，不准入境：

（1）未持有效出境入境证件或者拒绝、逃避接受边防检查的；

（2）具有不予签发签证第①项至第④项规定情形的；

（3）入境后可能从事与签证种类不符的活动的；

（4）法律、行政法规规定不准入境的其他情形。

对不准入境的，出入境边防检查机关可以不说明理由。对未被准许入境的外国人，出入境边防检查机关应当责令其返回；对拒不返回的，强制其返回。外国人等待返回期间，不得离开限定的区域。

（二）出境

依据《出境入境管理法》，外国人出境，应当向出入境边防检查机关交验本人的护照或者其他国际旅行证件等出境入境证件，履行规定的手续，经查验准许，方可出境。外国人有下列情形之一的，不准出境：

（1）被判处刑罚尚未执行完毕或者属于刑事案件被告人、犯罪嫌疑人的，但是按照中国与外国签订的有关协议，移管被判刑人的除外；

（2）有未了结的民事案件，人民法院决定不准出境的；

（3）拖欠劳动者的劳动报酬，经国务院有关部门或者省、自治区、直辖市人民政府决定不准出境的；

（4）法律、行政法规规定不准出境的其他情形。

四、外国人的停留、居留

（一）停留期限

《出境入境管理法》规定，外国人停留证件的有效期最长为180日。外国人所持签证注明的停留期限不超过180日的，持证人凭签证并按照签证注明的停留期限在中国境内停留。

需要延长签证停留期限的，应当在签证注明的停留期限届满7日前向停留地县级以上地方人民政府公安机关出入境管理机构申请，按照要求提交申请事由的相关材料。经审查，延期理由合理、充分的，准予延长停留期限；不予延长停留期限的，应当按期离境。延长签证停留期限，累计不得超过签证原注明的停留期限。

（二）居留证件

外国人所持签证注明入境后需要办理居留证件的，应当自入境之日起30日内，向拟居留地县级以上地方人民政府公安机关出入境管理机构申请办理外国人居留证件。

申请办理外国人居留证件，应当提交本人的护照或者其他国际旅行证件，以及申请事由的相关材料，并留存指纹等人体生物识别信息。公安机关出入境管理机构应当自收到申请材料之日起15日内进行审查并作出审查决定，根据居留事由签发相应类别和期限的外国人居留证件。

外国人工作类居留证件的有效期最短为90日，最长为5年；非工作类居留证件的有效期最短为180日，最长为5年。

依据《出境入境管理法》，外国人有下列情形之一的，不予签发外国人居留证件：

（1）所持签证类别属于不应办理外国人居留证件的；

（2）在申请过程中弄虚作假的；

（3）不能按照规定提供相关证明材料的；

（4）违反中国有关法律、行政法规，不适合在中国境内居留的；

（5）签发机关认为不宜签发外国人居留证件的其他情形。

符合国家规定的专门人才、投资者或者出于人道等原因确需由停留变更为居留的外国人，经设区的市级以上地方人民政府公安机关出入境管理机构批准可以办理外国人居留证件。

在中国境内居留的外国人申请延长居留期限的，应当在居留证件有效期限届满30日前向居留地县级以上地方人民政府公安机关出入境管理机构提出申请，按照要求提交申请事由的相关材料。经审查，延期理由合理、充分的，准予延长居留期限；不予延长居留期限的，应当按期离境。

（三）住宿

《出境入境管理法》规定，外国人在中国境内旅馆住宿的，旅馆应当按照旅馆业治安管理的有关规定为其办理住宿登记，并向所在地公安机关报送外国人住宿登记信息。外国人在旅馆以外的其他住所居住或者住宿的，应当在入住后24小时内由本人或者留宿人，向居住地的公安机关办理登记。

在中国境内出生的外国婴儿，其父母或者代理人应当在婴儿出生60日内，持该婴儿的出生证明到父母停留居留地县级以上地方人民政府公安机关出入境管理机构为其办理停留或者居留登记。

外国人在中国境内死亡的，其家属、监护人或者代理人，应当按照规定，持该外国人的死亡证明向县级以上地方人民政府公安机关出入境管理机构申报，注销外国人停留居留证件。

（四）就业

《出境入境管理法》规定，外国人在中国境内工作，应当按照规定取得工作许可和工作类居留证件。任何单位和个人不得聘用未取得工作许可和工作类居留证件的外国人。外国人有下列行为之一的，属于非法就业：

（1）未按照规定取得工作许可和工作类居留证件在中国境内工作的；

（2）超出工作许可限定范围在中国境内工作的；

（3）外国留学生违反勤工助学管理规定，超出规定的岗位范围或者时限在中国境内工作的。

（五）关于外国人停留、居留的其他规定

（1）根据维护国家安全、公共安全的需要，公安机关、国家安全机关可以限制外国人、外国机构在某些地区设立居住或者办公场所；对已经设立的，可以限期迁离。

未经批准，外国人不得进入限制外国人进入的区域。

（2）聘用外国人工作或者招收外国留学生的单位，应当按照规定向所在地公安机关报告有关信息。

公民、法人或者其他组织发现外国人有非法入境、非法居留、非法就业情形的，应当及时向所在地公安机关报告。

（3）申请难民地位的外国人，在难民地位甄别期间，可以凭公安机关签发的临时身份证明在中国境内停留；被认定为难民的外国人，可以凭公安机关签发的难民身份证件在中国境内停留居留。

（六）永久居留

《出境入境管理法》规定，对中国经济社会发展作出突出贡献或者符合其他在中国境内永久居留条件的外国人，经本人申请和公安部批准，取得永久居留资格。取得永久居留资格的外国人，凭永久居留证件在中国境内居留和工作，凭本人的护照和永久居留证件出境入境。外国人有下列情形之一的，由公安部决定取消其在中国境内永久居留资格：

（1）对中国国家安全和利益造成危害的；

（2）被处驱逐出境的；

（3）弄虚作假骗取在中国境内永久居留资格的；

（4）在中国境内居留未达到规定时限的；

（5）不适宜在中国境内永久居留的其他情形。

案例 8-2　　外国旅游者的合法权益受目的地国法律保护

马来西亚某旅游公司组织 46 名游客交中国香港一家旅行社负责安排该团在内地的旅程。香港旅行社将该团交给深圳某国际旅行社接待。3 月 25 日该团游客自深圳入境。入境后，因未收到该团团费，香港旅行社通知深圳某国际旅行社现收深圳至桂林机票费。在桂林，游客又向地接社现付机票费用。旅游团抵陕后，鉴于团费仍未收到，香港旅行社通知深圳市某国际旅行社：如 3 月 29 日中午 12 时仍未收到款，就将旅行团就地解散。马来西亚某旅游公司接到此信息后，请求西安某旅行社暂借款清欠深圳某国际旅行社的团费，并在 30 日中午将该团转交西安某旅行社负责接待，安排后半段行程，并许诺今后还有很多业务。在此团接待完以后，马来西亚某旅游公司仍未按约将团费交给西安某旅行社。为了追讨马来西亚某旅游公司欠下的旅行团费，西安某旅行社错误地采取"暂让各位团友推迟出境日程，以迫使马来西亚某旅游公司交回团款"的办法，并扣留了领队的护照。4 月 14 日，陕西省旅游局根据国家旅游局的指示，书面通知西安某旅行社：立即放人；立即将领队护照交还本人。并对该旅行社作出停业整顿的处罚。国家旅游局对在此起旅游纠纷中负有一定责任的深圳某国际旅行社给予通报批评。

点评：我国《出境入境管理法》及相关法律规定，外国人的合法权益，受旅游地国法律保护，当他们的人身自由或者财产安全受到损害时，可以提起诉讼。西安某旅行社非法滞留旅游团事件在海内外引起强烈反响，损害了我国旅游业的形象和声誉。国家旅游局重申：旅行社在经营活动中必须执行先收费、后接待的原则，双方订立合同，不得以允许拖欠团款等不正当竞争手段进行经营活动，也不得为争夺客源，允许海外旅行社在中国旅游期间搞分段委托。不得以任何理由、方式扣留旅游者和领队的证件、机车票，滞留旅游者行程，不得违法限制旅游者人身自由。旅行社之间在出现业务纠纷时，应及时向各级管理部门请示报告，应该通过法律途径解决。对于情节严重的旅行社，应根据《旅行社条例》及有关规定，吊销业务经营许可证。

资料来源　赵正平．涉外行政管理［M］．北京：中国商务出版社，2007.

第三节　旅游者入出境检查制度

我国有关法律规定了对入、出境的旅游者进行"一关四检"的检查制度。

一、海关检查

海关，是国家的门户，是国家入出境管理机构。海关检查，指海关在国境口岸依法对进出国境的货物、运输工具、行李物品、邮递物品和其他物品执行监督管理、代收关税和查禁走私等任务时所进行的检查。我国海关在执行任务时贯彻既严格又方便的原则，既保卫国家的政治、经济利益，维护国家主权，又便利正常往来。

外国旅游者来中国，主要接受海关对其入境运输工具和行李物品的检查。在现代旅游实践中，旅游者不仅搭乘飞机、船舶或列车，而且在邻近国家之间，往往驾驶车辆、船舶等旅游，因此各国都制定了对外国旅游者运输工具的监督和检查制度。进出中国国境的旅游者应将携带的符合规定的行李物品交海关检查。旅游者应填写“旅客行李申报表”一式两份，经海关查验行李物品后签章，双方各执一份，在旅游者回程时交海关验核。进出境旅游者向海关的申报，应在海关对有关物品实施查验（包括检查设备查验）之前完成；海关开始检查后，旅游者对其所携带物品以任何方式作出的申明，均不视为申报。来我国居留不超过6个月的旅游者，携带海关认为必须复运出境的物品，由海关登记后放行，旅游者出境时必须将原物带出；旅游者携带的金银、珠宝、钻石等饰物，如准备携带出境，应向海关登记，由海关发给证明书，以便出境时海关凭证核放。进出国境的旅游者携带的行李物品符合纳税规定的，应照章纳税。

二、边防检查

各国为维护国家主权和安全，禁止非法出入境，便利进出境人员和交通运输畅通，都在对外开放的港口、机场、国境车站和边防通道以及特许的进出口岸设立了边防检查站，对进出国境的人和物进行检查。边防检查人员必须依法执行公务；任何组织和个人不得妨碍边防检查人员依法执行公务。出入境人员和交通工具，必须经对外开放的口岸或经主管机关特许的地点通行，接受边防检查、监护和管理。

（一）对出入境人员的检查

《出境入境管理法》规定，县级以上地方人民政府公安机关或者出入境边防检查机关对涉嫌违反出境入境管理的人员可以采取当场盘问、继续盘问、拘留审查、限制活动范围、遣送出境等措施。

（1）外国人有下列情形之一的，不适用拘留审查，可以限制其活动范围：患有严重疾病的；怀孕或者哺乳自己不满1周岁婴儿的；未满16周岁或者已满70周岁的；不宜适用拘留审查的其他情形。被限制活动范围的外国人，应当按照要求接受审查，未经公安机关批准，不得离开限定的区域。限制活动范围的期限不得超过60日。对国籍、身份不明的外国人，限制活动范围期限自查清其国籍、身份之日起计算。

（2）外国人有下列情形之一的，可以遣送出境：被处限期出境，未在规定期限内离境的；有不准入境情形的；非法居留、非法就业的；违反本法或者其他法律、行政法规需要遣送出境的。其他境外人员有所列情形之一的，可以依法遣送出境。被遣送出境的人员，自被遣送出境之日起1至5年内不准入境。

（二）对运输工具的检查

出入境的交通运输工具离抵口岸时，必须接受边防检查。对交通工具的入境检查，在最先抵达的口岸进行；出境检查，在最后离开的口岸进行。在特殊情况下，经主管机关批准，对交通运输工具的入境、出境检查，也可以在特许的地点进行。

（三）对行李物品、货物的检查

边防检查站根据维护国家安全和社会秩序的需要，可以对出境、入境人员携带的行李物品和交通运输工具载运的货物进行重点检查。出境、入境的人员和交通运输工具不得携带、载运法律、行政法规规定的危害国家安全和社会秩序的违禁物品；携带、载运违禁物品的，边防检查站应当扣留违禁物品，对携带人、载运违禁物品的交通运输工具负责人依照有关法律、行政法规的规定处理。

任何人不得非法携带属于国家秘密的文件、资料和其他物品出境；非法携带属于国家秘密的文件、资料和其他物品的，边防检查站应当予以收缴，对携带人依照有关法律、行政法规规定处理。

出境、入境的人员携带或者托运枪支、弹药，必须遵守有关法律、行政法规的规定，向边防检查站办理携带或者托运手续；未经许可，不得携带、托运枪支、弹药出境、入境。

三、安全检查

中国海关和边防站，为保证旅游者生命和财产安全，禁止携带武器、凶器、爆炸物品，采用通过安全门使用磁性探测检查、红外线透视、搜身开箱检查等方法，对旅游者进行安全检查。

四、卫生检疫

为防止传染病由国外传入或由国内传出，保护人身健康，各国都制定了国境卫生检疫法。我国依据《国境卫生检疫法》设立了国境卫生检疫机关，在入出境口岸依法对包括旅游者在内的有关人员及其携带的动植物和交通运输工具等实施传染病检疫、检测和卫生监督；只有经过检疫，由国境卫生检疫机关许可，才能入出境。

五、动植物检疫

为了保护我国农、林、牧、渔业生产和人体健康，维护对外贸易信誉，履行国际义务，防止危害动植物的病、虫、杂草及其他有害生物由国外传入或由国内传出，我国同世界各国都制定了动植物检疫的法律。在我国边境口岸设立的口岸动植物检疫站，代表国家对入出境的动物、动物产品、植物、植物产品及运载动植物的交通工具等执行检疫任务。旅游者应主动接受动植物检疫，并按有关规定入出境。

案例 8–3　　审查资料要仔细　避免工作失误

甲旅客系外省人，随全国各大城市的销售人员参加某公司组织的促销奖励旅游团，准备赴中国香港、泰国九日游。此项活动某公司委托给乙旅行社承办，因是全国各地人员，所以集中从广州统一出境。乙旅行社在操作旅游业务时，委托甲旅客所在地的丙旅行社帮助办理旅游护照，甲旅客将办理护照所需的照片及资料交给丙旅行社后，即等待出国旅游。丙旅行社在当地公安部门办理甲旅客的护照后，即快递给乙旅行社，由乙旅行社统一办理了泰国旅游签证。乙旅行社按照出团程序通知甲旅客出境日期和集合地点。出境的前一天晚上，乙旅行社在广州宾馆召开了出国说明会并发给旅客们护照。第二天甲旅客在排队出境时，被边防检查人员查出护照上未加盖“出境管理局”的公章，因此不得出境。甲旅客此时被一盆冷水从头浇到脚，十分生气，埋怨乙旅行社业务疏漏，致使自己不能出境。

点评：此案例纯系工作疏失缺乏责任心所致，主要责任在乙旅行社。公安部门办理护照工作失误，甲旅客的护照上未加盖公章，此护照属无效证件。《出境入境管理法》规定：“持用无效出境证件的，边防检查机关有权阻止出境，并依法处理。”在此案例中，乙、丙旅行社在收到护照后均未认真审查，都认为护照已办妥不会出问题。而泰国领事馆在办理签证时，也未详细查看护照是否有效就给予签证，造成一错再错。而在出关时，边防检查人员查出此不易发现的问题，避免了一起严重的责任事故。这件事给旅行社敲响了警钟，在办理旅游业务时，一定要认真审查一切资料，工作责任心要强，每一工作环节要有专人负责审查，并做好记录，这样才能避免经济和名誉上的损失。

资料来源 蓬莱市旅游质监所．审查资料要仔细 避免工作失误［EB/OL］．（2008-10-10）［2014-01-17］．http：//www. plta. gov. cn.

思考与练习

一、填空题

1. 普通护照有效期为：持有人未满 16 周岁的________年，16 周岁以上的________年。同时根据《国际民航组织公约》附件九的规定，取消了________的规定。

2. 中国公民往来内地与香港特别行政区、澳门特别行政区，中国公民往来大陆与台湾地区，应当依法申请办理________。

3. 我国有关法律规定了对入、出境的旅游者进行“一关四检”的检查制度，具体是指海关检查、________、________、动植物检疫和卫生检疫。

二、选择题（在每小题的四个备选答案中，选出 1 ~4 个正确答案，并将正确答案的序号填在题干的括号内）

1. 年满 16 周岁的外国人在中国境内停留居留，应当随身携带本人的护照或者其他国际旅行证件，或者外国人停留居留证件，接受(　　)的查验。

A. 外交机关或授权部门　　B. 公安机关

C. 侨务管理机关　　D. 边防检查机关

2. 西安市居民王某应聘在珠海某公司短期工作，他欲报名参加当地旅行社组织的出境旅游，他应当向(　　)的市、县公安机关申请办理出境证件。

A. 组团旅行社所在地　　B. 出境口岸所在地

C. 户口所在地　　D. 公司所在地

3. 《出境入境管理法》规定，外国人停留证件的有效期最长为(　　)。

A. 180 天　　B. 1 年

C. 90 天　　D. 3 年

三、简答题

1. 根据《出境入境管理法》的规定，护照签发机关在哪些情况下不予签发护照？
2. 外国人普通签证的种类有哪些？
3. 中国旅游者在什么情况下不得出境？

四、案例分析题

某年 11 月，某国际旅行社在获得出境旅游业务经营权后，为尽快开展出境旅游业务，遂与中国香港一家信誉不甚良好的旅行社建立了业务联系。同年 12 月，该国际旅行社组织了一个 23 人赴新、马、泰三国旅游团，委托该香港旅行社接待，因时间仓促，未与该香港旅行社签订书面协议。该旅游团在顺利完成新加坡、泰国两国游程后，在马来西亚入境时，由于当地接待社疏忽，未办妥入境手续，致使该旅游团因“非法入境”而被扣留两天，未完成马来西亚段旅行而直接返回香港。该旅游团回国后，遂向旅游行政管理部门投诉，要求退还旅行费用并赔偿损失。经查，该旅游团投诉属实，而该国际旅行社则辩称，违约损害旅游者的事实均发生在境外，应由境外旅行社承担赔偿责任。

根据上述材料回答：损害赔偿责任应由该国际旅行社还是境外旅行社承担？为什么？

第九章

旅游安全与保险法律制度

背景与提要

旅游安全是旅游业的生命线。旅游安全问题是关乎国计民生的大问题，直接影响着国民经济的发展，对中国旅游业的国际形象也具有重大影响。目前，我国尚未颁布《中华人民共和国旅游安全法》，1989 年 6 月国家旅游局、公安部发出了《关于进一步加强旅游安全保卫工作的通知》，要求各地采取切实措施，保障来华旅游者的安全。1990 年，国家旅游局发布了《旅游安全管理暂行办法》，这是我国多年来旅游安全管理工作的科学总结，从此，我国旅游安全管理工作初步纳入规范化、制度化的轨道。1994 年，国家旅游局颁布了《旅游安全管理暂行办法实施细则》。1993 年，国家旅游局发布了《重大旅游安全事故报告制度试行办法》、《重大旅游安全事故处理程序试行办法》，并先后与公安部联合发布了《关于加强旅游涉外饭店安全管理、严防恶性案件发生的通知》、《关于加强宾馆、饭店等旅游设施消防安全工作的通知》。1994 年，国家技术监督局颁布关于《游艺机和游乐设施安全监督管理规定》的通知，1995 年，公安部颁布《公共娱乐场所消防安全管理规定》等等。2006 年，国务院发布了《关于事故灾难类突发公共事件专项应急预案》，2009 年，国务院《关于加快发展旅游业的意见》将“加强旅游安全保障体系建设”作为重要内容。从此，我国旅游安全管理法律制度在系统化、全面化方面迈开了步伐。

在旅游活动中，由于旅游安全事故发生的不确定性，旅游法律关系当事人则要承担可能出现的各种风险，于是，旅游保险便应运而生了。为了从根本上维护游客和旅游企业的利益，保障旅游业健康稳定发展，国家旅游局从 1999 年开始进行了深入的研究的工作。2001 年 4 月《旅行社投保旅行社责任保险规定》（简称《规定》）正式出台。《规定》要求自当年 9 月 1 日起，全国旅行社必须投保旅行社责任险，同时不再强制要求旅行社代游客购买旅游人身意外险，这是国家旅游局为了有效保护游客和旅行社利益的一个重要举措，中国人民保险公司、太平洋保险公司、平安保险公司等纷纷推出了自己的保险条款，来吸引各个旅行社。应该说，《规定》通过强制经营主体投保责任保险的方式来保护旅游者和旅行社的利益，完全符合国际国内的保险惯例。此外，国家旅游局为了保护游客人身利益，要求旅行社在组团过程中，必须向游客推荐旅游意外险。为进一步完善旅行社责任保险，规范旅行社责任保险市场，针对旅行社责任保险市场存在的问题，在广泛调研的基础上，国家旅游局和中国保监会联合起草了《旅行社责任保险管理办法（征求意见稿）》，并结合工作实际起草了《关于完善旅行社责任保险的若干意见（征求意见稿）》（以下简称《意见》）。2010 年，国家旅游局、中国保监会第 35 号令公布《旅行社责任保险管理办法》(以下简称《办法》),该办法自2011年2月1日起施行。《旅游法》中设立旅游安全专章,对旅游安全工作进行专门的规范说明,这既是对我国旅游安全与应急工作的法制回应,也必将对我国旅游安全工作迈入科学化、理性化轨道提供重要的法制基础。

本章将根据我国《保险法》、《旅游法》及《办法》的相关规定,对旅游保险的概念、特征及分类进行阐述,同时结合旅游行业的实际情况对旅游保险合同进行分析,并介绍旅行社责任保险的相关内容,以使学生对我国旅游保险法律制度有较为系统、全面地认识和理解。

第一节 旅游安全管理法律制度

一、旅游安全管理法律概述

(一)旅游安全管理工作的方针

《旅游安全管理暂行办法》明确规定,为加强旅游安全管理工作,保障旅游者人身、财物安全,旅游安全管理应当贯彻"安全第一,预防为主"的方针。

所谓"安全第一",就是说,在旅游全过程中,无论是国家旅游行政管理部门,还是旅游经营单位,或旅游从业人员,都必须始终把安全工作放在头等重要的地位。因为,安全问题是一个极其重要、十分敏感的问题。安全,不仅影响到旅游业形象和信誉,还关系到旅游业的生存和发展。没有安全,就没有旅游业的存在和发展,也没有对外开放、经济繁荣和社会稳定。

所谓"预防为主",就是说,在旅游全过程中,国家旅游行政管理部门、旅游经营单位、旅游从业人员,要会同有关管理部门、旅游相关行业或旅游相关从业人员,采取积极的安全防范措施,彻底清除不安全隐患。旅游安全要贯彻预防为主的方针,防患于未然,这是旅游业发展规律的要求和反映,也是国际、国内旅游业发展的经验总结。

(二)旅游安全管理的原则

1. 旅游安全管理机构的职责

《旅游安全管理暂行办法》规定,旅游安全管理应坚持"统一指导,分级管理,以基层为主"的原则,为此,各旅游安全管理机构的主要职责如下:

(1)国家旅游局在旅游安全管理工作上的主要职责有:制定国家旅游业安全管理规章,并组织实施;会同国家有关部门对旅游安全实行综合治理,协调处理旅游安全事故和其他安全问题;指导、检查和监督各级旅游行政管理部门和旅游企事业单位的旅游安全管理工作;负责全国旅游安全管理的宣传、教育工作,组织旅游安全管理人员的培训工作;协调重大旅游安全事故的处理工作;负责全国旅游安全管理方面的其他有关事项。

(2)地方各级旅游行政管理部门在旅游安全管理工作上的主要职责有:贯彻执行国家旅游局制定的旅游安全法规;制定本地区旅游安全管理的规章制度,并组织实施;协同工商、公安、卫生等有关部门,对新开业的旅游企事业单位的安全管理机构、规章制度及其消防、卫生防疫等安全设施、设备进行检查，参加开业前的验收工作；协同公安、卫生、园林等有关部门，开展对旅游安全环境的综合治理工作，防止对旅游者敲诈、勒索、围堵等不法行为的发生；组织和实施对旅游安全管理人员的宣传、教育和培训工作；参与旅游安全事故的处理工作；受理本地区涉及旅游安全问题的投诉；负责本地区旅游安全管理的其他事项。

（3）旅游安全管理工作的基层单位在旅游安全管理工作上的职责有：设立安全管理机构，配备安全管理人员；建立安全规章制度，并组织实施；建立安全管理责任制，将安全管理的责任落实到每个岗位、每个职工；接受当地旅游行政管理部门对旅游安全管理工作的行政管理和检查、监督；把安全教育、职工培训制度化、经常化，培养职工的安全意识，普及安全常识，提高安全技能，对新招聘的职工，必须进行安全培训，合格后才可允许上岗；新开业的旅游企事业单位，在开业前必须向当地旅游行政管理部门申请安全设施设备、安全管理机构、安全规章制度的检查验收，检查验收不合格者，不得开业；坚持日常的安全检查工作，重点检查安全规章的落实情况和安全管理漏洞，及时消除不安全隐患；对用于接待旅游者的汽车、游船和设施，要定期进行维修和保养，使其始终处于良好的安全状况，在运营前进行全面的检查，严禁带故障运行；对旅游者的行李要有完备的交接手续，明确责任，防止损坏或丢失；在安排旅游团队的游览活动时，要认真考虑可能影响安全的诸项因素，制订周密的行程计划，并注意避免司机处于过分疲劳状态；负责为旅游者人身及财物投保；直接参与处理涉及本单位的旅游安全事故，包括事故处理、善后处理及赔偿事项等；开展登山、汽车、狩猎、探险等特殊旅游项目时，要事先制订周密的安全保护方案和急救措施，重要团队需按规定报有关部门审批。

由此可见，贯彻旅游安全工作的“安全第一，预防为主”以及“统一指导，分级管理，以基层为主”的原则，重点在于旅游经营单位，即旅游安全工作成效如何，关键在基层，也就是在于旅游企业。只有旅游经营单位切实做到上述规定要求，真正树立起“没有安全，便没有旅游业的发展”这一观念，旅游安全工作才能收到实效。

2.《旅游法》关于旅游安全工作的立法规范

《旅游法》对旅游安全问题进行专章规制，其特点如下：

（1）《旅游法》根据我国旅游业发展在安全层面的战略需求，对旅游安全与应急工作进行系统的法制规范，其目的在于打造安全的旅游目的地、保障旅游者的人身财产安全。

（2）《旅游法》既从政府、旅游经营者，也从旅游者角度，对旅游安全与应急工作进行了全方位、立体化的规范。在政府层面，要求县级以上人民政府统一负责旅游安全工作，并将旅游应急管理纳入政府应急管理体系，同时规定了政府有关部门在旅游安全与应急中的职责；在旅游经营者层面，对旅游经营者的安全生产条件、制度与应急预案建设、应急技能培训、产品与服务的安全监测、特殊旅游群体的安全保障、旅游安全说明和警示、旅游救助和应急处置等方面进行全面而系统的规范，这对于明确旅游经营者的安全保障义务，指明其安全工作的基本范畴，具有重要的规范意义和指导意义；在旅游者层面，明确了旅游者面临人身财产危险时的求助权。同时，对旅游者提供个人信息、遵守安全警示、应急配合及文明旅游等行为要素进行了系统规范，体现了旅游者权利与义务的对等。这些引导性的条款表明，旅游者自身的安全素质、意识和行为表现是保护旅游者安全的重要基础，它们也是旅游者应遵守的基本义务。

（3）《旅游法》为充分保障旅游者的人身财产安全，对旅游风险的阻断机制进行了系统设计。其一，全面规范了旅游经营者的安全义务，要求将安全注意事项列入包价旅游合同，有利于减少旅游经营者环节的安全风险；其二，要求国家建立旅游目的地的安全风险提示制度，有利于加强政府对旅游者的风险提示和服务能力；其三，要求将旅游安全作为突发事件监测评估的重要内容，有利于提升旅游安全预警的专业能力；其四，要求对高风险旅游项目实施经营许可，有利于提升高风险旅游项目的安全门槛；其五，要求对旅行社、住宿、旅游交通和高风险旅游项目实施责任保险制度，有利于提升面向旅游者的安全赔偿能力。可见，《旅游法》的这些综合措施，将全面提升旅游者的安全保障力度。

（4）《旅游法》体现了“以人为本”的治理原则，主要表现在：其一，既从政府层面对旅游者安全进行保障，也从旅游经营者层面对旅游者安全进行保障；其二，对老年人、未成年人、残疾人等特殊旅游群体的安全保障予以高度关注，要求旅游经营者对他们采取针对性的安全保障措施；其三，不仅对旅游者在境内的旅游安全给予重视，也对出境旅游者在境外的协助和保护请求予以高度重视；其四，明确了在发生突发事件后，旅游者返回出发地或其指定的合理地点的权利；其五，对风险情形下的费用支出和分担机制进行了规定，明确了旅游者的权利义务，减少了赔偿纠纷的可能性。

二、旅游安全事故的处理

（一）旅游安全事故的概念及分类

旅游安全事故，是指在旅游活动的过程中，涉及旅游者人身、财产安全的事故。旅游安全事故分为轻微、一般、重大和特大事故四个等级。

（1）轻微事故，是指一次事故造成旅游者轻伤，或经济损失在1万元以下者；

（2）一般事故，是指一次事故造成旅游者重伤，或经济损失在1万（含1万）元至10万元者；

（3）重大事故，是指一次事故造成旅游者死亡或旅游者重伤致残或经济损失在10万（含10万）至100万元者；

（4）特大事故，是指一次事故造成旅游者死亡多名，或者经济损失在100万元以上，或者性质特别严重产生重大影响者。

（二）旅游安全事故的一般处理程序

旅游安全事故发生后，应当严格按照规定的程序处理。依照《旅游安全管理暂行办法》的规定，事故发生单位在旅游安全事故发生后，应按下列程序处理：

（1）陪同人员应当立即上报主管部门，主管部门应当及时报告归口管理部门，即导游人员在带团游览中，如果发生了旅游安全事故，导游人员应当立即向其所属旅行社和当地旅游行政管理部门报告。当地旅游行政管理部门在接到旅游安全事故报告后，要尽快向当地人民政府报告，对重大、特大旅游安全事故，要同时向国家旅游行政管理部门报告。

(2) 要会同有关事故发生地的有关单位严格保护现场。事故发生地现场保护十分重要，它直接关系到能否准确地确定事故性质、寻找破案线索，也关系到安全事故的妥善处理。所以，一旦发生旅游安全事故，现场有关人员一定要配合公安或其他有关方面，严格保护事故发生地现场。

(3) 协同有关部门进行抢救、侦查。当旅游安全事故发生后，地方旅游行政管理部门和有关旅游经营单位及人员，要积极配合公安、交通、救护等有关方面，组织对旅游者进行紧急救援，并采取有效措施，妥善处理善后事宜。

(4) 有关单位负责人应及时赶赴现场处理，这是对有关单位负责人的要求。当安全事故发生后，有关旅游经营单位和当地旅游行政管理部门的负责人，应当及时赶赴现场，进行现场组织指挥，并采取适当的处理措施，这样有利于安全事故的处理。

(5) 对于特别重大事故，应当严格按照国务院《特别重大事故调查程序暂行规定》进行处理。

(三) 重大旅游安全事故的处理程序

如前述规定，重大旅游安全事故是指一次事故造成旅游者死亡或者旅游者重伤致残，或经济损失在10万（含10万）至100万元者。具体地讲，重大旅游安全事故包括：造成海外旅游者人身重伤、死亡的事故；涉外旅游住宿、交通、游览、餐饮、娱乐、购物场所的重大火灾及其他恶性事故；其他经济损失严重的事故。

对于重大安全事故的处理原则是由事故发生地的人民政府牵头协调有关部门以及事故责任方及其主管部门负责处理，必要时可成立事故处理领导小组。在重大旅游安全事故发生后，报告单位应当立即派人赶赴现场，组织抢救工作，保护事故现场，并及时报告当地公安部门。报告单位如不属事故方或责任方的主管部门，应按照事故处理领导小组的部署做好有关工作。在旅游安全事故发生后，公安部门人员尚未进入事故现场前，如因现场抢救工作需要移动物证时，应做出标记，并尽量保护事故现场的客观、完整。如有伤亡情况，应立即组织医护人员进行抢救，并及时报告当地卫生部门；与此同时，事故报告单位应当检查伤亡人员的团队名称、国籍、姓名、性别、年龄、护照号码以及在国内外的保险情况，并进行登记。如有死亡事故，应注意保护遇难者的遗骸、遗体。对现场的行李和物品，要认真清理和保护，并逐项登记造册。如果伤亡者中有来自海外的旅游者，责任方和报告单位在对伤亡人员核查清楚后，要及时报告当地外事部门及国家旅游局，由当地外事部门或国家旅游局负责通知外方，而有关组团旅行社应及时抚慰伤亡者家属。在伤亡事故的处理过程中，责任方及主管部门负责联系有关部门为伤残者或伤亡者家属提供以下证明文件：为伤残人员提供医疗部门出具的“伤残证明书”；为骨灰遣返者提供法医出具的“死亡鉴定书”、丧葬部门出具的“火化证明书”；为遗体遣返者提供法医出具的“死亡鉴定书”、医院出具的“尸体防腐证明书”、防疫部门检疫后出具的“棺柩出境许可证”。

(四) 特大旅游安全事故的处理程序

依据国务院发布的《特别重大事故调查程序暂行规定》，所谓特别重大事故是指造成特别重大人身伤亡或者巨大经济损失，以及性质特别严重、产生重大影响的事故。就旅游业来说，特别重大旅游安全事故是指一次事故造成旅游者死亡多名，或经济损失在100万元以上，或者性质特别严重，产生重大影响的。根据《旅游安全管理暂行办法》规定，对特别重大的旅游安全事故的调查处理适用国务院发布的《特别重大事故调查程序暂行规定》。依据这一规定，对特别重大事故的处理，应当注意下列事项：

1. 做好特大事故的现场保护和报告工作

对特大事故报告的要求是：立即将发生特大事故的情况，报告上级归口管理部门和所在地地方人民政府，并报告所在地的省、自治区、直辖市人民政府和国务院归口管理部门；在24小时内写出事故报告，报上级部门。若涉及军民两个方面的特大事故，还必须立即将发生特大事故的情况报告当地警备司令部或最高军事机关，并应当在24小时内写出事故报告，报上述单位。省 、自治区、直辖市人民政府和国务院归口管理部门，接到特大事故报告后，应当立即向国务院作出报告。

特大事故发生地公安部门得知发生特大事故后，应当立即派人赶赴事故现场，负责事故现场的保护和收集证据的工作。特大事故现场的勘查工作，由特大事故发生单位所在地地方人民政府负责组织有关部门进行。

2. 做好特大事故的调查工作

依据《特别重大事故调查程序暂行规定》，特大事故发生后，按照事故发生单位的隶属关系，由省、自治区、直辖市人民政府或者国务院归口管理部门组织成立特大事故调查组，负责特大事故的调查工作。某些特大事故，国务院认为应当由国务院调查的，则由国务院或者国务院授权的部门组织成立特大事故调查组。

特大事故调查组具有下列职责：查明事故发生的原因、人员伤亡及财产损失情况；查明事故的性质和责任；提出事故处理及防止类似事故再次发生所应采取措施的建议；提出对事故责任者的处理建议；检查控制事故的应急措施是否落实；写出事故调查报告。

（五）外国旅游者在华旅游期间发生伤亡情况的处理

在重大和特别重大旅游安全事故中，经常会发生外国旅游者伤亡的情况。对于外国旅游者伤亡的事故，应当特别注意下列事宜：

（1）立即通过外事管理部门通知有关国家驻华使馆和组团单位；

（2）为前来了解、处理事故的外国使、领馆人员和组团单位及伤亡者家属提供方便；

（3）与有关部门协调，为国际急救组织前来参与对在国外投保的旅游者（团）的伤亡处理提供方便；

（4）对在华死亡的外国旅游者严格按照外交部《外国人在华死亡后的处理程序》办理。

《外国人在华死亡后的处理程序》的主要内容如下：

（1）死亡的确定。死亡可分正常死亡和非正常死亡。因年迈或其他疾病而自然死亡的，属于正常死亡；因意外突发事故死亡的，属于非正常死亡。在旅游活动中，外国旅游者在华旅游期间的死亡情况，也可分为正常死亡和非正常死亡。如果发现外国人在华死亡，发现人（包括个人或单位）应当立即报告当地公安局、外事办公室，并在上述部门同意后通知死者所属的旅游团组负责人。如属正常死亡，善后处理工作由接待单位负责。没有接待单位的（包括零散旅客），由公安机关会同有关部门共同处理。如属非正常死亡，应保护好现场，由公安机关进行取证并处理。一般来说，尸体在处理前应妥为保存（如防腐、冷冻等）。

（2）通知外国使、领馆及死者家属。外国人死亡确定后，根据《维也纳领事关系公约》或双边领事条约的规定以及国际惯例，应快速通知死亡家属及其所属国家驻华使、领馆。凡属正常死亡的外国人，在通报公安部门和地方外事办公室后，由接待或聘用单位负责通知；如死者在华无接待单位，由公安部门负责通知。如果死者所属国家已同我国签订的领事条约有通知时限规定，要按条约规定办；如无此类条约规定，应按《维也纳领事关系公约》的规定和国际惯例尽快通知。

（3）尸体解剖。正常死亡者或者死因明确的非正常死亡者，一般不需作尸体解剖。若死者家属或其所属驻华使、领馆要求解剖，我方可同意，但必须要有死者家属或使、领馆有关官员签字的书面请求。对于非正常死亡者，为查明死因，需要进行解剖时，由公安、司法机关按其有关规定办理。

（4）出具证明。正常死亡，由县级或县级以上医院出具“死亡证明书”。如死者死前曾在医院治疗或抢救，应其家属要求，医院可提供“诊断书”或“病历摘要”。对于非正常死亡，可由公安机关或司法机关的法医出具“死亡鉴定书”。为了减少不必要的麻烦，证明书的内容应简单明了，解剖证明书也不必过于详细。交死者家属或死者所属使、领馆的“死亡证明书”、“死亡鉴定书”、“解剖结果证明书”等等，应注意与死因相符。对外公布死因要慎重，如死因尚不明确，或有其他致死原因，在查明前不要轻易对外公布，待查清或内部意见统一后，再对外公布和提供证明。县级或县级以上的医院出具的“死亡证明书”、公安机关或司法机关的法医出具的“死亡鉴定书”，如死者家属要求办理认证手续（按规定这两种证书无需办理认证），可直接办理认证或由有关外国驻华使、领馆认证。

（5）对尸体的处理。对在华死亡的外国人尸体的处理，可在当地火化，亦可将尸体运回其本国。究竟如何处理，应尊重死者家属或所属使、领馆的意愿。如果死者家属要求火化尸体，必须由死者家属或所属使、领馆提出书面请求并签字后进行，骨灰由他们带回或运送回国。如外方不愿在中国火化，可同意将尸体运送回国。但是，运输手续和费用原则上由外方自理。如果办理手续有困难，接待单位或有关部门可给予必要的协助。为了做好外方工作和从礼节上考虑，对受聘或有接待单位的死者，在火化或尸体运送回国前，可由聘用或接待单位为死者举行一次简单的追悼仪式。如外方要求举行宗教仪式，应视当地条件允许，可安排举行一个简单的宗教仪式。如外方要求将死者在中国土葬，可以我国殡葬改革、提倡火葬为由，予以婉拒。如果外方要求将骨灰埋在中国或撒在中国的土地上，一般亦予以婉拒。但如死者是对中国作出特殊贡献的友好知名人士，应报请省级或国家民政部门决定。

（6）骨灰和尸体运输出境。中国民航国内运输，一般不办理尸体的运输业务。特殊情况需向当地民航管理局提出申请，并应按照民航运输的规定包装，并提供必要的证明文件。

（7）死者遗物的清点处理。清点死者遗物，应有死者偕行人员及其所属使、领馆人员和我方人员在场；如无偕行人员，使、领馆人员又不能到场时，可请公证处公证人员到场；遗物必须清点造册，并列出清单，清点人要逐一签字，接收遗物者要开出收据，并注明接收时间、地点、在场人等；签字后办理公证手续；如死者有遗嘱，应将遗嘱拍照或复制，原件交死者家属或所属使、领馆。

（8）写出《死亡善后处理情况报告》。死者善后事宜处理结束后，聘用或接待单位应写出《死亡善后处理情况报告》报主管领导单位、外办、公安厅（局）、外交部，内容应包括死亡原因、抢救措施、诊断结果、善后处理情况及外方反映等。

（六）对旅游者在旅游安全事故中发生伤亡的赔偿问题

近年来，在旅游活动中，旅游者在事故中因为伤亡引起的赔偿案件屡有发生，对此，《旅游安全管理暂行办法》规定："对于外国旅游者的赔偿，按照国家有关保险规定妥善处理。"

案例 9-1　　安全是旅游业的生命线

赵某等人参加某国旅组织的"九寨沟—黄龙—四姑娘山七天游"西部假期旅行团，当晚入住当地某宾馆。10 月 13 日凌晨 4 时 10 分，四川旅游景点发生一起泥石流事故，该宾馆背后的挡土墙突然崩塌，巨石夹杂着大量泥沙冲垮了宾馆 8 个房间的玻璃窗汹涌入房，10 多名广东游客险被活埋，赵某住的房间在事故中受损最为严重。她在投诉中称："出事前我睡得很熟，一点先兆都没感觉到。""睡梦中听到轰隆一声巨响，我猛地睁开眼睛，只见许多巨石和泥沙冲开了玻璃窗砸到我的床上，一时间我都分不清是不是在做梦，只是傻傻地愣在床上不敢动弹，接着同房的妈妈大喊'地震啦，女儿，快逃啊'，才稍稍回过神来。我感觉到有石头隔着棉被砸到腿上，试着动了一下，还有感觉。我小心地缩起双腿钻出被窝，什么东西都没拿，就拉着母亲往外冲。"赵某在事故中没有受伤，也算是不幸中的大幸。大约 5 分钟后，酒店的服务员和经理才陆续赶到。当地医生也赶到现场，对伤者进行了简单的护理工作。在事故中，共有 4 名广东游客的手脚和脸部表皮受到不同程度的擦伤，所幸事故并未造成重大伤亡。事故发生后，酒店管理方和某国旅的导游迅速开展善后处理和情绪安抚工作，并通知了当地公安和医院有关方面。在初步勘察后，宾馆称出事的挡土墙是酒店后面的交通饭店修建的，并非属于宾馆的工程，连日下雨加上气温下降，造成挡土墙里的雨水结冰膨胀，导致坍塌。宾馆表示，该宾馆开业两年来从未发生过类似事件，出事挡土墙是才修建的，在事故中他们也是受害者。由于部分游客的衣物被沙泥埋住了，宾馆随即按原价进行理赔。某国旅的全陪导游也在第一时间将事件向公司总部反映，有关方面在具体了解事件详情后作了适当处理。据了解，部分受惊过度的旅客拟提出精神索赔，赵某在投诉中说："如果这是天灾，我们只好认命，但坍塌的挡土墙明明存在施工质量问题，这明显属于人祸，希望有关方面能给我们一个合理的解释。"

点评："保护旅游者的人身、财产安全不受侵犯"是我国相关旅游法律法规的规定。我国历来十分重视旅游安全工作，国家旅游局、公安部多次发出通知，要求各地采取有力措施，在旅游安全管理工作中实行“安全第一，预防为主”的方针，以保障旅游者的安全。但是，在旅游活动中，无论是旅游者，还是旅游业经营者，都会面临各种风险。因此，我们应当防患于未然，将旅游安全事故消灭在萌芽状态。同时在旅游安全事故发生时，应当积极采取措施将事故造成的损失降低到最低限度。总之，如何加强旅游安全，将是一个永远的课题。

资料来源 曾义．四川四姑娘山泥石流破窗而入 广东游客险被活埋［N］．南方都市报，2002-10-14.

第二节 旅游保险法概述

一、旅游保险的概念与特征

（一）旅游保险的概念

所谓旅游保险，是指投保人根据合同约定，向保险人支付保险费，保险人对被保险人在旅游过程中发生了保险合同约定的可能发生的事故因其发生所造成的财产损失承担赔偿保险金责任，或者当被保险人死亡、伤残、疾病或者达到合同约定的年龄、期限时承担给付保险金责任的商业保险行为。

按照保险是否以营利为目的划分，广义的保险可分为社会保险和商业保险。社会保险是指国家基于社会保障政策的需要，不以营利为目的而举办的一种福利保险。社会保险属法定保险，一般由社会保障立法予以规范，其费用主要来源于国家财政资金或企事业单位资金和经费。社会保险主要包括养老保险、医疗保险、生育保险、工伤保险、失业保险等。商业保险是指社会保险以外的普通保险，它以营利为目的，其资金主要来源于投保人交纳的保险费，一般受保险法规范。我国《保险法》规定的保险，以商业保险为限。保险的实质不是保证危险不发生、不遭受损失，而是对危险发生后遭受的损失予以经济补偿。其最大的功能在于将个人与生活中因遭遇各种人身危险、财产危险及对他人之责任危险所产生之损失，分摊消化于共同团体。保险具有减少社会问题，维持社会安定，促进经济繁荣之作用。因此，保险也被称为社会的稳定器。

（二）旅游保险的特征

1. 旅游保险是一种经济保障制度，具有互助性

保险是为维护社会的安定，通过运用多数社会成员的集合力量，根据合理的计算，共同建立保险基金，用于补偿少数社会成员因特定危险事故或因特定人身事件发生而造成的经济损失，是“集众人之力救助少数人灾难”的经济保障制度，其基本原理是聚合风险，分散损失。

2. 旅游保险是一种具有经济补偿性质的法律制度

保险是一种因合同而产生的债权债务关系，这种债权债务关系是基于保险法律规范和保险事实而产生的保险法律关系，其实质是当事人互为约定承担给付义务，即投保人承担给付保险费的义务，保险人承担赔偿或给付保险金的责任。在保险法律关系中，保险人的责任与一般民事赔偿责任的区别在于，投保人所遭受的损失是由不可抗力等危险事故造成的，保险人承担的保险赔偿责任和给付责任是基于保险合同设定的一种义务，具有对损失进行经济补偿的性质；而一般民事损害赔偿责任是当事人的侵权行为或违约行为所导致的法律后果。

3. 旅游保险以特定的危险为对象

危险的存在是构成保险的一个要件，无危险则无保险。作为保险对象的危险必须具备如下特征：

（1）纯粹性。危险按性质不同可以分为纯粹危险和投机危险。纯粹危险是指只有损失机会而无获利可能的危险，如火灾危险。投机危险是指既有损失机会又有获利可能的危险，如股市风险、企业的经营风险等。保险人承保的危险一般是纯粹危险，对投机危险，保险人一般是不能承保的。

（2）不确定性。一是危险发生与否具有不确定性，不可能发生或者肯定要发生的危险，不能构成保险危险；二是危险发生的时间、地点、原因和损失程度（即所导致的后果）不能确定。

（3）意外性。一是危险的发生是不可预知的；二是危险的发生或危险损害后果的扩展不是投保人或者被保险人故意的行为。

（4）事先约定性。就具体保险合同而言，只有发生当事人事先约定的危险，保险人才予以赔偿或给付保险金。

（三）旅游保险法律关系的主体与客体

1. 旅游保险法律关系的主体

旅游保险法律关系的主体，包括旅游保险法律关系的当事人、旅游保险法律关系的关系人和旅游保险法律关系的辅助人。

（1）旅游保险法律关系的当事人，指订立旅游保险合同的双方，包括保险人和投保人。

①保险人，是指经营旅游保险业务，收取保险费，按照旅游保险合同的约定，在旅游保险事故发生时，负责赔偿损失或履行给付保险金额义务的人，也就是我们通常所说的保险公司。

②投保人，是指与保险人签订旅游保险合同，并缴纳保险费的人。投保人既可以是自然人，也可以是法人；投保人既可为自己的利益投保，也可以为他人的利益投保。当投保人为自己的利益投保时，它就与被保险人合二为一。在旅游保险中，投保人通常不是被保险人，而是组织旅游者旅行游览的企业、团体等。

（2）旅游保险法律关系的关系人，包括被保险人和受益人。

①被保险人，是指在保险事故发生时，遭受损害并享有赔偿请求权的人。我国《保险法》规定，被保险人是指其财产或者人身受保险合同保障，享有保险金请求权的人。

②受益人，是指在旅游保险合同中约定的，享有请求赔偿权的人。在旅游保险合同中，如果没有约定受益人的，受益人则为被保险人的继承人。

（3）旅游保险法律关系的辅助人，包括旅游保险代理人、保险经纪人。

①保险代理人，是指根据保险人的委托，向保险人收取代理手续费，并在保险人授权的范围内代为办理保险业务的单位和个人，包括专业代理人、兼业代理人和个人代理人。保险代理人根据保险人的授权代为办理保险业务的行为，由保险人承担责任；保险代理人为保险人代为办理保险业务，有超越代理权限行为，投保人有理由相信其有代理权，并已订立保险合同的，保险人应当承担保险责任；但是保险人可以依法追究越权的保险代理人的责任。

②保险经纪人包括狭义的保险经纪人和再保险经纪人。前者是基于投保人的利益，为投保人与保险人订立保险合同提供中介服务，并依法收取佣金的单位。后者是指基于原保险人利益，为原保险人与再保险人安排分出、分入业务提供中介服务，并依法收取佣金的单位。保险经纪人必须采取有限责任公司形式设立。保险经纪人在办理保险业务中因自己的过错，给投保人、被保险人造成损失的，由保险经纪人承担赔偿责任。

2. 旅游保险法律关系的客体

旅游保险法律关系的客体，又称保险标的，是指保险法律关系双方当事人权利和义务指向的对象。旅游保险法律关系如果没有双方当事人权利和义务所指向的对象，就会因为没有目标而不能落实，从而也就丧失其存在的意义。

保险标的是保险合同的核心，也是确定保险条件、保险金额、计算保险费率和赔偿标准的依据。我国《保险法》规定：“保险标的是指作为保险对象的财产及其有关利益或者人的寿命和身体。”由此可见，保险标的可分为两类：一是财产及其有关利益；二是人的寿命和身体。

（1）财产及其有关利益。财产，是指现实存在的并为人们所控制和利用而具有经济价值的生产资料和消费资料。它包括动产和不动产、有形物和无形物。财产保险的客体，一般是有形物，但当财产遭受损失时，除了财产本身的经济损失外，还会连带引起各种利益以及责任和信用等无形物的损失，后者也往往成为财产保险的标的。

（2）人的寿命和身体。这里所说的人，是指已经出生且具有生命的自然人，尸体、胎儿以及法人等不能列入其中。人身保险的客体不是物，而是人，即人的寿命和身体。这种保险标的无法用价值来衡量，因而在订立保险合同时，预先由双方当事人约定保险金额。

二、旅游保险的分类

依据《保险法》的规定，旅游保险按照不同的标准，可分为以下几类：

（一）以旅游保险的标的分类，可分为旅游人身保险与旅游财产保险

旅游人身保险是以旅游者生命、健康为保险标的进行的保险；旅游财产保险是以旅游

者携带的行李物品为标的进行的保险。

（二）以旅游保险实施的形式分类，可分为旅游强制保险和旅游自愿保险

我国《保险法》规定："投保人和保险人订立保险合同，应当遵守公平互利、协商一致、自愿订立的原则，不得损害社会公共利益。""除法律、行政法规规定必须保险的以外，保险公司和其他单位不得强制他人订立保险合同。"由此可见，保险合同可分为强制保险和自愿保险。

旅游强制保险也叫法定保险，它是指国家颁布法令强制施行的保险。它既对投保人具有强制性，也对保险人有强制性。如我国的旅游交通运输保险就属于强制保险，旅游者购买的火车票、汽车票、飞机票、轮船票本身就将保险费包括在其中，只要旅游者持有此凭证，当旅游保险事故发生时，承运人就应承担赔偿责任。同时，旅游者可以自行决定向保险公司投保旅游交通运输人身意外伤害险，此项保险金额的给付，不得免除或减少承运人应当承担的赔偿金额。另外，我国《旅行社投保旅行社责任保险规定》规定："旅行社从事旅游业务经营活动，必须为旅游者投保旅行社责任保险。"由此可见，旅游责任保险是一种强制保险，旅行社在从事旅游业务经营活动时，必须履行这一强制性义务；否则，应当受到旅游行政管理部门依据《旅行社投保旅行社责任保险规定》给予的处罚；旅行社为旅游者办理旅游责任保险的金额低于该规定所规定的基本标准时，也要受到旅游行政管理部门依据上述规定给予的行政处罚。

旅游自愿保险是由保险双方当事人自愿协商签订旅游保险合同而确定的保险。这种行为要出于双方自愿，不能强迫，保险人不能因为另一方是自然人就可以强迫其订立合同；投保人也不能因为自己是一个大型的旅游企业法人而强迫保险人按不合理的条件承保。另外，在我国，旅游保险的自愿是相对的，双方当事人有是否签订保险合同的权利，但一经确定下来，有关保险费、保险金额的标准等内容都由法律直接规定，投保人与保险人不能协商加以变更。

（三）以旅游保险中被保险人的国籍分类，可分为国内旅游保险与涉外旅游保险

国内旅游保险，是对国内旅游者在我国境内旅游而进行的保险以及我国公民出国、出境旅游所进行的保险。涉外旅游保险，是指外国人、无国籍人来我国境内旅游进行的旅游保险，以及海外侨胞、澳港同胞回国旅游而进行的保险。

（四）以旅游保险业务范围分类，可分为全程旅游保险与单项旅游保险

全程旅游保险，在国内旅游和出境旅游中是指从旅游者开始旅行登上旅行社指定的交通工具时起，至本次旅行结束离开旅行社指定的交通工具为止或者在入境旅游中，从旅游者入境后参加旅行社安排的旅游行程时开始，直至该旅游行程结束，办完出境手续出境为止的整个旅游过程所进行的保险。在全部的旅行过程中，不论被保险人是乘坐旅游交通工具，还是进行其他的旅行游览项目，只要发生了保险合同约定的旅游保险事故，保险人均要支付保险金。

单项旅游保险，是指对一个旅游项目所进行的保险，如"游船意外保险"、"索道意外保险"、"游览飞机意外伤害保险"等。在我国，目前有关单项旅游保险就有几十种之

多。随着旅行游览项目的不断增多，旅游保险的项目将不断扩大和增加。

在旅游实践中，单项旅游保险主要有以下几种：

（1）旅游救助保险。中国人寿保险公司、中国太平洋保险公司、泰康人寿保险公司等保险公司都与国际救援中心联合推出旅游救助保险险种，如果游客购买了这种旅游救助保险，一旦发生险情，只要拨打相关电话，就会获得无偿救助。

（2）旅游人身意外伤害保险。该险种每份保险费1元，保险金额1万元，一次最多可投10份。保险期限从购买保险进入旅游景点或景区时起，到离开景点或景区时止，该险种适合参加探险旅游、生态旅游、惊险旅游的旅客投保。

（3）旅客意外伤害保险。该险种的保险费是按车、船票价5%计算的，每份保险的保险金额为人民币2万元，其中意外事故医疗金1万元。保险期限从检票进站或中途上车上船起，至检票出站或中途下车下船止。旅客乘坐车船旅游时，一旦出险，即可向保险公司索赔，因为旅客在购票时已经投了保。

（4）住宿旅客人身保险。该险种每份保险费1元，从住宿之日零时起算，保险期15天，期满可续保，一次可保多份。该险种的保险责任有：住宿旅客保险金5 000元；住宿旅客见义勇为保险金1万元；住宿旅客随身物品被盗、被抢补偿金为200元。

（五）以旅游保险责任为标准进行分类，可分为旅游意外保险和旅游责任保险

旅游意外保险是指投保人对被保险人在旅游过程中出现自然灾害或者意外事故，由保险人承担支付保险金的保险。这类保险的投保人可以是旅游者个人，也可以是旅游者所在的单位或者是旅游企业。目前我国旅游意外保险属于自愿保险，由旅行社推荐旅游者购买。

旅游责任保险是指以被保险人对第三者依法应负的赔偿责任为保险标的的保险，保险人对责任保险的被保险人给第三者造成的损失可依合同的约定直接向该第三者支付保险金。依据《旅行社投保旅行社责任保险规定》，旅行社从事旅游业务经营活动，必须投保旅行社责任保险。

综上所述，旅游保险法是以旅游保险关系为调整对象的一切法律规范的总和。它以旅游保险合同为其主要内容，对双方当事人的权利义务作了明确的规定，是旅游企业法人以及旅游者在旅行游览过程中发生旅游保险事故后取得赔偿的重大保障。

案例9-2　旅行社过错造成游客财物丢失　保险公司应承担责任

某年2月18日，旅游者李某一家三口参加某旅行社组织的港、澳、泰10日游，在香港旅游时，李某称其随身携带的装有护照、往返机票、现金等财物（价值3万余元）的背包遗失，致使其一家三口身无分文滞留在香港达6天之久，为此，李某认为依据《旅行社管理条例》规定，旅行社应当为旅游者提供符合保障旅游者人身、财产安全需要的服务，对有可能危及旅游者人身、财产安全的项目，应当为旅游者作出说明和明确的警示，并采取防止危害发生的措施。但旅行社未能认真履行该义务，致使其随身携带物品丢失，要求旅行社退还旅游团费，赔偿丢失物品损失。而该旅行

社辩称在组织此旅游团的过程中遵守了国家有关规定，已办理了旅行社责任保险，并推荐游客购买了旅游意外保险，因此，不应对旅游者随身携带物品的丢失承担责任。按照惯例和常识，旅游者的个人物品属个人隐私，理应自己保管好，如有遗失，责任自负。此外，在旅游者李某声称遗失随身携带物品后，该旅行社及时积极协助其报案、登报声明、补办临时护照，提供通讯方便，安排食宿和垫款购买由香港直航青岛机票，共垫付各项费用达 11 960 港元，给出事游客积极的同情和帮助，因此，从道义上，旅行社已尽了责任。

点评：旅行社是否对游客随身携带物品遗失承担赔偿责任，首先，应当明确旅行社对游客的随身物品是否负有保管责任。《合同法》规定，保管合同是保管人保管寄存人交付的保管物，并返还该物的合同。据此，只有当旅游者将其物品交付旅行社保管，因旅行社的不慎，将游客物品丢失，才应当承担赔偿责任。在本案例中，游客的物品并没有交给旅行社保管，而是由其本人随身携带，也就是说，在游客与旅行社之间并不存在保管法律关系，也即丢失的物品是在游客本人的保管之下。既然是在自己的保管之下，发生丢失后要旅行社承担全部赔偿责任，这是于法无据、于理不通的。其次，依据《旅行社条例》的有关规定，旅行社有保护游客人身以及财产安全的责任和义务。在旅游过程中，旅行社接待人员要随时提醒或警示游客注意保护好自己财产的安全；否则，财物丢失，游客和旅行社都有责任。最后，如果旅行社在组织旅游者旅游时，已办理了旅行社责任保险，并推荐游客购买了旅游意外保险，那么李某随身携带物品丢失，则应当由保险公司赔偿。而作为旅行社，则应当及时取得香港警方等有关方面的有效证明，与承保的保险公司办理索赔事宜。

资料来源　刘劲柳．游客随身携带物品遗失，是否应由旅行社赔偿［N］．牛城晚报，2011-11-25.

第三节　旅游保险合同

一、旅游保险合同的概念与特征

我国《保险法》规定：“保险合同是投保人与保险人约定保险权利义务的协议。”可见，所谓旅游保险合同，是指旅游保险关系双方当事人之间签订的一方缴纳保险费，另一方在保险标的遭受法律规定或者当事人约定的保险事故时，承担经济补偿责任或者履行给付义务的一种协议。旅游保险合同具有以下特征：

（一）旅游保险合同是双务性补偿合同

旅游保险合同是双方当事人意思表示一致的结果，当投保人与保险人签订了旅游保险合同后，他们之间的权利与义务就用法律的形式固定下来。投保人有缴纳保险费的义务，当旅游保险事故发生时，享有请求赔偿的权利；而保险人则有收取保险费的权利，当旅游保险事故出现时，有按合同的约定履行补偿或给付的义务。

另外，旅游保险合同是通过保险人集合为数众多的投保人的保险费，以此建立集中的旅游保险基金来实现的。也就是说，在旅游活动中，当旅游保险事故给旅游者的人身或财产造成损失时，用旅游保险基金来弥补旅游者财产损失以及因死亡或伤残导致劳动力丧失，从而使个人或其家庭收入减少，而开支增加的负担。从这个意义上说，旅游保险合同又是一种互助性的补偿合同。

（二）旅游保险合同是具有保险利益的合同

保险利益是指投保人对保险标的具有法律上承认的利益。依据我国《保险法》的有关规定，保险利益的存在是旅游保险合同成立的前提，没有保险利益的人不能与保险人订立旅游保险合同；否则，所订的合同无效。也就是说，保险利益的存在是旅游保险合同成立的前提，这是因为：（1）可以防止没有保险利益的人利用保险的形式取得份外收入；（2）可以防止投保人或被保险人的道德危险甚至犯罪危险。

（三）旅游保险合同是要式合同

所谓要式合同，是指以履行一定方式为合同成立的要件。根据我国有关法律法规的规定，旅游保险合同应采取书面形式，合同的主要内容即主要条款由保险人一方确定，投保方即旅游企业法人或旅游者只有在保险人设立的不同险种的条件中进行选择的自由，而不像其他合同，任何一方都可以草拟合同文本。

（四）旅游保险合同是射幸合同

旅游保险合同是合同当事人在法律规定的范围内实现转嫁风险目的的一种手段。在合同有效期限内，投保方以较少的保险费的支出，换取遇到旅游保险事故时取得较大保险金的保障。也就是说，如果发生了旅游保险事故，投保人或被保险人从保险人那里得到的赔偿金可能远远超出其所缴付的保险费；反之，在合同有效期间，如果没有发生旅游保险事故或者旅游保险事故超过一定限度，投保人或被保险人只付出保险费，而无任何收入，所付的保险费也不得收回。保险人的情况则相反，当发生旅游保险事故时，它所支付的保险金可能远远大于其所收保险费；如果没有发生旅游保险事故或者旅游保险事故超过一定的限度，保险人只享有收取保险费的权利，而无赔偿的责任。

形成旅游保险合同射幸特征的原因是旅游保险事故发生的偶然性，也就是说，旅游保险事故是否发生是不确定的，如果某一特定的旅游事故肯定不会发生，就无需保险；如果是肯定要发生的旅游事故，也无人愿意承担保险责任。只有当旅游保险事故是否发生不确定时，旅游保险合同才能成立。

（五）旅游保险合同是最大的诚信合同

诚实信用是指任何一方当事人对另一方当事人不得隐瞒、欺骗，都必须善意地、全面地履行自己的义务。而旅游保险合同的诚实信用程度远远大于其他合同，因为当事人在投保前后，其保险标的均在投保人的控制之下，保险人主要是依据投保人对标的的告知和保证来决定是否承保和保险费的大小，如果投保人欺骗或隐瞒，就可能导致保险人判断失误和上当受骗，所以说旅游保险合同是最大的诚实信用合同。

（六）旅游保险合同具有短期性

任何类型的保险合同都具有时间限制，旅游保险合同与其他保险合同相比较，其期限更短暂。例如，有关旅游交通运输保险合同的时间，是从旅游者登上交通工具时开始，到抵达目的地离开交通工具时止。又如，游乐场所的翻滚过山车的保险合同，保险人只对旅游者登上该游乐器具开始至离开该游乐器具结束这一段时间内出现的旅游保险事故承担责任。

二、旅游保险合同的主要形式与条款

（一）旅游保险合同的主要形式

在我国，旅游保险合同采取书面形式，最常见的有以下两种：

1. 保险单

它是由投保人与保险人共同签订的有关旅游保险事项的书面协议。这种协议要求双方当事人必须在同一张保险合同单上签名盖章，方才有效。

2. 保险凭证

保险凭证是一种简单化的保险单，目前广泛用于旅游交通运输保险和其他旅行游览保险。如火车票既是旅游者乘车的凭证，又是旅游者参加旅游保险的凭证。另外，有些旅游景点出售的门票，就兼作旅游保险的凭证。

（二）旅游保险合同的主要条款

1. 保险标的

保险标的是指旅游保险合同的保险对象。在旅游人身保险中，是指被保险人的生命、健康；在旅游财产保险中，是指旅游者随身携带的行李物品等。

2. 保险费和保险金额

保险费是投保人按照保险金额的一定比例，向保险人缴纳的费用。它是投保人的义务之一，根据旅游保险合同的特点，旅游保险费一般都是一次交清而且费用很低。保险金额是指当旅游保险事故发生时，保险人根据投保人缴纳的保险费而支付的最高赔偿金额。但是在旅游财产保险中，保险金额不得高于投保财产的实际价值。

3. 保险期限

保险期限是指在旅游保险合同中，明确约定保险人承担赔偿责任的起止期限。在这里需要强调的是，保险人与投保人之间签订旅游保险合同的生效时间并不等于保险责任期限的开始。

4. 旅游保险责任范围和除外责任范围

旅游保险责任范围是指导致保险人承担责任的事故和风险范围。在我国，旅游保险责任范围一般是指旅游者在旅行游览过程中遇到的自然灾害或意外事故或者旅行社在从事旅游业务经营活动中，致使旅游者人身、财产遭受的损害。保险人根据法律规定或者合同的约定，在其责任范围内根据旅游保险事故的情节轻重承担相应的赔偿责任或者给付保险金。除外责任范围，是指由旅游保险合同约定保险人在什么样情况下，不承担保险赔偿责任。依据我国有关法律法规的规定，在下列情况出现时保险人可不承担赔偿责任：战争或军事行动；分娩、疾病、精神病；自杀、自伤、斗殴、犯罪行为、冒险行为；酗酒、药物中毒或麻醉；擅自改变或离开投保时规定的旅游路线，或不乘坐指定交通工具；行李、物品的自然消耗等。

5. 违约责任

违约责任，是促使旅游保险合同双方当事人更好地履行合同规定义务的重要条款。一旦有一方违约，他方可依此条款要求违约方承担相应的违约责任。

三、旅游保险合同当事人的权利义务关系

（一）投保人的主要权利和义务

1. 支付保险费义务

在旅游保险合同履行过程中，按照约定交付保险费，是投保人的最基本义务。不同的保险条款对支付保险费的要求不尽相同，可以一次付清，也可以分期支付。

财产保险合同保险费的额度，与保险标的的危险程度、保险价值等因素密切相关。《保险法》规定："在合同有效期内，保险标的的危险程度增加的，保险人有权要求增加保险费或者解除合同。"同时，《保险法》又规定了保险费用降低的两种情形（合同另有约定除外），包括：（1）据以确定保险费率的有关情况发生变化，保险标的的危险程度明显减少；（2）保险标的的保险价值明显减少。

2. 通知义务

《保险法》规定："投保人、被保险人或者受益人知道保险事故发生后，应当及时通知保险人。"保险事故发生后及时通知保险人，有利于保险人采取必要的措施，防止损失的扩大，有利于保险人及时调查损失发生的原因。

对于财产保险合同，《保险法》第 37 条还规定，在合同有效期内，保险标的的危险程度增加的，被保险人按照合同约定应当及时通知保险人。被保险人如果未履行该项通知义务，因保险标的的危险程度增加而发生的保险事故，保险人不承担赔偿责任。

3. 协助义务

根据《保险法》的规定，旅游保险事故发生后，依照保险合同请求保险人赔偿或者给付保险金时，投保人、被保险人或者受益人应当向保险人提供其所能提供的与确认保险事故的性质、原因、损失程度等有关的证明和资料（如保险单、保险标的原始凭证、出险报告、损失鉴定文件、损失清单和施救费用等索赔单证）。保险人依照保险合同的约定，认为有关的证明和资料不完整的，应当通知投保人、被保险人或者受益人补充提供有关的证明和资料。

4. 维护保险标的安全义务

对于财产保险合同，根据《保险法》的规定，被保险人应当遵守国家有关消防、安全、生产操作、劳动保护等方面的规定，维护保险标的的安全。

5. 防止或减少损失责任

对于财产保险合同，根据《保险法》的规定，旅游保险事故发生时，被保险人有责任尽力采取必要的措施，防止或减少损失。保险事故发生后，被保险人为防止或者减少保

险标的的损失所支付的必要的、合理的费用，由保险人承担；保险人所承担的数额在保险标的损失赔偿金额以外另行计算，最高不超过保险金额的数额。

（二）保险人的主要权利和义务

1. 给付保险金义务

（1）给付期限

保险人收到被保险人或者受益人的赔偿或者给付保险金的请求后，应当及时作出核定，并将核定结果通知被保险人或者受益人；对属于保险责任的，在与被保险人或者受益人达成有关赔偿或者给付保险金额的协议后10日内，履行赔偿或者给付保险金义务。保险合同对保险金额及赔偿或者给付期限有约定的，保险人应当依照保险合同的约定，履行赔偿或者给付保险金义务。

（2）先予赔付

根据《保险法》的规定，保险人自收到赔偿或者给付保险金的请求和有关证明、资料之日起60日内，对其赔偿或者给付保险金的数额不能确定的，应当根据已有证明和资料可以确定的最低数额先予支付；保险人最终确定赔偿或者给付保险金的数额后，应当支付相应的差额。

（3）除外责任

保险人的除外责任概括起来主要包括如下情形：

①在保险合同成立前，被保险人已知保险标的已经发生保险事故的；

②投保人故意不履行如实告知义务，或者因过失不履行如实告知义务，对保险事故发生有严重影响的；

③被保险人或者受益人在未发生保险事故的情况下，谎称发生了保险事故，向保险人提出赔偿或者给付保险金的请求的；

④投保人、被保险人或者受益人故意制造保险事故的，包括人身保险合同中，以死亡为给付保险金条件的合同，自成立之日起2年内被保险人自杀的，或者被保险人故意犯罪导致其自身伤残或者死亡的；

⑤保险事故发生后，投保人、被保险人或者受益人以伪造、变造的有关证明、资料或者其他证据，变造虚假的事故原因或者夸大损失程度的，保险人对其虚假的部分不承担赔偿或者给付保险金的责任；

⑥在合同有效期内，保险标的危险程度增加，被保险人未履行通知义务，因保险标的危险程度增加而发生的保险事故，保险人不承担赔偿责任。

⑦保险事故发生后，保险人未赔偿保险金之前，被保险人放弃对第三者的请求赔偿的权利的。

（三）保险人的代位求偿权

根据《保险法》的规定，当旅游保险事故是由第三人的行为造成时，若旅游保险标的是旅游者的行李物品，投保人应当向第三人要求赔偿。如果投保人向保险人提出赔偿要求，保险人可以按照旅游保险合同的约定，先予赔偿。但是，投保人必须将向第三人追偿的权利转让给保险人，并有义务协助保险人向第三人追偿。若旅游保险标的是旅游者的生命、健康，当投保人从保险人处取得保险金后，仍然有向第三人要求损害赔偿的权利。同时，保险人也不得因支付保险金而取得代位求偿权。

1. 代位求偿权的概念

代位求偿权，是指财产保险中保险人赔偿被保险人的损失后，可以取得在其赔付保险金的限度内，要求被保险人转让其对造成损失的第三人享有追偿的权利。《保险法》规定：“因第三者对保险标的的损害而造成保险事故的，保险人自向被保险人赔偿保险金之日起，在赔偿金额范围内代位行使被保险人对第三者请求赔偿的权利。”

2. 代位求偿权的范围

代位求偿权的行使范围限于财产保险合同，在人身保险合同中，保险人不得享有代位求偿权。《保险法》第 68 条规定：“人身保险的被保险人因第三者的行为而发生死亡、伤残或者疾病等保险事故的，保险人向被保险人或者受益人给付保险金后，不得享有向第三者追偿的权利。但被保险人或者受益人仍有权向第三者请求赔偿。”

3. 代位求偿权的行使

（1）保险事故发生后，保险人未赔偿保险金之前，被保险人放弃对第三者请求赔偿的权利的，保险人不承担赔偿保险金的责任。

（2）保险人向被保险人赔偿保险金后，被保险人未经保险人同意放弃对第三者请求赔偿的权利的，该行为无效。

（3）由于被保险人的过错致使保险人不能行使代位求偿权的，保险人可以相应扣减保险赔偿金。

（4）在保险人向第三者行使代位求偿权时，被保险人应当向保险人提供必要的文件和其所知道的有关情况。

四、旅游保险的理赔

（一）旅游保险理赔的概念

旅游保险的理赔，是指保险人审核处理旅游保险事故的法律行为。它是旅游保险合同实际履行的重要内容，是双方当事人权利义务的具体体现。也就是说，当旅游者在旅游过程中发生了旅游保险范围内的旅游事故后，经享有请求赔偿权的人在有效期限内索赔，由保险人进行调查核实和作出是否赔偿决定的活动。

享有请求赔偿权的人（申请理赔人）在索赔时应注意以下问题：

（1）将旅游保险事故发生的情况尽快通知保险人，并在法定或约定的理赔时效内提出索赔请求。所谓申请理赔的时效，是指在旅游保险合同中约定的，享有请求赔偿权的人向保险人追索赔偿保险金的时间期限。申请理赔人必须在法律规定或合同约定的时效内提出理赔请求，逾期提出申请的，视为自动放弃权益。换句话说，理赔申请人只有在法定或约定的期限内提交给付或赔偿保险金申请书，保险人才予以赔偿；否则，保险人不承担赔偿责任。

（2）申请理赔人在索赔时除了必须填报理赔申请单外，还必须提供法定或约定的有关证件，这是保险人受理理赔、给予赔款的主要依据。在我国，这些证件主要有：参加旅游保险的保险单或者其他保险凭证，受益人的身份证件及其基层组织出具的证明。如果属于旅游财产保险事故，申请理赔人还应提供受损失清单，保护、抢救等费用的清单以及其他必要的单据、证明等；如果属于人身保险事故，申请理赔人应提供医院出具的人身伤亡情况证明、有关旅游行政管理部门和公安机关出具的旅游保险事故的证明，以及被保险人伤亡的医疗诊断书、医药费、住院费等单据。

（3）协助保险人做必要的审核工作。

（二）旅游保险中理赔的调查和处理

保险人在接到理赔申请书以后，应根据保险合同的约定及时审查，同时，应派人到事故现场实地调查或者邀请专家对事故进行分析。对属于保险责任范围内的旅游事故，保险人在与申请理赔人协商解决赔偿金额后，应立即偿付；否则，应承担违约责任。

保险人在确认具体的赔偿数额时，应以保险标的实际损失为限。也就是说，在旅游人身保险合同中，保险数额的确定，应以医院诊断证明确定的伤害程度为限。在旅游财产保险中，应以发生旅游保险事故造成被保险人行李物品的灭失或者损坏当天的实际价值为限，超出部分保险人不承担保险赔偿责任。

对于申请理赔人为抢救保险标的或者为减少损失而进行救护所支付费用的赔偿数额，应以保险金额为限。也就是说，在保险金额以内支付的必要救护费用，支付多少就赔多少，当其超过保险金额时，保险人只赔偿相当于保险金额的数额，超过部分保险人不负责赔偿。

（三）旅游保险理赔中的仲裁和诉讼

理赔申请人，在旅游保险事故发生以后，必须先向保险人申请，要求作出理赔处理。如果对处理结果没有异议，可以在接到通知后从保险人处领取保险赔偿金；若对处理结果有异议，双方可以协商解决，协商不成时，理赔申请人可以在法定的期限内，向仲裁机关申请仲裁，也可以直接向人民法院起诉。

案例 9-3　　旅游保险合同是保险公司承担赔偿责任的依据

某年4月6日，河南省南阳市某银行与南阳某旅游公司签订了一份“国内旅游组团标准合同”，并在某保险公司为首批旅游的15人以电传的形式办理了旅游人员人身平安保险，约定保险期限为4月8日至4月14日，保险金额为每人10万元，保险费为每人7元，旅游目的地为青岛，出具保险单1份。张某被批准加入了此次旅游行列。此后，该旅游团如期到达青岛旅游。4月13日下午4：30，该旅游团车辆返回途中，在山东省菏泽地区郓城境内发生交通事故，张某当场死亡，团内多人也不同程度受伤。南阳某旅游公司在处理交通事故中，未经张某家属同意，代其填写了给付保险金申请书。某保险公司决定赔偿死者家属4万元，张某家属坚决拒绝此赔偿数额。遇难者家属在多次与之协商未果的情况下，将旅游公司和保险公司告到法院，请求被告立即支付保险金10万元，并赔偿因此而支出的各种费用5 000元。在诉讼中，被告旅游公司不同意赔偿保险金10万元。法庭经审理判决保险公司一次性向原告遇难者家属支付保险金10万元，并承担诉讼费3 510元。保险公司不服判决，在法定期限内以"该保险合同的投保人不是河南省南阳市某银行而是南阳某旅游公司，原审法院把保险单认定为保险合同的全部是错误的，判决赔偿保险金10万元不妥，旅游公司应承担法律责任"为由提起上诉，二审法院"驳回上诉，维持原判"，但保险公司以各种理由未执行。张某的家属申请强制执行后，因旅游而引发的巨额赔偿案结束。

点评：在本案例中，保险公司为保险人，南阳市某银行负担了投保费用，是投保人，张某是被保险人，旅游公司是保险代理人。保险公司签发的保险单即为保险合同。该保险单注明为"旅游人员人身平安保险单"，应视为有效的人身保险合同。依据《保险法》的规定，对于保险责任，应在10日内履行赔偿或给付保险金义务。而该保险公司在未对赔偿金额达成协议的情况下，以内部有规定为由，擅自决定给付4万元，违背了合同约定，且声称是按规定支付赔偿金，并未就该规定的条款与投保人协商，也未告知投保人有关规定的内容，就单方面决定按这些规定执行。保险公司擅自按内部规定处理，违背了平等、自愿原则，其理由不能成立；旅游公司作为保险代理人，其所实施行为的后果理应由保险公司按合同约定的内容支付赔偿金，本案中该公司出具的保险单上既已承诺保险金额为每人10万元，就应按约定支付给被保险人的法定继承人。但被保险人的法定继承人提出要求被告赔偿因追要赔偿金所支出的差旅费等经济损失，因未提供相关证据，法院不予支持。

资料来源　曾庆朝．十万元人身保险金由谁出？[N]．中国建设报，2001-04-02.

第四节　旅行社责任保险

为进一步完善旅行社责任保险，规范旅行社责任保险市场，维护旅行社责任保险活动当事人的合法权益，针对近几年旅行社责任保险市场存在的问题，在广泛调研的基础上，2007年国家旅游局和中国保监会联合起草了《旅行社责任保险管理办法（征求意见稿）》，并结合工作实际起草了《关于完善旅行社责任保险的若干意见》。2010年7月29日国家旅游局第9次局长办公会议、2010年11月8日中国保险监督管理委员会主席办公会审议通过，国家旅游局、中国保监会第35号令公布《旅行社责任保险管理办法》（以下简称《办法》），该《办法》自2011年2月1日起施行。

一、《办法》的基本内容

（一）《办法》的主要特点

（1）《办法》为两部门的联合部门规章，对旅游行业和保险行业都具有约束作用。

（2）扩展了旅行社责任保险范围，规定"旅行社责任保险的保险责任应包括旅行社在组织旅游活动中依法对旅游者的人身损害、财产损失承担的赔偿责任和对受旅行社委派、为旅游者提供服务的人员的人身损害承担的赔偿责任”，不再对保险责任进行具体列举。同时，不再规定最低保险额度和年度保险额度，而是要求各地参照《关于完善旅行社责任保险的若干意见》和指引，结合各地实际情况制定。

（3）强化了保险监管部门在旅行社责任保险实施过程中的职责。规定由保险监管部门对旅行社责任险条款和费率进行审核或备案，对保险公司旅行社责任险业务进行监管，对不按照规定操作的保险公司进行处罚。

（4）规范了旅行社责任保险投保过程中旅行社和保险公司双方的行为。规定了签订保险合同时，旅行社的告知义务，保险公司的说明义务；旅行社缴纳保费的义务，保险公司履行合同的义务；解除保险合同时，旅行社需要书面报备旅游管理部门。

（5）规范了旅行社索赔过程中双方的行为，特别规定了保险公司赔偿时限要求。

（6）提出了落实“旅保合作”的相关要求。

（二）旅行社责任保险的概念与保险责任

1. 旅行社责任保险的概念

旅行社责任保险，是指保险公司对被保险旅行社在组织的旅游活动中依法应承担的赔偿责任，属于保险责任的，在责任限额内予以赔偿的责任保险。

2. 旅行社责任保险的保险责任

《办法》规定，旅行社责任保险的保险责任应包括旅行社在组织旅游活动中依法对旅游者的人身损害、财产损失承担的赔偿责任和对受旅行社委派、为旅游者提供服务的人员的人身损害承担的赔偿责任。

（三）《办法》对旅行社的要求

（1）旅行社责任保险的保险费率应遵循市场化原则，并与旅行社行业风险相匹配。

（2）旅行社可以根据实际情况，按照《中华人民共和国保险法》和本《办法》规定的保险合同内容，与承保保险公司签订书面合同。

（3）旅行社在投保时，应当向保险公司如实告知重要事项；保险公司在接受旅行社投保时，应当向旅行社说明保险合同的条款内容。

（4）签订旅行社责任保险合同时，旅行社应按照合同的约定向保险公司支付保费，保险公司应当向旅行社签发保险单。

（5）签订旅行社责任保险合同时，旅行社可以根据需要同保险人在法定基本保险之外约定其他附加保险；签订旅行社责任保险合同时，保险公司不得强制旅行社签订商业保险合同以及提出其他附加条件的要求。

（四）关于旅行社责任保险的解除及相关规定

（1）保险合同成立后，保险公司不得解除旅行社责任保险，但旅行社对重要事项未履行告知义务的情形除外；旅行社对重要事项未履行如实告知义务，保险公司解除合同前，应当书面通知被保险旅行社，旅行社应当自收到通知之日起 5 日内履行如实告知义务。

（2）保险公司解除旅行社责任保险合同的，应当收回保险单，并书面通知旅游行政管理部门。

（3）旅行社不得随意解除旅行社责任保险合同，如解除保险合同的，需书面报备旅游行政管理部门。旅行社被依法注销登记，可以解除旅行社责任保险。

（4）旅行社责任保险合同解除前，保险公司应当按照合同承担保险责任；合同解除时，保险公司可以收取自保险责任开始之日起至合同解除之日止的保险费，剩余部分的保险费退还旅行社。

（5）旅行社重要事项发生变化时，应及时通知保险公司。必要时，应当依法办理旅行社责任保险变更合同手续。

（6）旅行社责任保险合同期满，旅行社应当及时续保，并提供上一年度的保险单。

（7）旅行社责任保险的保险期限为 1 年，但对约定的附加险可以进行短期投保。

（五）赔偿

（1）保险公司根据保险合同约定的保险责任在责任限额内对旅行社予以赔偿。

（2）具体赔偿限额可由旅行社同保险公司根据需要确定。

（3）旅行社发生保险责任范围内的事件，旅行社或者受害人通知保险公司的，保险公司应当及时给予答复，告知旅行社或者受害人具体的赔偿程序等有关事项。

（4）旅行社发生保险责任范围内的事件的，由旅行社向保险公司申请赔偿保险金。保险公司应当自收到赔偿申请之日起 1 日内，书面告知旅行社需要向保险公司提供的与赔偿有关的证明和资料。

（5）保险公司应当自收到旅行社提供的证明和资料之日起 5 日内，对是否属于保险责任作出核定，并将结果通知被保险旅行社；对不属于保险责任的，应当书面说明理由；对属于保险责任的，在与旅行社达成赔偿保险金的协议后 10 日内，赔偿保险金。

（6）保险事故发生后，因抢救受伤人员需要保险公司支付或者垫付抢救费用的，保险公司在接到被保险旅行社通知后，经核对应当在保险责任限额内及时向医疗机构支付或者垫付全部或部分抢救费用。

（7）旅行社与保险公司对赔偿有争议的，可以依法申请仲裁或者向人民法院提起诉讼。

（8）保险公司的工作人员对当事人的个人隐私应当保密。

（六）法律责任

（1）保险公司未按照规定将旅行社责任保险的保险条款和保险费率报送审批或备案的，依照《保险法》第一百四十六条之规定，由保险监督管理机构责令改正，逾期不改正的，处以 1 万元以上 10 万元以下的罚款。

（2）保险公司拒绝或者妨碍依法检查监督的，由保险监督管理机构依照《保险法》第 147 条之规定予以处罚。

（3）旅行社未投保旅行社责任保险的，由旅游行政管理部门责令限期改正，逾期不改正的，吊销旅行社业务经营许可证。

（4）旅行社投保旅行社责任险的保险责任范围，小于本《办法》第五条规定要求的，由旅游行政管理部门责令限期改正，给予警告；逾期不改正的，可处以人民币2万元以上10万元以下的罚款。

（5）旅行社违反本《办法》第二十七条规定，不报送相关资料或拒不接受旅游行政管理部门的管理和监督检查的，由旅游行政管理部门责令限期改正，给予警告；逾期不改正的，责令停业整顿3天至15天，可以并处4 000元以上2万元以下的罚款。

二、《关于完善旅行社责任保险的若干意见》的基本内容

为充分发挥保险在防灾防损和灾害事故处置中的重要作用，推进完善旅行社责任保险工作，增强行业风险抵御能力，保障旅游业和谐安全发展，根据《旅行社条例》、《国务院关于保险业改革发展的若干意见》（国发［2006］23号）和国家旅游局、中国保监会《旅行社责任保险管理办法》精神，现就进一步完善旅行社责任保险提出如下意见：

（一）完善旅行社责任保险的必要性

旅行社责任保险制度自2001年实施以来，对转移旅行社经营风险，保障旅游者合法权益起到了积极作用。但是，在实施过程中还存在一些问题，如法律规制不健全，导致旅行社责任难界定，纠纷频发；旅游和保险市场不规范竞争现象仍较突出；旅游保险发展滞后，保险产品和服务与快速发展的旅游业不相适应；投保方式不科学，旅行社分散投保不利于整合资源和降低成本等等。随着我国旅游市场快速增长，旅行社业务范围不断扩大，各种经营风险明显增加，安全保障要求不断提高，亟须对旅行社责任保险进行完善。各级旅游管理部门和保险监管部门要站在促进构建和谐社会的高度，认真贯彻党的精神，落实国务院大力发展责任保险，加快试点工作的要求，深化“旅保合作”，创新工作机制，加快旅行社责任保险改造完善工作，健全旅行社经营安全保障和突发事件应急机制，真正发挥旅行社责任保险在转移风险、防灾防损和善后处置等方面的积极作用。

（二）完善旅行社责任保险的工作思路和主要任务

1. 工作思路

按照“市场运作、政策引导、政府推动、立法强制”的原则，进一步深化“旅保合作”工作机制，调动各方面的积极性，完善规章制度，创新投保方式，提高服务水平，有计划、分步骤、积极稳妥地推进完善旅行社责任保险工作。

2. 主要任务

明确旅行社责任保险保障范围，合理确定费率水平；完善旅游保险机制，创新投保方式，增强风险管控能力；优化产品结构，拓宽服务领域，完善灾害事故防范救助体系；加强诚信建设，加大监管力度，加快技术创新。

（三）完善旅行社责任保险，全面提升保障能力

1. 科学确定承保责任范围

旅行社责任保险的保险责任应包括旅行社在组织旅游活动中依法对旅游者的人身损害、财产损失承担的赔偿责任和对受旅行社委派、为旅游者提供服务的人员的人身损害承担的赔偿责任。

各地在法定基本保障范围的基础上，可结合当地经济社会发展水平和旅行社经济承受

能力，因地制宜地不断探索和完善旅行社责任保险责任范围。

2. 合理制定赔偿限额

各地可参照旅行社责任保险人身赔偿限额不低于人民币 20 万元，每次事故赔偿限额不低于每人赔偿限额的 10 倍的标准，按照《最高人民法院关于审理人身损害赔偿案件适用法律若干问题的解释》规定的项目，结合本地区经济发展水平、旅行社的经营状况和保费承担能力，确定科学合理的赔偿限额。

3. 综合确定费率水平

保险公司在开办旅行社责任保险业务时，要按照公平公正、科学合理的原则，充分考虑旅行社责任保险的责任范围、赔偿限额和历史赔付数据等因素，科学确定合理的费率水平，建立与旅行社风险管理水平、接待规模和经营业绩等相匹配的保险费率体系。

4. 鼓励增加各类附加险

鼓励保险公司在旅行社责任保险主险产品的基础上，积极研究开发特种旅游、旅程延误、旅程取消等可供选择的附加险种，满足旅行社经营的个性化风险保障需求。

（四）积极推进统一投保，加速资源整合和服务提升

旅行社责任保险统一投保，有利于整合旅游保险资源，充分发挥规模优势，更好地体现“大数法则”；有利于控制保险成本支出，合理降低保费，提高保险服务和风险管理水平；有利于促进各利益主体的责任划分，确定合理的保险保障范围，提升风险化解的能力。

各地可积极组织本辖区内旅行社企业参加统一投保，具备条件的地方可以开展跨区域统保。统保工作难度大，有风险。各地要高度重视，加强指导，坚持公开、公平、公正的原则，提高工作的严谨性和透明度，杜绝不正之风。要坚持从市场需求出发，按规律办事，依法推动统保工作；要充分发挥旅游和保险行业协会的作用，发动多数企业自愿参加统保；可依托专业力量，选择保险经纪公司提供专业服务。

（五）加强旅游保险机制创新，增强防范化解风险能力

1. 建立风险管控机制

保险机构要主动为旅行社提供风险管控服务，积极探索建立与旅行社风险管控水平相匹配的浮动费率体系，形成奖优罚劣的激励机制。旅行社要提高风险意识，增强风险内控水平。各方要加强信息共享，完善旅行社责任险风险数据库，建立风险评估机制。

2. 建立高效的服务机制

鼓励保险机构建立针对旅行社责任保险的专业服务平台，实现事前、事中和事后的全程服务。推动建立旅行社责任保险的快速理赔通道，简化理赔手续，加快理赔速度，提供专业快捷的一站式保险服务。

3. 探索建立纠纷调解机制

各地要根据旅行社责任保险出险和理赔特点，探索建立由旅游、保险和法律等方面专业人员组成的专业保险纠纷调解机构，形成快捷有效的旅行社责任保险纠纷调解和处理机制。

4. 推动与紧急救援服务的结合

各地要积极探索推进旅行社责任保险与紧急救援服务相结合，鼓励保险公司充分利用国际国内各方面的医疗和救援资源，完善旅游救援体系，提高快速反应能力，逐步实现对重大旅游事故的紧急救援服务保障。

5. 促进旅行社责任保险与旅游意外伤害保险共同发展

旅行社责任保险和旅游意外伤害保险是旅游保险市场中的两个重要险种，其功能作用各不相同，不可互相代替。各地在推动旅行社责任保险改造完善的同时，要创造条件积极推动旅游意外伤害保险的发展，满足旅游者自身转移风险的需要，构建多层次的旅游安全保险保障体系。

6. 加强对旅行社责任保险的监管

各地要进一步深化“旅保合作”机制，积极探索建立符合实际的旅游保险监管制度，严格按照《旅行社责任保险管理办法》的规定，依据《保险法》和《旅行社条例》对旅行社和保险机构进行监督管理。积极倡导旅行社和保险机构诚信经营，优质服务，避免恶性价格竞争，杜绝违规经营行为。

7. 加强旅行社责任保险的宣传

各地要积极开展旅行社责任保险的宣传推广，提高各方对旅行社责任保险的认知程度。要通过多种形式，做好《旅行社责任保险管理办法》的宣传贯彻。要做好旅行社责任保险各环节工作人员的教育培训，保证此项工作的顺利实施。

案例 9-4　除外责任范围内的事故　保险公司不承担责任保险的赔偿

张某所在学校以地理教学第二课堂的名义，组织学生前往北京某国家地质公园参观学习，委托某国际旅行社承办这次活动。当张某步行至景区三层时，因青石板地面有些潮湿而不慎摔伤。事发后，景区、旅行社和校方立即组织人员将张某送至医院，并在伤者的要求下转至另一医院，经诊断为“右胫骨骨骺分离”，并先后做了两次手术，经有关机构鉴定，张某的伤残程度属 10 级。张某将学校、旅行社和景区一并告上法庭。原告认为，学校选择了一处不合格或者说存在安全隐患的地方进行第二课堂教学，对该事件负有不可推卸的责任；旅行社作为具体承办方，组织不力，理应承担责任；事发地点为新开辟景区，灯光暗淡，道路危险，并且没有设置明显的警示牌，存在事故隐患，故景区亦应承担责任。原告指出，事发后，三方被告相互推诿，缺乏妥善解决问题的诚意，遂决定提出诉讼，要求被告赔偿医疗费、误工费、伤残补偿等各项费用共约 9 万余元。法院在调解未果之后，当庭宣判驳回原告的全部诉讼请求。判决认为，该景区作为国家级景区，事发处并非新开辟的景区，也非危险地段，只是普通的青石板过道，因此没有设置警示牌，洞内灯光、道路及交通安全设施符合有关规定，作为景区的管理方，游客在景区发生事故后，立即采取措施，积极救护伤者，已履行相应义务，因此，景区管理委员会没有责任；旅行社正常提供服务，并为游客办理了意外伤害保险，在事发后，原告也领取了赔偿金，也无过错；学校在此次活动之前征求了家长意见，并对参加活动的学生进行了必要的安全教育，还有教师、校医看护学生，已尽到监护之责，且张某受伤地点也非危险路段。因此，所有被告对意外事件给张某造成的人身损害不承担民事责任。

点评：近年来，关于旅游纠纷案例屡见报端，这体现了游客维权意识、法律意识增强。一方面，以事实为依据，切中要害的投诉、诉讼，是促进旅游企业进一步提高服务水平的外在动力，应大力提倡；另一方面，也有个别游客因为自己是消费者，一遇到纠纷，理所当然地把责任推定在旅游企业一方，作为当事人丝毫不分析责任究竟在谁，就名目繁多地漫天要价。其实游客要公平地看待旅游纠纷。旅游在外，既要增强风险意识，更要增强承担风险的意识，出了问题，关键在于明晰责任。若责任在游客自身，旅游企业也不能委曲求全，社会公众亦不可借同情弱者之名，以情代法，损害法律的严肃与公正。总而言之，解决任何纠纷都应依法维护各方当事人的权益，站在促进旅游业健康发展的高度，探讨改进措施，最终使游客能够享受到更好的服务，使中国旅游业得以健康、稳定、快速发展。在本案例中，原告败诉的原因，在于混淆了当事人的责任范围，因为原告对其自身不幸的发生负有不可推卸的责任。《旅行社责任保险管理办法》规定，由于旅游者个人过错导致的人身伤亡和财产损失以及由此导致需支出的各种费用，旅行社不承担赔偿责任。判决后，原告表示将提出上诉。继续上诉是原告的权利和自由，但作为游客，也存在一个是否有勇气承担自己责任的问题；对旅游企业而言，理应承担的责任，绝不推卸，不该担负的责任，绝不包揽。责权明晰，各尽其职，这就是现代社会的法治精神。

资料来源 张希钦．旅游案例分析［M］．北京：中国旅游出版社，2007.

思考与练习

一、填空题

1. 旅行社责任保险，是指保险公司对________在组织的旅游活动中依法应承担的赔偿责任，属于保险责任的，在________内予以赔偿的责任保险。

2. 旅游安全管理工作应遵循________、分级管理、________的原则。

3. 根据《旅行社投保旅行社责任保险规定》，旅行社从事旅游业务经营活动，必须为旅游者投保________。它是一种强制保险，旅行社在从事________经营活动时，必须履行这一强制性义务。

二、选择题（在每小题的四个备选答案中，选出 1 ~ 4 个正确答案，并将正确答案的序号填在题干的括号内）

1. 旅游保险法律关系主体包括(　　)。

A. 旅游保险法律关系的当事人　　B. 旅游保险法律关系的关系人

C. 旅游保险法律关系的辅助人　　D. 旅游保险法律关系的代理人

2. 旅行社责任保险的受益人为(　　)。

A. 旅游者　　　　B. 投保人

C. 旅行社　　　　D. 导游和领队

3. 某国游客在中国旅游期间自然死亡，按有关规定，若死者家属或(　　)要求解剖，我方可同意，但必须有他们签字的书面请求。

A. 与死者有特殊关系的朋友　　　　B. 死者生前工作单位

C. 死者生前的投保公司　　　　D. 死者所属国驻华使、领馆

三、简答题

1. 什么是旅游保险？旅游保险的客体有哪些？

2. 新《旅行社责任保险管理办法》的主要特点是什么？

3. 什么是旅游保险合同？它具有什么特征？

四、案例分析题

某旅游汽车公司与保险公司签订了一份汽车的保险合同。不久，该车在正常行驶时，被甲厂汽车撞损报废。旅游汽车公司要求甲厂赔偿损失遭到拒绝，于是向保险公司索赔。保险双方为此达成赔偿协议，偿付条件是旅游汽车公司立即起诉甲厂。10 天后旅游汽车公司向法院起诉甲厂，并要求保险公司履行协议。保险公司反悔，要求旅游汽车公司通过法律程序径自从甲厂取得赔偿。

请根据事实和法律，回答下列问题：

1. 旅游汽车公司与保险公司的赔偿协议是否有效？为什么？

2. 旅游汽车公司若先获得保险金，向甲厂追索赔偿金的权利归谁？为什么？

第十章

旅游权利救济法律制度

背景与提要

从现实意义看，对公民权利侵害的救济是维护社会秩序的根本保证，也是公民幸福和社会和谐的保障。权利是人性尊重的表现，任何侵害无论是否存在损害后果都是对个人尊严和价值的贬损，都必须采取救济手段加以救济。按自然法学的观点，人类从自然状态走向人类社会的第一步是通过将防卫被侵害的权利让渡给国家，由国家负责保护每个人的自由、生命、安全和财产，这种保护是没有个体差别、类型差别的，只要是个体遭到侵害，就必须通过有效途径进行救济，才能符合当初社会契约的目的：侵害行为是对整个人类所订立的国家契约的侵犯，因而是必须加以制止和进行补救的。当前，随着旅游业的发展和人民生活水平的提高，旅游者对旅游服务质量的重视程度和维权意识不断增强，而目前我国旅游业整体服务水平又不能完全使旅游者满意，因此旅游者与旅游经营者、旅游辅助服务者之间因旅游合同存在缺陷、旅行社经营不规范、旅游管理部门失职以及旅游相关服务部门、旅行社从业人员、旅游者自身等原因引起旅游纠纷频繁出现。公民权利得到救济意味着纠纷得到了解决，因此，在解决纠纷时我们应遵循侵害必有救济原则、及时救济原则、充分救济原则、公力救济优先原则、司法最终救济原则等。

在旅游权利救济立法方面，为了保护旅游者、旅游经营者的合法权益，及时、公正处理旅游投诉，维护国家旅游声誉，1991 年 6 月，国家旅游局发布了《旅游投诉暂行规定》，它是我国第一部规定旅游者投诉和投诉程序的旅游规章。该规定明确了投诉的受理机关、受理条件和程序、投诉人与被投诉人的权利和义务以及投诉的时效等问题，在实践中被证实是切实可行的。此后，国家旅游局又相继发布了《旅行社质量保证金暂行规定》及其实施细则、《旅行社质量保证金赔偿暂行办法》、《旅行社质量保证金赔偿试行标准》等，又在组织保证以及赔偿来源、依据、标准等方面不断完善了投诉制度。2010 年 1 月，国家旅游局在对旅游投诉处理规范进行界定的基础上，审议通过了《旅游投诉处理办法》（以下简称《办法》）。2010 年 9 月，《最高人民法院关于审理旅游纠纷案件适用法律若干问题的规定》（以下简称《司法解释》）为正确审理旅游纠纷案件、依法保护当事人合法权益提供了法律依据。《旅游法》在专章规定“旅游者权利”的同时，对“旅游纠纷的处理”进行专章设置，使旅游者权利受到损害时，可用诸多方式进行救济。此外，我国的《行政复议法》、《行政诉讼法》、《民事诉讼法》、《仲裁法》等法律为公民旅游权利的实现提供了救济。

本章主要介绍旅游纠纷的概念与种类、旅游权利救济的几种主要方式。通过学习能够使学生熟悉我国与旅游权利救济有关的法律法规，提高学生分析问题、解决问题的能力。

第一节 旅游权利救济法律概述

一、权利救济的含义与情形

（一）权利救济的含义

权利在形态上划分为应有权利、法定权利和现实权利三种具体形态，应有权利转化为法定权利涉及权利的宣告与确认，从应有权利和法定权利到现实权利涉及权利的保护与救济，即从应有权利、法定权利到现实权利的转化需要一个过程，救济是关系到权利实现的关键。可见，权利救济是指在权利人的实体权利遭受侵害的时候，由有关机关或个人在法律所允许的范围内采取一定的补救措施消除侵害，使得权利人获得一定的补偿或者赔偿，以保护权利人的合法权益。

（二）权利救济的情形

一般来讲，当权利人的权利遭到侵害的时候，他们通常会选择以下方式解决冲突问题：自我帮助；逃避；协商；通过第三方解决；忍让。逃避和忍让的方式不属于救济的范畴，因为这两种方式虽可以使得纠纷或者冲突得到解决，但未能够使得受损的权益得到恢复或者补救，也就是说权利得到救济意味着纠纷得到了解决，但是反过来纠纷的解决却未必是救济权行使的结果。因此，本书中阐述的权利救济旨在通过某种积极方式的运用使得受损权益得到恢复或者补救。可以认为，救济是对法律关系中由于一方当事人违反义务所造成后果的一种矫正，它意味着合法权利的实现和法定义务的履行，即通过救济使原有权利得到恢复或者实现。它包括两种情形：

（1）在权利能够“恢复原状”的情况下，通过排除权利行使的障碍，促使冲突主体继续履行其应履行的义务，以使权利的原有状态得以恢复。

（2）在不能“恢复原状”的情况下，通过和解或强制的方式使由冲突或者纠纷的影响造成的实际损失、危害、伤害、损害得到合理的补偿或者赔偿。

（三）旅游纠纷的概念、特点与种类

1. 旅游纠纷的概念与特点

旅游纠纷有广义和狭义两种理解。广义的旅游纠纷是指旅游法律关系主体之间因旅游权利和旅游义务的矛盾而引起的争议。它包括平等主体之间涉及旅游内容的纠纷和公民、法人或者其他组织作为行政管理相对人与行政管理部门之间因行政管理行为所发生的涉及旅游内容的纠纷。狭义的旅游纠纷是指旅游经营者与旅游者之间的纠纷，以及因国家旅游行政管理部门在处理相关旅游纠纷时所引起的争议。《司法解释》所称的旅游纠纷，是指旅游者与旅游经营者、旅游辅助服务者之间因旅游发生的合同纠纷或者侵权纠纷。目前，我国旅游纠纷主要呈以下特点：

（1）案件诉讼管辖地较为集中。一般而言，旅游纠纷多发生在旅游风景区、旅客往来密集的城市交通枢纽以及旅行社分布较集中的地区。按照属地管辖原则，所在辖区法院受理的相关案件较多。

(2) 纠纷类型层次分布明显。目前全国旅游纠纷案件类型分布情况表现为：旅行社与游客的旅游合同纠纷案件、旅行社之间的旅游委托合同纠纷案件数量最多；旅游保险合同纠纷案件、旅游交通事故赔偿纠纷案件其次；其余为旅游者诉景区及旅游行政管理部门赔偿案件等。

(3) 纠纷发生的原因复杂多样。旅游纠纷产生的原因有多种，如旅行社与游客所签订合同内容不够明确具体，履约不完全；旅行社任意抬高价格，向游客出售以次充好甚至假冒伪劣商品；游客对旅游服务质量不满意；旅行社、游客没有依法投保，在赔偿问题上各方推责；旅行社内部管理不规范，以承包或挂靠方式变相转让经营权，损害旅游者合法权益；旅游车辆及道路交通状况等原因导致游客人身、财产受损等。

(4) 案件审理难度大。以数量较多的旅游委托合同纠纷案件为例，由于组团社和地接社之间大多没有签订书面委托合同，而依靠传真方式签约，合同双方的权利义务不够明确，致使在合同履行过程中产生纠纷，由此也导致审理中案件事实很难查清，证据难以认定。另外，一些负责签约的经办人没有旅行社出具的书面委托书，其委托代理人资格难以认定，导致旅行社不愿对经办人的行为后果承担法律责任，或者经办人以旅行社名义签约后，没有完全履行合同就离开旅行社，旅行社对其合同义务往往不知情或不愿承担。

(5) 旅游者诉讼请求多样。旅游者提出的诉讼请求有赔偿损失、返还旅游费、支付违约金、返还押金或保证金、赔偿调查取证费、赔偿通信费、重新安排旅游景点、赔礼道歉等。其中多数诉求比较合理，但也存在部分旅游者不根据实际情况，任意扩大旅游业者责任，随意提出高额赔偿的诉讼请求，增加了诉讼风险，在一定程度上也使得案件的处理难度加大。

2. 旅游纠纷的种类

在旅游业实践中，常见的旅游纠纷包括：

(1) 旅游者对实际旅游行程不满意。旅行社对景点设施、参观项目夸大宣传，误导旅游者；减少参观游览项目，缩短在景点的逗留时间等。

(2) 旅游者对随意转团、拼团不满意。旅游者在出发前被随意转团，致使双方权利义务不明确；当旅游者到达景点后，导游将团队转给当地的旅行社，或降低服务标准、增加收费次数；导游为减少费用，擅自拼团等。

(3) 旅游者对收费不满意。旅行社强制旅游者参加自费项目，有的导游员在旅游过程中向游客索要小费和私收回扣；旅行社以聘请当地车辆、人员等理由，再次向旅游者重复收取费用，或者以增加景点为由向旅游者收费，牟取暴利。

(4) 旅游者对吃、住、行不满意。旅游者在旅游中的吃、住、行是非常关键的要素，也是旅游团队等级或标准的一个重要体现，而旅行社往往靠降低这些项目的服务标准而从中渔利。

二、旅游权利救济的法律方法

所谓旅游权利的法律救济，是指依据法律方式或者类法律方式对旅游活动主体受到损害的权利进行救济，主要包括行政司法救济、司法救济和仲裁救济。

（一）行政司法救济

行政司法救济是指行政机关作为救济主体为权利人提供的法律救济方式。从现代法制的发展来看，行政司法救济产生和存在的基础是近现代社会行政管理对象的复杂化而需要贯彻司法程序的公正性所致。为了解决上述问题，就需要由具有一定法律知识、具有相关知识和技能以及行政管理经验的人员组成专门机构，不同程度地参照司法的程序化要求并体现行政效率的原则，从而保证提供公正、合法、有效率的救济。同时，这种救济方法与司法救济适当衔接，保证了办案的质量和法律效力。在旅游权利的行政司法救济上，调解是在旅游纠纷发生后，通过第三方主持并从中斡旋以解决旅游纠纷的行为，具体方式有：由双方当事人认可的第三人调解；一方向旅游行政管理部门投诉，旅游行政管理部门在查明事实、分清是非的基础上进行调解；由仲裁委员会在作出裁决之前进行调解；人民法院在审理旅游纠纷案件过程中进行调解。调解作为解决旅游纠纷的一种方式，其成功的关键，一是双方自愿，二是分清是非、互谅互让。

（二）司法救济

司法救济，又称为司法机关的救济或者诉讼救济，指的是人民法院在旅游权利人权利受到侵害而依法提起诉讼后依其职权按照一定的程序对权利人的权利进行补救。司法救济具有以下几个方面的特征：救济范围具有广泛性；救济方式具有受动性；程序具有法定性；结果具有强制性；效力具有终局性。司法救济被称为权利保障的最后一道屏障，构成现代权利救济体系的一个重要支柱，是法律救济的核心。

（三）仲裁救济

仲裁救济是法院外提供的一种救济方法，其意是指根据当事人之间的合意即仲裁契约，把基于一定的法律关系而发生或将来可能发生的纠纷的处理，委托给法院以外的第三方进行裁决。在旅游纠纷发生后，仲裁机构依照法定程序对当事人在旅游活动中所产生的旅游争议居中调解、进行裁决。与诉讼相比，仲裁的功能特点在于程序简便、结案较快、费用低廉、不具备行政特色、能独立公正和迅速地解决争议，给予当事人充分的自治权；同时，具有客观性、灵活性、保密性、终局性和裁决易于得到执行等特点。而且，随着人们权利意识的提高，人们对救济也提出了更高的要求，人们渴望救济的获得更加高效率、低费用及意思自治。总之，仲裁是在审判之外发展起来的又一条权利救济途径，一方面它可以弥补诉讼的弊端，与之形成互补；另一方面又与诉讼展开竞争，互相牵制。当然，仲裁应以旅游纠纷当事人之间事先签订的仲裁条款或事后达成的仲裁协议为前提。

案例 10-1　　因违约与侵权竞合引起的旅游纠纷

深圳张某等人参加A旅行社组织的武夷山游，交给武夷山B旅行社地接。按照行程安排，游客游览武夷山某景区时，可以参加“嬉猴”旅游项目。景区的猴子常跑到游人跟前，和游人嬉戏。张某拿食物喂猴子时，被猴子抓了一下。当时由于景区的防疫针已用完，张某即被送到武夷山医院打针。回到深圳后，张某为治疗猴抓伤又花去医疗费 260 元，在家休息了 7 天。事后，张某向武夷山旅游质监所投诉，认为武夷山 B 旅行社的导游在景区游览时，没有向游客提示说明注意事项，也不陪同游客，才造成游客被猴子抓伤，为此要求武夷山 B 旅行社赔偿医疗费、误工费及精神损失费共计 1 802 元。武夷山 B 旅行社辩称“嬉猴”项目虽然是该社安排的，但该项目的真正经营者是景区所设的 C 公司，直接造成游客被猴子抓伤的是 C 公司，该社导游已尽到职责，拒绝承担赔偿责任。福建省旅游质监所与武夷山旅游质监所一起对当事人进行法律分析和调解，最后促成双方当事人达成赔偿协议，C 公司赔偿张某 1 000 元结案。

点评：在本案中，张某在接受旅游服务中被猴子抓伤既是合同纠纷，又是侵权纠纷，当事人有权选择依照《合同法》要求有关方承担违约责任或者依照其他法律要求有关方承担侵权责任，这属于民事责任竞合。本案实际上存在两种法律关系，张某依法享有两种请求权：一是基于张某和 A 旅行社之间的旅游组团合同关系，张某有权选择依照《合同法》要求 A 旅行社承担违约责任；二是基于 C 公司侵害张某的健康权的侵权法律关系，张某有权选择依照《民法通则》要求 C 公司承担人身损害赔偿责任。张某只能选择行使其中一项请求权，而不能同时实现两项请求权。

如果张某要提起合同之诉，他应将 A 旅行社作为被告，向组团社 A 旅行社所在地深圳旅游质监所提出投诉，由深圳旅游质监所负责审理。

本案实际上是动物致人损害事件，相对于一般侵权责任而言，特殊侵权责任适用过错推定责任或者无过错责任。“嬉猴”项目作为合同中约定的项目，张某被猴子抓伤导致产生医药费、误工费等实际损失，张某已举证证明自身所受的实际损害及他所受损害与猴子的抓人行为存在因果关系，C 公司作为“嬉猴”项目提供方，未能举证受害人有过错或者第三人有过错，根据《民法通则》第 127 条规定，C 公司应承担赔偿责任。另外，张某所受损害构不成精神损害，不存在精神损失。

资料来源 林松. 游客被猴子抓伤，怎么赔［J］. 福建质量信息，2003（8）.

第二节 旅游投诉

一、旅游投诉的概念、特点与管辖

（一）旅游投诉的概念与特点

旅游投诉制度是我国旅游活动中相对完善的一项法律制度，是处理旅游纠纷五种方式（协商、调解、投诉、仲裁、诉讼）中最具旅游特色的一种。旅游投诉制度的建立，有利于国家旅游行政机关更好地行使行政权力，公平合理地处理双方当事人的矛盾和纠纷，依法管理旅游行业。依据《办法》的规定，所谓旅游投诉，是指旅游者认为旅游经营者损害其合法权益，请求旅游行政管理部门、旅游质量监督管理机构或者旅游执法机构（以下统称“旅游投诉处理机构”)，对双方发生的民事争议进行处理的行为，其特点是：

（1）投诉人是与投诉案件有直接利害关系的旅游者。直接利害关系是指投诉人必须是案件的当事人，或者案件处理的结果对他有直接的影响并承担由此产生的后果。

（2）投诉案件必须有损害行为发生。这种损害行为具有违法、违纪、违反服务规则的性质。正当履行职务的行为，不在被投诉之列。

（3）被投诉人主观上有过错。过错有故意和过失之分，无论由于故意或者过失造成损害后果，被损害人可以对这种行为提出投诉。

（4）投诉涉及的行为必须是发生在旅游活动之中的，或者是与旅游活动有密切联系的。

（5）旅游投诉处理机构是处理投诉的权力机关，包括旅游行政管理部门、旅游质量监督管理机构和旅游执法机构。旅游投诉处理机构在处理旅游投诉中，发现被投诉人或者其从业人员有违法或犯罪行为的，应当按照法律法规和规章的规定，作出行政处罚、向有关行政管理部门提出行政处罚建议或者移送司法机关。

（二）旅游投诉的管辖

1. 旅游投诉管辖的概念

旅游投诉管辖，是指各级旅游投诉管理机关和同级旅游投诉管理机关之间受理旅游投诉案件的分工和权限。旅游纠纷一旦产生，对于旅游纠纷的当事人而言，首先面临着到什么地方去投诉、由哪个具体的旅游投诉管理机关处理的问题；对于旅游投诉处理机构而言，也面临着哪个机关有权对其处罚的问题。这些问题不仅关系到行政机关能否尽职尽责行使权力，既不互相推诿，又不彼此相争，还关系到国家是否及时、有效、准确地追究违法行为的法律责任，也关系到旅游投诉者的权益能否真正实现。因此，旅游投诉的管辖在整个投诉制度中占有重要位置。确定旅游投诉的管辖主要本着以下几个原则：

（1）效率原则。旅游投诉管辖的确定，应当便于旅游行政管理部门迅速、及时发现并制裁违法行为，既要使投诉方便、及时，也要使日常的旅游行政管理的有关情况能及时反馈。

（2）兼顾旅游行政管理部门分工与案件性质原则。我国旅游行政管理部门按级别组成，不同级别的机关职责不同。据此，县级以上旅游投诉处理机构要处理较多的旅游纠纷，而国家旅游投诉处理机构则要处理一些重要的、影响大的、性质恶劣的案件。

（3）原则性与灵活性相结合的原则。确定旅游投诉管理机关，既要明确实施主体，也要给旅游投诉处理机构在管辖上的机动性，使管辖能适应各种变化情况。

2. 级别管辖与地域管辖

级别管辖，是指划分上下级旅游投诉处理机构之间对处理投诉案件的分工和权限。地域管辖，是指同级旅游投诉处理机构之间横向划分在各辖区内处理旅游投诉案件的分工和权限，即确定旅游行政管理部门实施其行政权力的地域范围。《办法》规定：“旅游投诉由旅游合同签订地或者被投诉人所在地县级以上地方旅游投诉处理机构管辖。”“需要立即制止、纠正被投诉人的损害行为的，应当由损害行为发生地旅游投诉处理机构管辖。”

这是关于地域管辖的规定，其标准的确定如下：

（1）旅游合同签订地的确定。旅游合同签订地的确定，一般应当以实际签订地为准，但需要证据证明实际签订地，如果不能证明的，以约定的签订地为准。

（2）被投诉者所在地的确定。被投诉者是公民的，其所在地是他长久居住的住所。《民法通则》规定，公民以他的户籍所在地的居住地为住所，经常居住地与住所不一致的，经常居住地视为住所。被投诉者是法人的，根据《民法通则》的规定，法人以其主要办事机构所在地为住所。

（3）损害行为发生地的确定。损害行为发生地是指导致投诉人人身、财产权利或其他权利受到损害的被投诉人的过错行为发生地。

前两个标准，没有先后顺序之分，可以本着完全尊重投诉者意愿的精神，允许投诉者自愿选择。只要投诉者提出，旅游合同签订地或者被投诉人所在地的旅游投诉处理机构都有权管辖该投诉案件。损害行为发生地的旅游投诉处理机构管辖投诉案件的前提是“需要立即制止、纠正被投诉人的损害行为的”。

3. 管辖权的转移与指定管辖

（1）管辖权的转移。管辖权的转移是级别管辖中的特殊情况，《办法》规定：“上级旅游投诉处理机构有权处理下级旅游投诉处理机构管辖的投诉案件。”

（2）指定管辖。指定管辖是指上级旅游投诉管理机关以决定方式指定下一级投诉管理机关对某一投诉案件行使管辖权。指定管辖实际上是赋予投诉处理机构在受理投诉案件上一定的自由，以适应各种错综复杂的处罚情况，有利于解决重复管辖和管辖空白等问题。《办法》规定：“发生管辖争议的，旅游投诉处理机构可以协商确定，或者报请共同的上级旅游投诉处理机构指定管辖。”

二、旅游投诉的受理与处理

（一）旅游投诉的受理

1. 旅游投诉受理的条件

旅游投诉的受理，是指旅游投诉处理机构对投诉案件的接受、审理。具体而言，是指有管辖权的旅游投诉处理机构接到旅游投诉者的投诉状或者口头投诉后，经审查认定符合受理条件予以立案的行政行为。依据《办法》的规定，旅游投诉受理的条件包括：

（1）投诉人与投诉事项有直接利害关系；

（2）有明确的被投诉人，具体的投诉请求、事实和理由。

同时，《办法》还规定：“投诉人委托代理人进行投诉活动的，应当向旅游投诉处理机构提交授权委托书，并载明委托权限。”“投诉人 4 人以上，以同一事由投诉同一被投诉人的，为共同投诉。”“共同投诉可以由投诉人推选 1 至 3 名代表进行投诉。代表人参加旅游投诉处理机构处理投诉过程的行为，对全体投诉人发生效力，但代表人变更、放弃投诉请求或者进行和解，应当经全体投诉人同意。”

2. 旅游投诉受理的范围

依据《办法》的规定，投诉人可以就下列事项向旅游投诉处理机构投诉：

（1）认为旅游经营者违反合同约定的；

（2）因旅游经营者的责任致使投诉人人身、财产受到损害的；

（3）因不可抗力、意外事故致使旅游合同不能履行或者不能完全履行，投诉人与被投诉人发生争议的；

（4）其他损害旅游者合法权益的。

3. 旅游投诉受理的程序

旅游投诉受理的程序，是指旅游投诉处理机构接受投诉者的投诉，依法立案审查所依据的程式和顺序。依照《办法》的规定，旅游投诉处理机构接到投诉，应当在5个工作日内作出以下处理：

（1）投诉符合《办法》的，予以受理；

（2）投诉不符合《办法》的，应当向投诉人送达《旅游投诉不予受理通知书》，告知不予受理的理由；

（3）依照有关法律法规和《办法》规定，本机构无管辖权的，应当以《旅游投诉转办通知书》或者《旅游投诉转办函》，将投诉材料转交有管辖权的旅游投诉处理机构或者其他有关行政管理部门，并书面告知投诉人。

依据《办法》的规定，不予受理的旅游投诉的情形主要包括：

（1）人民法院、仲裁机构、其他行政管理部门或者社会调解机构已经受理或者处理的；

（2）旅游投诉处理机构已经作出处理，且没有新情况、新理由的；

（3）不属于旅游投诉处理机构职责范围或者管辖范围的；

（4）超过旅游合同结束之日90天的；

（5）不符合《办法》第10条规定的旅游投诉条件的；

（6）《办法》规定情形之外的其他经济纠纷。

属于第（3）项规定的情形的，旅游投诉处理机构应当及时告知投诉人向有管辖权的旅游投诉处理机构或者有关行政管理部门投诉。

（二）旅游投诉的处理

1. 旅游投诉的调解

《办法》规定："旅游投诉处理机构处理旅游投诉，除本办法另有规定外，实行调解制度。""旅游投诉处理机构应当在查明事实的基础上，遵循自愿、合法的原则进行调解，促使投诉人与被投诉人相互谅解，达成协议。"由此可见，调解是指旅游投诉处理机构主持投诉双方通过和解解决纠纷而达成协议的行为。旅游投诉调解的主体是旅游投诉处理机构，调解本身是一种行政行为。无论是选择调解方式，还是达成调解协议，都要出于投诉双方的完全自愿。旅游投诉处理机构在整个调解过程中起主导作用，要使双方心悦诚服，而不能施加任何压力迫使双方达成协议。

2. 旅游投诉处理程序

旅游投诉处理程序，是指旅游投诉处理机构受理投诉案件后，调查核实案情、促进纠纷解决或作出处理决定所必须经过的程式和顺序。依据《办法》的规定，旅游投诉处理的主要程序如下：

（1）旅游投诉处理机构处理旅游投诉，应当立案办理，填写《旅游投诉立案表》，并附有关投诉材料，在受理投诉之日起5个工作日内，将《旅游投诉受理通知书》和投诉书副本送达被投诉人。对于事实清楚、应当即时制止或者纠正被投诉人损害行为的，可以不填写《旅游投诉立案表》和向被投诉人送达《旅游投诉受理通知书》，但应当对处理情况进行记录存档。

（2）被投诉人应当在接到通知之日起10日内作出书面答复，提出答辩的事实、理由和证据。投诉人和被投诉人应当对自己的投诉或者答辩提供证据。

（3）旅游投诉处理机构应当对双方当事人提出的事实、理由及证据进行审查。旅游投诉处理机构认为有必要收集新的证据，可以根据有关法律法规的规定，自行收集或者召集有关当事人进行调查；需要委托其他旅游投诉处理机构协助调查、取证的，应当出具《旅游投诉调查取证委托书》，受委托的旅游投诉处理机构应当予以协助；对专门性事项需要鉴定或者检测的，可以由当事人双方约定的鉴定或者检测部门鉴定。没有约定的，当事人一方可以自行向法定鉴定或者检测机构申请鉴定或检测。鉴定、检测费用按双方约定承担。没有约定的，由鉴定、检测申请方先行承担；达成调解协议后，按调解协议承担。鉴定、检测的时间不计入投诉处理时间。

（4）在投诉处理过程中，投诉人与被投诉人自行和解的，应当将和解结果告知旅游投诉处理机构；旅游投诉处理机构在核实后应当予以记录并由双方当事人、投诉处理人员签名或者盖章。

（5）旅游投诉处理机构受理投诉后，应当积极安排双方当事人进行调解，提出调解方案，促成双方达成调解协议。

（6）旅游投诉处理机构应当在受理旅游投诉之日起60日内，作出以下处理：

①双方达成调解协议的，应当制作《旅游投诉调解书》，载明投诉请求、查明的事实、处理过程和调解结果，由当事人双方签字并加盖旅游投诉处理机构印章。

②调解不成的，终止调解，旅游投诉处理机构应当向双方当事人出具《旅游投诉终止调解书》。

③调解不成的，或者调解书生效后没有执行的，投诉人可以按照国家法律法规的规定，向仲裁机构申请仲裁或者向人民法院提起诉讼。

（7）在下列情形下，经旅游投诉处理机构调解，投诉人与旅行社不能达成调解协议的，旅游投诉处理机构应当作出划拨旅行社质量保证金赔偿的决定，或向旅游行政管理部门提出划拨旅行社质量保证金的建议：

①旅行社因解散、破产或者其他原因造成旅游者预交旅游费用损失的；

②因旅行社中止履行旅游合同义务、造成旅游者滞留，而实际发生了交通、食宿或返程等必要及合理费用的。

案例 10-2　　不予受理的投诉

某年，游客刘某等4人参加了北京某旅行社组织的“昆明、大理、丽江、版纳、中缅+森林公园四飞八日游”。在这一行程中，引起游客不满意的焦点问题有两个：一是在昆明和边境城市被安排参观多个玉石珠宝商店，其中含有行程内未约定的商店；二是第四日从西双版纳飞昆明的时间与昆明赴大理的火车之间有大半天空余，时间安排不合理，且行程计划中未显示有自由活动或自费项目安排。针对多次参观玉石珠宝商店问题，刘某等人当天就通过电话向北京的组团社进行了投诉。经联络协商，地接社导游向游客道歉并退还了自费项目的费用，作为参观计划外购物点的补偿(游客未购物)，刘某等人对此处理结果表示满意。针对空余半天的问题，北京组团社电话答应在昆明增加两个景点作为补偿，地接社表示只能提供车辆，景点门票费用自理。于是，刘某等人又投诉至云南省旅游局质监所。在省质监所的协调下，双方达成协议，增加翠湖观海鸥和圆通寺两个景点。回京后，刘某等人到北京市旅游局质监所再次投诉组团旅行社，仍然反映上述问题。北京市旅游局质监所经过认真研究，决定不予受理该投诉。

点评：这是一起因旅游纠纷引起的投诉，北京市旅游局质监所决定不予受理该投诉的理由是充分的。游客在云南旅游过程中，发现旅行社存在服务质量问题后，即分别向组团社、云南省旅游局质监所进行投诉，地接社导游向游客道歉并退还了相关自费项目的费用，游客对此表示同意；对于第四日旅游行程不合理、空闲时间过长的问题，游客向云南省旅游局质监所投诉后，经调解，地接社为游客额外增加两个景点作为补偿，客人接受此调解。综上，就游客反映的旅游中出现的服务质量问题，在当地已经得到解决。因此，刘某没有理由再次异地请求，有关旅游质监部门可以拒绝受理。

资料来源　淡然．不予受理的旅游投诉［N］．中国旅游报，2004-12-26.

第三节　旅游诉讼与仲裁

一、旅游诉讼

（一）行政诉讼

1. 行政诉讼的概念和特征

行政诉讼是解决行政争议的重要法律制度。所谓行政争议，是指行政机关和法律法规授权的组织因行使行政职权而与另一方发生的争议。行政争议有内部行政争议和外部行政争议之分。行政诉讼与行政复议是我国解决外部行政争议的两种主要法律制度。在我国，行政诉讼是指公民、法人或者其他组织认为行政机关和法律法规授权的组织作出的具体行政行为侵犯其合法权益，依法定程序向人民法院起诉，人民法院在当事人及其他诉讼参与人的参加下，对具体行政行为的合法性进行审查并作出裁决的制度。在旅游纠纷发生后，若旅游者和旅游经营者首先向旅游行政管理部门请求处理，认为旅游行政管理部门的处理方式不正确，或应处理而未处理的，旅游者或旅游经营者可以向人民法院提起诉讼。此时，当事人所针对的是旅游行政管理部门的具体行政行为，因此所提起的诉讼为行政诉讼。我国的行政诉讼具有如下特征：

（1）行政案件由人民法院受理和审理。

（2）人民法院审理的行政案件只限于就行政机关作出的具体行政行为的合法性发生的争议。

（3）行政复议不是行政诉讼的前置阶段或必经程序。

（4）行政案件的审理方式原则上为开庭审理。

2. 行政诉讼案件的构成要件

在我国，行政诉讼案件的构成应当具备以下五个要件：

（1）原告是认为行政机关及法律法规授权的组织作出的具体行政行为侵犯其合法权益的公民、法人或者其他组织。行使行政职权的行政机关或者法律法规授权的组织不能充当原告。

（2）被告是作出被原告认为侵犯其合法权益的具体行政行为的行政机关及法律法规授权的组织。

（3）原告提起行政诉讼必须是针对法律法规规定属于法院受案范围内及属于受诉法院管辖的行政争议。

（4）原告必须在法定期限内起诉。

（5）法律法规规定起诉前须经过行政复议的，已进行行政复议；自行选择行政复议的，复议机关已作出复议决定或者逾期未作出复议决定。

（二）民事诉讼与《司法解释》的相关内容

1. 民事诉讼

民事诉讼是指公民之间、法人之间、其他组织之间以及相互之间因财产关系和人身关系提起的诉讼。或者说，民事诉讼是指人民法院、当事人和其他诉讼参与人，在审理民事案件过程中，所进行的各种诉讼活动，以及由这些活动所产生各种关系的总和。旅游者和旅游经营者是具有平等地位的民事主体，发生在双方之间的旅游纠纷属于民事纠纷的范畴，在纠纷发生后，旅游者可以直接向人民法院提起民事诉讼，要求旅游经营者承担民事责任。与调解、仲裁等解决民事纠纷方式相比，民事诉讼有如下特征：

（1）民事诉讼具有公权性。

民事诉讼是以司法方式解决平等主体之间的纠纷，是由法院代表国家行使审判权解决民事争议。它既不同于群众自治组织性质的人民调解委员会以调解方式解决纠纷，也不同于由民间性质的仲裁委员会以仲裁方式解决纠纷。

（2）民事诉讼具有强制性。

强制性是公权力的重要属性。民事诉讼的强制性既表现在案件的受理上，又反映在裁判的执行上。调解、仲裁均建立在当事人自愿的基础上，只要有一方不愿意选择上述方式解决争议，调解、仲裁就无从进行，民事诉讼则不同，只要原告起诉符合《民事诉讼法》规定的条件，无论被告是否愿意，诉讼均会发生。诉讼外调解协议的履行依赖于当事人的自愿，不具有强制力，法院裁判则不同，当事人不自动履行生效裁判所确定的义务，法院可以依法强制执行。

（3）民事诉讼具有程序性。

民事诉讼是依照法定程序进行的诉讼活动，无论是法院还是当事人和其他诉讼参与人，都需要按照《民事诉讼法》设定的程序实施诉讼行为，违反诉讼程序常常会引起一定的法律后果，诉讼外解决民事纠纷的方式程序性较弱，人民调解没有严格的程序规则，仲裁虽然也需要按预先设定的程序进行，但其程序相当灵活，当事人对程序的选择权也较大。

2. 民事诉讼与行政诉讼的关系

民事诉讼与行政诉讼是两种相互联系又有重大差异的司法活动。

一般来说，行政诉讼是从民事诉讼中分离出来的，其发展之初，往往适用民事诉讼程序，而且许多司法原则是共同的，如公开审判、回避制度、两审终审制、合议制等，所以二者存在着紧密的联系，但民事诉讼与行政诉讼毕竟是两种不同的诉讼程序，它们之间存在着许多差异，主要有：

（1）案件性质不同。

民事诉讼解决的是平等主体之间的民事争议；行政诉讼解决的是行政主体与作为行政管理相对方的公民、法人或者其他组织之间的行政争议。

（2）适用的实体法律规范不同。

民事诉讼适用民事法律规范，如《民法通则》等；行政诉讼适用行政法律规范，如《行政处罚法》、《治安管理处罚法》等。

（3）当事人不同。

民事诉讼发生于法人之间、自然人之间、法人与自然人之间；行政诉讼只发生在行政主体与公民、法人或者其他组织之间。

（4）诉讼权利不同。

民事诉讼中双方当事人诉讼权利是对等的，如一方起诉，另一方可以反诉；行政诉讼双方当事人诉讼权利是不对等的，只能由公民、法人或其他组织一方起诉，行政主体一方没有起诉权和反诉权。

（5）起诉的先行条件不同。

行政诉讼要求以存在某个具体行政行为为先行条件；民事诉讼则不需要这样的先行条件。

（6）是否适用调解不同。

通过调解解决争议，是民事诉讼的结案方式之一；行政诉讼是对具体行政行为的合法性进行审查，因而不可能通过被告与原告相互妥协来解决争议。

3. 关于旅游纠纷《司法解释》的相关内容

在我国旅游业发展过程中，一些旅游经营者的不诚信行为，既严重损害了旅游者的合法权益，也导致旅游市场的恶性竞争，已经形成社会关注的热点。组团出游，连接着旅游者“吃、住、行、游、购、娱”六大环节，由于其涉及的环节多、链条长、责任主体多元化，加大了旅行社与旅游者之间纠纷解决的难度，最高人民法院关于旅游纠纷的《司法解释》对司法实践中出现的新情况、新问题进行了较为详细的规定。其主要内容如下：

（1）统一旅游纠纷案件裁判标准：旅游纠纷概念及受案范围

《司法解释》在规定旅游纠纷概念的基础上，规定“旅游经营者”是指以自己的名义经营旅游业务，向公众提供旅游服务的人。“旅游辅助服务者”是指与旅游经营者存在合同关系，协助旅游经营者履行旅游合同义务，实际提供交通、游览、住宿、餐饮、娱乐等旅游服务的人。旅游景点经营者与旅游者之间发生的旅游纠纷，可参照《司法解释》处理。其目的在于解决旅游过程中旅游者权益受到侵害时，由谁来承担责任及承担何种责任的问题。在集体旅游过程中，订立旅游合同的往往是集体推选的代表，而不是每个旅游者单独与旅游经营者签订合同，因此，《司法解释》明确了旅游者个人的诉讼权利，除合同签字的当事人有权提起诉讼外，未在旅游合同上签字的个人，也可以提起合同之诉。同时，《司法解释》也较为全面地规范了旅游法律关系，明确了旅游者合法权益的保护范围。

（2）法院支持旅游者主张“霸王条款”无效

《司法解释》规定，旅游经营者以格式合同、通知、声明、告示等方式作出对旅游者不公平、不合理的规定，或者减轻、免除其损害旅游者合法权益的责任，旅游者请求依据《消费者权益保护法》第二十四条的规定认定该内容无效的，人民法院应予支持。同时规定，旅游经营者事先设计，并以确定的总价提供交通、住宿、游览等一项或者多项服务，不提供导游和领队服务，由旅游者自行安排游览行程的旅游过程中，旅游经营者提供的服务不符合合同约定，侵害旅游者合法权益，旅游者请求旅游经营者承担相应责任的，人民法院应予支持。但是旅游者在自行安排的旅游活动中合法权益受到侵害，请求旅游经营者、旅游辅助服务者承担责任的，人民法院不予支持。

（3）司法机关将限制转团、挂靠等损害旅游者权益行为

《司法解释》规定旅游经营者将旅游业务转让给其他旅游经营者，旅游者不同意转让，请求解除旅游合同、追究旅游经营者违约责任的，人民法院应予支持。

旅游经营者擅自将其旅游业务转让给其他旅游经营者，旅游者在旅游过程中遭受损害，请求与其签订旅游合同的旅游经营者和实际提供旅游服务的旅游经营者承担连带责任的，人民法院应予支持。

《司法解释》还规定，旅游经营者准许他人挂靠其名下从事旅游业务，造成旅游者人身损害、财产损失，旅游者请求旅游经营者与挂靠人承担连带责任的，人民法院应予支持。旅游者要求旅游经营者返还下列费用的，人民法院应予支持：①因拒绝旅游经营者安排的购物活动或者另行付费的项目被增收的费用；②在同一旅游行程中，旅游经营者提供

相同服务，因旅游者的年龄、职业等差异而增收的费用。

(4) 维护好旅游者合法权益，也要合理界定旅游经营者责任

《司法解释》规定，人民法院要依法平衡旅游者与旅游经营者的关系。“旅游经营者的责任需要合理界定。支持和促进旅游业的健康发展，是制定这部司法解释的主旨之一。”该解释并没有片面强调旅游者利益的维护，无限扩大旅游经营者的责任，而是通过合理界定不可抗力、自由活动期间以及自由行过程中旅游经营者应承担的责任及责任免除条件等方式，对旅游经营者的权益也进行了合理维护。《司法解释》还规定在维护旅游者合法权益的同时，人民法院也将通过司法手段，注重维护旅游经营者的生存发展。互利共赢是人民法院审理旅游纠纷案件坚持的基本原则之一，既要维护好旅游者的合法权益，也要维护并促进旅游业的健康发展，两者不可偏废。据了解，人民法院下一步将把旅游者权益的保护纳入更为严格规范的制度架构之中，继续加强对消费者权益保护案件审判工作的调研，适时出台相关司法解释，及时解决侵害消费者权益案件法律适用中的疑难问题。同时，还将充分发挥多元纠纷解决机制的作用，做好矛盾化解工作，加强与消费者协会的沟通和协调，积极主动地邀请旅行社协会、居民委员会、村民委员会、人民调解员、人民陪审员等社会各方力量参与调解，力争案结事了。

(5) 我国民事司法解释中首次明确对消费者个人信息的保护

《司法解释》规定，旅游经营者、旅游辅助服务者泄露旅游者个人信息或者未经旅游者同意公开其个人信息，旅游者请求其承担相应责任的，人民法院应予支持。这是我国民事司法解释中首次明确了对消费者个人信息的保护。《司法解释》还对旅游消费者权益进行了比较全面的保护性规定，体现了司法保护的人文关怀。同时规定，旅游者在自行安排活动期间遭受人身损害、财产损失，旅游经营者未尽到必要的提示义务、救助义务，旅游者请求旅游经营者承担相应责任的，人民法院应予支持。自行安排活动期间，包括旅游经营者安排的在旅游行程中独立的自由活动期间、旅游者不参加旅游行程的活动期间以及旅游者经导游或者领队同意暂时离队的个人活动期间等。《司法解释》对消费者提起精神损害赔偿作出了规定：“旅游者提起违约之诉，主张精神损害赔偿的，人民法院应告知其变更为侵权之诉；旅游者仍坚持提起违约之诉的，对于其精神损害赔偿的主张，人民法院不予支持。”《司法解释》还规定，旅游者在旅游行程中未经导游或者领队许可，故意脱离团队，遭受人身损害、财产损失，请求旅游经营者赔偿损失的，人民法院不予支持。

(6) 对保护旅游者行李物品、证件安全作出了规定

《司法解释》对旅游经营者或者旅游辅助服务者保管旅游者行李物品以及证件安全作出了规定，明确了旅游者合法权益的保护范围。旅游经营者或者旅游辅助服务者为旅游者代管的行李物品损毁、灭失，旅游者请求赔偿损失的，人民法院应予支持，但下列情形除外：①损失是由于旅游者未听从旅游经营者或者旅游辅助服务者的事先声明或者提示，未将现金、有价证券、贵重物品由其随身携带而造成的；②损失是由于不可抗力、意外事件造成的；③损失是由于旅游者的过错造成的；④损失是由于物品的自然属性造成的。《司法解释》还规定，旅游经营者因过错致其代办的手续、证件存在瑕疵，或者未尽妥善保

管义务而遗失、毁损，旅游者请求旅游经营者补办或者协助补办相关手续、证件并承担相应费用的，人民法院应予支持。因上述行为影响旅游行程，旅游者请求旅游经营者退还尚未发生的费用、赔偿损失的，人民法院应予支持。

二、旅游仲裁

（一）旅游仲裁的概念

旅游仲裁，是指仲裁机构依照法定程序对当事人在旅游活动中所产生的旅游争议居中调解、进行裁决的活动。在旅游合同履行过程中，由于主客观情况难免会出现一些问题和争议，如果经过协商和调解不能解决，当事人就可以协商用仲裁方式处理，以避免造成更大的损失。通过仲裁活动，阐明事实、分清是非、明确责任，及时解决合同纠纷，保护当事人合法权益。

（二）旅游仲裁的原则

1. 自愿仲裁原则

《仲裁法》规定：“当事人采用仲裁方式解决纠纷，应当双方自愿，达成仲裁协议。没有仲裁协议，一方申请仲裁的，仲裁委员会不予受理。”仲裁协议包括合同中订立的仲裁条款和以其他书面形式在纠纷发生前或者纠纷发生后达成的请求仲裁的协议。另外，当事人达成仲裁协议后，依法向人民法院起诉的，人民法院不予受理，但仲裁协议无效的除外。

2. 以事实为根据、以法律为准绳的原则

《仲裁法》规定：“仲裁应当根据事实，符合法律规定，公平合理地解决纠纷。”以事实为根据，就是要实事求是、尊重客观事实，正确查明事实真相。以法律为准绳，就是以法律作为衡量是非的制度和标准，严格依法办事。只有遵循并认真贯彻这一原则，才能公平合理地裁决。

3. 依法独立仲裁原则

《仲裁法》规定：“仲裁依法独立进行，不受行政机关、社会团体和个人的干涉。”依法独立仲裁是指仲裁委员会处于超脱的地位，摆脱外部因素的影响，有助于保证仲裁的客观、公正。

4. 一次裁决原则

《仲裁法》规定：“仲裁实行一裁终局的制度。裁决作出后，当事人就同一纠纷再申请仲裁或者向人民法院起诉，仲裁委员会或者人民法院不予受理。”根据这一规定，当事人不服裁决，不得向上一级仲裁机构申请裁决，也不得向人民法院起诉。这样，既有利于节省仲裁时间，又能及时解决旅游纠纷。

5. 选定仲裁委员会原则

《仲裁法》规定：“仲裁委员会应当由当事人协议选定。”仲裁不实行级别管辖和地域管辖。这一原则的确定，充分体现了《仲裁法》的民主精神和对当事人权利的尊重。

6. 回避原则

《仲裁法》规定：“仲裁员有下列情形之一的，必须回避，当事人也有权提出回避申请：当事人或者当事人代理人的近亲属；有直接的利害关系；与本案当事人、代理人有其他关系，可能影响公正仲裁的；私自会见当事人、代理人，或者接受当事人、代理人的请客送礼。”这既是保护当事人合法权益的一项重要原则，也是保证仲裁委员会能够依法公正处理旅游纠纷的一项重要制度。当事人提出回避申请，应当说明理由，在首次开庭前提出。回避事由在首次开庭后知道的，可以在最后一次开庭终结前提出。仲裁员是否回避，由仲裁委员会主任决定，仲裁委员会主任担任仲裁员时，由仲裁委员会集体讨论决定。

（三）仲裁程序

1. 提出仲裁申请

《仲裁法》规定：“当事人申请仲裁应当符合下列条件：（1）有仲裁协议；（2）有具体的仲裁请求和事实、理由；（3）属于仲裁委员会的受理范围。”申请仲裁应当向仲裁委员会递交仲裁协议、仲裁申请书及副本。提出仲裁申请，应从知道或应当知道权利被侵害之日起计算，法律有规定的适用该规定。法律对仲裁时效没有规定的，适用诉讼时效的规定，一般为2年。

2. 接受仲裁申请

接受仲裁申请，又叫受理。仲裁委员会收到仲裁申请书之日起5日内，认为符合受理条件的，应当受理，并通知当事人。同时，通知申请方按争议金额的5%预交案件受理费。案件处理终结，仲裁费（包括案件受理费和处理费）由败诉方承担。

3. 仲裁前的准备工作

（1）组成仲裁庭。仲裁机关受理案件后，应组成仲裁庭。仲裁庭可以由三名仲裁员或一名仲裁员组成。由三名仲裁员组成的，设首席仲裁员。当事人约定由三名仲裁员组成仲裁庭的，应当各自选定或各自委托仲裁委员会主任指定一名仲裁员，第三名仲裁员由当事人共同选定或者共同委托仲裁委员会主任指定。

（2）向当事人送达仲裁规则和仲裁员名册以及被诉方提出答辩书。仲裁委员会受理仲裁申请后，应当在仲裁规则规定的期限内将仲裁规则和仲裁员名册送达申请人，并将申请书副本和仲裁规则、仲裁员名册送达被诉方。被诉方收到仲裁申请书副本后，应当在仲裁规则规定的期限内向仲裁委员会提交答辩书。仲裁委员会收到答辩书后，应当在仲裁规则规定的期限内将答辩书副本送达申请人。被诉方未提交答辩书的，不影响仲裁程序进行。

（3）技术鉴定。仲裁庭对专门性问题认为需要鉴定的，可以交由当事人约定的鉴定部门鉴定，也可以由仲裁庭指定的鉴定部门鉴定。鉴定部门根据当事人的请求或者仲裁庭的要求，应当派鉴定人参加开庭。当事人经仲裁庭许可，可以向鉴定人提问。

（4）证据保全。在证据可能灭失或者以后难以取得的情况下，当事人可以申请证据保全。当事人申请证据保全，仲裁委员会应当将当事人的申请提交证据所在地的基层人民法院，由人民法院根据情况采取保全措施。

4. 和解与调解

当事人申请仲裁后，可以自行和解。达成和解协议的，可以请求仲裁庭根据和解协议作出裁决书，也可以撤回仲裁申请。如果当事人达成和解协议，撤回仲裁申请后反悔，仍然可以根据仲裁协议申请仲裁。

仲裁庭在作出裁决前，可以先进行调解。当事人自愿调解，仲裁庭应当调解；调解不成的，应当及时作出裁决。调解达成协议的，仲裁庭应当制作调解书或者根据协议的结果制作裁决书。调解书与裁决书具有同等法律效力。调解书经双方当事人签收后，即发生法律效力。

5. 仲裁

当事人不愿调解或调解不成的，仲裁庭应及时作出裁决。仲裁应当开庭进行。当事人协议不开庭的，仲裁庭可以根据仲裁申请书、答辩书以及其他材料作出裁定，仲裁不公开进行。当事人协议公开的，可以公开进行，但涉及国家秘密的除外。

当事人在仲裁过程中有权进行辩论。辩论终结时，仲裁员应当遵循当事人的最后意见，将开庭情况记入笔录。裁决应当按照多数仲裁员的意见作出。仲裁庭不能形成多数意见时应当按照首席仲裁员的意见作出，裁决书自作出之时发生法律效力。

6. 申请撤销裁决

裁决书送达后，当事人提出证据证明裁决有下列情形之一，可以向仲裁委员会所在地的中级人民法院申请撤销裁决：(1) 没有仲裁协议的；(2) 裁决的事项不属于仲裁协议的范围或者仲裁委员会无权仲裁的；(3) 仲裁庭的组成或者仲裁的程序违反法定程序的；(4) 裁决所依据的证据是伪造的；(5) 对当事人隐瞒足以影响公正裁决的证据的；(6) 仲裁员在仲裁该案时有索贿受贿、徇私舞弊、枉法裁决行为的。人民法院应当组成合议庭对裁决进行审查核实，如果有以上规定情形之一的，应当撤销裁定。另外，如果裁决是违背社会公共利益的，人民法院应当撤销。当事人申请撤销裁决，应当自收到裁决书之日起6个月之内提出。人民法院应当在受理撤销裁决申请之日起2个月内作出撤销裁决或者驳回申请的裁定。

7. 仲裁的执行

裁决生效后，当事人应当自觉履行。一方当事人不履行的，另一方当事人可以依照《民事诉讼法》有关规定向人民法院申请强制执行。

案例 10-3　　司法救济从根本上保障旅游权利的实现

某年7月，来自北京的宋女士等人根据成都某旅行社发布的广告与其签订了旅游合同，参加该旅行社组织的成都、重庆等地旅游活动，并交了定金2 500元。成都某旅行社在宋女士等人不知情的情况下，私下将她们转给成都某旅游公司组团，某旅游公司又再次将这些游客转交给了一家并不从事旅游业务的单位——成都某干休所，由这家单位用一辆没有旅游客运资格的大巴车来接送这些旅游者。当这辆车行至成渝高速公路重庆段时，右后轮胎螺丝断裂，后轮胎脱离车体，致使这辆车撞在车道上，造成一人死亡、多人受伤，其中宋女士受重伤。后经法医鉴定，宋女士伤残程度为Ⅰ

级。次年11月，宋女士将成都某旅行社和成都某旅游公司等单位告上法庭，索赔医疗等费用共计322万余元。在法庭上，两被告都不承认自己与原告存在旅游合同关系。同时，它们认为这起事件应按照交通事故处理办法来处理。法院公开审理了此案后判决：由成都某旅行社赔偿宋女士医疗费、误工费、护理费、精神抚慰金等费用共计188万余元，成都某旅游公司承担连带赔偿责任。成都某旅行社不服一审判决提起上诉。

点评：依据《合同法》，因旅行社的原因不能成团，将已签约的旅游者转让给其他旅行社出团时，须征得旅游者的书面同意。未经旅游者书面同意，擅自将旅游者转给其他旅行社的，转让的旅行社应当承担相应的法律责任。由此可见，签约旅行社不得擅自将旅游者转给其他旅行社。国家旅游局也明令禁止旅行社之间拼团，旅行社在将游客转让的过程中，游客所交的费用最后用于各项旅游服务的会越来越少，游客得到服务的标准就会降低。因此，旅行社在与游客签订合同时，合同中应约定旅游者享受的服务内容和标准，并保证旅游者的人身、财产安全不受侵犯。本案例中，宋女士根据成都某旅行社发布的广告向其缴纳了相关数额的定金，双方构成了旅游合同关系，这是此起事故与普通交通事故本质区别所在。游客与旅行社形成旅游合同关系后，除游客自己故意造成的安全事故外，旅行社要对游客的人身安全承担完全责任。成都某旅行社收取定金后，在未告知宋女士的情况下，擅自将她转给其他旅行社，因此成都某旅行社应承担赔偿责任；同时，成都某旅游公司不按事先的约定安排交通工具，应对宋女士因交通事故造成的伤残承担赔偿责任。此案是旅游市场混乱造成严重后果的一起典型事例，它的成功判决对规范旅游市场有着积极作用，当事人采用司法救济方法使自己的合法权益得到了根本性的保护。

资料来源　易迩．旅行社擅自转客导致死伤，一审赔偿188万[EB/OL]．(2002-08-28)[2014-01-17]．http://www.southcn.com/travel/lyxw/200208280298.html.

思考与练习

一、填空题

1. 旅游纠纷是指旅游法律关系主体之间因________的矛盾而引起的争议，它包括平等主体之间涉及旅游内容的纠纷和________或者其他组织作为行政管理相对人与行政管理部门间所发生涉及旅游内容的纠纷。

2. 依据《旅游投诉处理办法》，旅游投诉处理机构应当在________的基础上，遵循________的原则进行调解，促使投诉人与被投诉人相互谅解，达成协议。

3. 《仲裁法》规定，仲裁实行________的制度。裁决作出后，当事人就同一纠纷再申请仲裁或者向人民法院起诉，仲裁委员会或者人民法院________。

二、选择题（在每小题的四个备选答案中，选出1~4个正确答案，并将正确答案的序号填在题干的括号内）

1. 旅游权利救济的方式包括(　　)。

A. 行政司法救济　　B. 司法救济

C. 仲裁救济　　D. 诉讼救济

2. 旅游投诉的管辖分为(　　)。

A. 级别管辖　　B. 指定管辖

C. 移送管辖　　D. 地域管辖

3. 旅游投诉的范围包括(　　)。

A. 认为旅游经营者违反合同约定的

B. 因旅游经营者的责任致使投诉人人身受到损害的

C. 因不可抗力致使旅游合同不能履行的

D. 因意外事故致使旅游合同不能履行的

三、简答题

1. 什么是旅游纠纷？旅游纠纷是如何产生的？

2. 什么是旅游权利救济？它具有哪些情形？

3. 简述旅游投诉的处理程序。

四、案例分析题

2009年10月25日至30日，湖北省某单位76名职工及其家属到海南旅游。从25日开始，地接社导游孔某以增加景点为由，向每位游客索要450元，游客对此提出不同意见。孔某便让司机把车停下说“你们不交钱就换导游”，便独自一人下车。游客在阳光下暴晒近两个小时后，多数人经不住折磨开始动摇。单位领队考虑到全团的安全，主动找孔某商谈，说多数人同意交钱，孔某脸上才出现笑容。但还有8位游客未交钱，孔某便将他们请下车，并说这里的村民比较野蛮，自己要注意。领队提醒孔某要对被赶下车的人的安全负责，孔某则说：“不交钱，我负责他们什么安全？”说完便让司机把车开走，8名游客在原地苦等三个多小时。下午4时，未交钱的8位游客再次被孔某遗弃在一个加油站，又经历了两个多小时烈日晒、雨水淋。28日，8位游客再也经受不住折腾，在孔某再次提出收取每人150元钱时，马上如数付费得以归队游玩，但已兴趣全无。旅游结束，8位游客在投诉中称“怎么也未想到梦寐以求的海南之旅竟成了被宰被甩的异地惊魂之旅，让人不堪回首”。

试问：

(1) 什么是旅游投诉？《旅游投诉处理办法》规定的投诉人可投诉的事项有哪些？

(2) 本案中导游孔某的行为违反哪些规定？应当承担什么责任？

第十一章

旅游热点问题法律透析

背景与提要

“过去20年，我们实现了一个历史性的跨越，从一个旅游资源大国跃升为亚洲的旅游大国，未来20年，我们努力奋斗，从亚洲旅游大国建设成为世界旅游强国……”“……我国旅游业必将进一步加快发展，有望在21世纪前10年成为多数地方的支柱产业，在2015—2020年间成为国家的新兴支柱产业，届时我国也将成为世界上的旅游发达国家之一。”这是国家旅游局在2000年全国旅游工作会议上提出的旅游业宏伟的发展战略目标。2009年12月，《国务院关于加快发展旅游业的意见》指出“把旅游业培育成国民经济的战略性支柱产业和人民群众更加满意的现代服务业”。国家对旅游产业性质认识的突破和跨越，意味着我国旅游业发展正在融入国家战略体系。旅游业在城市经济发展中的产业地位、经济作用逐步增强，旅游业对城市经济的拉动性、社会就业带动力以及对文化与环境的促进作用日益显现。

“十二五”时期是全面建设小康社会的关键时期，是深化改革开放、加快转变经济发展方式的攻坚时期，也是我国旅游业培育国民经济战略性支柱产业的黄金发展期和建设人民群众更加满意的现代服务业的转型攻坚期，旅游业发展具有许多有利条件，同时也面临新的挑战。到2015年，国内旅游人数达33亿人次，入境过夜旅游人数达6 630万人次，出境旅游人数达8 375万人次，旅游总收入达到2.3万亿元。每年新增旅游直接就业70万人，到2015年直接就业人数达到1 525万人。到2020年，中国将成为世界第一大旅游目的地国和第四大客源输出国。而旅游业发展中的法律问题也就成为人们关注的焦点，由于篇幅所限，本章仅就以下问题进行分析与探讨：

1. 关于公共突发事件与旅游危机管理问题

今天的社会面临着许许多多不确定的冲突和危机，这种不确定的、多元化的危机正从各个层面以不同的方式严重制约着各个行业的可持续发展。而在各种产业中，旅游产业对危机具有更高的敏感性，尤其是大众旅游的出现，使得危机对旅游业进而对整个社会的冲击强度大大提高。虽然我国自2005年起制定了一系列有关处理公共危机事件的应急预案，但是这些都还只停留在危机出现时的处理原则框架阶段，尤其是现有的各种预案只是主要集中在政府应急性的公共管理，而对于危机的预警机制、危机发生后如何尽快高效地激活市场和振兴产业以及相关的法律问题很少涉及。由于旅游在社会生活中的意义和旅游业对经济的作用，旅游业的灾后振兴也就显得越发重要。因此，研究突发性危机的成因，建立合理的危机预警机制，构建科学的旅游业危机管理机制以及旅游产业在危机之后的市场激活机制的研究具有重要的现实意义和理论价值。

2. 关于旅游企业法人制度与旅游上市公司问题

我国的企业法人制度建立与证券市场发展有力地促进了旅游业发展。加强旅游企业法人制度的建设对提升旅游上市公司的竞争力以及对旅游产业发展具有重要作用。我国旅游企业经历了30多年的发展，无论在行业规模、数量、接待质量，还是作为旅游业龙头地位的确立，均有了长足的进步。特别是以国旅、中旅、青旅为代表的旅行社集团相继成立，以资产关系为纽带，以业务网络为核心，以高效有序的信息采集、加工和传输为渠道，以集团的统一形象为标志，基本确立了我国三大旅行社在国际国内的地位；之后，康辉、招商旅行社及上海春秋、华运铁路旅游集团的集团化进程均有了实质性进展。可以说，这种网络化经营和集团化发展为我国旅游企业走向国际化、多元化打下了良好的基础，也为旅游类上市公司的发展带来了新的契机。伴随着旅游业的迅速发展，越来越多的旅游企业开始通过资本市场获取资金，利用上市进行品牌宣传，旅游上市公司正逐渐成为我国旅游产业化经营的重要形式。

3. 关于文化遗产保护及其相关法律问题

1985年，我国加入《世界文化和自然遗产保护公约》，1987年提名的长城、明清故宫、莫高窟、秦始皇陵、周口店北京人遗址和泰山等6处遗产地首次被联合国教科文组织世界遗产委员会通过，列入《世界遗产名录》，中国拥有了第一批世界遗产。截至2013年，经联合国教科文组织审核被批准列入《世界遗产名录》的中国的世界遗产共有45项(包括自然遗产10项、文化遗产31项和双重遗产4项)。在数量上居世界第二位，仅次于意大利。首都北京拥有6项世界遗产，是世界上拥有遗产项目数最多的城市。而苏州是至今唯一承办过世界遗产委员会会议的中国城市（2004年，第28届）。国家遗产事业获得了举世瞩目的进步，并且和世界融为一体。为了加强对世界遗产的保护，目前，我国已颁布了《世界文化遗产管理办法》，并重新设定了全面体现世界最新理念和全球战略的《中国世界文化遗产预备名单》，《中国世界文化遗产监测规程》初稿也已在讨论修改中，文化部颁布了《中国世界文化遗产监测巡视办法》。但是，在世界濒危遗产名单中，中国的苏州、武当山、布达拉宫和北京故宫都曾被列入其中，受到警告。我国在文化遗产保护中还存在着很多问题，例如，文化遗产的真实性、完整性、景观协调等核心问题日益受到普遍的关注，保护管理机制的科学化、制度化，法律与规划问题还需要进一步完善。可见，在我国已成为一个世界文化遗产大国时，如何建立完善的文化遗产管理体系，提高文化遗产管理水平，使我国成为高水平的文化遗产保护大国将是我们目前面临的主要问题。

4. 关于旅游知识产权的法律保护问题

为了适应日趋激烈的国际和国内旅游市场竞争，旅游经营者争相开发新一代的旅游产品。但是，随之而来的“搭便车”问题也日益严重，因此引发的纠纷也日益增多。问题的关键是旅游产品没有形成知识产权保护，由此给旅游界和法律界带来深层面思考的是：旅游经营者如何运用法律手段确立自主开发旅游产品的知识产权，应当如何防止类似的“搭便车”行为。旅游产品内容的综合性决定了其知识产权保护方法的多样性，在中国目前旅游法律体系不健全的情况下，对于“旅游产品”这一特殊对象的知识产权如何保护，就成为一个系统工程。

5. 关于旅游案例中精神损害赔偿法律问题

近年来，随着社会进步和公民法律意识的不断提高，旅游实践中精神损害赔偿问题日益突出。游客认为旅游是一种以消费精神产品为主，文化含量很高的社会活动，旅游服务是通过旅游企业及其从业人员的服务，使旅游者享受精神消费，达到身心愉快的一种精神服务，在旅游中受到损害时当然可以获得精神赔偿，对此问题旅游企业的见解却有所不同。如果旅游者通过旅游不仅没有得到愉悦的感受，相反使自己的身心受到巨大伤害，并且这种伤害是由于旅游企业的过错造成的，旅游者是否有权利要求赔偿精神损失呢？这无疑为精神赔偿注入了新的内容。

第一节　公共突发事件与旅游危机管理问题

一、旅游危机管理及市场激活机制研究综述

我国现有的旅游危机管理研究大多体现在政府的危机应急预案和企业微观危机管理的层面，研究领域主要涉及两个方面：一是从广义范畴上来研究危机管理理论；二是从特定的角度来研究危机管理，例如企业危机管理、营销危机管理和公共关系危机管理等。其内容主要涉及危机的定义、特征、分类和危机管理的阶段、内容等，对于危机对旅游业的影响研究也只侧重为一般描述性解释和预测性判断，而从理论上深入探讨如何建立旅游产业危机管理模式和危机后激活市场的机制建设方面都比较欠缺。SARS之后，虽然产业界和学术界开始更加重视危机对旅游业影响的研究，但是关于市场激活机制的理论和模式研究仍然较少。

1974年，在当时世界旅游业（尤其是发达国家）遭受世界范围内的能源危机严重冲击的背景下，旅行研究协会开始关注危机，该协会年度会议的主题为“旅行研究在危机年代中的贡献”。旅游研究者们在这一次旅游研究会议上探讨旅行和旅游在灾难和危机时刻的脆弱性，这是旅游业危机管理方面的首次共同的努力。尽管这次会议的报告集中于对某类危机影响的描述和汇报，但还是在旅游科学和实践中领先引入了关于危机的重要研究课题。接下来的40年中，旅游研究者们在旅游业危机管理的各个不同方面展开了越来越深入的调查研究。

（一）旅游危机的定义

旅游危机最早是作为安全问题来进行研究的。安全问题作为负面事件研究的一部分，占据着特殊而且重要的位置。“安全”被界定为害怕自己可能成为暴力犯罪、飞机失事、恐怖分子活动等事件的受害者。对于是否存在独立的旅游危机概念目前学术界尚未有定论。在现有的旅游文献中，旅游危机的定义或与旅游相关的危机定义较少，而那些已经出现的定义也仅仅是出于某一特定的目的，通常是为了在上下文中间解释特定的危机现象而

下的。

世界旅游组织把危机阐述为影响旅行者对一个目的地的信心并扰乱继续正常经营的非预期性事件。从危机产生的根源，可以将旅游业危机划分为使旅游业受波及的危机、旅游业内部的危机两大类。旅游业受波及引起的危机，是指发生在其他行业里的危机产生的负面影响波及旅游行业，使旅游业客源骤减、目的地形象受损的危机，如战争、金融风波、恐怖主义、公共卫生危机等。旅游业内部的危机，是指发生在旅游业运营的范围内、直接对游客或旅游从业人员发生威胁、影响旅游活动的危机，如针对游客的恐怖袭击、饭店火灾、旅游娱乐设施发生意外等。

（二）旅游危机管理的理论基础

从目前研究成果来看，危机管理研究是近40年来新型的研究方向，现有研究成果综合了自然科学、心理学、管理学、社会学、经济学等学科的相关理论，主要涉及以下方面：

1. 自然科学

将危机引入科学研究采用了物理学中重要的理论——混沌论，该理论认为一个简单的确定但非线性的联系可能导致十分复杂的时间轨迹。用混沌论的核心概念“蝴蝶效应”可以很好地揭示连锁反应与危机的联系。这个名字是Gleick在1979年12月29日发表于美国科学进步协会年度会议上的论文《可预性：巴西的蝴蝶振动翅膀是否会导致得克萨斯的龙卷风》中提出来的，后来成为混沌论的核心概念。

2. 心理学

心理学领域汇集了与人相关的全部信息，我们每个人的心理行为都可能向某个方向移动和被控制。心理学中与旅游业危机最为相关的是感知与目的地形象等理论。游客对某地的感知，形成了目的地形象。游客决定是否前往某个目的地，是根据形象而不是现实。因此，目的地营销能否成功，在很大程度上依靠潜在游客头脑中确定和形成的目的地形象。在心理学中，风险和形象是不可分的，因为两者都是通过个人将未来不确定是否会发生的事件风险，而不是当前的目标事件的认知过程和感知联系在一起的。游客选择目的地依赖于游客心理认为目的地能提供给他们需要的相关事物，因此，目的地形象是激发游客的重要刺激物，不管形象是否真实地代表了该地所能提供的东西，它都有可能是游客在目的地选择过程中的关键因素。

3. 管理学

管理学理论也是危机管理的一个重要的理论基础。管理的目的在于从混乱中创造出秩序，在混乱中生存。传统的管理学理论关注如何确保组织的连贯性。自从20世纪80年代初开始，管理的传统方法受到西方社会中日益增长的不确定事件的挑战。今天的管理学理论把防止组织衰弱和危机情况的管理整合到规划、协调和指导组织，并作为一个经常的过程。危机管理不再是事后的，而是事前、事中和事后全过程的管理。在西方企业危机管理领域，以系统思考理论为主线，从组织行为学的角度进行了大量的研究。

4. 社会学

社会冲突的外在表现就是危机，在社会学领域与危机相关的早期研究就是主要考察社会冲突。社会学家采用冲突理论来强调社会内部结构的重要性，他们倾向于把社会看成是由追求各自利益的不同群体组成的。20 世纪 60 年代以来，社会冲突问题越来越多地受到西方社会学家的关注，并成为他们分析社会变迁和进步的理论依据。他们认为，社会进程是由某种程度上与他人利益相一致，同时又在某种程度上与他人利益冲突的个体利益、集团利益所驱使的连续过程，也就是说，冲突就是社会存在的基本形式。随着全球化进程的加快，社会学家开始关注社会风险问题。根据贝克的观点，风险社会的一个重要方面就是其危险不受空间、时间和社会的限制。今天的风险会影响到所有国家及所有的社会阶层，它们具有全球性而非仅仅个体的后果。

（三）旅游危机管理的研究内容

1. 对特定危机事件的反应与管理的案例分析

早在 20 世纪 80 年代，旅游业界的学者们就注意到由恐怖主义和政治动乱引发的旅游业危机。Richter（1983）认为旅行者很容易成为恐怖分子的袭击目标，因为他们往往会被当成代表其母国的“外交大使”。同时，广泛的媒体报道和多国政府针对恐怖分子的政策，促使了恐怖分子更多地拿旅游者作为袭击目标。Sonmez（1998）分析了旅游、恐怖活动和政治动荡三者之间的相互关系，他通过对 1980—1998 年的 36 篇相关文献的分析发现了许多此方面的研究主题，包括恐怖主义和政治动荡对游客需求的影响、恐怖分子袭击游客的动机、利用旅游作为政治的工具、政治暴乱对目的地形象的影响、危机管理和恢复营销的效果等。尽管恐怖事件的数量从 20 世纪 80 年代晚期到 90 年代早期开始有所下降，但是从 90 年代后期开始，恐怖主义再度引起世界的关注。1995 年，由瑞典大学主办的第一届旅游业安全与风险研究大会在瑞典举行，20 个国家的代表参加了会议，包括研究者、旅游业界代表、国际组织以及媒体记者，讨论内容覆盖了全球范围。这次大会是一次重大的进步，它使人们极大地提高了对旅游业保障与安全问题的认识，代表们提出“促进全球旅游业相关的风险研究的紧急必要性、旅行与旅游保障和安全问题中媒体所发挥的重要作用、游客和居民保障与安全地方网络建设的必要性”等问题。大会建议成立有关旅行安全和风险的资料与研究中心。1998 年以后，这方面的研究主要是，面临恐怖危机时旅游业所遭受影响以及如何防范与处理的各种方法、技术与经验的探讨和措施评估。

2. 旅游与政治动乱、战争

在政治风险分析领域，Porier（1997）考察了跨国公司在创造危机中的角色，以及政治风险分析在跨国公司和欠发达国家之间的关系变化、属性、范围中所扮演的角色。有的学者则从战争对某些类型的旅游的促进方面做了研究，考察了从第一次世界大战到现在美国旅游业的发展以及第二次世界大战对现代大众旅游的影响，发现战争刺激了奖励型、情感型、军事型和政治型的旅游，和战争有关的吸引物是最大的旅游吸引物种类。

3. 旅游与经济、金融危机

在全球经济趋向一体化的过程中，一国或一地区的经济如果产生危机，必然会影响旅游特别是国际旅行的流向。Crouch（1994）指出，对于国际旅行的价格衡量、境外目的地的旅游商品和服务的外汇价格以及不同汇率的影响是游客所要考虑的重要变量。Agarwal

（1999）考察了商业经营发生的一般性经济危机所造成的影响以及景区的重新恢复政策。西方学者专门针对亚洲金融危机评估了危机对旅游业的影响及旅游业发展的趋势，也有学者调查了亚洲金融危机对拉斯维加斯一带博彩收入的短期和长期的影响，国内学者周玲强、梁昭也做了亚洲金融危机对我国国际旅游业的影响及对策研究。

4. 旅游与自然灾难、交通事故、传染病、卫生事件

有关因自然灾害而发生的旅游业危机，除了个案的研究之外，如澳大利亚 Katherine 洪水、中国台湾地震的破坏和恢复，印度尼西亚海啸的影响与冲击等，研究者们还做了很多工作，主要有减少灾后影响的工作手册（WTO，1998）、危机后措施的评估、灾后旅游营销对策等等。此外，还有针对一般性的旅游者事故或航空飞行事故的研究，公共卫生领域的危机也越来越受重视。这方面的研究，包括一些特定危机事件如艾滋病危机、国际旅游与公众健康事件和口蹄疫危机对旅游业的影响和对策。SARS 危机对旅游业的强烈冲击，使我国学者迫切感到对旅游业危机管理研究的紧迫性。王建平研究了“非典”改变人们生活的几大趋势，并提出提升饭店业经营管理的启示。魏小安、付磊分析了“非典”的影响情况，并对几个容易混淆的问题进行了辨析。其他的还有石培华、戴学锋、张晓鸣、吴必虎等专家对“非典”对旅游业各个方面所造成的影响进行了分析，并提出了具体的应对措施。

二、“非典”与旅游合同纠纷的判断和处理

2003 年春天，我国大部分地区突然爆发的非典型肺炎疫情，严重干扰了我国人民的正常工作和生活，部分消费领域的正常经济运行秩序受到强烈冲击，旅游行业更是首当其冲。这次疫情发生突然，传染性极强，影响范围广，对于旅游业最直接的打击就是出现了大量的退团或者合同解除、变更的情形。有的旅游者为防万一，怕旅游增加传染风险，主动向旅行社要求退团；有些旅行社也担心疫情的蔓延不利于旅游活动的开展，取消了已经售出的行程。4 月 10 日，因马来西亚单方面停发我旅游签证，导致我国约 800 人旅游团 4 月 10 日滞留在马来西亚和新加坡的新山口岸。国家旅游局下发《关于暂停组织公民赴新、马、泰三国旅游的紧急通知》。4 月 21 日，国家旅游局下发《关于调整 4 月下旬到 5 月底国内旅游工作部署，切实防止“非典”通过旅游活动扩散的紧急通知》。通知指出：不组织跨区域促销和跨区域旅游，不组织到疫情发生地区旅游，疫情发生地不得组织到其他地区旅游，不组织农家乐旅游和到边远地区农村的旅游。2003 年 2—5 月，全世界 130 多个国家和地区为控制非典传播，采取严格措施，以健康安全为由对本国公民发布到中国的旅行劝戒，并对中国公民入境采取限制性措施。拒绝向来自中国的旅游团签发签证甚至拒绝已经获得签证的旅游团入境，使这些旅行团不得不取消预定的部分或全部行程。

（一）“非典”、不可抗力与旅游合同的变更、解除

因“非典”造成的旅游合同解除大致可以分为以下几种情形：其一，旅游合同当事人的一方，不论是旅行社还是旅游者，出于对疫情的担忧和恐惧，向对方提出解除合同；其二，由于旅游目的地国家采取限制措施，旅游团不得不解除或变更合同；其三，在国家和各地旅游行政管理部门的干预下，旅行社取消行程，解除合同。此外，有些地方的旅游

行政管理部门还规定，各旅行社不得接待外来游客，也使一些本来已经决定继续旅行的旅游团被迫取消原定的计划。

合同的解除因解除归责事由的不同而对当事人双方产生不同的合同责任。许多由于“非典”而引起的旅游合同解除或变更，可以适用我国《合同法》中关于不可抗力的规定。不可抗力是指不能预见、不能避免并不能克服的客观情况，如地震、山洪暴发、战争、罢工等。《合同法》第一百一十七条规定：“因不可抗力不能履行合同的，根据不可抗力的影响，部分或者全部免除责任，但法律另有规定的除外。”也就是说，如果因为不可抗力而发生的合同部分或者全部不能履行，当事人都不承担违约责任。但是不能履行合同的一方根据《合同法》的规定有及时通知对方的义务，以尽量减少合同因不可抗力而解除或变更的损失。

2003 年 4 月 2—11 日，杭州某国际旅行社组织了 21 位旅游者参加新加坡、马来西亚、泰国 10 日游。合同规定，旅游团在马来西亚游览 3 天。但是，马来西亚因为我国发生“非典”疫情，以健康安全为由，拒绝已经获得签证的旅游团入境。组团社经过多方努力仍然不能改变这个决定。旅游团只好取消了该段行程，提前结束行程回国。旅行社本来应该按照合同约定提供所有服务，但是由于马来西亚政府采取措施拒绝所有来自我国的旅游团队入境，原订的合同显然已经不能完全履行。旅行社在合同部分不能履行的问题上，客观上存在无法预见、无法避免也无法克服的情形，根据法律规定，不可抗力不仅可以使合同变更或者解除，而且可以免除未履行合同的责任。旅游者不得要求旅行社承担未履行合同的违约责任。已经发生的签证费用以及其他未提供服务但是旅行社已经支付不能返还的费用，旅游者不得要求旅行社退还。同时，旅行社应该退还旅游者没有发生的费用，例如可以退票的客票费、景点门票费、餐费等。

不可抗力同样适用于因为“非典”疫情导致旅游团得不到目的地国家的签证的情形。到国外旅游获得到访国的签证是必需的外交程序，旅游团被拒签当然使计划中的旅游成为泡影，合同履行根本没有可能。同样，旅游途中旅游团里发现疑似病人，根据政府对于这种疾病采取的强制隔离措施，旅游团成员被就地隔离，旅游合同的履行也成为不可能。问题在于，由此产生的费用应该由谁承担？例如，2003 年 4 月中旬，杭州某旅行社接待了来自北京的华东 4 日游旅游团。第二天晚上，该团发现两位游客有发热、咳嗽现象。病人被迅速送往旅游当地的指定医院治疗。旅游团的其他成员和导游被就地隔离观察，直到一周后才解除隔离乘坐专用车厢返回北京。在这种情况下，旅游合同由于不可抗力的原因解除，旅行社不承担合同未能全部或部分履行的违约责任。但是，旅游者被隔离居住的饭店必然要发生一定的费用，是否应该由旅行社承担呢？本案中，旅游团滞留期间的所有费用都由当地政府承担了。应该说，这是最合情合理的解决方式。因为政府对疑似病人采取强制隔离措施，是国家为了保护社会公共利益，切断传染病的传播途径而采取的，属于国家在紧急情况下对人民的保护。但是，由于目前我国在这方面还没有相应的立法规定，各地政府也没有法定义务支付旅游者的费用。

当然，我们不能就此认定，“非典”期间解除或者变更的旅游合同都可以适用不可抗力的规定。“非典”对每个合同的影响是不完全相同的，在每个案件中是否构成可以免除合同责任的不可抗力还需要结合与合同履行有关的地方的疫情流行情况以及政府防止该疾病传播采取的各项措施等因素来考虑。在确认它是否可构成不可抗力并豁免当事人的责任时，还应充分关注合同是否根本不能履行，以及合同的不能履行与事件之间是否存在因果关系。若不可预见、不可避免和克服的事件虽然发生了，但并未出现合同根本不能履行的情况，或合同根本不能履行与事件无因果关系，则不应将该事件视为不可抗力。例如，北京属于疫情严重地区，无论是从政府对人员流动的限制还是从疫情对旅游合同当事人各方的心理影响两方面考虑，以此为目的地的旅游合同履行基本没有可能。但是，在有些情况下，“非典”疫情并没有造成旅游合同履行不能，例如旅游目的地或途经地疫情威胁并不明显，当地政府也没有采取限制旅游者行动的措施，合同的任何一方当事人欲取消或变更行程，就不能适用不可抗力免除不履行合同一方当事人的责任，应该赔偿对方因为解除或变更合同的损失。

如果某种客观情况发生后，合同的履行虽然不是不可能，但是发生了一定的困难，或者需要过于高昂的代价，如果继续履行合同，将对合同当事人一方造成不公平。而这种变化是当事人在订立合同时不能预见并不能克服的，就应该适用民法中情势变更的规定。当事人可以要求对方就合同的内容进行协商；协商不成的，可以要求法院或仲裁机构变更或解除合同。我国现行的《合同法》并没有规定情势变更制度，但是在司法实践中，最高人民法院曾以批复的形式承认其适用。相对于不可抗力对合同解除的断然态度，情势变更着重维系已经存在的合同关系。有学者提出情势变更的法律效力有两个层次：第一个层次的效力是增减合同内容、变更履行时间。只有第一个层次仍然不能消除由于情势变更而使履行合同显然不公平的情形，才发生终止合同、解除合同、利益均分等所谓的第二层次的效力。情势变更和不可抗力的主要区别在于：一是不可抗力一般导致合同无法履行。情势变更原则的适用，则不要求合同无法履行，只是履行合同过于艰难，其结果与订立合同时的目的相违背，按原合同履行必然导致显失公平。二是不可抗力是法定免责事由，当事人只要依法取得了确切证据，履行了法律规定的通知义务、防止损害扩大的义务等相关义务，不履行合同不承担任何法律上的责任，而情势变更情况下履行合同将导致显失公平的结果，故因情势变更而引起的风险应由合同双方共同承担，但当事人主张适用情势变更原则，必须请求法院作出裁判，而不能想当然地进行合同的变更和解除。

所以，虽然在“非典”期间许多旅游合同产生了履行困难，但是并不是只有解除合同这种唯一方法。《合同法》的任务是保护合同的严肃性，应该尽可能地维护合同原有的债权债务关系，使当事人的订约目的得以实现。虽然情势变更制度具有一定的复杂性，而且只能由法院来确定，但是在处理旅游投诉的过程中，各级质监部门可以参照情势变更原则力求实现的公平正义的精神来处理工作中遇到的案件，平衡当事人之间的利益，既不能无视旅游者的利益，也没有必要让旅行社无条件地承担全部损失，而要引导当事人本着诚实信用的原则，多一些理解和宽容，共渡难关。

（二）相关案例解析

1. 已获签证遭遇拒绝入境应适用不可抗力

在前面的例子中，2003 年 4 月 2—11 日，杭州某国际旅行社组织了 21 名旅游者参加新马泰 10 日游。按照旅游合同约定，旅游团将在马来西亚逗留 3 天。由于我国部分省市发生了“非典”疫情，马来西亚以安全为由，拒绝已经获得签证的该旅游团入境。旅游行程中的旅游者听到该消息时，感到惶恐不安，同时为旅游行程的取消痛心不已，纷纷要求旅行社采取措施，保证合同顺利履行。领队及时将这一特殊情况报告组团社，经组团社和境外地接社多方努力，旅游团仍无法进入马来西亚。鉴于此，旅游团被迫取消该段行程，提前返回。旅游者回国后，为行程取消的赔偿与旅行社发生了分歧，在和解未果的情况下，旅游者向当地旅游质监所投诉，要求旅行社赔偿旅游者的经济损失。旅游质监所认为，马来西亚拒绝已获签证的中国旅游团入境的行为，是政府行为，应适用不可抗力概念，可以部分或全部免责。同时根据民法公平、诚信原则，经协调旅行社和旅游者双方，提出两个解决方案供旅游者选择，退还在马期间未发生的旅游费用每人 300 元，或为旅游者提供华东周边一日游。旅游者对此处理结果较为满意。

该旅游质监所适用不可抗力原则的处理意见是正确的。旅行社本应依照约定全面履行合同，但由于马来西亚政府采取措施拒绝来自我国的旅游团入境，导致合同不能继续履行，这一客观现实对旅行社存在着不能预见、不能避免和不能克服的情形。旅行社是否承担违约责任，是妥善处理该旅游纠纷的关键。在该旅游纠纷中，旅行社显然不存在主观过错，不仅如此，旅游行程的被迫取消，给旅行社造成的损失也显而易见。旅行社与旅游者一样，都是该事件的受害者。因此，根据《合同法》规定，该事件中的旅行社可以免除或不需要承担未履行合同的违约责任。但按照民法公平、诚实信用原则的精神，既然旅游者在整个过程中也不存在过错，旅行社应当退还已经支付但实际未发生的费用，即退还旅游者本应在马来西亚实际发生的费用。

2. 旅行社借口不可抗力拒绝退款不能成立

2003 年 3 月 6 日，福建某旅行社与某交通局 18 名女职工签订了新马泰港澳旅游合同，收取团款 53 027 元。原定于 4 月 9 日出团，因旅行社未办妥签证而无法出团。旅游者提出退团，旅行社以受“非典”影响是不可抗力为由，不愿退款或拖延退款。旅游者遂向当地旅游质监所投诉，要求全额返还所交团款。旅游质监所认为，本案的焦点在于双方合同终止后的退款纠纷。导致旅游合同不能履行的根本原因，是旅行社未能及时办妥签证，并不存在不可抗力的情形。在质监所的干预下，旅行社最终退还了全部团款。

并非所有“非典”期间旅游合同的变更和解除都适用不可抗力的规定。“非典”对每个合同的影响是不完全相同的。确认是否构成不可抗力并免除当事人责任时，第一要考虑“特定时段”，即是否发生在政府对局部地区或人员实行强制隔离或限制组织旅游活动的禁令时间内，第二要充分考虑合同的不能履行与事件之间是否存在着因果关系。本案中，18 名女职工的新马泰港澳一行未能成行，虽然有“非典”影响的因素，但并不能构成旅游合同的不能履行。第一，政府并没有明令这期间旅行社不得组织旅游活动，即具有约束力的政府行为，在当时并未出现。第二，这期间该旅游目的地尚未限制内地旅游者进入。从本案提供的情况判断，该旅游合同不能履行的直接原因是旅行社未能及时办妥签证。因此，不能适用不可抗力的有关规定来免除其违约责任，该旅行社不仅应该退还全额团款，还应该赔偿对方因解除合同所带来的损失。

3. 旅游专列紧急叫停

2003 年 4 月 16 日，813 名广西老年游客乘坐“夕阳红”旅游专列，从南宁出发，17 日经停湖南长沙，19 日抵达北京，期间与首都老年同志举行联谊活动。按计划应于 22 日由北京至武汉，24 日返程至南宁散团。4 月 20 日，国家旅游局从保护游客健康考虑，向广西旅游管理部门提出“劝阻旅游团队不要继续到湖北武汉旅游，尽快返程”的要求。旅游团队取消了在京的部分旅游计划，湖北也对武汉地接社发出指令不得接待该团队。面对行程突然发生变化的危机，专列提前返程困难重重，游客对行程的取消和调整充满抱怨情绪，组团社面临如何执行好政令、游客投诉、服务质量、信誉及经济损失等极大的压力。广西旅游局以高度重视和认真负责的态度，采取果断措施，局主要领导亲自挂帅，协调处理赴京旅游专列的返程事件。4 月 22 日，经柳州铁路局的紧急协调，广西赴京“夕阳红”专列旅游团顺利离开北京，直接返桂，不经停武汉。4 月 24 日，813 名旅游者抵达南宁后即返回玉林、柳州、百色、贵港等进行了隔离观察。

在解决这一事件中，广西旅游部门坚持以国家的相关法律法规和政府的命令为依据，严格依法办事。从讲政治、顾大局的实际出发，一方面认真贯彻《传染病防治法》，坚持向游客宣传“非典”危害性及预防知识，加强对游客的思想沟通与教育，消除全体游客的抵触不满情绪，争取游客对预防措施的理解和支持；另一方面指导组团社顾大局，舍旅行社利益，保游客生命安全。组团社领导表示：“虽然加大了旅行社的经营成本，也造成了相当的损失，但为保护 813 名游客的身体健康，我们这么做是值得的。”非常时期，服务大局，不折不扣执行“非典”防治工作义务，执行依法发布的各项命令要求，是每一个公民和法人应尽的义务。上述案例中，政府与旅游相关企业（组团社、饭店宾馆）承担了所有实际发生的费用，没有引起各方面的经济纠纷，使该事件平稳、妥善解决，说明有关企业在特殊时期尽到法定义务的同时，还尽到了非常义务，真正为防止“非典”通过旅游活动扩散，打赢全国防治“非典”攻坚战作出了积极的贡献。

4. “非典”期间违规经营

2003 年 5 月 2 日下午，福建省安溪县旅游局向泉州市旅游局预防“非典”领导协调小组反映：安溪县某旅行社超范围经营，在“非典”流行期间组织赴港旅游。领导协调小组对安溪县旅游局反映的情况高度重视，并派出检查组于 5 月 3 日上午赶赴安溪进行调查和处理。经调查核实，安溪县某旅行社无出境组团资格，并在当地旅游部门发布了关于立即停止组织旅游活动的文件后，仍于 5 月 3 日组织 4 名本地人前往香港旅游，4 人在 5 月 12—15 日期间返回安溪。检查组作出如下处理：一是责令该社停业整顿半个月，并及时汇报整顿情况；二是责令该社做好 4 名游客相关材料的归档和保存；三是责令该社协助 4 名游客所在地乡镇做好客人返回后的隔离观察工作，并及时与安溪县旅游局及泉州市旅游局预防“非典”领导协调小组保持密切联系；四是依照《旅行社管理条例》对该社超范围经营行为罚款 5 000 元。“非典”期间，有资质的旅游企业尚不能正常开展旅游经营活动，而安溪县某旅行社竟然置人民的生命安危于不顾，无视国家法律和政府有关禁令，冒超范围经营和“非典”传播之大不韪，图财害人，以身试法，错上加错，情节严重，为维护旅游业的声誉，吸取其教训，必须予以严惩。

总之，各级旅游质监部门为化解“非典”带来的矛盾起到了积极作用。国家旅游局质监所指出：“非典”的肆虐，给我国的旅游业带来严重影响。作为担负旅游行业管理工作艰巨任务的各级旅游质监所，在各级旅游局的领导下，克服人员少、任务重的困难，积极调整工作思路，一手抓防“非典”，一手抓质监工作，及时将国家旅游局的有关通知精神传达到各企业，收集整理信息为领导决策服务，帮助企业制定防“非典”预案，对所辖区旅行社、宾馆饭店、景区景点开展检查。同时，认真受理、协调、处理了大量因“非典”引发的旅游投诉。旅游业全面停业后，大批尚未出发的旅游团须退团，行至途中的旅游团须变更或解除合同，由此产生了大量的费用纠纷。面对“非典”带来的繁杂问题，旅游质监所工作人员边学习《民法》和《合同法》，边对各类案件进行认真分析，开展了大量耐心解释、说服工作，同时根据有关法律法规分别提出了合理的调解和处理意见，引导旅游消费者和旅游经营者共同正视现实，明确责任，本着诚信、协作的原则，化解矛盾。由于各级旅游质监所严格把握有关政策和法律，稳定了旅游者的情绪，化解了旅游者与经营者间的经济纠纷，使受理的投诉基本上得到圆满解决。各级旅游质监队伍在“非典”特殊时期为旅游行业的平稳过渡起到了积极的作用。

三、海啸事件考验旅行社应变能力

2004 年 12 月 26 日当地时间上午 10 点多，巨大的海啸袭击泰国普吉岛。在第一时间得到消息的康辉旅行社总裁李继烈，首先想到的是在灾区旅游的游客。当他详细了解到团队处于海岛东岸，并得知游客无一伤亡后，来不及欣慰，果断下令启动公司处理突发事件的应急预案。普吉岛的康辉团领队此时也召集所有游客在酒店待命，出海和水上观光项目一律取消。半个小时后，在当地游客还来不及详细了解事态发展时，康辉报平安的电话已打到了他们国内亲人的家中。27 日上午 7 点 41 分，随着上海航空 FM832 航班徐徐降落浦东机场，122 名惊魂未定的游客从刚刚经受了地震和海啸重创的普吉岛安全返回上海。这一航班 26 日 20 点左右从上海空机飞往普吉岛，是普吉机场在灾难后恢复飞行的第一个航班。

杭州中旅 27 名旅客的安危也一直牵动着人们的心。东南亚部经理张金蓓为联系游客寻找和转移，两天没有合眼。27 日早上 10 点 50 分，泰国方面还没有接到杭州的游客，对方说，普吉岛共有四个码头，清晨共有四艘轮船前往披披岛搭救被困游客，但不知杭州游客在哪个码头。张金蓓冲着电话喊：“我们的游客是穿 PP 救生衣，乘坐第一艘大轮船的。”11 点左右，消息传来，杭州中旅 27 人团安全到达普吉岛。28 日 8 点，被困泰国披披岛上的 27 名脱险游客登上回国班机，下午返回杭州。同日上午，安徽省中青旅经多方协调后，游客也被安全转移到新加坡。对于旅客此次受到的影响和遭遇的损失，旅行社方面表示已为他们办理责任险和意外险。旅客若要求其他方面赔偿，旅行社将与旅客、保险公司三方进行协商。

康辉、港中旅和北京中旅专程赴普吉岛接北京游客的包机27日晚7时30分从首都机场起飞，5小时后抵达普吉岛，随即返航。28日上午，93名滞留普吉岛的游客在13名北京市旅游局官员、旅行社领导和媒体的陪同下回到北京。60余名未等包机来临就已经先期转道曼谷的游客，也从那里返回北京。康辉、港中旅、北京中旅三家旅行社没有讨价还价，也没有计较费用的分摊，对包机前往营救的提议几乎是一拍即合，它们同国航一起承担了空机前往的全部费用。康辉市场营销中心的贾艺苑经理估计海啸事件给康辉带来的直接损失达数十万元之巨。胡淑薇女士表示，游客既然选择了港中旅，港中旅就要保证游客的平安。作为一个负责任的企业，港中旅要担负起应尽的社会责任来。旅行社领导的目标就是不惜一切代价保障游客安全。

（一）危机考验公关能力

印度尼西亚海域发生强烈地震并引发的海啸，袭击了东南亚和南亚7个国家，造成了巨大人员伤亡，也极大地影响了南亚、东南亚地区的旅游业。同时，此次海啸事件也考验了国内旅游服务商在遭遇灾害时的保障机制和应变能力。

海啸事件发生后，全国各地出现了不少退团现象，几乎不受海啸影响的旅游线，竟也收到游客的退团要求。北京前往普吉的包机在接回受困游客后暂时停飞，涉及的航班为五六班。据估计，包机停飞将使旅行社蒙受损失约80万元人民币。除飞往泰国普吉的航班外，一些其他东南亚国家的航班也出现了退票高潮。旅行社也接到游客的退团要求，取消了原来计划前往东南亚等国家的团队行程。面对退团的要求，各旅行社采取了配合的态度，大多是退还客人往返机票和地接费用，也有不少旅行社退还了全部团款。同时，旅行社及时调整旅游线路，它们设计的线路充分考虑到游客的安全和健康。总之，经过亚洲金融危机、禽流感、巴厘岛爆炸、SARS的考验和锻炼，国内旅行社已培养起面对危机事件的处理能力，海啸事件对于日渐成熟起来的国内旅行社业没有造成太大影响。

印度洋地震海啸造成重大伤亡，但我国游客的生命及财产安全却基本得到了保障，这得益于党和国家的关心、当地使领馆的积极协调、国家旅游局和地方旅游行政主管部门的果断措施，相关旅行社也承担起了应有的责任。

（二）懂得善后的旅游业

2005年年初，国内主要的在线旅行服务公司携程旅行网对外宣布，本着以客户为中心的经营理念，将斥资100万元设立“自然灾害旅游体验保障金”，用于在发生不可预测的自然灾害时，经济补偿旅游体验受实质损害的携程“自由行”会员。设立专项基金对受不可抗力影响的旅游消费体验进行保障，在业内还属首次。目前携程对报名参加“携程自由行”的会员提供三重保障。首先，在会员预订“自由行”产品时，携程会提醒会员购买最高可达60万元的旅游意外险，以使会员在出行途中获得充分的意外保障。当然，这是自愿的，会员可便捷地在网上选订“自由行”产品的同时选购旅游意外险。同时，会员如使用“携程旅行信用卡”金卡进行预订、支付则另外可获赠200万元航空意外险。其次，携程提供“自由行”会员24小时的救援电话，在遭遇紧急事件时，会员可拨打求助，携程会第一时间联系当地合作的地接社、酒店及航空公司进行援助，同时，携程也会通过内部的会员数据库与遇险会员主动联系。最后，当发生不可预测的自然灾害时，在受灾期间，对于通过携程网订购度假产品，前往受灾目的地的携程会员，可无条件获全价退款补偿；对已订购，尚未成行的会员，也可取消行程，获全额退款。此举既是对虽然出游但“旅游体验”不完整的会员以补偿，同时也是对从灾区“担惊受怕”归来的会员以心灵慰藉。而此笔费用则由“自然灾害旅游体验保障金”提供。

四、“5·12”地震引发的思考

2008 年“5·12”地震灾害中，第三产业受到的冲击不容忽视。就旅游业而言，成为四川省受地震冲击最大的一个行业，地震灾害导致四川全省 354 家旅游景区、524 家星级饭店、684 家旅行社、58 家旅游汽车公司停业或基本停业，全省超过 30 万旅游从业人员面临没有工作、收入减少或没有的困境。地震后，不仅四川省居民的出游需求受到抑制，而且全国其他地方的游客出于安全考虑也将回避灾区景点，选择四川省外其他的优质景点作为出游的替代品。国家旅游局强调，地震灾害对旅游市场造成了严重影响，但全国旅游基础市场没有受到大的冲击，旅游消费需求仍然保持旺盛，下一步将根据受灾程度不同，有针对性地研究提出灾后旅游市场恢复发展方案，重塑灾区旅游形象，分阶段、分区域、分市场，适时启动海内外旅游市场的宣传促销工作。可见，一定时期内四川区域的旅游业受到较大影响，但从长期和整体来看，全国的旅游业所受的影响并不会太大。这次抗震救灾得以有力、有序、有效展开的背后，一方面，我国现行的行政管理体制有利于紧急处置各种突发性公共事件，特别是在经历过 1998 年特大洪水、2003 年 SARS 危机后，我们的政府不仅在思想层面树立了很强的危机管理意识，积累了丰富的危机管理经验，应急能力得到了提升；另一方面，制度化的应急管理体系不仅能够有效帮助我们迅速地开展相关救援活动，同时也能够减少不必要的相互协调沟通过程，使得救援活动能够迅速且按部就班地展开。在这次抗震救灾过程中，相关部门严格地贯彻执行了 1995 年颁布的《破坏性地震应急条例》、1998 年颁布的《中华人民共和国防震减灾法》、2006 年颁布施行的《国家突发公共事件总体应急预案》以及《国家地震应急预案》等相关法案，减少了灾难带来的损失。可见，面对突发的自然灾难，一套完备、可行的应急管理体系，是顺利开展救灾工作的制度保障。为此，东南大学贾鸿雁在《汶川地震对四川遗产地旅游的影响及市场恢复策略前瞻》一文中提出，震后四川省遗产地旅游的市场恢复应特别注重以下几方面的工作：

（一）快速反应，制定应对灾难及市场恢复战略

危机管理应贯穿从危机前到危机后恢复的全过程。灾难发生后，旅游行业的第一要务必然是无条件地把主要精力、人力、物力用在救灾上。但救灾的同时也要把灾后市场恢复纳入全盘考虑，在灾情已迅速明朗的情况下制定有针对性和前瞻性的市场恢复战略。此为灾后尽快恢复旅游市场的要务，不可轻忽与拖延。

（二）及时进行信息通报，进行恰当的媒体宣传

几乎所有有关旅游危机管理的研究都强调了信息与媒体的重要性。流言的滋生、媒体对灾情的渲染将加重民众的恐慌心理。而旅游灾害的影响路径除通过对旅游资源和旅游交

通设施造成极大破坏，降低旅游目的地的通达性和旅游资源质量，进而影响旅游需求外，旅游灾害还通过损害旅游目的地在旅游者心目中的感知形象，从而改变旅游者心理预期和行为模式，直接导致旅游需求市场的波动。因此，灾情发生后，最大限度地缓解其对民众的负面心理影响，维护旅游目的地的形象极其重要。

（三）在灾难的不同阶段进行有计划、有步骤的针对性营销

在灾后重建和恢复时期，四川各遗产旅游地在经过灾情盘点后，立即启动市场复兴计划，开始有针对性的营销，并将未受影响的景区、受影响较轻可在短时间内恢复的景区逐步推向市场，通过多样化的营销手段重新激活旅游业。中长期则是在政府或行业协会的主导下，对国际、国内各主要客源市场进行目的地整体营销，塑造劫后遗产、活力四川的整体旅游形象。价格战略、节庆活动这些被事实证明卓有成效的危机后旅游恢复战略都适宜作为刺激四川遗产地旅游恢复的手段。同时将已经成熟的新旅游产品尽快推出，为灾后遗产旅游增添新的活力。

总之，随着我国旅游业迅猛发展，旅游企业之间的竞争愈演愈烈，相互间的竞争也从初级的价格竞争上升为服务竞争，服务的水准已成为旅游者衡量旅行社优劣的一块试金石，而类似“印度洋海啸”这种旅游危机事件的善后服务，则更能体现旅游服务商服务的水准。对于一个行业来说，制定与危机相关的完备管理制度、市场激活机制及相关法律法规显得至关重要。

第二节 旅游企业法人制度与旅游上市公司问题

一、旅游企业法人制度对旅游上市公司的影响及对策分析

（一）我国旅游类上市公司和旅游企业的现状

1. 从旅游类上市公司自身发展看

1993 年 11 月，我国第一支旅游类上市公司东方宾馆于深交所上市交易，掀起了旅游类上市公司利用资本市场的融资功能来扩大发展的开端。经过约 20 年的发展，越来越多的旅游类上市公司进入我国的资本市场。从当前看，旅游类上市公司具有很大的发展前景，这一点可以从其整体业绩持续走强得到印证。截至目前，我国共有各类旅游上市公司 25 家，总股本为 69 亿股，总资产规模达到 316 亿元，已成为证券市场上的一个重要板块。从经营范围来看，我国旅游业上市公司主要分为三大类：第一类是以旅游资源为经营主体的“资源类旅游公司”；第二类是以酒店经营为主的“酒店类旅游公司”；第三类为“综合类旅游公司”。

2. 从旅游业发展的形势看

旅游业发展的形势依然向好，这为旅游类上市公司和旅游企业发展带来了机遇。一是西藏“3·14”暴乱、汶川大地震、雪灾、奥运等都是阶段性的事件，对旅游业的影响也是暂时的。随着时间的推移，这些重大事件的不良影响会逐渐消除，使旅游产业重新回到快速发展的轨道。二是高收入助推旅游发展。按照国际经验，通常当一个国家人均 GDP

达到1 000 美元时，国内旅游开始兴旺，并进入到一个快速发展的轨道。当人均 GDP 达到 3 000美元时，将出现周边出国旅游的热潮。2012 年，中国的人均 GDP 达到 5 184 美元，排在全球第 90 名，收入水平上升提高了中国居民的消费能力，也夯实了整个社会经济体对旅游有效需求释放的基础。三是国家政策支持。旅游行业属于无烟工业，是国家经济软竞争力的重要体现，同时旅游行业对其他很多行业有直接的带动作用，国家必将会支持旅游行业的发展，国家在财政政策、就业政策等方面将更倾向于旅游行业，为旅游业的持续快速发展提供保障。

3. 旅游企业法人制度存在的问题

目前我国的旅游企业法人制度不规范、不健全，这与国家大力发展旅游业的要求相差甚远，主要表现在：大部分企业存在着结构性缺陷，内部管理与规范的母子公司体制还有差距，企业内部成员联系不紧密，成员之间缺乏资产-利益关系，没有形成利益共同体的基础和资产纽带关系，合作机制不稳固；核心企业投资主体地位作用难以发挥，核心企业没有雄厚的经济实力，缺乏感召力和产品、资本等优势，对成员企业无约束力，不能成为融资中心、信贷中心、结算中心；国家对旅游企业的发展缺乏有效的调控手段等等。

（二）现代企业法人制度的建立和完善对旅游类上市公司的作用

现代企业制度是指以完善的企业法人制度为基础，以有限责任制度为保证，以公司企业为主要形式，以产权清晰、权责明确、政企分开、管理科学为条件的新型企业制度。它的一个很重要特征就是使企业法人有权有责，出资者的财产一旦投资于企业，就成为企业法人财产，企业法人财产权也随之确立。这部分法人财产归企业运用，企业以其全部法人财产，依法自主经营、自负盈亏，照章纳税；但同时企业要对出资者负责，承担资产保值增值的责任，形成法人权责的统一。

公司法人制度的核心是法人的财产制度和责任制度。法人制度是否完善，主要是看法人财产制度和责任制度是否建立和完善，即是否具有独立的财产所有权和能否以自己的全部财产承担债务责任。

（1）公司企业法人的财产制度，是一种新的企业财产组织形式，是近代企业制度的重大发明，已成为现代企业制度的重要内容。它具有以下特点：

①营利是建立公司法人财产制度的目的，因为营利是企业的最基本特征。为了实现营利目的，公司必须制定章程并载明公司的营业范围，保证行为的营利性和合法性，且有必要的财产制度作保证。

②公司是多个财产主体资金联合的企业组织形式。它打破了传统的独资企业和合伙企业有限的资金联合狭隘性，使众多资金分散、数量有限的财产所有者通过股份企业的财产组合机制，为有效地进行生产经营而实现资金联合。这种资金联合导致了企业制度的重要变化：公司内部出现了两个不同的利益主体——股东和公司法人，众多的财产所有者作为出资者，成为公司的股东。

③公司具有法人财产所有权，即公司财产采取法人财产形式。公司的法人化，使得公司财产采取了法人财产的形式，即法律赋予公司法人以财产主体的性质。公司法人财产结

构体现了财产关系的转化，即由股东对出资财产的原始所有权向公司法人财产所有权转化，公司财产所有权是公司法人得以产生和存在，以及享有民事权利、承担民事义务的前提和基础，是公司取得法人主体资格的必备条件。

④公司财产具有整体性和不可分割性。公司财产并不是一个个出资者（股东）个人财产的简单相加与总和，也不能由出资者（股东）依个人意志自由地进行控制和支配。公司法人对其全部财产是当做一个不可分割的整体来行使权利的。它不仅可以充分占有和使用，而且可以自主收益和处分。

⑤公司法人财产具有延续性。只要公司存续，公司法人就不会丧失对其财产享有所有权，股东的变动也不影响法人对这一权利的行使。

⑥社会化的股东与公司化的法人财产权的分立，造成终极所有权与法人财产所有权的分化，使所有权与经营权真正分离。

⑦股权具有可转让性，使公司制度得以完善。对于有限责任公司和股份有限公司来说，股权是完全可以自由转让的，特别是股票可以在市场流通中转让。通过股权的交易与转让，公司可以实现重组、分立、兼并和合并，可以参股、控股，从而调整公司的经营方向和组织结构。

（2）公司企业法人的责任制度，是企业一种新的责任制度形式，是法人制度的重要组成部分，它与一般意义的企业责任制有着本质的区别。由于我国无限责任公司的形式尚未在法律和法规上被认可，以后也不会多见，因此，公司法人的责任制度，一般是指公司债务的有限责任性。有限责任，对股东而言，是以其出资于公司的财产数额为限，对公司债务负责；对公司法人而言，其债务的追索，只以其独立所有的全部财产为限，不涉及第三人。这种企业责任制度有如下特点：

①以法人全部财产承担债务责任。公司法人的财产与公司成员的个人财产是分开的。前者不能成为公司成员个人的责任财产，成员出资以外的个人财产也不能作为公司的责任财产。公司在其生产经营中，以自己的全部财产独立承担民事责任。这一点，与国务院颁布的《全民所有制工业企业转换经营机制条例》规定的国有企业的债务责任有根本的不同。条例规定：“企业所欠债务，应当以留用资金清偿。留用资金不足以偿还债务的，可以依法用抵押企业财产的方式，保证债务的履行。”可见，公司法人的责任制度与现行国有企业的责任制度是不同的。因为，国有企业没有独立的财产权，国家事实上对企业的债务仍负无限责任，企业的债务责任并不是以自己的全部财产承担责任。

②以抵押品抵债。当公司因生产经营出现债务危机，而又不至于破产时，可依法用其抵押财产抵债以保护公司自身利益。

③破产抵债。当公司资不抵债时，通过破产程序以自己的全部财产偿还所欠债务，是公司法人责任制度的主要特点，以破产方式抵债的公司，破产程序终结后，一般均丧失民事主体资格。所以，破产抵债是公司债务责任最严重的结果。公司法人的财产所有权与债务的有限责任性之间，是相互依存、互为前提的关系。公司法人不享有独立的财产所有权，有限责任就不可能成立。这体现了法律上权利义务对等的原则。公司法人在独立享有

财产所有权的同时，也意味着要以全部财产独立承担民事义务和责任。股东对公司债务承担以出资额为限的有限责任，也视为公司法人的权利行使具有制衡性。公司法人行使其财产所有权，是通过组织机构和代表进行的。这就使其可以以法人的财产所有权来对抗和排除包括股东在内的个人和机关对生产经营的直接干预。股东只能按持股比例参加股东会，投票行使股权，公司行为只能服从于按公司章程行事的法人机关的意志。

（三）旅游类上市公司与旅游企业法人制度建立和完善对策分析

建立和完善旅游公司企业法人制度，对于企业改革具有十分重要的意义。为了从法律上赋予和确保公司企业作为商品生产者和经营者自主经营所具有的法人主体资格和财产所有权，规范作为出资者的国家和作为法人的企业各自的行为，从根本上实现政企分离，需要树立一些新的观念：

（1）作为企业资产的所有人，一旦将资产投资于股份制企业，其法律身份就变为具有普通意义的股东。其法律地位仅限于此，绝不能有除股东权益以外的其他特权。

（2）拥有公司企业和拥有公司企业的财产所有权，二者在法律意义上是有区别的，即表现为两个不同的利益主体。拥有公司企业的是全体股东，其行使所有权表现为决定有关公司自身的重大问题。如定期听取法人机关的工作报告；审定公司的年度财务结算，决定股息红利分配方案；决定公司资本的增减；修改公司章程；选举和罢免公司法人机关的董事；决定公司的分立、合并、终止和清算。单个股东享有自益权和共益权。自益权是指股东为自己利益而行使的权利；共益权是既为股东自己的利益，也为公司利益而行使的权利，主要指股东通过股东会参与管理公司的权利。作为公司的所有人，这些权利具体表现和限定为：出席股东会并行使表决权；选举董事和被选举权；依法和依章转让股份；查阅公司章程和账目；按股份取息和分红；优先购买本公司新股；公司终止时依法分得其剩余财产等。如果公司仅有一个出资者，我们称该股东完全拥有公司；如果一个股东控制公司51%以上的股份，我们说该股东拥有公司；如果一个股东拥有公司的10%以上的股份，并且在所有股东中占绝对优势，我们称该公司为其控制公司。

拥有公司企业的财产所有权的，则是公司法人机关。公司法人机关的财产所有权具有相对性和绝对性。相对性是说公司财产的终极所有权仍然属于全体股东所有，而这种终极所有权只有在公司终止后才得以体现。绝对性是说在公司存续期间内，公司法人对其财产拥有绝对的支配权，即资本所有者一旦以入股方式出资于公司，其资本在公司存续期间变为公司法人财产，便不得抽回，且不因股东所持股份所有权的转移，即股东名字的改变而发生任何变化。

（3）在法人制度中，公司所有权位于公司企业之内，而非企业之外。在公司企业之内，公司所有权与公司资本（财产）所有权是分立的。而公司资本所有权与资本经营权在公司内部的分离程度，与公司组织的发达程度有关。中小型公司企业的法人机关，对资本的所有与经营分离的程度较小。有限责任公司就是如此。而股份有限公司一般来说，其分离程度是很大的。法人机关董事会一般只具有资本所有权的权能，资本的经营权是由企业的经理阶层承担的。

综上所述，只有推动旅游企业法人制度的建立和完善，以法人的财产制度和责任制度为核心，才能更好地保证旅游类上市公司和旅游企业的发展，更好地推动我国旅游业的发展，这也是市场经济条件下现代企业发展的必由之路。

二、新黄金周制度对旅游上市公司的影响

（一）旅游上市公司简介

1. 旅游上市公司的内涵

旅游上市公司是指通过证券市场融资，且其主营业务涉及宾馆餐饮、旅游接待、资源开发、景区经营管理、旅游基础建设、旅游运输、旅行社等业务的上市公司。

2. 旅游上市公司的分类

（1）旅游资源类上市公司

旅游资源类上市公司根据业务的不同又可分为自然景观、人造景点、辅助设施提供等三种。旅游资源类上市公司尤其是自然景观类的上市公司由于拥有独特的、带一定垄断性的旅游资源一直是旅游板块中表现相当稳定的一类。组成该类板块的旅游上市公司主要有张家界（000430）、黄山旅游（600054）、桂林旅游（000978）、峨眉山 A（000888）、京西旅游（000802）、华侨城 A（000069）等。

（2）酒店类上市公司

酒店类上市公司是指以经营宾馆酒店及其相关设施为主要业务的企业，以经营酒店旅馆业及餐饮为主要收入来源。例如，东方宾馆（000524）、新都酒店（000033）、华天酒店（000428）等。

（3）综合类上市公司

综合类上市公司是指以经营旅游业为主，实现多元发展的旅游企业，经营范围涉及与旅游有关的各个方面。它包括旅行社及相关的餐饮、生活服务、物资供应企业，该板块业务涉及面宽，企业数量较少，因而表现最不稳定。旅游服务类公司是旅游板块中经营最为灵活的，尤其是旅行社贯穿于旅游业的各个环节，起着穿针引线的作用，对旅游业的上下游资源，包括组织客源和行、游、住、食、购、娱的安排等方面都有着一定的影响力和控制力。例如，美都控股（600175）、中青旅（600138）等。

（二）旅游上市公司的现状及黄金周制度改革对其的影响

1. 黄金周制度改革对旅游上市公司的影响

2007 年 12 月 7 日，国务院常务会议原则通过了《国务院关于修改〈全国年节及纪念日放假办法〉的决定》（草案）和《职工带薪年休假条例》（草案），这标志着已经实行了 9 年的“五一”黄金周取消，清明、端午、中秋成为新的法定假日，形成了“两个 7 天长假、5 个 3 天小长假”的格局。

黄金周制度改革对旅游业的影响：“1+2+5”的新休假模式推出，游客数量将有较大增长；旅游淡旺季界限将变得模糊，旅游业服务水平将有质的提高；旅游产品开发将突出传统文化的主题。总的来说，黄金周制度改革对景区公司构成有利影响，对酒店类公司中性，对旅行社公司短期产生负面影响。对于景区公司来说，在旅游业快速发展的趋势下，

从全年看，黄金周改革并不会减少景区的游客规模，而将使游客在时间分布上更加均衡；对于酒店类公司来说，目前国内酒店公司业务仍以中心城市为主，因此黄金周制度是否调整对酒店业整体基本没有影响；对于旅行社公司，黄金周制度的变化将导致旅游线路的调整，短期内会有一定负面影响。

从对上市公司的影响来看，黄金周改革使得那些靠近主流客流市场的上市公司受益。其中，转增传统假日制使得黄山旅游、桂林旅游、华侨城、中青旅、锦江酒店、首旅股份、金陵饭店等上市公司更能受益。而峨眉山、丽江旅游等上市公司，由于地处边远地区，远离主流客源市场，总体上将受到不利影响。

（1）黄金周对酒店类上市公司的影响

假日的调整，对酒店业的长远发展是非常有利的，但由于酒店的性质不同，亦呈现出不同的现象。高档酒店：大部分以商务客人为主，长假期间，正是休假高峰，商务活动减少，房间空置率比较高；假期调整后，小长假期间商务客人出游的可能性减小，可增加商务客源和会展活动，提高入住率。中低档酒店：假期调整对大部分城市中低档酒店影响不是非常大，因为其客人并非纯粹的游客。但对于旅游景点附近的中低档酒店，则受到冲击比较大，非黄金周期间，酒店经营均比较平淡。假日调整，分散了全年客流量，使得旅游波峰波谷的区别减小，更有利于酒店的平稳经营，减小酒店压力。

（2）黄金周对资源类上市公司的影响

假日调整，旅游景区内的交通业是最大的受益者。每年的黄金周，旅游流、探亲流集中出行，使得交通业遭受巨大压力，即使加班加点安排临客也无法满足巨大的人流出行需求。假日调整后，旅游者出行计划发生变化，扎堆出游现象有所缓解，交通业承受的巨大压力有所减小。携程旅行网调查报告显示，在全体受访者中，53.1%的人认为假日调整对缓解全国人民集中出行带来的“超载”有实质性的作用。但就“十一”黄金周的现状来看，出行压力虽有所缓解，但交通拥挤现象仍未得到实质性改变。

（3）黄金周对综合类上市公司的影响

小长假期间，更多的旅游者选择短线出游，散客游、自驾游成为主旋律，出游者对旅行社的依赖性降低，导致景区与旅行社的互动性降低，即景区对旅行社的依赖度有所降低，这也意味着旅行社的利润收益高峰期的缩减，如旅行社大多不为清明节专门设计旅游产品，中秋节市民更愿意待在家里共享欢乐，端午节天气渐热，加上孩子快要放暑假，市民也不会选择这个时间出游，因此这几个节假日不太可能带来足够多的客流，总体上导致了客流的减少。针对小长假期间短线旅游者增多，而“十一”长假长线旅游者增多的现象，旅行社也调整了工作思路，针对不同时期的旅游者需求，实施了灵活的组线方式。由于长线出游集中在“十一”期间，大部分长线线路均出现涨价现象，如国内长线游平均涨幅在3%左右，但随着带薪年假制度的实施，这一涨价现象将有所缓解。

2. 旅游上市公司的一般对策

（1）建立现代企业制度，大力发展跨行业、跨国界的旅游企业集团

现代企业制度是指以完善的企业法人制度为基础，以有限责任制度为保证，以公司企

业为主要形式，以产权清晰、权责分明、政企分开、管理科学为条件的新型企业制度。企业法人制度是现代企业制度的核心。简言之，就是企业的经营权与管理权分离，企业拥有权（法人财产权）在对所有者承担责任的前提下，能够独立支配企业的财产。我国建立现代旅游企业制度，发展跨行业、跨国界的旅游企业集团的根本措施是：优化企业组织结构，以优势骨干企业为龙头，通过改组、改造、控股、参股等多种形式，形成一批以资产为纽带，集行、住、食、游、购、娱为一体的跨行业、跨国界的旅游企业集团。加强旅游上市公司的产权重组与资本运作。各地政府应通过倡导各公司建立健全明晰的多元化产权制度和竞争有序的旅游业产权交易市场，来促进各上市公司的经营效益转型，同时又能激发员工积极性与创新能力以及旅游行业增长转型和持续发展的动力。旅游上市公司特别是景点接待类公司通过规范的产权交易能够绕过市场经营规制，获得急需的各项资源，实现规模扩张和连锁经营，即涉及旅行社、宾馆、交通等部门，能够加快发展和增强市场竞争能力。尤其是通过加强公司之间的联合和优化组合，以及联合收购等措施，能增强旅游公司行业整体凝聚力和竞争力。但必须要规范市场参与者的行为，制定符合创业资本运作规律的“游戏规则”，并相应地制定利益分配机制和风险承担机制等。

目前，中国旅游企业经营的基石——企业制度本身就不健全，而且中国旅游上市公司都是创立于计划经济体制下，在政府主导型的旅游短缺经济中成长，公司大都是从原来的国有企业改制而来，受政府的约束较大，容易受各种非控制的因素影响，公司领导也大多是政府任命或由原来的企业领导转任的，一般缺乏企业家的战略眼光，为了追求企业业绩，种种非正常的手段被采纳，即在外部要加快政企分开的步伐，尽快克服各种体制障碍、观念障碍等；在内部要尽快形成对全体股东负责，实现股东利益最大化的经营理念，以及在这个理念基础上的权力制衡机制、科学决策机制、规范运作机制、激励约束机制和强化管理机制。

（2）树立可持续发展的战略观

可持续发展强调的是企业成长的“可持续性”，对于旅游上市公司而言，大多是依靠独特的旅游资源生存发展的，而这些旅游资源不可能是无限的，公司要想获得长久生存和发展，树立可持续发展观是其必然选择。目前，一些旅游上市公司为了获得短期利益，而忽视了长远的利益。比如，一些景点类旅游上市公司为了增加收入，在景区内乱搭乱建，破坏了自然环境。因此，在旅游上市公司进行战略选择的时候，必须考虑到公司的可持续发展问题，树立可持续发展的战略观。而新休假制度新增的元旦、“五一”、清明、端午、中秋 5 个小假日，文化内涵更突出，传统的观光旅游必然向文化型、休闲型、深度体验型、常态型的度假产品转型。旅行社必须策划并推出符合上述假日文化内涵的中短途旅游线路。旅行社的市场调查、产品策划、供应商谈判、产品采购、产品包装、市场营销、销售接待、导游服务等综合能力创新性和持续性将受到严峻的考验，同时其人力成本、营销费用、产品开发风险等都将不同程度地提高。从旅游上市公司的角度看，其战略管理的重点在于公司的总目标和整体资源的配置效率，战略选择的方向包括企业知识管理、核心竞争力和长期优势培育、整体战略定位以及经营业务组合和经营范围等。

（3）培育旅游企业核心竞争力

核心竞争力是指企业独具的、能在一系列产品和服务中取得领先地位所必须依赖的关键性能力，这种能力是一组技术或技能的结合体。节假日的改革对产品创新提出了更高的要求，目前各大旅行社对于“黄金周”长假的操作已经有了一套成熟的运作体系，已形成了一批很有影响的精品旅游线路，而节假日的调整对于旅行社而言，无论是在路线设计还是销售模式上都是一个挑战。旅行社需要在运作体系上进行多方面的调整，且亟待开发出一批适合“小长假”的短途旅游线路。中国旅游上市公司在近10年的成长中，已经形成了企业的“核心竞争力”。因为这些公司由于改革和企业领导人的作用，已经获得了继续成长的内在动力机制和战略设计、实施能力；在企业管理、文化建设方面也拥有了一定的基础；在国内市场和国际市场上也获得了一定或颇具潜力的竞争优势。在这些竞争优势中，必然存在企业的“核心竞争力”，当然这种“核心竞争力”还比较微弱，没有完全成型，因而培育“核心竞争力”任重而道远。

（4）营造上市公司的强大品牌形象

在现代经济和未来经济竞争中，企业创造和拥有的品牌，对于每个企业和企业集团来说将发挥越来越重要的作用。以品牌为核心已成为企业制定竞争战略和资源重新配置的重要机制，对于众多以服务经营为主的旅游上市公司来说，应该在公司内部构建强有力的形象体系，并通过广大员工的优质服务和努力创造，以及有效的促销推广和主题活动，来树立知名品牌。只有良好的品牌与形象才能为旅游上市公司营造强大竞争力和谋求更大发展空间。但是由于我国旅游上市公司普遍规模小和竞争力不强，所以应该鼓励公司间联合购并，通过优化组合建立起来的旅游业集团更易于通过证券市场或海外融资等方式募集发展资金，从而增强我国旅游行业的整体竞争能力。

（5）扩大规模，增强抗风险能力

众所周知，旅游业是一个敏感度高的行业，旅游市场也是一个比较脆弱的市场，从旅游业的外部环境看，各种自然的、政治的、经济的和社会的因素都可能对旅游业产生影响，其中有些因素是举足轻重的。例如，“5·12”大地震、黄金周制度的改革。为减少这些风险所造成的损失，许多旅游企业通过上市，不断扩大规模，获得规模效应；同时，发行股票所筹集的资金为旅游企业开拓其他新的业务提供了先决条件。原先主营酒店的专业酒店管理集团可以开设旅行社、出租汽车公司等；原先主营旅游开发的企业，也可以投资于房地产的开发与经营，只要经营得当，必然会大大提高旅游企业的非主营业务收入，使得该企业即使在旅游的淡季，也能保持相当的收益水平。另外，有的旅游企业利用股市筹集的资金去投资兴建，或控股、参股新的旅游饭店，开发新的旅游景点或线路等，使得原来的主营业务范围进一步扩大，从而形成更大的专业集团，更加巩固自己在旅游市场中的地位。

3. 针对黄金周制度改革旅游上市公司的对策

（1）综合类（旅行社）

旅行社应正视新休假制度对旅游的影响，加强城郊游、城市周边游等短途旅游产品的设计，丰富长短线旅游内容，更多注重休闲游，在线路设计方面给予旅游者更多的自由空间，制定完善的传统节日民俗游线路等。

（2）酒店类

针对黄金周和小长假不同时段酒店的利用率和需求情况，不同类型、不同地区的酒店应根据自己酒店的使用情况配备人员，调整酒店档次；同时可成立酒店协会，由协会统一部署酒店建设、规模等，如酒店数量应以满足小长假期间游客需求为主，“十一”长假客流大增时，可与家庭旅馆合作，分担酒店压力，以减少资源浪费。此外，酒店还应该不断提高服务质量，满足自驾、自助等更多散客的住宿要求。

（3）旅游景区类

休假调整政策的实施，对景区总体客流量的影响不大，小长假的挤出效应在“十一”长假可得到弥补，但对不同时段的影响则非常大：“五一”长假变成四个小长假，分散了客流，使景区免受了“五一”长假的“破坏”，同时短途客流增加，为周边遭冷落的景区开发提供了新的机遇；但长线旅游都集中到了“十一”长假期间，增加了景区可能承受的压力。这种冰火两重天的局面，给景区带来了机遇，也带来了挑战。由于游客过于分散，使得景区全年都有游客光顾，虽没有了黄金周的繁忙，但游客的全年光顾，使得景区必须全年安排足够的人力、物力进行经营管理。因此，景区管理部门应依据现有数据，对各景区客流量进行分析，得出一定规律，依据这一规律部署景区，实现效益最大化，同时也应针对短线游、散客游、自驾车游突出的现象，对旅游景区环境、服务方式等进行适当调整，以满足旅游者需求。如在旅游淡季，针对游客的分散，旅游景区可推出各项娱乐活动，激发居民周末游兴趣，使游客在小长假的基础上能更多的地就近旅游；针对黄金周游客扎堆的现象，需进行合理分流，严格限制客流数量，最大限度地保护资源的可持续利用；正确引导旅游取向，使游客能选择客流较少的景区游览，以得到身心的真正放松。

第三节　文化遗产保护及其相关法律问题

一、文化遗产的法律保护

（一）文化遗产保护模式分析

根据《保护世界文化和自然遗产公约》的界定，文化遗产是指从历史、艺术或科学角度看具有突出普遍价值的建筑物、碑雕和碑画、具有考古性质的成分或结构、铭文、窟洞以及联合体及建筑式样、分布均匀或环境风景结合方面具有突出价值的单立或连接的建筑群；从历史、审美、人种学或人类学角度看具有突出普遍价值的人类工程或自然与人联合工程及考古地址等，可见，文化遗产具有稀缺性、唯一性、独特性、不可再造性、不可替代性等特点。现代意义上的文化遗产保护思想和活动，起源于欧洲，并最先影响到美国和日本等国。由于社会文化背景的不同，东西方国家在文化遗产的管理、保护的具体方式上有着较大的差异。西方国家主要采取国家投资方式或通过法律法规、政策杠杆来鼓励地区、企业以及全社会对文化遗产进行保护，其具体表现在注重对科学和技术的应用、注重科学的管理方法，以法的规范、理性探究、科学规划、程式化管理为特征的文化遗产管理模式。而我国目前处在社会环境和经济发展转型期阶段，文化遗产保护注重权威、实用、协调、直觉与感悟和管理者经验。因此，对我国文化遗产保护模式进行分析，必须理顺保护文化遗产与发展经济及发展旅游业的关系。

《关于文化旅游的国际宪章》规定："旅游和文化遗产内容之间的动态的相互作用，以及国际旅游业的持续发展已经成为文化交流、增加个人经历的最重要的渠道，这个不仅仅是为了保护过去的遗存，也是为了当代社会和生活的发展。对文化遗产欣赏不断增长的要求，是自然和文化遗产保护的积极力量，旅游业体现遗产的经济特征，通过投资来促进保护、教育和影响相关政策。当有成功的管理时，旅游将成为许多国家和地区经济的基础和发展的重要因素。"由此可见，随着经济的全球化和国内市场经济的逐步发育，特别是由于旅游业的迅猛发展，人们对跨文化体验的追求使得文化遗产成为一种可以用于发展旅游的资源，同时也由于文物市场的复活，文物交易的盛行，我国有形文化遗产与无形文化遗产都遇到了前所未有的冲击，文化遗产保护的最大瓶颈即发展中国家相对贫弱的经济基础与作为数千年文明古国的极其丰富的文化遗产之间的矛盾，现有经济实力与超能力负载的矛盾日显突出。

许多国家的发展经验证明，文化遗存丰富并且保护得较好的国家和城市都可以成为旅游热点地区。文化遗产作为一种旅游资源和文化创新的资源给一个国家社会、经济的发展带来的效益是多方面的，有精神文明效益，还有经济效益、环境效益等，让大众参观欣赏文化遗产是其发挥作用、实现价值增值和传承的重要途径。有观点认为，保护文化遗产会影响文化遗产地经济发展和老百姓的生活。遗产作为特殊的资源，在市场经济条件下，文化遗产的价值能够通过供求关系大致地反映出来。资源只是遗产地的一个基础因素，不是完整的产品形态，不可能直接进入市场，只有经过经营开发才能实现它的价值，而开发过程中难免对文化遗产造成破坏。对文化遗产只讲保护，不讲发展，地方经济会长期陷入贫困的窘境中，连基本的生存条件都难以保证，资源保护的经费没有来源；反之只讲求发展，不注意保护文化遗产，长此以往只能造成生态环境的日益恶化。从各方面综合比较的结果来看，利用文化遗产资源优势，发展旅游业，是实现文化遗产地经济良性增长、与环境资源冲突最小、环境代价最小的一种现实选择。可见，文化遗产保护是开发利用的前提，开发利用是为了更好地进行保护文化遗产，将文化遗产资源保护的公益性与资源本身所具有的经济利用价值有机结合。一方面通过合理利用文化遗产资源获取利益，壮大经济实力；另一方面要在实践中探求实施有效保护的具体措施，促进资源的科学利用，走保护-开发利用-发展-保护的良性循环发展之路，并辐射带动相邻周边区域发展，共同构筑保护屏障。

通过上述分析，可见文化遗产的经济价值可以通过保护和经营两方面来实现，具体的途径是多种多样的，最明显的是推动旅游业和相关产业的发展。因此，对文化遗产来说，要保护文化的多样性，注重原创性，就应当采取政府保护、法律保护、市场保护与社会支持等多重因素综合保护的模式。

（二）我国文化遗产保护的法律实践

人们对文化遗产的认识在不断深化的同时，文化遗产保护的范围和对象也在不断扩大，从早期的有形文化遗产的保护发展到近些年来无形文化遗产的保护。与此相对应的是在法律实践方面，各国对有形文化遗产的保护有着明确的共识，有着较完备的国内法，国际间也达成了不少协定和公约，而对无形文化遗产的保护显得不够重视。中国对文化遗产的保护也经过从有形文化遗产的保护逐渐扩大到对历史街区、城镇和无形遗产的保护。我国《宪法》第二十二条规定："国家保护名胜古迹、珍贵文物和其他重要历史文化遗产。"这是我国在文化遗产保护方面的基本法律依据和准则。以1982年全国人大常委会颁布实施《文物保护法》为标志，中国对文化遗产的保护开始走上法制化的轨道。该法首次从国家法律的角度将受国家保护的文物范围具体规定了5大类：具有历史、艺术、科学价值的古文化遗址、古墓葬、古建筑、石窟寺和石刻；与重大历史事件、革命运动或者著名人物有关的以及具有重要纪念意义、教育意义或者史料价值的近现代重要史迹、实物、代表性建筑；历史上各时代珍贵的艺术品、工艺美术品；历史上各时代重要的文献资料以及具有历史、艺术、科学价值的手稿和图书资料等；反映历史上各时代、各民族社会制度、社会生产、社会生活的代表性实物。此外，具有科学价值的古脊椎动物化石和古人类化石同文物一样受国家保护。针对《文物保护法》对于破坏文物的行为和犯罪活动处罚过宽等问题，1991年全国人大常委会审议并通过了《关于惩治盗掘古文化遗址古墓葬犯罪的补充规定》。1992年经国务院批准，国家文物局发布了《文物保护法实施细则》。1997年我国新《刑法》又规定了妨害文物管理罪中各种具体犯罪应当承担的刑事责任，从而使我国各类文物得到了根本性的法律保护。

随着改革开放的深化和扩大，文物管理工作出现了许多新情况和新问题，原《文物保护法》的一些规定已不能完全适应形势发展的要求，突出表现在：文物保护力度不够。一些地方不能正确处理经济建设与文物保护的关系，造成不可移动文物被毁坏；有些文物收藏单位管理制度不健全，造成馆藏文物流失、损毁；不少文物未能得到合理利用；文物管理制度不够严格，给盗墓和走私文物造成可乘之机；盗掘、走私文物严重，有的与境外勾结，形成国际性盗掘、走私文物犯罪集团。针对上述问题，2002年5月全国人大常委会对《文物保护法》进行了修改、补充和完善。修订后的《文物保护法》分为总则、不可移动文物、考古发掘、馆藏文物、民间收藏文物、文物出境进境、法律责任和附则等几个方面，并完善和建立了一系列保护文物、确保文物安全的制度和措施，将"保护为主、抢救第一、合理利用、加强管理"的文物十六字工作方针以法律的形式写进总则。提倡在确保文物安全的前提下对文物的合理利用，用科学精神和创新意识解决新形势下的新问题，满足人民群众日益增长的文化生活需求，形成保护与利用的良性互动。

与此同时，为了加强保护历史文化遗产的国际协作，我国已经加入保护世界文化遗产的全部国际公约。除《保护世界文化与自然遗产公约》外，我国于1989年加入了《关于禁止和防止非法进出口文化财产和非法转让其所有权的方法的公约》，1997年我国加入了《国际统一私法协会关于被盗或者非法出口文物的公约》，2000年我国又加入了《武装冲突情况下保护文化财产公约》等。

总之，改革开放以来，我国在文化遗产立法方面有了很大的发展，但从现行的近300件文化遗产保护的法律法规看，部门规章占80%，行政法规占8%左右，法律、法令仅占2%左右，而市场经济条件下文化遗产保护的一些重要方面，则尚无完善的法律来规范调整。

（三）文化遗产保护的法律思考

在市场经济条件下，文化遗产的价值判断和定价乃至管理与运作都无法也不必回避市场这只看不见的调节之手，但是，市场的调节又是十分有限的，我们必须从道德、观念、文化、规划、法律与市场等多重角度来考虑文化遗产权利和利益分享机制，建立多元化、开放式、前瞻性的文化遗产价值与定价的对话平台，借鉴国外文化遗产保护的经验，制定有关文化遗产保护方面的法律法规和政策性文件，以期形成符合我国实际的法律法规体系。

1. 理顺管理体制，建立科学完善的保护体系

我国文化遗产的管理归国家文物局负责，而旅游等部门在文化遗产地又都有其管理范围，代表中国政府与联合国教科文组织相对应的中国世界遗产委员会却又设在对世界遗产没有任何管理权的教育部。多元化、多层次的管理体制导致管理工作效率较低，有时甚至发生政策方面的冲突，甚至有一些政府部门或企业将国家公共资源作为其谋取利益的工具。文化遗产保护过程中出现的问题从表面看是旅游资源的开发和保护之间的矛盾，实质上是由于经营模式取向导致的管理体制的变革和地方发展要求与部门分割管理的冲突。因此，近年来，围绕文化遗产资源市场化经营建设问题，在政府部门、产业界和学术界，引起了不小的争论。其焦点之一就是有关文化遗产的管理体制问题。有观点认为，我国应建立国家遗产管理局，以克服目前政出多门、条块分割的局面，实现真正有效的保护。也有观点认为，建立国家遗产管理局这种模式对于遗产地的地方政府利益会有明显的冲击，实际运行中的困难会很多，因此主张今后应在坚持法规和文化遗产资源保护准则的前提下，逐步扩大地方的自主权，完善以地方政府管理为主的遗产资源管理体制。就目前情况来看，为了适应我国国情和经济转型时期社会经济发展要求，应建立和完善文化遗产保护与管理方面政府保护为主、动员全社会广泛参与的新的运行体制，否则文化遗产难以实现有效的保护。当然政府对文化遗产的保护方式应是注重文化遗产整体发展的宏观管理与保护，逐步建立文化遗产的宏观调控机制，运用政策倾斜来实施文化遗产保护，逐步加大国家文化资金的投入与监督实施，保证文化遗产在国家投资预算中的不断增长和社会配套资金的到位与筹集，并协助立法机关建立和完善文化遗产保护的法律、法令和法规，建立一套科学完善的保护体系。

2. 通过法律法规和政策杠杆，探索市场化保护文化遗产的新路

文化遗产的不可再生性、价值普遍性和产出地域性等原则已在政府、业界和学界达成共识，而在对文化遗产的多种因素综合保护模式中，市场保护具有核心地位。对于文化遗产的保护主要包含两大方面：其一是依靠市场方式，通过文化遗产自身的扩大与积累来改

变我国过去文化遗产保护单一的输血模式，形成自我积累、自我发展的良性循环；其二是对于那些不能以产业形式发展的文化遗产，则必须通过市场，寻求企业和个人资助的道路。

文化遗产资源作为国家公益事业性的社会资源，保护的主体应该是政府，国家要加大对世界遗产保护的财政支持力度。但是，目前在我国现有经济状况无法满足文化遗产发展要求的条件下，可以借鉴国外在文化遗产保护方面的做法，通过立法的形式，探索市场化保护文化遗产的途径，建立引导多元化资金筹集机制，为文化遗产保护工作寻求资金支持。如在一定范围内发行国家彩票，用于筹集文化遗产项目的建设、保护和修复的资金；同时积极鼓励企业和个人为保护文化遗产提供资金或捐赠，当然必须保证对提供资金或捐赠的企业和个人投资能获得相应的利益回报，如采取减免税收的优惠政策等。

市场化运作本身并不等于资源破坏，在文化遗产资源保护主体的市场化选择进程中，政府需要研究如何规范和引导市场做好保护工作。但是，用市场化运作手段保护文化遗产，只适用于能够直接产生经济效益的文化遗产资源，对不能直接获取市场价值的文化遗产资源，不可能采取市场化的运作方式，应由国家建立必要的机制，确保文化遗产的保护。如国家可以采取向已进入市场经营的文化遗产地收取一定管理费，建立文化遗产保护基金，用于不能采取市场化运作的文化遗产地的保护工作。

3. 制定保护标准，以法律规范修复工作

文化遗产是民族的生命和根基，当前保护我国文化遗产要注意把握三个层次：第一，保护文物古迹，主要包括古建筑、古墓葬、古遗址、石刻、名人故居和近现代有纪念意义的建筑物等。第二，保护具有传统风貌的历史街区。有些建筑物单独看，可能不够确定为“重点文物保护单位”，但是建筑群加在一起，其价值就得到升华，就能反映某一历史时期城市的传统风貌特色。第三，保护历史文化名城。历史文化名城，关键是要看其保存有价值的历史遗产的多少。而且名城的现状格局和风貌应保有历史特色，具有成片历史街区等，它既包括有形的、实体的内容，也包括无形的、传统的、原生态文化。欧美国家的文化遗产，无论是科学艺术，还是城市的建筑风格，都存在着传统和现代之间的相当程度的一致性、同质性。与欧美国家相比，我国文化遗产还处于“危险期”，保护无疑会遇到更多困难，因此，用法律规范文化遗产保护的技术标准和保护标准显得尤其重要。

我国《文物保护法》规定，凡涉及古城的建设，不能以破坏历史文物为代价，必须完整地保留文物的遗迹原状。在文物保护单位的建设控制地带内，不得建设危及文物安全的设施，不得修建其形式、高度、体量、色调等与文物保护单位的环境风貌不相协调的建筑物或者构筑物。在对文物保护单位的革命遗址、纪念建筑物、古墓葬、古建筑、石窟寺、石刻等进行修缮、保养时，必须遵守不改变文物原状的原则，要修旧如旧。已经全部毁坏的文物，不得重新修建。这是我国有关文化遗产修复工作的原则性规定，但缺乏具体的操作规范，在实践中很难把握。同时，《文物保护法》中所称的文物是单体，其意义在于个别建筑物和个别艺术杰作单体上的价值。而历史文化名城的价值更在于整体，在于各个建筑物的整体配合、风格协调，在于全部布局的秩序和由此形成的整体性的自然和人文环境面貌；历史文化风貌区主要强调的是文化遗址周边的环境保护，这个环境大的可以是一个城市，小的可以是一个村镇、一个街区。优秀历史建筑主要强调的是对建筑本身及其周边的环境的保护，因此仅靠《文物保护法》来保护历史文化名城和传统风貌的历史街区还远远不够。

4. 依法开展宣传教育，创设文化遗产保护的良好环境

一个国家、一个民族文化遗产的发展取决于这个国家人民对文化遗产保护的专业水平及态度。第28届世界遗产委员会会议通过的《苏州宣言》，呼吁国际社会和世界各国重视青年人在世界遗产保护中的作用，加强针对青年人的世界遗产保护教育。根据该宣言的精神，我们应首先重视对文化遗产保护专业队伍的建设，实行持证上岗和资质认证制度，使员工不仅要学习有关的专业历史文化知识，还要担负文化遗产的保护和修复工作及负责对全国文物的跟踪与观察；其次通过系统、循序渐进地开展文化遗产的普及宣传工作，提高公众特别是青年人对文化遗产保护工作的认识，使人们逐步认识到文化遗产在生活中所具有的种种不可替代的价值与作用，主动承担保护责任与义务，参与到保护的行列中来，不断提高市民整体素质，从根本上提高广大市民综合素质和文化遗产保护意识，并对员工进行职业道德教育，对于丧失职业道德或因本人的过错造成文化遗产损毁的，要严格依法追究其行政责任，对于情节严重，构成犯罪的依法追究其刑事责任。

综上所述，我国应制定一部保护文化遗产的全国性法律，其保护对象从有形的文化遗产到无形的文化遗产，从个体的建筑扩大到历史街区、建筑群乃至一个完整的古城，强调保护历史环境。有了法律层面的约束和保障，我国的文化遗产就会既传承了历史文化，又具有各自特色，成为最具吸引力的旅游胜地。

二、非物质文化遗产的知识产权保护综述

（一）非物质文化遗产概念的界定

1. 联合国教科文组织对非物质文化遗产的定义

“非物质文化遗产”这一概念，是联合国教科文组织为完善世界文化遗产的保护体系，作为与物质性、遗址性、建筑性文化遗产相对应、对称的概念而提出的。2003年10月，联合国教科文组织在制定的《保护非物质文化遗产公约》中对非物质文化遗产的定义和内涵做出了界定。“非物质文化遗产”指被各群体、团体，有时被个人视为其文化遗产的各种实践、表演、表现形式、知识和技能及其有关的工具、实物、工艺品和文化场所。各个群体和团体随着其所处环境、与自然界的相互关系和历史条件的变化不断使这种代代相传的非物质文化遗产得到创新，同时使他们自己具有一种认同感和历史感，从而促进了文化多样性和人类创造力的发展。也就是说，“非物质文化遗产”包括以下几个方面：口头传说和表述，包括作为非物质文化遗产媒介的语言；表演艺术；社会风俗、礼仪、节庆；有关自然界和宇宙的知识和实践；传统的手工艺技能。

2. 各国对非物质文化遗产概念的界定

日本是非物质文化遗产理论的提出者，1950年制定后经多次修订的《日本文化财保护法》将“文化财”分为五类，即“有形文化财”、“无形文化财”、“民俗文化财”、“纪

念物”和“传统建造物群”，其中“无形文化财”、“民俗文化财”属于非物质文化遗产的范畴，内涵侧重在历史价值、艺术价值、文化传承价值等。而非物质文化遗产包括无形“文化财”、无形民俗“文化财”、“文化财”保存技术。但联合国教科文组织对非物质文化遗产的定义主要指的是无形民俗“文化财”。1962 年制定并经多次修改的《韩国文化财保护法》，则确定了“无形文化财”、“民俗资料”的概念、内涵和外延，基本与《日本文化财保护法》的界定相同。

3. 国内对非物质文化遗产概念的看法

2005 年 5 月，我国颁布了《国家级非物质文化遗产代表作申报定暂行办法》，将非物质文化遗产定义为：各族人民世代相承的、与群众生活密切相关的各种传统文化表现形式和文化空间，其范围则包括：口头传统，包括作为文化载体的语言；传统表演艺术；民俗活动、礼仪、节庆；有关自然界和宇宙的民间传统知识和实践；传统手工艺技能；与上述表现形式相关的文化空间。2011 年 2 月第十一届全国人民代表大会常务委员会第十九次会议通过了《中华人民共和国非物质文化遗产法》，该法自 2011 年 6 月 1 日起施行。本法所称非物质文化遗产，是指各族人民世代相传并视为其文化遗产组成部分的各种传统文化表现形式，以及与传统文化表现形式相关的实物和场所，包括：传统口头文学以及作为其载体的语言；传统美术、书法、音乐、舞蹈、戏剧、曲艺和杂技；传统技艺、医药和历法；传统礼仪、节庆等民俗；传统体育和游艺；其他非物质文化遗产。此外，刘玉清在列举了口头和非物质文化遗产的各个具体的实例后，认为口头和非物质文化遗产应该包括两个大类：一类是形态文化；另一类是具有鲜明民族和地域特色的行为文化，以民俗的形式出现。王宁认为非物质文化是指那些具有不能用典籍记载，又不能外化的文化内涵的文化品种。这些品种不是没有物质载体，但是用外化物质再现出来的不是它们最核心的内涵，它们的核心内涵是非物质的。齐爱民从法学的角度认为作为一个法律概念的非物质文化遗产由文化利益性要件、人权要件、非物质性要件构成。

（二）对非物质文化遗产进行知识产权保护的正当性

非物质文化遗产随着社会的发展越来越受到重视，其生存现状已经不容乐观，其保护工作已经上升为国家文化发展战略，对于非物质文化遗产保护应采取何种法律制度模式，是近年来学术界争论不休的问题。通过专门立法还是采用传统知识产权制度，学者们各抒己见、众说纷纭。但是，学者们都承认用现有的知识产权制度对非物质文化遗产进行保护的有限性，却又不是完全不适用于非物质文化遗产的保护。争端主要在于现有的知识产权制度的保护范围，我们倾向于用知识产权制度来保护非物质文化遗产，因为知识产权制度并不是一个封闭的制度，是开放的，自身也是在不断发展创新的，会把与知识产权制度相兼容的那部分非物质文化遗产逐步纳入到知识产权制度的保护范围中来。

一部分学者认为非物质文化遗产作为法律保护的一种新的客体，超越了知识产权制度的范围。G. P. 纳布罕（G. P. Nabham）认为知识产权法很重要的目的在于将知识转换为适于市场的商品，而不是在于按照最适合知识本身的方式来保护，这个目的决定了知识要被切分，使之成为能被知识产权法保护的可鉴别和可管理的碎片；而非物质文化遗产的最本质是具有整体性和协调作用。两者在本质上截然相反。日本北海道大学田村善之认为，现有知识产权体系框架被运用至非物质文化遗产领域时存在着制度瓶颈和理论障碍。田圣斌、蓝楠、姜艳丽同意田村善之教授的观点，承认虽然将非物质文化遗产的保护包含在现有知识产权制度中存在一定难度，但认为已经达成了一定的妥协。已有的知识产权制度，包括版权和邻接权、专利权、不正当竞争和商业秘密、外观设计、商标和地理标志，可以在某种情形下发挥保护非物质文化遗产的作用。美国密西根州立大学 Peter K. Yu 进一步分析认为，由于非物质文化遗产具有主体的不特定性和群体性、保护时间上的无限期性、传承性、保护客体的不确定性等特征，因此很难简单套用知识产权制度的传统法律关系模型。在此基础上，刘俊、邹权认为就口头传说与表述而言，能否获得著作权保护的关键还是在于著作权保护期限的有限性与民间文学作品存在的长期性之间难以调和的矛盾。所以，大部分民间文学艺术作品不适合现代著作权法的保护，需要进一步探讨利用特别法对其进行保护。冉瑞燕认为中国 20 多年来建立的相对完善的知识产权制度是针对现代知识权利采取的保护措施，民族传统文化知识很难受到现有知识产权制度的完整保护。

另外一部分学者则认为可以在知识产权制度的宏观框架下保护非物质文化遗产中的大部分，知识产权制度本身也是在不断发展的。齐爱民认为，作为法律保护的一种新的客体，非物质文化遗产的确超越了知识产权制度，但知识产权制度是一个开放的制度，其本身也在不断超越和发展之中。面对非物质文化遗产的超越，知识产权制度本身也在实现着自身的超越。朱雪忠、安雪梅、邹敏认为，尽管非物质文化遗产在具体表征上与传统的知识产权客体存在较大差异，但非物质文化遗产与知识产权客体的差异性不构成对知识产权制度的根本冲击，在知识产权的宏观框架下寻求知识产权制度的保护并非不可能。朴荣吉承认现行知识产权制度保护传统文化的局限性并同时认为，以现行著作权法保护传统文化的做法不够周全。但是，他也肯定了以新方法保护传统文化的可能性，认为 2000 年巴拿马通过的《保护多样性和传统知识特别法》（《巴拿马议案》）就是比较适宜的立法选择。党和苹、景浮英认为随着实践尤其是集体创新体制的发展，现代知识产权法也开始向集体知识产权迈进，克服了传统著作权法上的主体不能为集体与非物质文化遗产的集体性的矛盾，解决了对非物质文化遗产进行著作权保护的一个难题。

（三）知识产权的权利主体和保护客体

知识产权是人们对于自己的智力活动创造的成果和经营管理活动中的标记、信誉依法享有的权利。广义的知识产权包括著作权、邻接权、商标权、商号权、商业秘密权、地理标记权、专利权、植物新品种权、集成电路布图设计权等各种权利。狭义的知识产权即传统意义上的知识产权，包括著作权（含邻接权）、专利权、商标权三个主要组成部分。

1. 权利主体

国际上，有些国家把民间文学艺术看做国家文化遗产的一部分，认为民间文学艺术的权利主体是国家，国家通过指定有关的“主管机关”行使有关的权利。安哥拉、突尼斯、多哥等一些非洲国家大多如此规定。

在国内，周安平、徐辉鸿、郭富青、齐爱民、刘俊、邹权、李梅、白慧颖、方金华认为非物质文化遗产的权利主体主要可以分为个人或家族、团体或族群、国家三个类型。但刘俊、邹权和李梅强调国家作为非物质文化遗产的权利主体只能是一种例外。白慧颖指出权利主体无论是个人或特定族群还是国家，都是抽象的理论概念，要在操作层面上落实，必须有专门的机构或组织；认为各级文化行政主管部门可代表国家，特定族群可设立具备社团法人资格的“民间文化保护协会”作为代表来具体负责。

臧小丽、王玉叶、葛翔、任玉翠、赵冉认为非物质文化遗产的群体性决定了其权利主体应为特定民族或区域内的群体，国家和个人不适宜作为非物质文化遗产的权利主体。其中，甘开鹏以景颇族目瑙纵歌为例，认为景颇族目瑙纵歌的权利主体已经超越了我国《著作权法》规定的权利主体范围，只能推定是一个群体或一个民族共享的智力成果或文化遗产。

但是也有相反的观点，如邱平荣、李勇军认为民间文学艺术作品的原始著作权应归国家或相关民族的有关机构。而刘军华则认为应当成立一个专门的组织，该组织不具备任何官方属性，而是一个完全自治的民间组织，由它作为民间文学艺术的权利主体，来行使有关民间文学艺术的权利。

2. 保护客体

知识产权的客体是人们在科学、技术、文化等知识形态领域中所创造的精神产品，即知识产品。知识产权通常是工业产权和著作权的统称。工业产权的保护客体主要包括专利、商标、地理标志等，其分别受我国的专利法和商标法保护。根据国际公约，著作权保护的客体包括文学作品、口述作品、音乐、戏剧、曲艺、舞蹈、美术以及科学作品等。

王成梅认为传统知识和生物多样化资源的保护，突破了知识产权的私权保护性质和“专有性”、“法定期限性”及“地域性”特征，因此知识产权的范围必须予以重新界定。

齐爱民认为非物质文化遗产是人类智力活动的产物，其本质是信息，是知识产权的客体。李宗辉认为，非物质文化遗产的无形性、传承基础上的变化性、活态性、地域性及非一致性与知识产权法的特点在一定程度上相吻合，但是非物质文化遗产作为一个整体，与纯粹的知识产权法保护的客体还是存在着很大差异的，其中的个别类型可以作为知识产权法保护的客体。李梅认为对非物质文化遗产进行知识产权保护的客体，包括民间文学艺术、传统科技和传统识别性标志三类。朱丹、杨扬则详细说明了不同的知识产权保护模式的保护客体：口头传统，包括作为文化载体的语言和传统表现艺术可以纳入著作权的保护模式；商业秘密模式的保护客体与专利模式的保护客体一样，为有关自然界和宇宙的民间传统知识与实践和传统手工技能；商标权模式则适用于商业开发中的一切非物质文化遗产的保护，尤其适用于保护土著社区特殊符号和标记。

甘开鹏则以景颇族目瑙纵歌为例讨论了民族舞蹈是知识产权的著作权所保护的客体之一。严永和认为传统名号也属于知识产权的保护客体。杨永芳则强调人是进行“非物质文化遗产”保护的核心因素，是法律关系主体的主要组成部分，但同时，人也作为某种文化的承载者，是非物质文化遗产保护法的重要客体。

（四）非物质文化遗产的知识产权保护模式

尽管非物质文化遗产究竟属不属于知识产权的保护客体范围还存在着争议，但是非物质文化遗产的保护可以采用或借鉴知识产权的有关方面已经达成共识。已经有一些学者在研究非物质文化遗产的知识产权保护模式，大部分都是以知识产权的保护模式为基础来分类的，主要有著作权保护模式、商标权保护模式、商业秘密保护模式、专利保护模式、地理标志保护模式。其中齐爱民、孙移芳、唐海山、黄小江都提出了著作权、专利权、商标权保护模式，此外，孙移芳提出了地理标志保护模式，齐爱民、唐海山、黄小江提出了商业秘密保护模式，还有学者及组织提出建立专门的知识产权保护制度来对非物质文化遗产进行保护。

1. 著作权保护模式

在国际上，《保护文学艺术作品的伯尔尼公约》、《突尼斯文学艺术产权法》和《多哥版权、民间与邻接权法》都主张给予民间文学艺术在著作权方面的法律框架内的保护。在国内，大体认为对于一些传统而又古老的民间文学艺术和表演艺术，可根据现有《著作权法》的有关规定进行保护。孙移芳认为：在现行法律框架下，为了能保护无形文化表达，还应当借鉴 UNESCO-WIPO（联合国教科文组织-世界知识产权组织）的示范条款，采用独特的保护非物质文化表达的体制。此外，应采用世界知识产权组织版权条约（WCT）以及表演和录制品条约（WPPT），这样做能建立强有力的保护非物质文化表达的版权和相关权利机制，并可有力地间接保护所有的以表演为基础的非物质文化的表达。而党和苹、景浮英认为非物质文化遗产可分为个人型、社会团体型、国家型，并根据其类型的不同而提出了不同的著作权保护模式。周安平则认为对于音乐类的非物质文化遗产的知识产权保护是一个准著作权的保护问题，只能从现有的著作权法中延伸出新的保护法。在保护期限问题上，众学者都认为应该是无限期保护下去。

2. 专利权保护模式

大部分学者都同意在非物质文化遗产中，存在着许多精湛、独特而且难以模仿的传统手工技艺等，对于这部分遗产成果，可以根据现有《专利法》的有关规定和内容进行保护。其中齐爱民认为：专利权保护模式主要适用于非物质文化遗产中的狭义传统知识的保护，主要涵盖《保护世界文化和自然遗产公约》中的第 4 类和第 5 类非物质文化遗产，即有关自然界和宇宙的知识与实践和传统的手工艺。对于以非物质文化遗产为基础而产生的新发明最适合发明专利保护模式。孙移芳认为应在“申遗”的基础上建立非物质文化遗产文献制度，当专利申请所涉及的发明对非物质文化有特定的文化和精神意义，或这种申请有可能被认为侵犯这种社区文化时，应根据 TRIPS 协议中的道德要求拒绝该申请。而唐海山则认为非物质文化遗产中的诸多手工艺技能可以采取专利制度进行保护，但由于专利制度的一些局限性，专利保护模式不一定优于商业秘密保护模式。王美心教授指出，应以传统西药专利全球布局方式保护传统中医药的知识产权。

3. 商业秘密保护模式

我国法律对商业秘密的定义是：不为公众所知悉、能为权利人带来经济利益、具有实用性并经权利人采取保密措施的技术信息和经济信息。非物质文化遗产中的一些传统工艺、传统配方、绝活、绝技、家传秘方等并未进入公有领域，只有极少数人或者少数地区的行业知晓，这样就使得这些信息虽不能满足专利的新颖性标准，但仍然能作为一种商业秘密或 TRIPS 协议第 39 条所指的“未公开信息”得到确认和保护。齐爱民认为：商业秘密保护也是适用于狭义传统知识的一种保护模式，具有成本低的优势，并且可以通过合同来进行转让以获得经济利益，且比起其他类型的保护模式来保护范围更广。黄小江认为相比较来说，商业秘密保护模式在某些场合具有其优点。采取商业秘密保护模式，只要保密措施到位就可以将独特的工艺永远保密下去，不用担心专利保护模式中的局限性。

4. 商标权保护模式

商标权保护模式也是讨论比较多的一种保护模式，不同的学者有着自己不同的观点，其中朱丹、杨扬认为：商标权保护模式适用于商业开发中的一切非物质文化遗产的保护，尤其适用于保护土著社区特殊符号和标记。齐爱民、赵敏认为商标权保护模式有利于促进非物质文化遗产开发和经济效益的实现，有利于保持非物质文化遗产的特性，彻底解决非物质文化遗产的保护期限问题，并提出了商标权保护模式的构建。孙移芳、唐海山、徐辉鸿认为对于具有较强地区性和族群性的非物质文化遗产，可以将其注册为集体商标或证明商标进行保护。在此基础上，孙移芳指出当商标的注册和使用可能侵犯非物质文化的重要组成部分时，或商标由虚假表示而形成与非物质文化相联系的事项构成，或商标对其造成侮辱或有损名誉时，国家应拒绝注册该商标或在任何时候都可撤消该商标。齐爱民、赵敏以“铜梁火龙”的商标注册开辟了商标权保护模式为引子，重点讨论了非物质文化遗产的商标权保护模式，认为著作权与商标权保护模式的结合能更好地实现保护和开发非物质文化遗产的宗旨，并且指出，在泛珠三角区域知识产权合作的背景下开发和保护非物质文化遗产，首先就要协调统一区域立法，引入商标权保护模式进行综合保护。徐辉鸿、郭富青认为用商标法对非物质文化遗产进行保护是将其纳入知识产权领域的主要模式选择，而且在实践中已经存在将其纳入商标法保护的做法。非物质文化遗产商标化在法律适用方面是完全可行的，其中存在商标法适用的局限性，可以通过在商标法中增设专门条款的方式加以克服。

5. 地理标志保护模式

瑞士充分利用地理标志制度来逐步扩大其保护范围，并制定一系列与传统产品有关的标准以法律形式固定下来；针对不同的产品运用商标和外观设计来体现产品的基本特征，积极申报世界非物质文化遗产，保护与产品有关的传统文化。孙移芳在前三种模式以外提出了地理标志保护模式，认为：加强对非物质文化的地理标志保护，应将地理标志的认证和注册体系扩大到能够以地理产地标志的对国家具有重要经济和文化意义的各种产品，如手工艺品、农产品等，并且国家应允许以证明标志的形式注册真实性的名称，并且在保护的过程中，针对不同种类的非物质文化遗产，采用适宜的知识产权制度来进行保护，如植物新品种权制度、外观设计权制度等。

6. 专门的知识产权制度保护模式

现行的知识产权制度并不是专门为保护非物质文化遗产而制定的，从而其中的诸多内容对非物资文化遗产的保护具有种种不适应性，因此有学者和政府组织强烈建议建立一种专门的知识产权制度保护非物质文化遗产，从非物质文化遗产本身的特质和特点出发，设计专门制度保护非物质文化遗产。

在国际上，1994 年的第三届世界网络会议（社区知识产权法）提出了专门法示范文本，非洲统一组织也提出了自己的示范法，拉丁美洲国家主张建立在“美洲自由贸易协议”框架下的专门制度。专门法保护的基本制度主要包括保护客体的界定、保护的条件、授予的权利（排除权、取得报酬权和防止盗用权）、权利主体（个人或者集体）、获得权利的方式（包括注册等）、保护年限和实施措施等制度。

在国内，任玉翠认为有必要进行知识产权专门立法对民间文学艺术作品进行保护，特别是对有形表达的保护，有形表达的权利主体、权利内容、代表人制度都可借鉴版权制度的运作模式。王姝平认为可以在知识产权体系之下另外创设一种“民族工艺权”。“民族工艺权”放弃新颖性的标准而采用独特性的标准，采用许可制度，只有经过权利人的许可，才能使用该民族工艺用于商业领域，所得的使用费应该用于该民族工艺的传承与发展；对于“民族工艺权”的申请应该较专利的注册宽松而较商标的注册严格。陈庆云参照国内外保护非物质文化遗产的立法状况，认为以保护私权为主要目的的知识产权制度无法独自承担起保护非物质文化遗产的重任，所以建立一套公法和私法兼顾、综合调整有形财产和无形财产的法律体系更加适合于我国非物质文化遗产的保护。蒋亮认为对知识产权不能提供保护的非物质文化遗产，或者即使可以运用知识产权制度进行保护，但亦有许多制度性缺陷的非物质文化遗产，可以通过根据不同的种类分别制定专门法的形式对其提供有效的保护。设立专门保护非物质文化遗产的知识产权制度有很多复杂的概念或实践问题，尽管很多国家、国际组织及众多学者提出了这一构想，但是到目前为止尚未有国家或者国际组织付诸实践。

综上所述，对非物质文化遗产可以采用或借鉴知识产权的保护模式进行保护已经达成共识。孙移芳认为应从反对非法利用非物质文化遗产和对非物质文化遗产的合理利用两个方面着手，著作权保护制度、专利权保护制度、商标权保护制度、地理标志保护制度等多管齐下对非物质文化遗产进行保护。唐海山、黄小江认为对于非物质文化遗产的保护不一定只能采取单一的保护模式，在很多时候，双重或多重的保护模式也许更有利于保护非物质文化遗产。在实证研究方面，吴行华、肖海以摊舞为例，认为摊舞作为非物质文化遗产的一种，可以同时采用商标权、著作权和专利权的保护模式。

三、文物发现权的法律保护

（一）文物发现权概念的界定

1974 年在执行打井任务时发现“兵马俑”的 9 位农民在 29 年后的 2003 年 12 月向秦俑博物馆和陕西省文物局提交了确认“兵马俑”发现权的申请书，此事再次成为学者、业界及媒体关注的焦点，该事件对建立和完善我国发现权及其文物保护法律制度具有积极的现实意义。有关“兵马俑”发现权的争论实际上涉及文物发现权的法律性质问题，因此，全面界定文物发现权概念的内涵和外延是保护文物的关键。我国《文物保护法》未对文物的概念进行界定，只是对受国家保护的文物的范围进行了列举式的规定，其范围有5大类：具有历史、艺术、科学价值的古文化遗址、古墓葬、古建筑、石窟寺和石刻、壁画；与重大历史事件、革命运动或者著名人物有关的以及具有重要纪念意义、教育意义或者史料价值的近代现代重要史迹、实物、代表性建筑；历史上各时代珍贵的艺术品、工艺美术品；历史上各时代重要的文献资料以及具有历史、艺术、科学价值的手稿和图书资料等；反映历史上各时代、各民族社会制度、社会生产、社会生活的代表性实物。此外，具有科学价值的古脊椎动物化石和古人类化石同文物一样受国家保护。可见，文物的种类很多，按照不同的标准，有不同的划分方法：按性质分类，可将文物划分为历史文物和革命文物；按来源分类，可将文物分为出土文物和传世文物；按文物的保存方法分类，可分为馆藏文物和散存文物；按文物移动状况分类，可将文物分为不可移动文物和可移动文物。

目前，世界各国对不同类别的文物有不同的称谓，但大都没有能与中国的“文物”一词完全相对应的词汇，也没有概括所有类别文物的统称。我国《文物保护法》第一条规定：“为了加强对文物的保护，继承中华民族优秀的历史文化遗产……”这里的“文化遗产”，根据《保护世界文化和自然遗产公约》的规定，是指从历史、艺术或科学角度看具有突出普遍价值的建筑物、碑雕和碑画、具有考古性质的成分或结构、铭文、窟洞以及联合体及建筑式样、分布均匀或环境风景结合方面具有突出价值的单立或连接的建筑群；从历史、审美、人种学或人类学角度看具有突出普遍价值的人类工程或自然与人联合工程及考古地址等。近年来，随着人们对文化遗产的认识在不断深化的同时，文化遗产保护的范围和对象也在不断扩大，从早期的有形文化遗产的保护发展到近些年来无形文化遗产的保护；从个体的建筑扩大到历史街区、建筑群乃至一个完整的古城，并强调保护历史环境，从地上遗存的建筑群扩大到地下埋藏的古文化遗址、古墓葬等。由此可见，联合国教科文组织通过的一些有关保护文物的国际公约所称的“文化遗产”是指不可移动的文物；可移动文物，联合国教科文组织一般称其为“文化财产”。

根据以上分析，本书认为，文物是历史的见证，作为人类文明史的载体，是反映人类社会发展，具有历史、艺术或科学价值，可供人们纪念观赏的遗存在地上或埋藏在地下的物品。

对于“发现权”的界定，根据《建立世界知识产权组织公约》的规定，发现是指人们经过探索、研究，对自然现象、特征或规律做出前所未有的阐述。如对星体或物质的新发现，新的定理的提出，对地震、火山爆发规律的认识，或指阐明客观物质世界的现象、特性或规律而提出的一种新认识。发现的成果属于自然科学而不是社会科学。由此可见，这里的“发现”属于自然科学领域，保护发现权在于鼓励人们发现未知，探索自然界奥秘，为人类认识世界和改造世界的活动创造更多的已知和成就。而我国的理论界和司法界对于这些问题一般认为，发现是对“自然规律、自然现象的特征进行科学的创造性的新揭示”。也就是说，发现权的客体是科学发现。那么，对于“文物”这一本身就很特殊的物质，其是否属于发现权客体，就我国当前立法和习惯理论来看，还没有明确法律依据。

（二）我国文物发现权及其法律保护的立法实践

我国有关文物保护的立法最早是在《宪法》中，该法规定："国家保护名胜古迹、珍贵文物和其他重要历史文化遗产。"这是我国在文物保护方面的基本法律依据和准则。1982 年全国人大常委会颁布《文物保护法》，中国对文化遗产的保护开始走上法制化的轨道。该法第十八条第二款规定："在进行基本建设工程或者农业生产中，任何单位或者个人发现文物，应立即报告当地文化行政管理部门。遇有重要发现，当地文化行政管理部门必须及时报请上级文化行政管理部门处理。"这一规定表明，公民发现文物有及时上报的义务。第二十九条规定："有下列事迹的先进单位或者个人，由国家给予适当的精神鼓励或物质奖励。"其第四款为"发现文物及时上报或者上交，使文物得到保护的"。第三十条规定"有下列行为之一的，给予行政处罚"，其第二款为"在地下、内水、领海及其他场所中发现文物隐匿不报，不上交国家的，由公安部门给予警告或者罚款，并追缴其非法所得的文物"。这说明，国家对于发现文物的公民，如果"及时上报或上交"，则予以奖励，但是也没有具体涉及文物发现者的发现权问题；如果"隐匿不报"，则要受到惩处。随着改革开放的深化和扩大，文物管理工作出现了许多新情况和新问题，原《文物保护法》的一些规定已不能完全适应形势发展的要求，2002 年 5 月全国人大常委会对《文物保护法》进行了修改、补充，建立和完善了一系列保护文物、确保文物安全的制度和措施，将"保护为主、抢救第一、合理利用、加强管理"的文物十六字工作方针以法律的形式写进总则。提倡在确保文物安全的前提下对文物的合理利用，用科学精神和创新意识解决新形势下的新问题，满足人民群众日益增长的文化生活需求，形成保护与利用的良性互动。2002 年我国颁布实施了新的《文物保护法》。总则第十二条规定："有下列事迹的单位或个人，由国家给予精神鼓励或物质奖励。"其中第四款为"发现文物及时上报或者上交，使文物得到保护的"。第三十二条规定："在进行建设工程或者在农业生产中，任何单位或者个人发现文物，应当保护现场，立即报告当地文物行政部门，文物行政部门接到报告后，如无特殊情况，应当在 24 小时内赶赴现场，并在 7 日内提出处理意见。文物行政部门可以报请当地人民政府通知公安机关协助保护现场；发现重要文物的，应当立即上报国务院文物行政部门，国务院文物行政部门应当在接到报告后 15 日内提出处理意见。依照前款规定发现的文物属于国家所有，任何单位或者个人不得哄抢、私分、藏匿。"这条规定与 1982 年《文物保护法》的相关规定相比，更为详细具体，而且特别提出"发现的文物属于国家所有"，公民仍然负有报告的义务。第七十四条规定："有下列行为之一，尚不构成犯罪的，由县级以上人民政府文物主管部门会同公安机关追缴文物；情节严重的，处 5 000 元以上 5 万元以下的罚款。"其第一款为"发现文物隐匿不报或者拒不上交的"。2003 年公布实施的《文物保护法实施条例》总则第六条规定："有文物保护法第十二条所列事迹之一的单位或者个人，由人民政府及其文物行政主管部门、有关部门给予精神鼓励或者物质奖励。"可见，我国《文物保护法》对于公民发现文物上报的行为，只是给予奖励，并没有确认"文物发现权"的说法。

我国《民法通则》第五章“民事权利”第三节“知识产权”第九十七条第一款规定，公民对于自己的发现享有发现权。发现人有权申请领取发现证书、奖金或者其他奖励。该法第一百一十八条有关“侵权民事责任”中又规定，公民、法人的著作权（版权）、专利权、商标专用权、发现权、发明权和其他科技成果权受到剽窃、篡改、假冒等侵害的，有权要求停止侵害、消除影响、赔偿损失。这些规定只是对发现权的原则性规定，而对发现权的客体以及发现权如何确认等细节性问题没有明确的规定。

2003 年国务院修订的《国家科学技术奖励条例》第九条规定，国家自然科学奖授予在基础研究和应用基础研究中阐明自然现象、特征和规律，做出重大科学发现的公民。所称重大科学发现，应当具备下列条件：（1）前人尚未发现或者尚未阐明；（2）具有重大科学价值；（3）得到国内外自然科学界公认。可见，该条例规定的奖励对象是科学发现，发现人享有获得证书的确认和保护的权利，包括人身权和领取奖金或实物奖的财产权利两项。总之，纵观我国发现权及文物保护的相关立法，文物发现权的确认与保护问题在我国现行法律中找不到法律依据。

（三）文物发现权保护模式分析

有关发现权的法律规定最早见于苏联，1947 年由苏联部长会议决议规定了发现权保护制度，而我国《民法通则》关于“发现权”的上述规定源于世界知识产权组织（WIPO）于 1967 年在瑞典斯德哥尔摩签订的《建立世界知识产权组织公约》。该公约所划分的知识产权包括著作权、邻接权、专利权、科学发现权、外观专利权，商标权、商号权、地理标记权等，“关于科学发现的权利”成为该公约规定的知识产权的范畴。1980 年 6 月，我国成为世界知识产权组织的成员国，在有关法律法规上就和世界知识产权组织的有关规定保持一致，因此，除《民法通则》外，我国还在与知识产权有关的单行法律中规定了“发现权”。事实上，对于发现权是否属于知识产权范畴一直以来都存在不同意见。1994 年，在关贸总协定乌拉圭回合部长级会议上签署了《与贸易有关的知识产权协议》（TRIPS 协议）。该协议规定的知识产权包括：版权与邻接权；商标权；地理标志权；工业品外观设计权；专利权；集成电路布图设计权；未披露过的信息权。与《建立世界知识产权组织公约》中规定的知识产权的范围相比，该协议缩小了知识产权的范围，“与科学发现有关的权利”不再属于知识产权的范畴。2001 年，中国成为世界贸易组织的成员，有关发现权的规定应与《与贸易有关的知识产权协议》保持一致，这是因为：

（1）世界知识产权组织将知识产权解释为：基于智力的创造性活动所产生的权利，知识产权是一种民事权利，它除了具有民事权利的共同特点外，还具有一些独有的特点，如专有性、地域性、时间性、权利双重性和法定性。虽然我国《民法通则》将发现权规定在知识产权里面，对应的是知识产权领域，但是，发现不是发现人的发明创造，只是一种客观存在，对客观存在的事物或现象不能形成垄断，不具有知识产权的专有性。同时，知识产权必须要依法产生。但是，在世界范围内，几乎找不到任何一个国家专门立法保护发现权的，我国《民法通则》、《文物保护法》等法中规定的“发现人有权申请领取发现证书、奖金或者其他奖励”，这里的文物“发现权”是指发现文物的单位或个人，在发现文物后，及时上报或上交，使文物得到保护的情况下，由国家给予适当精神鼓励和物质奖励的权利。这与知识产权领域的发现，有明显的区别。确认文物“发现权”不仅是尊重发现者的权利，同时也是鼓励发现，有利于科学文化进步。由此可见，发现权可归属于人身权。由于人身权又分为人格权和身份权，前者是指主体依法所固有的，以人格利益为客体的，为维护主体的独立人格所必备的权利。后者指作为民事主体的公民和法人基于一定的地位、资格或身份所享有的人身利益，因此，本书认为发现权属于人身权中身份权的范畴。

（2）目前我国的理论界和司法界认为发现是对“自然规律、自然现象的特征进行科学的创造性的新揭示”。可见，发现权的客体是科学发现，而科学发现须有一定的科学价值，对科技进步、生产实践及学术研究有相当的促进、推动和创新等意义；其揭示或阐述，表明发现人不只是接触或感觉到自然现象、特征或规律这一自然事实，还必须有所认识，或做出论证，能够揭示出其性质、特征，或者归纳出规律。它是前所未有的，或指在此之前无人对该自然现象、特征或规律做出揭示或阐明，即具有新颖性。发现权主要是一种精神利益，因为科学发现的对象是自然现象、特征或规律，不可能为发现人独占，否则违背公共利益的促进，因此发现人不能排斥他人利用其发现成果。那么，对于“文物”这一本身就很特殊的物质，其是否属于发现权的客体，就我国当前的立法和习惯理论来看，还没有明确的法律依据。本书认为，在立法时可考虑扩大我国发现权的客体，即既包含科学发现，也应将包含有重大意义和价值的非科学发现，纳入发现权范畴，如古文物发掘。因为，重要的非科学发现与科学发现同样对全人类具有积极意义，因此应当给予发现人以相应的权利，主要是予以奖励并以精神奖励为主，鼓励人类对未知世界的探索、保护。

（3）我国《文物保护法》规定，“在中华人民共和国境内地下、内水和领海中遗存的一切文物属于国家所有”，“出土文物的所有权属于国家所有”。可见，文物发现权更多的是发现人对自己的发现所享有的一种精神利益，如表明身份、受领荣誉等，并不具有直接的财产内容，不能为个人所专有，故不能转让，也不能许可他人使用，当然发现人也不能通过应用发现成果本身来取得经济利益。因此，在文物发现权的保护上应正确处理好国家和发现人之间的利益关系问题。同时，从《民法通则》来看，发现权包含人身权与财产权，人身权主要体现为署名权和对奖章证书的受领权。财产权指奖金或者其他奖励的受领权。由于这两方面均属私权性质，而发现人发现的兵马俑又属《文物保护法》规范的范畴，涉及公权领域，所以要将发现权明朗化，应该进行立法，协调好《民法》与《文物保护法》在发现权上的规定的问题。另外，要明确发现人应尽的义务，如及时上报、披露、保护等义务。公民有义务将其新发现的地下文物上报有关主管部门，国家也应保护发现人的合法权益。法律赋予发现人以发现权，其目的是鼓励人们探索。此外，在保护时还要合理确定发现权的保护范围和保护力度，对发现权还应进行适当限制，防止滥用权利而妨害公众利益。

综上所述，关于兵马俑发现权确认的纷争并不是偶然现象，而是已有的和潜在的关于文物发现权确认问题的典型代表，从以上阐述可以看到目前我国关于“发现权”立法的不足以及关于“文物发现权”立法的空缺。我国是一个拥有数千年文明史的大国，地上地下的文物遗存比比皆是，但这些文物遗存很多都散布在荒郊野外，不为人知，因此很多文物都是普通老百姓无意间发现的。当然，发现文物及时上报是每个公民的义务，但义务也要和权利相结合。对于发现文物及时上报的公民，国家应给予精神鼓励或者物质奖励，而对于那些不仅发现文物，并能揭示文物价值的公民，应当从法律上确认其对于该文物的“发现权”。当然，文物发现权虽然是一项权利，它应该主要是一项精神权利。文物发现权的确认，不仅可以减少利益驱动的因素，而且可以调动公民保护文物的积极性，同时也有利于其他传统及自然资源的保护与利用。

第四节　旅游知识产权的法律保护问题

一、知识产权的一般理论

知识产权作为一个有别于传统民事权利种类的特殊权利范畴的概念，在学理上最早见之于17世纪中叶法国著名学者卡普佐夫的著作中，后为比利时法学家皮卡第接受并加以进一步阐述。但对“知识产权”这一概念的表述却从未统一过。在某些西方国家被称为无体财产权，在我国台湾则称为智慧财产权。作为一个法律概念，“知识产权”在1967年签署的《成立世界知识产权组织公约》中被正式确立下来，从而作为一个正式的法律概念逐渐被世界上绝大多数国家采用。我国由于受苏联法学理论的影响，一直采用“智力成果权”表示这一权利概念，直到1986年颁布的《民法通则》才正式确立了知识产权的概念。所谓知识产权，是指民事主体依法对其创造性的智力成果所享有的民事权利。世界贸易组织《与贸易有关的知识产权协定》明确规定知识产权属于私权，我国《民法通则》也将知识产权作为一种特殊的民事权利予以规定。

（一）知识产权的性质

1. 知识产权从种类上讲属于民事权利

知识产权法律关系从本质上讲属于民事法律关系，它所调整的是平等主体的公民、法人之间的财产关系和人身关系，具备了民事权利的本质特征。知识产权权利的产生、行使和保护与传统民事权利只有形式的差异而没有实质的区别。民法的基本原则适用于知识产权，民法的基本制度对知识产权同样有效。总之，知识产权的主体是平等的主体，调整的社会关系是平等的财产关系和人身关系。

2. 知识产权从内容上讲是一种财产权

现代知识产权制度的发展以及发达国家较之于发展中国家更关注知识产权的保护，直到使知识产权贸易成为国际贸易的三大支柱之一，其根本原因是在现代社会中知识产权的经济价值日益凸显，发达国家更希望通过知识产权攫取最大的经济利益。

3. 知识产权从对象的存在形态上讲是一种无体财产权

知识产权的客体知识是不具有具体的实在的物质形态的智力成果，对知识产权的使用不会发生有形的损耗，知识产权的转让不发生有形的交付，这是知识产权的本质属性。

（二）知识产权的特征

1. 知识产权的客体是不具有物质形态的智力成果

这既是知识产权的本质属性也是知识产权区别于物权、债权、人身权和财产继承权的首要特征。智力成果本身是人们智力劳动创造的精神财富或精神产品，具有财产价值，因此，可以成为权利标的，是与民法定义上的“物”相并存的一种民事权利客体。

2. 专有性

知识产权的权利主体依法享有独占使用智力成果的权利，他人不得侵犯。从本质上讲，知识产权是一种垄断权，正是由于知识产权权利主体能获得法定垄断利益，才使知识产权制度具有激励功能，促使人们不断开发和创造新的智力成果，推动技术的进步和社会的发展。

3. 地域性

知识产权只在产生的特定国家或地区的地域范围内有效，不具有域外效力。各国的知识产权立法基于主权原则呈现出独立性，各国的政治、经济、文化和社会制度的差异，也会使知识产权保护规定有所不同，一国知识产权要获得他国的法律保护，必须依照有关国际条约、双边协议，按互惠原则办理。

4. 时间性

依法产生的知识产权一般只在法律规定的期限内有效。超出知识产权的法定保护期后，该知识产权权利消灭，有关智力成果进入公有领域，人们可以自由使用。须注意的是：商标权的期限届满后可通过续展依法延长保护期；少数知识产权没有时间限制，只要符合有关条件，法律可长期予以保护。

二、旅游知识产权案例解析

（一）谁可拥有“长江三峡”冠名权

某年4月，湖北某旅行社向国家工商局申报注册“长江三峡”、“大三峡”、“三峡”、“三游洞”等20多个商标，并先后公告生效。之后该旅行社陆续发现宜昌共有20多家旅游企业在其旅游服务中使用了与原告相同的商标。为此，该旅行社向工商局申请制止其他旅行社使用该商标，但未得到满意的答复。为此，湖北某旅行社正式向法院起诉，状告宜昌市两家旅行社“侵犯其商标专用权”。诉状称：该旅行社“长江三峡”、“大三峡”、“三峡”、“三游洞”等商标已由国家工商行政管理总局注册生效，而被告在其招牌、装潢、广告牌、产品说明书、合同书上擅自使用了与原告商标相同的商标，侵犯了原告的商标专用权，为此原告请求法院裁定被告“停止侵权、消除影响”。当然，原告表示愿意与其他旅行社合作，共同把长江三峡的商标打响，但前提是必须经本旅行社的许可。两家被告介绍说，从接到传票后经营受到很大的影响，对于原告的行为它们表示十分费解，长江三峡自古以来就是共有的地理资源，它不是某一公司开发出来的产品，凭什么不让做长江三峡的旅游业务呢？如果侵权成立，岂不是全国只有原告一家旅行社能够打“三峡”牌，我们的正当经营权益如何维护呢？此案在当时引起了旅游界的广泛关注和强烈反应，有人认为，由于长江三峡旅游长期以来便是宜昌旅游业的主要支柱，假设侵权成立，势必对宜昌旅游业的整体发展产生严重影响，有关负责人表示“全力维护长江三峡旅游市场的正常经济秩序”。宜昌20多家旅行社发出联合声明，指责湖北某旅行社恶意抢注商标行为、牟取暴利，带有明显的社会欺骗性，坚决支持两家被告旅行社的正当经营。“三游洞”是宜昌的旅游景点之一，被湖北某旅行社注册为商标，景区管理处已向有关部门提出申请，请其撤销湖北某旅行社的“三游洞”注册商标。两年以后，国家工商行政管理总局撤销了湖北某旅行社的“长江三峡”、“大三峡”、“三峡”、“三游洞”等商标，该撤销决定指出“长江三峡”等均为公众熟知的旅游景点名称，湖北某旅行社以享有该商标专用权为由，禁止他人在旅游服务上合理地使用上述字样，侵害了社会公共利益，在社会上造成了不良影响，违反了商标法的相关规定，依法予以撤销。

（二）产品被“窃”，企业喊冤

福州某旅行社曾推出“素人渔夫·出海捕捞”项目，并在报纸上做了题为“素人渔夫·出海捕捞”的广告，又分别在甲、乙两家报纸上做了特别报道。后来甲报纸发行部业务负责人林某向他们约稿，称甲报旅游版要以千字的文章报道此项目，福州某旅行社即提供了“素人渔夫·出海捕捞”项目的广告单，而后总经理又详细地向其介绍了此项目的其他内容。甲报随后发表了《都市人·当回渔夫去》一文，文章最后署名线路设计者为林某，并且用醒目的字体注明获奖作品由福建某国际旅游公司提供免费旅游机会。福州某旅行社认为自己刚刚推出的旅游产品被别人“剽窃”，一纸诉状递交福州法院，状告林某和甲报社对旅行社设计的旅游项目侵权。原告认为，此种行为严重地侵害了他们的利益：（1）这篇文章一字未提福州某旅行社。（2）本线路为福州某旅行社设计，最后的设计者却署名为林某。（3）未经福州某旅行社同意，把本线路列为福建某国际旅游公司获奖作品，误导游客认为此项目为福建某国际旅游公司所有，其实该旅游公司根本没有开发和经营此项目，福州某旅行社也没有与福建某国际旅游公司合作开发和经营此项目，此项目为福州某旅行社独家开发和经营项目。（4）此篇文章刊登后，许多游客认为此项目为福建某国际旅游公司所为，而福建某国际旅游公司又没有经营此项目，让游客大失所望，从而严重影响福州某旅行社的收客率，并给福州某旅行社带来了严重的经济损失。基于上述理由，福州某旅行社向法院起诉，状告林某和甲报社的侵权行为，并且要求赔偿20万元人民币。法院受理了此案。

（三）享誉国内外的“国旅”商标被日商抢注

“国旅”是中国国际旅行社总社的简称，是成立于1954年的国旅的服务商标，自20世纪50年代即开始使用。1993年7月，我国正式受理服务商标的注册，国旅总社随即于同年8月将总社社徽作为服务商标申请注册，并于1995年成为我国第一批取得全部8个服务类别注册的商标。经过几十年的努力，国旅已成为享誉国内外的我国最大的旅行社企业。当国旅总社申请“国旅”商标的注册时，发现日本株式会社大荣公司（简称大荣公司）竟抢先于5天前，在全部8个服务类别提出了“国旅大荣”商标的申请。国旅总社对此十分震惊。日本大荣一旦获准注册“国旅大荣”商标并将其投入使用，它与“国旅”

的近似，不但使国内外消费者和相关业界误认为其与国旅总社有密切的资产和商贸合作关系，产生服务来源的误认，而且，将使正宗“国旅”商标难以注册甚至无法进入市场。据介绍，大荣公司是一家以经营百货业和零售业为主的著名跨国公司。国旅总社曾与日本大荣公司商拟合资兴建大型商业服务大厦，该项目名称取双方商标和字号的显著部分，称为“北京国旅大荣有限公司”。后来此项目因故未成。大荣公司作为项目的合作方，明知国旅总社的专用字号和商标，而且享有很高的知名度，却背着国旅总社抢先申请注册“国旅大荣”商标，其行为的故意性非常明显。而“国旅大荣”6个服务类别上的商标经过商标局初步审定分期在《商标公告》上公告。根据商标法的规定，对初步审定的商标，自公告之日起3个月内任何人均可以提出异议。于是，国旅总社在本着友好的态度与日本大荣公司交涉未果的情况下，在法定期限内就6个服务类别的“国旅大荣”商标向商标局提出异议。但是，还有两类“国旅大荣”，由于国旅总社人事调动，监测“短路”，没有能及时发现并提出异议，致使这两类商标获得注册。根据商标法的规定，已经注册的商标，违反第8条规定的，或者是以欺骗手段或其他不正当手段取得注册的，由商标局撤销该商标；其他单位或个人可以请求评审委员会裁定撤销该注册商标。国旅总社向商标评审委员会提出了对“国旅大荣”注册不当裁定的申请。

综上所述，旅游商标是旅游企业的形象，是质量内涵的外在表现，在市场竞争越来越激烈的情况下，服务商标对旅游企业的重要性是不言而喻的。由于我国目前的商标法中还没有把旅游景点作为注册商标方面的具体规定，因此很容易在逻辑概念上产生混淆，而许可旅游景点名称成为注册商标的做法是否恰当，也是商标法中今后值得探讨的课题。

在案例（一）中，从理论上讲，旅行社将旅游景点的名称注册为商标，只是表明该旅行社对于这些特有的文字组合具有排他性的使用权，并不表明其他旅行社无权经营类似的旅游活动。至于他人是否对其造成侵权，行为的关键要视其注册的具体服务项目而定，此次诉讼虽然是几个旅行社之间的纠纷，但它却引发出一些思考：旅游企业如何确立法制观念，依法办事；旅行社在参与市场竞争中，怎样按市场规律，采取正当手段，保证旅游业的健康发展。旅行社提供的服务具有服务产品的无形性特征，而正是这一特征使得服务产品的品牌变得极为重要。因为旅行社不能无视其他企业和社会公众对社会公共物品的使用权排他性地据为己有，同时，旅行社在良好的企业品牌之下，投入了一定的人力、财力和时间推出了自己的品牌，但是由于旅游活动分布的广泛性、地域性和公开性使得某个旅游企业即使想垄断某一类旅游活动的经营也是很难实现的。

在案例（二）中，旅行社推出“素人渔夫·出海捕捞”项目，并在报纸上做了广告，其他旅行社要想使用，应当经该旅行社的许可；否则，可以认为是对该旅行社设计旅游项目的侵权。

在案例（三）中，商标局依据法律和事实，首先核准了国旅总社的“国旅”商标在全部8个服务类别的注册，并对已初审公告的6个服务类别的“国旅大荣”商标争议做出了裁定。商标局裁定认为，中国国际旅行社总社是国内最大的旅游企业，已为公众所熟知，且“国旅”商标是国旅总社的企业名称的简称，并广为使用，已被消费者所认知。

而“国旅大荣”商标与“国旅”商标在外观与呼叫上近似，易使消费者误认为二者有密切合作关系，造成服务来源的误认。因此，裁定异议成立，“国旅大荣”商标不予注册。日本大荣公司对此没有提出复审。这标志着国旅总社在6个类别上排除了商标侵害。国旅总社对另外两类“国旅大荣”商标提出注册不当裁定申请后，商标评审委员会做出终局裁定，裁定认为：中国国际旅行社总社成立于1954年，简称“国旅”，并在全国12个城市同时成立了国旅分社。1992年以总社为核心的中国国际旅行社集团成立，该集团是中国最大的旅游集团，由于国旅几十年的努力，大量范围的广告宣传，媒体的新闻报道，以及公众对旅游业的关注与积极参与，使得国旅在广大公众中留下了深刻的印象，得到了广大消费者的信赖，“国旅”两字在中国已成为公众熟知的商标。日本大荣公司曾与中国国际旅行社总社有合资意向，原拟成立“北京国旅大荣有限公司”。虽合作因故而停，但以此可以认定日本大荣公司对中国国际旅行社总社有充分的了解，知道“国旅”是其服务标志，知道其在中国公众中具有的良好声誉，有很高的知名度。因此，日本大荣公司申请注册“国旅大荣”商标已构成违反诚实信用原则，是对公众熟知的“国旅”商标的模仿和抄袭。根据商标法及其实施细则的规定，商标评审委员会终局裁定：撤销日本大荣公司注册的两个“国旅大荣”商标注册专用权，由商标局予以公告。至此，历时两年的“国旅大荣”商标案，终于以“国旅”胜利的圆满句号昭告世人，我国的商标注册原则必须是申请在先而诚信无欺。

三、旅游产品涉及的知识产权保护问题

我国长期以来在各方面较重视有形权利而忽视无形知识产权所形成的权利，而对于知识产权的法律保护也只是注重传统行业中的问题，较少关注服务行业中的知识产权问题。目前关于旅游产品知识产权并没有得到很好的保护，也没有专门针对这一方面的法律法规。一个具有好的市场前景的旅游产品开发出来以后，很容易被其他旅行社模仿，投入大量先期资金进行产品开发的旅行社并不能获得应有的市场利润，使得旅行社的产品创新失去了动力。如此一来，旅行社的竞争处于一种低层次状态，产品雷同、无创新能力已经成了业内的通病，这严重阻碍了中国旅游业的发展。国内旅行社要寻找出路，必须要有创新，没有创新，旅行社就只能削价竞争低层次的雷同产品。旅游产品作为一种凝结着旅游经营者及其服务人员智力与体力劳动的产品，涉及知识产权中的专利权、商标权、著作权以及反不正当竞争等问题。因此，保护旅游产品知识产权就显得至关重要。

（一）旅游产品的反不正当竞争法律保护问题

不正当竞争，是指经营者违反《反不正当竞争法》的规定，损害其他经营者合法权益，扰乱经济秩序的行为 。旅游行业中的不正当竞争行为主要发生在同行业旅游经营者之间。对比我国《反不正当竞争法》列举的11种不正当竞争行为，与旅游产品有关的不正当竞争行为主要有侵犯商业秘密行为、诽谤竞争对手的行为和商品混同行为。

1. 侵犯商业秘密行为在旅游行业的表现

商业秘密是指不为公众所知悉，能为权利人带来经济利益，具有使用性并经权利人采取保密措施的技术信息和经营信息及构思，其表现形式包括配方、公式图样、编辑物、程

序、方法、技术工序、推销产品的计划等。商业秘密具有经济性、秘密性和难知性的特点。就旅游产品而言，旅游经营者对新的旅游线路、旅游品种的开发经营和营销的方案、旅游产品的形象策划、重要客户的名单、促销活动的时间及产品定价、商业折扣比率等在未正式公开以前均可以作为商业秘密来保护。在有保密措施的情况下，他人采取不正当的手段获取、披露或使用该信息即构成侵权，被侵权人可以依法追究其法律责任。旅游行业中侵犯商业秘密的行为主要表现为企业之间对对方核心业务人员高薪利诱，通过“跳槽”的员工带走其原任职公司开发的旅游商业秘密资料，造成原旅游产品开发者开发费用的浪费和市场份额及利润的非合理性减少。此类侵权行为人集中在：因工作关系需了解商业秘密的雇员、法律顾问、律师、会计师等；旅游经营者的业务伙伴，如组团社、地接社、承运人、旅游服务产品供货商、协作厂家等。虽然法律对于商业秘密侵权行为规定了民事、行政甚至刑事保护措施，但是，旅游企业仍应防患于未然，在与员工签订聘用合同或与合作伙伴签订合作协议时应当约定专门的商业保密条款，企业内部制度中应当对自己商业秘密的范围和种类作出规定，特别是对自己的核心商业秘密更应当采取严格的保密措施。

2. 诽谤竞争对手的行为及其法律责任

诽谤竞争对手或称诋毁竞争对手的不正当竞争行为，是指从事旅游产品生产、经营活动的主体，为了占据市场份额，故意制造和散布损害竞争对手旅游声誉的虚假事实，诋毁其法人等主体的人格，减弱对手的市场竞争能力的行为。该行为的表现形式主要有：利用发布广告，刊登启事、声明，召开新闻发布会等方式散布虚假事实；利用假投诉、恶意制造纠纷等行为公开诋毁竞争对手的商业信誉等。《反不正当竞争法》明确规定：“经营者不得捏造、散布虚假事实，损害竞争对手的商业信誉、商品声誉。”诽谤旅游产品竞争对手的不正当竞争行为承担民事责任的形式主要为停止侵权、公开赔礼道歉、消除影响、赔偿损失。赔偿损失的范围一般为直接损失，包括：①因诽谤行为造成的实际经济损失，如旅游者取消预订、解除旅游合同以及中途退团造成的损失；②为消除影响和调查、制止侵权行为而支出的费用，如调查费、合理律师费等。对于间接损失，如因诽谤行为造成旅游客源的明显下降导致的可得利益损失，因诽谤行为造成旅游线路滞销期间劳务人员和设备闲置产生的人工工资、资产设备折旧费及贷款利息等，目前法律暂无明确规定，一般不纳入赔偿的范围。

3. 旅游产品涉及的商品混同行为

商品混同行为，是“搭便车”行为的一种，具体到旅游产品上，又可分为营业主体混同行为、产品质量混同行为和产品混同行为 3 种情况。

（1）营业主体混同行为，指行为人假冒使用其他旅游企业的名称或者姓名、地址等信息，给消费者造成服务主体的误认，认为其就是被假冒旅游企业的行为。

（2）产品质量混同行为，包括伪造或者冒用旅游服务质量认证标志，以及伪造名优标志，对旅游服务质量作引人误解的虚假表示的行为。旅游认证标志、名优标志等是证明产品达到国家规定的旅游服务质量标准的标志，是国家对该旅游产品质量、服务质量优秀的一种确认，既是一种很高的荣誉，又能给经营者带来持续和更大的经济效益。产品质量混同行为的目的主要是混淆产品，以次充好，以侵占合法旅游经营者的市场份额，损害消费者的权益，是不正当竞争行为。

（3）产品混同行为，指擅自使用知名旅游产品特有的名称、包装、装潢，使旅游消费者误认为是该知名旅游产品而购买的行为。如“北京胡同游”案中被告模仿原告的人力三轮车外观及车夫服饰的行为即属于此类。

产品混同行为一方面导致知名旅游产品的销售量下降，市场占有率降低；另一方面如果仿冒者提供的旅游服务质量低劣，将导致被仿冒旅游企业信誉降低和原有消费群体流失。对于仿冒者而言，仿冒会给其带来巨大利润，他凭借他人辛苦创下的品牌信誉高价销售服务质量低劣的旅游产品，属于明显的不正当竞争行为。

以上3种混同行为常常伴随发生，特别是对于位于同一旅游地的数家企业而言，更容易导致消费者误认，损害知名旅游企业的市场商誉和经济利益。对实施此类不正当竞争行为的行为人，应当承担停止侵权和赔偿损失等民事责任。

（二）与旅游产品有关的著作权法律保护问题

旅游产品的生产和经营过程中的许多环节都涉及著作权的保护，如旅游线路或项目的名称设计、大型旅游活动的旗帜、会标、吉祥物图案以及旅游广告宣传资料、广告用语及图案设计、旅游美术摄影作品、旅游电影电视录像作品、旅游雕塑、建筑工程设计方案、图纸、旅游地图、示意图甚至景区背景音乐的使用等，都能够通过《著作权法》予以保护。著作权，也称版权，是基于文学、艺术和科学作品而产生的法律赋予公民、法人和其他组织等民事主体的一种特殊的民事权利。《著作权法》第三条根据作品表现形式，将受保护作品概括为9类，其中与旅游产品关系密切的集中于文字作品、美术摄影作品、电影电视录像作品、工程设计图纸和地图、示意图等。旅游企业著作权方面集中存在以下3个方面的问题：

1. 旅游企业未经著作权人许可擅自使用他人作品发生侵权纠纷

如广东书法家曾某诉某旅行社侵犯著作权案中，被告因未经原告许可，就将原告创作的“青旅假期放眼天下”书法作品用在广告宣传上而败诉。又如福建某旅游公司在崇武旅游区开设中华石雕工艺博览园景区，在其寓言园景点设置了《三个和尚》、《熟能生巧》和《叶公好龙》3件石雕作品，该雕塑与雕塑家刘某在武汉市东湖公园寓言雕塑园景区创作的3件作品基本相同，仅大小比例不同。刘某起诉后法院判决旅游公司拆除侵权作品、赔礼道歉、赔偿损失。

2. 旅游企业自己设计的作品被其他企业复制、仿冒、使用而发生侵权纠纷

如原告美国迪斯尼公司诉北京少年儿童出版社等3家出版商侵犯米老鼠、灰姑娘、彼得·潘、白雪公主等卡通人物形象著作权纠纷案中，迪斯尼公司指控被告未经原告许可，在出版、发行、销售的《班比交朋友》、《小飞侠的胜利》等9本“迪斯尼的品德故事丛书”中复制迪斯尼公司的卡通形象，侵犯了迪斯尼公司的版权，法院判决原告胜诉。还有2008年北京奥运会的会标一公布即被不法商家仿制印在文化衫和体育用品上发生的纠纷等均属于这一类。

3. 在著作权的权属方面，旅游企业在委托他人创作作品时常因无合同约定或约定权利归属不明确而发生纠纷

《著作权法》规定："受委托创作的作品，著作权的归属由委托人和受托人通过合同约定。合同未作明确约定或者没有订立合同的，著作权属于受托人。"如果委托人忽略了约定著作权归属或者没有订立合同，一旦发生争议，委托人的权属主张是不能得到法律保护的。因此，旅游企业在生产经营活动中无论是委托他人创作还是使用已有著作权人的作品，都应当与创作人或著作权人订立著作权合同，约定具体的权利范围，并支付报酬。经营活动中，旅游企业要有著作权保护意识，在尊重他人著作权的同时也要有防范他人侵权的意识。

（三）旅游产品知识产权保护的对策

1. 加强对旅游产品知识产权的保护

旅游行业应该达成对旅游线路产品知识产权保护的共识，尽快形成保护旅游产品知识产权的氛围。事实上，旅游产品就是知识产权的一种表现形式，应该在制度上对研发某一旅游产品并首先在旅游消费者市场上使用的旅行社加以保护和鼓励，在旅游产品的研发方面形成一种良好的气氛和环境，让更多的旅行社在产品研发方面作更多的投入，而不是一味地模仿和抄袭别人的劳动成果。一个旅游产品形成以后，旅游主管部门经过论证、评估，应该通过某种形式给予参与研发这一旅游产品的旅行社给予认可，并给予冠名。可以通过"冠名权"的使用，来打击模仿和抄袭现象，对旅游产品知识产权起到保护作用。消费者对旅游主管部门冠名的旅游产品应该是认同的，使研发这个旅游产品的旅行社有更好的投入回报。而其他旅行社在使用同一条旅游线路产品时，只有使用权，没有冠名权。因此，在旅游行业应当形成旅游知识产权的保护意识，通过品牌意识来吸引更多的消费者。

2. 建立完整的申报制度

旅游产品知识产权要有一套完整的申报制度，由旅游产品受益地区的旅行社提出申请，当地的旅游主管部门组织专家进行评估、审核通过后，对申报的旅游产品进行冠名和授牌或证书，拥有此项殊荣的可以是境内旅行社，也可以是境外旅行社；可以是组团社，也可以是地接社；可以是客源输出地的旅行社，也可以是客源目的地的旅行社；可以是国内旅游产品，也可以是入境旅游产品。总之，谁研发，谁就可以拥有此项殊荣。例如，当年浙江省海外旅行社在研发"名山、名水旅游线路"产品方面做了大量的投入，并取得了引人注目的成绩，至今还有旅行社在模仿和使用，成为一条经久不衰的旅游线路，按照保护旅游产品知识产权的原则，浙江省海外旅行社应该拥有此条旅游产品的知识产权，并授予冠名权。同时，旅游产品的知识产权申报要制度化。每年在规定的时间内申报，旅游主管部门组织专家进行评估、审核后，给予部分符合申报条件的旅游产品进行冠名和授牌或证书。由于旅游产品的特殊性，入境旅游产品应该由省级旅游主管部门或多个省级旅游主管部门联合授予，国内旅游产品应该由地方旅游主管部门或多个地方旅游主管部门联合授予。对旅游产品的审核和评定工作，应该像星级饭店评定一样，要制定一个国家评定标

准，评定结束，冠名、授牌后要进行复核，可以明察暗访，达不到标准的可以取消冠名和摘牌，以保证旅游精品的品质。总之，需要有一套完整的申报、评定、审核制度。

3. 建立旅游线路有偿使用制度

通过出让方式，把旅游线路的经营权利委托给那些能够最有效地使用这种权利并且有动力使用这种权利的人。实现对旅游线路使用权利的明确界定，可以避免对旅游线路的拥挤使用，防止“公地悲剧”的发生。旅游线路的有偿使用可以构成滥用旅游线路的屏障，排除旅行社的任意滥用。同时，如果旅行社通过出让方式获得旅游线路的排他性使用权利，就存在着激励旅行社有效经营、充分利用旅游线路的内在动力，包括重新包装旅游线路、提高服务质量、加大营销力度等措施。这样既提高了旅游资源利用效率，又保证了游客的利益。因此，应建立旅游线路有偿使用制度，充分发挥市场机制在旅游资源配置中的基础性作用。

总之，旅游产品知识产权保护不是某一个单方面问题，它涉及整个制度的构建和完善，需要以旅游管理部门、旅游经营企业、旅游者三者为主体，充分发挥社会监督作用，在遵循诚实信用、尊重权利、开展合法竞争的原则下，才有可能建立起一个切合实际的保护旅游产品知识产权的制度。目前虽然已有关于知识产权的法律法规，但是由于旅游产品的特殊性，这些法律法规并不适用于旅游产品知识产权的保护。因此，需要完善有关旅游产品知识产权保护的法律法规，才能真正促进中国旅游业的发展。

第五节　旅游案例中精神损害赔偿法律问题

一、案例介绍

《中国旅游报》曾刊登了金女士的一封投诉信。现将该投诉信内容摘录如下：某年7月，我参加了哈尔滨某国际旅行社组织的俄罗斯旅游团，交纳旅游费人民币1 880元。在前往俄罗斯的前一天，导游小姐详细地给游客介绍了俄罗斯的行程及俄罗斯人民的生活情况、国家体制。例如，俄罗斯的生活条件很差，要大家做好吃苦的思想准备，要在国内多买些食品；海参崴很乱，不要与当地人讲话等等。31日，我们随同该国际旅行社的“吴导”通过中国边检，乘国际列车前往俄罗斯戈城。在经过边检时想到前一天导游小姐说过的话，不觉有些紧张。边检结束后我随团按“吴导”指定的地点等待其他团友。大约有10分钟，等团友都出站后，我们上车准备去海参崴。接关的俄罗斯导游向我们收取护照，我发现护照被遗忘在海关5号桌上，要求马上去找回。此时我们旅行车距离海关检查站仅100米左右，且其他团友并未全部上车。这时吴导说：“不用找了，已经下班了，俄罗斯人不像咱们中国人，他们捡到东西后看没有用准丢了，快上车。”我怀着不安的心情上了车，因为我深知没有了护照在国外是寸步难行的。“吴导”却肯定地说回国时没护照俄方海关罚款43卢布就可以了，我半信半疑。随车到了海参崴后，我督促“吴导”和俄方联系。在此后的几天旅行中，我每天都在督促俄方导游和“吴导”，每次的回答都是同样的：“打电话问过海关了，没有。”但又说：“没事，放心吧，会解决的。”8月3日中午，乘车回国到了东宁，边检人员上车查护照，吴导站在我旁边说："没事，别紧张。"在同事的提醒下，吴导才与边检说了一段俄语，之后，边检人员就让我下车，吴导让同事把我的包递过来，并说"例行检查"，我就下了车。吴导在车上说："你得滞留一天，明天才能回国，你同俄方导游回海参崴。"说完车就开走了，我来不及和同伴说一句话，同事也来不及留点钱给我。我望着远去的车伤心不已，我钱包里只剩下656卢布，此刻我真正体会到了恐惧的含义……在此后的几天，金女士在俄罗斯遇到了难以想象的麻烦，首先是不能入住宾馆，又由于语言不通，无法与人交流，花去身上所有的卢布办理有关回国手续仍不能如愿，最后只得流浪街头，金女士由担心失望到恐惧以至于几乎失去活下去的勇气。后来几经周折，在当地中国人的帮助下回到了祖国。8月8日，金女士到哈尔滨某国际旅行社商谈解决问题事宜，没有得到处理结果，遂向黑龙江省旅游局提出投诉，要求旅行社承担由于导游的过错，致使其被甩在异国他乡造成的经济损失和精神损失的赔偿责任。

二、精神损失赔偿问题分析

所谓精神损失赔偿是权利主体因其合法权益受到不法侵害使其遭受精神痛苦或精神利益受到侵害而要求侵权人通过财产赔偿等形式进行救济的一种民事法律制度。对于受害人以给其造成极大的精神损失为由，要求赔偿精神损失费的问题，我国现行的法律法规规定，精神损失赔偿是权利主体因其合法权益受到不法侵害使其遭受精神痛苦或精神利益受到侵害而要求侵权人通过财产赔偿等形式进行救济的一种民事法律制度。最高人民法院《关于审理人身损害赔偿案件适用法律若干问题的解释》规定："受害人或者死者近亲属遭受精神损害，赔偿权利人向人民法院请求赔偿精神损害抚慰金的，适用最高人民法院《关于确定民事侵权精神损害赔偿责任若干问题的解释》予以确定。"而《关于确定民事侵权精神损害赔偿责任若干问题的解释》明确规定，精神损害赔偿适用于"侵害生命权、健康权、身体权；侵害姓名权、肖像权、名誉权、荣誉权；侵害人格尊严权、人身自由权"等情形。目前司法解释虽对精神损害赔偿适用范围有了明确规定，但对精神损害赔偿的标准等重要问题只有原则性规定："以当事人受损害的程度与当地的生活标准确定。"由于我国法官自由裁量权较小，这就为法官判决精神损失赔偿事件带来较大困难。《消费者权益保护法》规定，对于侵权行为造成精神损失，可以责令侵权人停止侵害、恢复名誉、消除影响、赔礼道歉和赔偿损失。旅客在遭受精神损失后，应先考虑追求精神上的安慰，即要求侵权人消除影响和赔礼道歉，如果精神损失产生了经济损失后果，根据损害赔偿的过错责任原则，旅客可以要求侵权人对这部分经济损失进行赔偿，以利于维护旅客的合法权益。

我国相关的法律和司法解释中，虽然初步确立了精神损害的赔偿制度。但是，目前法律对精神损害赔偿的适用范围、赔偿标准等重要问题还缺少明确统一的规定。法律现状与现实生活相比，显得明显滞后，导致在司法实践中对精神损害赔偿问题出现比较大的随意性，造成精神损害赔偿的适用范围过窄，请求精神损害赔偿的权利主体的界定标准不统一，精神损害赔偿的标准难以把握等。海南省法院曾审结了一起游客以未达到期待中的旅游愉快为由起诉旅行社精神损害赔偿的案件。案例如下：17 名游客报名参加了由海南省某旅行社组织的新马泰港澳 15 日游，在旅游途中，一名游客因病在香港去世。此前在马来西亚已经诊断出该游客患的是传染性极强的黄疸性肝炎，为此旅游团里人人自危，游客原本期待中的愉快旅游变成了伴随着死亡的旅程，因此，引发了 16 名游客状告旅行社的诉讼。16 名游客认为，由于旅行社允许患有传染病的病人参加旅游团，导致其他游客精神恐慌，在精神上受到了损害。而且游客们提出旅行社在这次组团过程中，没有按国家有关规定委派专职领队随团是一种违反规定的不负责的行为。为此，16 名游客起诉到海口法院，要求旅行社退还旅游费，并赔偿每名游客精神损失费 10 万元。法院经审理后做出判决，驳回了游客的全部诉讼请求。游客们对此不服，上诉至海口中级法院。中级法院重新审理后，对本案做出终审判决：判决旅行社对不完全履行义务的违约行为承担补偿性赔偿的民事责任，按每人 2 000 元计算，共计赔偿 16 名游客 3.2 万元。从终审判决看，法院实际上是没有支持游客的诉讼请求。因为游客是以旅行社侵权为由起诉的，而法院最终以旅行社违约判决旅行社承担补偿性赔偿的民事责任。对于游客提出的精神损失费，法院没有支持。从这个案例可以看出，游客主张精神损失赔偿是比较困难的。

综上所述，游客主张精神损失赔偿，首先要证明侵权事实的客观存在。具体在侵权纠纷诉讼中，应当明确侵权人的主体资格、被侵权人的主体资格、侵权行为的违法性以及侵权行为给被侵权人造成的损失事实。在金女士向哈尔滨某国际旅行社交纳团费 1 880 元后，双方已经构成消费者和经营者的关系。旅行社导游对游客作虚假宣传，并在金女士丢失护照后，没有采取防止危害发生的措施，致使金女士滞留在俄罗斯，危及其人身自由和人身安全。其行为违反了《旅行社条例》和《导游人员管理条例》的规定。旅行社以及导游的行为侵害了金女士在接受旅游服务时人身、财物不受侵犯的权利，是一种违法行为。金女士滞留俄罗斯是旅行社和导游侵权行为直接产生的后果。由此金女士产生财产损失和精神损失，旅行社理应承担赔偿责任。

其次，旅游者要合理地提出赔偿要求，如何将旅游者遭受的苦恼的心情、失望的情绪和蒙受的屈辱合理地折算为一定数量的赔偿金额？这是一个不易处理的问题。由于我国法官的自由裁量权较小，并且目前法律缺少相应的具体条文，从而给法官判决精神损失赔偿事件带来较大困难。根据《民法通则》的有关规定，对于侵权行为造成精神损失，可以责令侵权人停止侵害、恢复名誉、消除影响、赔礼道歉和赔偿损失。旅游者在遭受精神损失后，应先考虑追求精神上的安慰，即要求侵权人消除影响和赔礼道歉，如果精神损失产生了经济损失后果，根据损害赔偿的过错责任原则，旅游者可以要求侵权人对这部分经济损失进行赔偿。具体到金女士滞留俄罗斯案，金女士有权要求旅行社和导游作出书面赔礼道歉，以求心理获得安慰。如果金女士由于精神损失产生了精神或生理疾病，金女士有权要求旅行社赔偿医疗费、营养费、误工费等。如果金女士由于精神损失导致预期收益损失，如因无法正常工作导致职位变更、收入减少，金女士可以要求旅行社赔偿预期收益损失。当然，金女士除了精神损失赔偿外，可依《旅行社服务质量赔偿标准》的规定，要求旅行社承担相应的赔偿责任 .

总之，通过金女士滞留俄罗斯一案，我们认为精神损失赔偿应作为一个基本原则，在我国有关旅游法律法规中得到确认。对于精神损失的赔偿标准，应当结合旅游活动的特点，由有关部门制定明确标准，以维护旅游者的合法权益。

思考与练习

一、填空题

1. 文化遗产是指从________角度看具有突出普遍价值的建筑物、碑雕和碑画、具有考古性质的成分或结构、铭文、窟洞以及联合体及建筑式样、分布均匀或环境风景结合方面具有突出价值的单立或连接的建筑群；从________角度看具有突出普遍价值的人类工程或自然与人联合工程及考古地址等。

2. 商业秘密是指________，能为权利人带来经济利益，具有使用性并经权利人采取________的技术信息和经营信息及构思。

3. 不正当竞争，是指经营者违反________的规定，损害其他经营者________，扰乱经济秩序的行为。

二、选择题（在每小题的四个备选答案中，选出 1 ~ 4 个正确答案，并将正确答案的序号填在题干的括号内）

1. 非物质文化遗产包括(　　)及传统的手工艺技能等。

A. 口头传说和表述　　B. 表演艺术

C. 社会风俗、礼仪、节庆　　D. 有关自然界和宇宙的知识和实践

2. 知识产权具有以下特征：(　　)和法定性。

A. 专有性　　B. 地域性

C. 时间性　　D. 权利双重性

3. 现代企业制度是指以完善的企业法人制度为基础，以有限责任制度为保证，以公司企业为主要形成，以(　　) 为条件的新型企业制度。

A. 产权清晰　　B. 权责明确

C. 政企分开　　D. 管理科学

三、简答题

1. 公司企业法人责任制度具有哪些特点？

2. 黄金周制度调整对旅游上市公司的影响是什么？

3. 分析公共突发事件引起旅游纠纷的法律适用问题。

四、案例分析题

2002 年 2 月，中国首例旅游知识产权“百越壮都”商标权拍卖因无人喝彩而流产。6 000万元的底价让诸多景区觉得不值。商标的“价值”究竟体现在哪里？多数景区对于商标价值的回答十分模糊，只知道是一种品牌。更有不少景区认为景区旅游商标的作用不大，觉得没有必要花钱去注册什么商标，商标只是对于实实在在的商品比如酒类、烟类有用，而对于旅游景区没什么作用，景区只要努力经营，吸引游客前来即可。看来，商标意

识淡薄，商标概念的模糊，缘于对商标价值的模糊认知。然而，时隔不久，国家工商行政管理总局商标局核准注册了“老君山”商标。“老君山”商标的成功注册，不仅在旅游界开辟旅游品牌商标注册保护的先河，而且在宗教界、商标界也有十分重要和深远的影响，为当地争得了价值亿万的品牌效应。“老君山”商标是中国旅游经济由“资源战略”向“品牌战略”转变的标志性事件，它不但成功地探索了“中国道教文化源头”的问题，而且推动中国旅游经济走向法制化、规范化的轨道。仅从“老君山”商标注册成功的警示作用一项进行分析，就为知识产权业即商标注册业务带来30万家潜在客户，为中国旅游业减少数千亿元无形资产的直接损失，避免因商标争议而造成的间接损失将更大，有力地促进了中国旅游产业健康、有序、协调发展。从某种意义上讲，“老君山”商标就是21世纪的“中国秦俑大发现”。

根据上述材料回答：什么是知识产权？旅游知识产权保护面临的主要法律问题有哪些？

主要参考文献

1. 王利明,崔建远．合同法新论总则[M]．北京:中国政法大学出版社,1997.

2. 魏振瀛．民法[M]．北京:北京大学出版社,2000.

3. 王健．旅游法原理与实务[M]．天津:南开大学出版社,2001.

4. 赵林余,赵勤．旅游政策与法规[M]．上海:上海三联书店,2002.

5. 陈自强．无因债权契约论[M]．北京:中国政法大学出版社,2002.

6. 侯明贤．旅游法规[M]．北京:北京大学出版社,2003.

7. 韩玉灵．旅游法教程[M]．北京:高等教育出版社,2004.

8. 王莉霞．旅游法理论与实务[M]．西安:陕西人民出版社,2005.

9. 袁正新．旅游法规[M]．长沙:中南大学出版社,2005.

10. 孙子文．旅游法规教程[M]．大连:东北财经大学出版社,2007.

11. 王莉霞,李九全．新编旅游法规[M]．西安:陕西旅游出版社,2008.

12. 左翠莲,符信新．旅游消费合同立法初论[J]．甘肃政法成人教育学院学报,2003(1).

13. 李九全．旅游业危机事件与旅游业危机管理[J]．人文地理,2003(6).

14. 李艳丽．我国旅游者合法权益保护问题的思考[J]．旅游科学,2004(3).

15. 朱祥贵．非物质文化遗产保护法的价值理念[J]．湖北民族学院学报,2004(3).

16. 翁炎英．我国旅游消费合同研究回顾与展望[J]．旅游科学,2004(4).

17. 王利明．消费者权益保护法的完善[J]．法治论丛,2005(4).

18. 李宗辉．非物质文化遗产的法律保护——以知识产权法为中心的思考[J]．知识产权,2005(6).

19. 于宏．权利救济:含义与方法[J]．法制与社会,2007(7).

20. 祁颖．中国旅游立法活动中存在的问题[J]．旅游学刊,2007(9).

21. 刘俊,邹权．论非物质文化遗产法律保护的几个主要问题[J]．东华理工大学学报,2008(1).

22. 田圣斌,蓝楠,姜艳丽．知识产权视角下非物质文化遗产保护的法律思考[J]．湖北社会科学,2008(2).

23. 才津裕美子．民俗文化遗产化的理念及其实践[J]．河南社会科学,2008(3).

24. 王莉霞．非物质文化遗产知识产权保护研究进展[J]．人文地理,2009(5).

25. 刘劲柳．非典、不可抗力与旅游合同的变更、解除[N]．中国旅游报,2003-07-04.